江泽民为格致中学建校
115周年题词

吴邦国为格致中学建校
120周年题词

第六届全国人大常委会副委员长
周谷城为格致中学题词

第七届全国政协副主席苏步青
为格致中学建校115周年题词

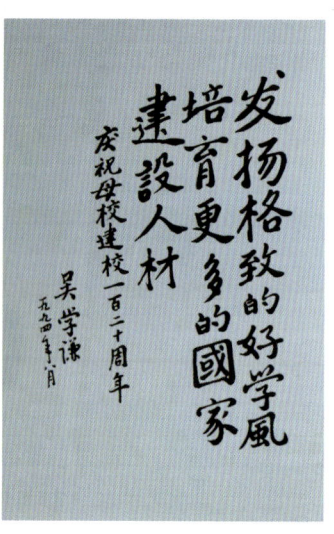

第八届全国政协副主席、1940届校友吴学谦重返母校，
并为建校120周年题词

第九届全国政协副主席钱伟长为格致中学建校125周年题词

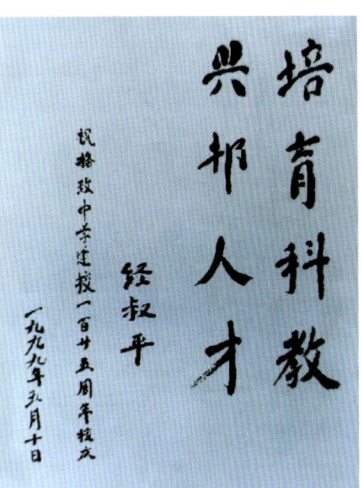

第九届全国政协副主席、1931届校友经叔平（左二）重返母校，
并为建校125周年题词

第九届全国人大常委会副委员长彭珮云（右二）视察格致中学

第十一届全国人大常委会副委员长严隽琪（左三）
为格致中学建校 135 周年题词

中国工程院院士、上海市市长徐匡迪出席"格致中学 1999 年科技节"时，
接受学生电视台采访

国务委员王毅（右一）会见张志敏校长

教育部副部长陈小娅（右二）参观格致中学校史馆

教育部副部长翁铁慧（右三）视察格致中学创智空间

第十二届上海市人大常委会主任龚学平（右二）视察格致中学

第十五届上海市人大常委会主任殷一璀（右二）视察格致中学

上海市副市长、1955届校友谢丽娟出席母校活动

上海市市长应勇（左二）、副市长彭沉雷（左三）视察格致中学

上海市副市长沈晓明（左三）、黄浦区委书记王文涛（左二）、奉贤区委书记时光辉（左一）出席合办格致中学奉贤校区签约仪式

上海市人大常委会副主任钟燕群（左二）视察格致中学奉贤校区

·第二卷·
1949—2019

格致
校史稿

上海市格致中学
上海市格致中学校友会　编著

上海社会科学院出版社
SHANGHAI ACADEMY OF SOCIAL SCIENCES PRESS

谨以此书献给上海市格致中学145周年校庆

名　誉　主　编：高润华
主　　　　编：张志敏　王丽萍
副　　主　编：姜秀娥　吴　照　钱勇伟
执 行 副 主 编：李玉棠　柯瑞逢
编委会秘书长：沈庆红
编　　　　委：（按姓氏笔画为序）
　　　　　　　　王　捷　刘耿大　李玉棠　吴绍中
　　　　　　　　季金杰　柯瑞逢　冒维本　徐有威
　　　　　　　　党　霞　陶世华　葛佳渝　虞云飞
编　　　　务：周文川　马雅贞　何　平　张益利
　　　　　　　　颜依岭　吴茜元　汤晨莺

序　言

汪品先

"十年树木,百年树人"。如果把教育事业比作树木,那么小学相当于树根,大学相当于树冠,中学就是树干,不仅承上启下,而且挺立在大地之上,撑起了这片教育之林。尤其是这片学林里的老树,不但参天蔽日,盘根错节,而且枝繁叶茂,硕果累累。

格致就是这样的一棵老树。145年前的上海开埠不久,就已经在晚清的"洋务运动"中脱颖而出。正是徐寿、华蘅芳这些前辈将近代科学引入中国,推进"格物致知",也就是现在所说的理科学问。他们创刊了《格致汇编》传播知识,成为中国历史上第一份科技刊物;他们创办了"格致书院"培养人才,成为中国现代教育史上的一颗明星。两者分别在中国科教发展的道路上留下了脚印。作为中国近代科学的先行者、启蒙者,他们的影响遍及各个学科。对我从事的海洋地质来说,徐寿是中国第一条蒸汽船的研制者,华蘅芳是中国第一本地质教材的翻译者。我们都为母校创立者的远见卓识,和建立母校的丰功伟绩而深感骄傲。

格致历史的下一个精彩时段,就是近70年前的中华人民共和国成立初期。我在格致念书的6年(1947—1953)恰当其时,在母校经历了上海解放前夕,和1950—1953年抗美援朝、"参军参干运动"那些激动人心的岁月。从小学到留学,我的学历长达19年,但其中总体印象最深的,应当说就是中学的6年。也许这是青少年成长过程里的普遍现象,我在格致6年里,许多位老师的形象和他们的讲课至今都还历历在目。印象最深的有两位:1949年后的首任校长陈尔寿,和语文老师许

志行。

现在的同学,大概很难想象20世纪50年代初期母校师生那种热血沸腾的心情。在当时的革命巨浪里,同学们把进课堂学习和上前线参军,同样看成是投身宏伟事业的实际行动,而地下党员、地理学家的陈校长,在我们这些十几岁中学生眼里就是这番事业的化身。他聘来了一批造诣很深的地理学家给我们上课,燃起了我们对地球科学的热情,在他主持工作的几年里,许多毕业生包括我在内,成了后来的地质学家。

当时我们没有人知道许志行先生和毛泽东的特殊关系,只看到他的语文课鼓励写作。还在1949年前,他就组织学生展开辩论,第一场辩论的题目就叫"要辩论还是不要辩论",是当时的教育界里的空谷足音。1949年后我们班上几个同学刻钢板出油印刊物,许先生把他用毛笔书写的小说原稿《前奏曲》让我们连载。特别难忘的是他对学生的鼓励,有一次我写了一篇短小说体的作文,赢得许先生的赞许,他热忱鼓励的批语我至今都背得出来。记得我留苏出国前回母校和他告别,他对我学理工不学文科还深表惋惜。

回首当年,最应当感谢母校的就是这些老师身上的精神。其实一所名校,最可贵的正是它的无形资产,一种难以表达却又无所不在的传统精神。格致地处上海的十里洋场,夹在会乐里和大世界之间,所处的位置并无优势;之所以能够出淤泥而不染,培养出一代又一代的优秀人才,靠的就是这种精神。从建校时"格物致知"的科学追求,到中华人民共和国成立后充满理想的献身热情,纵然历尽沧桑、几经波折,却始终保存了下来成为母校最为宝贵的财富。

作为一名老学生,能够为母校纪念文集作序,是一种难得的幸运。当年同案共桌的同学,如今都已经是耄耋老人,正在陆续逐个离去。然而至今我们老同学还在聚会,足见母校凝聚力的强劲。每逢聚会,都会惊讶离开格致之后的人生经历竟然如此不同,有的赢得了耀眼的光环,有的却走过了难以言表的坎坷道路。尽管如此,这些光环和坎坷的背后,都同样记录了格致学子的共同精神和道德底线,我们不同的经历只是社会风云变幻的客观反映,属于70年来历史的缩影。整体来说,我们这一批批学生,都是来自格致这棵大树果实里的种子,尽管洒落的土壤不一、发芽成长的经历殊异,却都反映出母校145年来的传统精神。正是这种精神,鼓励着像我这样70年前的老学生,还和年轻的同学们一起,在科学的园地上努力耕耘,争取为母校的教育殿堂上添加一张瓦片。

2019年3月
(汪品先,1953届校友,中国科学院院士,
中国海洋研究委员会主席)

目　录

序言 ·· 汪品先(1)

第一编　中华人民共和国成立后格致中学十七年教育(1949—1966)
　　引　言 ·· (3)

第一章　中华人民共和国人民教育事业的建设者 ·················· (5)
　　一、军管会接管"上海市市立格致中学" ·························· (5)
　　二、毛泽东同志和许志行老师 ·································· (6)
　　三、建立党支部、共青团、少先队组织和学生会 ·················· (10)
　　四、首推兼收女生及开办夜中学、招收插班生 ···················· (16)
　　五、继承办学传统，初试教学改革 ······························ (21)
　　六、建立规章制度，规范教学管理 ······························ (26)

第二章　全面贯彻党的教育方针 ································ (31)
　　一、多方引进优秀教师 ·· (31)
　　二、重点学科，重点培养 ······································ (34)
　　三、首届上海市中学生数学竞赛崭露头角("2、3、8") ············ (37)
　　四、教学楼加层扩建 ·· (39)

第三章　格致品牌的新建树 …… (41)
　　一、1959 年被评为"上海市重点中学" …… (41)
　　二、"十面红旗"和"全国文教群英会" …… (42)
　　三、高润华老师获上海市"三八红旗手" …… (43)

第四章　十七年教育的办学成果 …… (46)
　　一、贯彻《全日制中学工作条例》 …… (46)
　　二、文理均衡，数理见长 …… (53)
　　三、全面发展的格致学子 …… (57)
　　四、毕业生中人才辈出 …… (70)
　　五、创办校办工厂 …… (77)
　　六、开展教学改革 …… (83)

　　附录 1-1　1966 年前格致教工花名册 …… (93)
　　附录 1-2　《中国教育年鉴》对"十七年教育"的评价 …… (94)
　　附录 1-3　截至 1982 年，全国首批办好的 695 所重点中学，上海市 26 所 …… (95)
　　附录 1-4　1949—1966 年历任校级领导 …… (97)
　　附录 1-5　陈尔寿校长简介 …… (98)
　　附录 1-6　尹敏校长简介 …… (99)
　　附录 1-7　何祚榕书记简介 …… (100)
　　附录 1-8　马彦俊书记简介 …… (101)
　　附录 1-9　格致中学十七年教育纪略 …… (102)

第二编　"文化大革命"十年及之后"过渡期"(1966—1978)
　　引　言 …… (117)

第一章　"文革"运动波及学校 …… (119)
　　一、"文革"开始，学校教学工作全面瘫痪 …… (119)
　　二、学校优良办学传统遭重创 …… (122)
　　三、"军宣队""工宣队"进驻，成立"革委会" …… (123)

四、毕业分配,"四个面向" ·················· (124)
　　五、上山下乡"一片红" ···················· (125)

第二章　逐步恢复"格物致知"办学传统 ············ (127)
　　一、"复课"后学校面临新问题 ················ (127)
　　二、教师坚持教书育人 ···················· (129)
　　三、在学生心中埋下求知的种子 ·············· (134)
　　四、恢复高考后,学生高考成效显著 ············ (144)

　　附录2-1　1966—1978年历任校级领导 ·········· (145)
　　附录2-2　袁玮校长、书记简介 ················ (146)
　　附录2-3　王宝林书记简介 ·················· (147)

第三编　改革开放后继往开来的"格物致知"(1978—1997)
　　引　言 ······························ (151)

第一章　学校教育工作走上正轨 ················ (154)
　　一、师资水平稳步提升 ···················· (155)
　　二、特级教师示范引领 ···················· (157)
　　三、试点开设"理科班" ···················· (159)
　　四、文理均衡,全面育人 ··················· (161)

第二章　学校管理体制改革 ···················· (165)
　　一、邓小平"三个面向"的指示与全国教育工作会议 ···· (165)
　　二、"三全、三出、三特"的办学理念和实践 ········ (165)
　　三、健全"定编定员"岗位责任制 ·············· (168)
　　四、"双轨同步"的新型教学体系 ·············· (171)
　　五、"从严要求,过细规范"的学校德育 ·········· (173)
　　六、全员管理,合力育人 ··················· (178)

第三章　规划引领,确定学校发展目标 ············ (181)
　　一、率先制定学校发展规划(1986—1990) ········ (181)

二、领导关心，校友感恩 …………………………………… (189)
　　三、学校一期改扩建工程提上日程并启动 …………………… (192)

第四章　加强教师队伍建设 ………………………………… (193)
　　一、调整充实师资队伍 …………………………………… (193)
　　二、分层培养的师资梯队 …………………………………… (196)
　　三、科研引领助推成长 …………………………………… (213)

第五章　办学成果丰硕 ……………………………………… (216)
　　一、学业质量享誉沪上 …………………………………… (216)
　　二、理科见长，彰显办学特色 …………………………… (220)
　　三、全面发展，注重个性培养 …………………………… (227)

第六章　发挥校友的作用 …………………………………… (243)
　　一、成立校友会 …………………………………………… (244)
　　二、聘请校友，成立讲师团 ……………………………… (251)
　　三、《校友风采录》的采编出版 ………………………… (253)
　　四、改革开放年代格致校友的新风貌 …………………… (255)

　　附录3-1　1978—1997年历任校级领导 ………………… (263)
　　附录3-2　席焐庆校长简介 ……………………………… (264)
　　附录3-3　施亚东常务副校长简介 ……………………… (265)
　　附录3-4　董孝闵书记简介 ……………………………… (266)
　　附录3-5　高润华校长简介 ……………………………… (267)
　　附录3-6　陈德隆书记简介 ……………………………… (268)
　　附录3-7　张婉宜书记简介 ……………………………… (269)
　　附录3-8　姜秀娥校长简介 ……………………………… (270)
　　附录3-9　刘永贞特级教师简介 ………………………… (271)
　　附录3-10　高润华特级教师简介 ………………………… (272)
　　附录3-11　刘汉标特级教师简介 ………………………… (273)
　　附录3-12　钱伟康特级教师简介 ………………………… (274)

附录3-13　向学禹特级教师简介 ……………………………（275）
　　附录3-14　孙兆桂特级教师简介 ……………………………（277）
　　附录3-15　1978—1997年20年间格致中学学生获奖情况
　　　　　　　…………………………………………………（278）
　　附录3-16　1978—1997年20年间学校、教师获奖情况 …（284）
　　附录3-17　1996年上海市格致中学教职工名单 …………（293）

第四编　全面实施素质教育的跨世纪发展（1997—2005）
　　引　言 ……………………………………………………………（297）

第一章　争创实验性示范性高中 ……………………………（299）
　　一、获评首批实验性示范性高中 ……………………………（299）
　　二、素质教育，有序推进 ……………………………………（308）
　　三、视察指导，互动合作 ……………………………………（322）

第二章　创建现代化管理模式 ………………………………（329）
　　一、常规管理规范化 …………………………………………（329）
　　二、建立校园信息化管理系统 ………………………………（332）
　　三、学校管理突出人本化 ……………………………………（334）
　　四、加强精神文明建设 ………………………………………（336）

第三章　建立校本德育体系 …………………………………（345）
　　一、架构一体化德育体系 ……………………………………（345）
　　二、建立德育工作的开放格局 ………………………………（357）
　　三、杨福家校友设立"爱国奖" ………………………………（362）

第四章　推进课程与教学改革 ………………………………（365）
　　一、三类课程校本化实施 ……………………………………（365）
　　二、教育科研实证研究 ………………………………………（379）
　　三、教师专业发展全面推进 …………………………………（388）

第五章　学校设施现代化与资源共享 ……………………………… (398)
　　一、二期改扩建工程全面启动 ………………………………… (398)
　　二、建立智能化校园网络和设施 ……………………………… (401)
　　三、创办东格致中学 …………………………………………… (408)
　　四、面向外省市招收全国班学生 ……………………………… (409)

　　附录4-1　1997—2004年历任校级领导 ……………………… (411)
　　附录4-2　柴志洪特级校长简介 ……………………………… (412)
　　附录4-3　柴志洪特级教师简介 ……………………………… (413)
　　附录4-4　柳泽泉特级教师简介 ……………………………… (414)
　　附录4-5　庄起黎特级教师简介 ……………………………… (415)
　　附录4-6　格致中学办学章程 ………………………………… (416)
　　附录4-7　领导贺信、视察、调研摘选 ………………………… (420)
　　附录4-8　格致中学与国际、港台学校的交流与合作摘选
　　　　　　 …………………………………………………………… (423)
　　附录4-9　教师获各类荣誉称号部分记录 …………………… (426)
　　附录4-10　教师各类评比荣获一等奖统计(部分) ………… (428)
　　附录4-11　学生数学、物理、化学、生物、信息竞赛获一等奖
　　　　　　　统计 ………………………………………………… (430)
　　附录4-12　学生科技竞赛获一等奖统计 …………………… (435)
　　附录4-13　学生征文、演讲、英语、艺术等类竞赛获一等奖
　　　　　　　统计 ………………………………………………… (438)
　　附录4-14　学生体育竞赛获一等奖(第一名)统计 ………… (441)
　　附录4-15　2005年格致中学第一学期教职工名单 ………… (444)

第五编　21世纪新发展时期的传承与创新(2005—2019)
　　引　言 …………………………………………………………… (449)

第一章　老校新貌，喜迎校庆 …………………………………… (451)
　　一、百年老校旧貌换新颜 ……………………………………… (451)
　　二、建校131周年校庆系列活动 ……………………………… (452)

第二章 寻历史之根,传格致文化 ……………………… (455)
一、格致文化内涵开掘及其环境设计 ……………… (455)
二、格致校史馆开馆 ………………………………… (458)
三、毛泽东致许志行信函考证 ……………………… (459)
四、追寻麦新校友的革命足迹 ……………………… (462)
五、发掘院士校友教育资源 ………………………… (465)
六、格致文化的梳理与传播 ………………………… (473)

第三章 谋发展之道,创时代之先 ……………………… (475)
一、格致文化的传承与创新 ………………………… (475)
二、非物质文化遗产的校园传承 …………………… (476)
三、教育信息技术的全面应用 ……………………… (478)
四、中小学"生命教育"的实践 ……………………… (479)
五、创新实验室的自主建设 ………………………… (481)
六、持续开展环境教育 ……………………………… (482)
七、深化国际教育交流与合作 ……………………… (483)

第四章 顺应课改要求,追求学校课程创新 …………… (485)
一、整合"四类、八群、百门"学校课程 …………… (485)
二、实施格致教师专业发展纲要 …………………… (489)
三、构建学生"五能"综合素养评价系统 …………… (494)

第五章 整合社会资源,发挥示范辐射作用 …………… (502)
一、持续推进实验性示范性高中建设 ……………… (502)
二、名师、名校长工作室 …………………………… (503)
三、"激活课堂"数学教学研讨活动 ………………… (507)
四、科技教育培养学生创新素养和实践能力 ……… (510)
五、从"格致教育链"到"格致教育集团" …………… (515)

第六章 奉贤校区落成 …………………………………… (518)
一、新建奉贤校区 …………………………………… (518)
二、奉贤校区的发展 ………………………………… (521)

附录 5-1	2004—2019 年历任校级领导	(523)
附录 5-2	张志敏特级校长简介	(524)
附录 5-3	王丽萍特级校长（书记）简介	(525)
附录 5-4	吴照副校长、奉贤校区执行校长简介	(526)
附录 5-5	方梦非特级教师简介	(527)
附录 5-6	吴照特级教师简介	(528)
附录 5-7	刘骏特级教师简介	(529)
附录 5-8	学校教职员名录（2019 年 2 月统计）	(530)
附录 5-9	入选历届黄浦区学科带头人、区骨干教师名录	(532)
附录 5-10	两项"苏步青数学教育奖"	(534)
附录 5-11	教师市级以上获奖及荣誉统计	(536)
附录 5-12	学校志趣最佳发展域模块课程一览表	(541)
附录 5-13	学校在线开放课程一览表	(543)
附录 5-14	学校历次教学展示周主题一览表	(545)
附录 5-15	学校部分学生荣誉统计	(547)
附录 5-16	学生数学、物理、化学、生物、计算机奥赛获奖统计	(551)
附录 5-17	学生语文、英语竞赛市级以上获奖统计	(559)
附录 5-18	学生科技竞赛市级以上获奖统计	(561)
附录 5-19	2008 年学生申请专利一览表	(564)
附录 5-20	2014—2017 学年学生社团统计	(568)
附录 5-21	模拟联合国社团大事记	(569)
附录 5-22	"全国中学生领导力培养"课题组活动简况	(570)
附录 5-23	黄浦区学生体质健康监测中心对学校 2017 年《国家学生体质健康标准》测试数据的分析报告（2018 年 4 月）	(571)
附录 5-24	学校部分体育项目获奖记录	(573)
附录 5-25	上海市学生艺术团格致中学弦乐团比赛获奖记录	(577)
附录 5-26	格致教育集团工作室及主持人名单	(578)
附录 5-27	奉贤校区总平面图	(579)

编后记 ......(580)

第一编

中华人民共和国成立后格致中学十七年教育

(1949—1966)

引 言

1949年，中华人民共和国的成立，开启了中华民族历史的新纪元，同时也掀开了中国教育发展史崭新的一页。百年大计，教育为本。国强则教兴，教兴则国强。

1949年10月1日，毛泽东主席签发了《中国人民政治协商会议共同纲领》，其第五章《文化教育政策》规定："中华人民共和国的文化教育为新民主主义的，即民族的、科学的、大众的文化教育。人民政府的文化教育工作，应以提高人民文化水平，培养国家建设人才，肃清封建的、买办的、法西斯主义的思想，发展为人民服务的思想为主要任务。"

从1949年开始，我国进入了由新民主主义向社会主义的过渡时期，所以社会主义教育只能以新民主主义教育为基础。1954年2月，周恩来在一次政务会议上说："我们向社会主义、共产主义前进，每个人要在德、智、体、美等方面均衡发展。"

1957年2月，毛泽东在《关于正确处理人民内部矛盾的问题》中指出："我们的教育方针，应该使受教育者在德育、智育、体育几方面都得到发展，成为有社会主义觉悟的有文化的劳动者。"毛泽东的这些话主要是针对我国的各级各类学校讲的，是对中华人民共和国的教育宗旨，即培养社会主义新人的第一次清晰概括。

1958年9月，中共中央、国务院下发的《关于教育工作的指示》中明确提出："党的教育工作方针，是教育为无产阶级政治服务，教育与

生产劳动相结合。"自此,全国的教育系统都把这一方针与 1957 年提出的教育方针结合起来,作为统一的教育方针加以贯彻实施。

"文革"前的 17 年,格致中学全面贯彻党的教育方针,始终如一地坚守着"科学"和"爱国"两个传统,把教育作为国家的重要事业在做。1956 年,上海市举办第一届中学生数学竞赛,格致中学高三学生盛沛栋、孙曾彪、郑家式在 1.2 万名参赛者中脱颖而出,分获竞赛的第二、三、八名。学校的数学教学实力凸显,格致中学"数学见长"的说法便不胫而走,很快得到了上海教育界和全体市民的认可。1959 年,学校被评为上海市重点中学;同年,学校的语文、数学两科的高考成绩,均居全市第二。1960 年,语文教师高润华被评为"上海市三八红旗手",并光荣地出席了"全国文教群英会";同年,学校被评为上海市文教系统先进单位,成为上海市中学教育的"十面红旗"之一。17 年间,格致的教师本着教书育人的教学理念,格致的学子本着"格物致知"的学习理念,教学互动、教学相长,学生中涌现出了一大批学有专长的菁英人才,这些校友,后来都成了国内外著名的专家学者,邹世昌、汪品先、杨福家、李家春、陈联寿、杨家庆、吴肇汉、邵公权、史济怀、郑乐君等人便是他们中的优秀代表。格致中学之所以闻名遐迩,根本的原因在于,它栽培无数桃李结出芬芳之果,成了社会的栋梁。

(本引言在撰写过程中参考并引用了"百度百科"上相关词条的部分文字)

第一章

中华人民共和国人民教育事业的建设者

一、军管会接管"上海市市立格致中学"

1949年5月12日,中国人民解放军第三野战军主力对国民党军重兵据守的上海市发起了攻坚战。5月25日清晨,学校地下党负责人、高中学生何祚榕根据上级领导指示赶到格致中学,要求教务主任盛蔼如老师负责维持学校秩序,保管好学校财产,等候人民政府对学校的接管。5月27日,上海国民党守城部队缴械投降。在上海市军管会的统一领导和部署下,上海的一些重要单位(如报社、广播电台等),与市民生活休戚相关的重要工厂(如发电厂、自来水厂、粮食仓库等)和上海的部分学校相继被军管会派员接管。1949年6月17日,上海市军事管制委员会文管会中主任杭苇率领接管工作组进驻"上海市市立格致中学",宣布学校由军管会接管,王子修为接管工作组组长,陈尔寿、李宗德等为工作组组员,学校正式改名为"上海市格致中学"。此时,格致中学原地下党支部书记何祚榕因工作需要被上级安排到上海市委党校参加第一期培训,支部工作由张贤弼负责。接管工作在格致中学中共地下党员张贤弼、刘泉清等人,学生自治会王宗南和进步教职工代表顾诗灵、许志行、汤廷浩以及进步学生的协助配合下,进行得非常顺利。当天,杭苇代表市军管会向全校师生做了《当前政治形

势》的报告,他用朴素的语言,给与会者讲了一个又一个生动的小故事,通过摆事实、讲道理,使全校师生对"解放"这个新名词有了清晰的认识和朴素的理解。报告会时间不长,气氛很好。工作组在格致中学短暂的工作结束后,学校即按上级的有关部署成立了校务委员会,陈尔寿被任命为校委会主任委员,李忠德为副主任委员。之后,学校的教学秩序开始逐步恢复正常。

根据当时统计,上海解放时,格致中学高中部有学生384人,初中部有学生392人,学生总人数为776人。

从1949年秋季第一批招收学生开始,格致中学便正式开启了它新生的人民教育事业。

图1-1-1　1978年9月,陈尔寿校长(前排右三)来沪与学校部分教师合影

二、毛泽东同志和许志行老师

许志行原名潘祖圣,1902年5月21日出生在江苏吴县,自小家境贫寒,许有兄妹三人,7岁时随母亲迁居浙江海宁县袁花镇。小时候,许志行在镇上的私塾读书,刚读3年,家里发生变故,母亲身亡,父亲因无力抚养3个孩子,遂将潘祖圣入赘许家,易姓改名为许志行。

说是入赘，实为寄人篱下。许志行少年时代便开始辗转江湖，先是被养父母送到上海闵行的一家酱园当学徒。他不堪忍受奴隶般的学徒生活，一心想背起书包上学堂，于是逃回家中。许家很快又把他送到浙江嘉兴去当学徒，做了不到两年，他又逃回家里，养父母为此火冒三丈，索性将他送至离家更远的地方——湖南长沙的一个亲戚家，进了一家五金玻璃店当学徒，可没过3天，他又逃了。这次他没有逃回家里，而是沿着粤汉铁路步行到了武汉，乞宿在汉口的一家小旅馆里，那年他18岁。在这里，他居然和一位时代的风云人物、后来成为中华人民共和国开国领袖的毛泽东不期而遇了。

26岁的毛泽东，是湖南学生运动的领导人。是年，他在长沙正以驱逐军阀张敬尧赴京公民代表的身份进京请愿，从长沙出发，途经武汉，正好下榻在许志行投宿的旅馆内。一次邂逅，开启了两个青年人的友好交往。

几句简单的寒暄之后，许志行就把自己的家世和遭遇以及自己厌恶学徒生活、一门心思想读书的想法，毫无保留地告诉了毛泽东。

毛泽东对许志行的个人经历和遭遇深表同情，对他读书报国的情怀大加赞赏，但他觉得许志行小小年纪流浪在外不好，于是劝许志行先回老家，容他日后再想办法。他让许志行留下了老家的通信地址，答应许志行等他办完北京的事回湖南后一定帮他出来继续求学。

许志行此时并不知道毛泽东北上是干什么的，但在他的眼里，这是一个靠得住的人，诚恳、坦率，值得信赖。于是他听了毛泽东的话，回老家了，临行前将家里的地址写在纸上交给了毛泽东，那时，他身上一文不名，回家的旅费还是毛泽东给他的。

许志行接受了毛泽东的忠告，回了老家。回家后，他再一次受到了家人的严厉责罚，不过这一次他强忍了。不久，毛泽东从北京寄信给许志行，除了继续安慰他、鼓励他之外，还给他寄了些《新生活》《新青年》和《星期评论》等进步报刊和宣传新文化的小册子。许志行读后，求学读书的心情更加迫切了。

驱逐军阀张敬尧的运动胜利后，毛泽东返回长沙，担任了"湖南省立第一师范学校附属小学"的主事（教导主任），并积极筹集资金在附小高年级部创办了"成人失学补习班"。

毛泽东当即致信许志行急赴长沙入学，许志行惊喜万分，买了车票，直奔长沙。毛泽东引荐他进了"成人失学补习班"读书，并承担了他所有的生活、学习费用。这段时间，毛泽东的两个弟弟毛泽民和毛泽覃也在附小读书。每逢暑假、寒假，许志行便和毛泽民、毛泽覃一起回韶山，在毛泽东家的阁楼上温习功课，并在那里度暑假、过新年。

1922年，毛泽东亲自介绍许志行和两个弟弟参加了社会主义青年团。许志行在毛泽东的帮助下，在长沙读了近两年的书，由于许志行是个外省人，不能报考免费的湖南师范学校，毛泽东就建议他考免费的浙江省立师范学校。不久，许志行返回浙江，顺利地考取了浙江省立第一师范学校。

1925年5月，许志行在浙江第一师范毕业前夕，上海发生了"五卅惨案"，许志行即以学生代表的身份组织罢课、游行，还到诸暨、绍兴、萧山等地，作反帝爱国宣传。暑假期间，团组织派他到上海参加工运，许志行在上海杨树浦一家纱厂工会主持发救济金和进行宣传鼓动时，曾几次被特务秘密追捕。因为工作积极，时年24岁的许志行就被组织转为中共正式党员。暑假结束后，许志行回到学校，发现自己已经被校方以"宣传赤化，鼓动学潮"为由开除了。

1926年，正是国共合作时期，受中共中央指派任国民党中央宣传部代部长的毛泽东安排许志行担任宣传部交通局干事，负责与上海交通局（负责人是沈雁冰）的联络工作，因为这层关系，许志行不仅认识了茅盾，并通过茅盾认识了上海的著名作家冯雪峰、宋云彬、许杰等。不久，蒋介石在国共联席会议上提出"凡共产党员不得兼任国民党中央部长的职务"的议案，毛泽东被迫离职。之前，毛泽东已将许志行介绍到国民党中央党部秘书处当机要秘书并任秘书处共产党支部书记。7月，广东革命军出师北伐，10月攻克武汉三镇。之后，国民政府和国民党中央迁到武汉，毛泽东也恢复了国民党中央委员的资格，继续在中央宣传部工作。这时，广东第六届农民运动讲习所结束，毛泽东带着许志行来到武汉，许志行仍被安排在秘书处工作。

1927年，国共合作破裂，毛泽东回湖南发动农民起义，许志行于8月离开武汉，几经辗转到了上海、杭州等地，先后在上海闸北区委和浙江省委从事党的地下工作。1928年许志行还回老家海宁策动过一次农民暴动,可惜这次暴动没有成功。暴动失败后,许志行只得避离海宁,从此失去了和党组织的联系。在此后很长的一段日子里,许志行流落各地以教书为生,1945年到上海格致中学任教。

随着解放战争三大战役的节节胜利,1949年3月,毛泽东进了北平。此时,许志行正在上海市格致中学教书,是一名普通的语文教师。因为他处世谨慎、为人低调,学校里竟然没有一个人知道他与毛泽东主席有如此深厚的革命情谊。当时上海尚未解放,许志行的心中格外想念毛泽东,思念之余,他毅然提笔给远在北平的毛泽东写了一封信,对毛泽东是否能收到他的信,以及日理万机的毛泽东有没有空给他写回信,心中却全无把握。

其实毛泽东是给许志行回了信的,只是许志行一直没有收到。当时上海已临近解放,国民党当局下令全城大逮捕,以实施其最后的疯狂,军警到处抓人、警车横冲直撞。一天,一位新华社负责转递信件的人突然慌里慌张地找到格致中学,告诉许志行:毛主席让我转交给你的一封信,被我丢失了,我怕被敌人捡到给你造成意外危险,特来通知你,请许先生不要告诉任何人,赶紧撤离。许志行闻讯后,立即转移到一个安全的地方,躲避了1个多月。

1949年5月27日,陈毅率领的中国人民解放军第三野战军长驱直入,解放了大上海,毛泽东的名字,随着广播、报纸和革命歌声传遍了黄浦江畔。许志行望着毛主席的画像,热泪盈眶,他再次提笔给毛主席写了一封信,那是1949年6月10日。

1949年10月25日,毛泽东在忙完了开国大典等一系列国家重大事务后,给阔别了20多年的许志行写了一封回信,续上了两人中断了多年的联系,这封信是直接寄到格致中学的。毛泽东在信中说:"为不荒废课业,不要来京。如遇假期,可以来京一游,看一看仍回去教书。"同时勉励许志行"你在上海教书甚好,教书就是为人民服务。"毛泽东告诉许志行自己身体尚好,此外,他还在信中回答了许志行在去信中询问的一些情况。

此后,许志行和毛泽东又陆续通了好几封信,与早年两人的书信往来加起来,一共有10多封。毛泽东还邀请许志行到北戴河避暑、到北京做客。赴京期间,毛泽东指定专人接待许志行,并在中南海丰泽园

特设家宴款待,吃的都是毛泽东亲点的湘菜佳肴,席间畅谈甚欢。

1957年暑假,毛泽东特地安排许志行重访韶山冲。毛泽东亲笔写信给韶山乡人民委员会,要他们以"朋友的态度接待他,告诉他一些事情"。毛泽东还从自己的稿费中支取了500元,赠送给许志行作为往返路费。

许志行参加革命很早,在和党组织失去联系后,他的大部分时间用来从事教书和写作,他写过很多小说,出过书,1949年前就是上海的一位知名作家,后来又加入了上海作协和中国作协,经考证,他是全国最早把毛泽东写进小说的人。在许志行珍藏的1949年后毛泽东写给他的五封信中,有两封是直接寄到"上海广西路格致中学"的,学校领导在征得许志行的同意后,采集了毛主席的"格致中学"亲笔手迹,制作了一枚精致的校徽,校徽分红底白字和白底红字两种,教职员工戴红底白字的,学生戴白底红字的,"文革"前在校的格致师生多有佩戴过它,许多老师和同学都说,戴着它,是一种荣耀。

(本章节在撰写过程中参考并引用了下权的《恩师许志行幸遇毛泽东》、散木的《青年毛泽东的友人许志行》、王学平的《毛泽东与许志行的交往》以及"百度百科"上一些相关词条的部分文字)

三、建立党支部、共青团、少先队组织和学生会

图1-1-2 格致中学学生地下党最后一任支部书记、解放后格致中学首任党支部书记何祚榕

在上海解放前,格致中学就已经活跃着中国共产党的地下组织,党支部书记是高中学生何祚榕。至1949年4月,已发展至12名党员。在地下党支部的领导下,格致中学还建立了党的外围组织——格致学联小组,包括党员在内约有60人,外加顾诗灵、许志行和汤廷浩3位教师。1949年5月27日上海解放后,格致中学地下党支部的全体党

员公开了自己的政治身份,并按照上级要求建立了中共上海市格致中学支部。中共格致中学支部成立不久,学校又按照上级组织的要求,在师生中先后建立了中国新民主主义青年团和中国少年先锋队组织。

下面是1949—1966年"文革"爆发前17年间格致中学历届党政领导成员任职一览表:

1949—1953年,校长陈尔寿,党支部书记何祚榕、陶漪文。

1953—1956年,校长尹敏,副校长席炤庆、杜继业;党支部书记马彦俊(1953—1954年)、张一弼(曾用名张贤弼,1954—1955年)、严熙春(1955—1956年)。

1956—1959年,副校长席炤庆(校长空缺);党支部书记席炤庆(兼)、金祥,副书记马彦俊。

1959—"文革"前,校长袁玮,副校长席炤庆、施亚东;党支部书记袁玮,副书记马彦俊、王宝林。

自1949年6月17日格致中学被军事接管后,学校的全体师生积极参加了由校党支部组织领导的各项社会活动,在活动中不断经受锻炼,提高自己的思想觉悟,逐步树立了为人民服务的观念。鉴于地下"学联"和"人民宣传队"的历史任务已经完成,为了巩固积极分子队伍,学校紧接着成立了"格致中学民主堡垒建设团"组织,办公地点设在大礼堂西北角外侧的房间内。这是一个为建立新民主主义青年团做准备工作的过渡性组织,前前后后大约活动了两个月的时间。当时,在同学们的坚决要求和中区青年工作队的协助下,学校于1949年8月18日成立了格致新民主主义青年团筹备会。筹备大会于当天下午2点30分在学校大礼堂举行,出席会议的同学共102人。会上,童亿忠代表中区青年团工作委员会发了言,他从格致中学的历史讲到青年团的任务以及怎样做一个合格的青年团员,使与会者深受教育。教师代表的发言则希望未来的青年团员要努力学习、积极工作,自治会的代表则要求青年团积极协助自治会开展工作。1949年9月1日,格致中学建立了上海市解放后中学教育界的第一个新民主主义青年团组织,李金贵被推选为首任团总支部书记。1949年9月2日的《解放日报》头版对格致中学新民主主义青年团的成立大会作了如下报道:

格致中学的同学经过反复酝酿,学习了《青年报》上的建团讨论提

纲,讨论入团条件等,8月28日,有68位同学申请入团。29日,申请入团的同学分组展开批评和自我批评。经过上级组织慎重的审查后,批准了61人为格致中学新民主主义青年团的第一批团员,并于9月1日下午二时半,假震旦大学举行隆重的入团仪式。出席者有各区新民主主义青年团工作队的代表,上海交大、大同等学校的代表,百货业职工会等单位的代表共一千多人。大会主席李金贵同志致辞说,格致中学是全市第一个建立青年团组织的学校,这是格致中学的光荣,也是每一个团员的光荣。青年团上海工作委员会代表钱李仁同志说,团员应响应人民政府的号召,学习马列主义和毛泽东思想,协助校方完成新民主主义教育计划。格致中学教师代表陈尔寿鼓励同学争当模范,帮助学校共同克服困难,除了学习课程外,还要牢固树立为人民服务的劳动观念。格致中学初中部的陈鸿瞵同学这次也提出了入团申请,因没到入团年龄而未获批准,他在会上表示自己决不灰心,一定会加倍努力,争取早日入团。入团仪式上,60位新团员(一位生病缺席)举起右臂,向团旗庄严宣誓。

图1-1-3 1949年9月2日《解放日报》报道了格致青年团的诞生

时隔两月,格致中学再次掀起入团热潮。格致中学的全体同学经过一个多月的政治学习和思想改造,觉悟大有提高,纷纷要求入团,好多同学表示无条件响应学生会发出的"团结同学,积极学习"的号召,愿以此次参加学习运动的实际行动来接受团组织对自己的考验。不少教师还提出申请,争做"青年团团友"。50岁的国文教师夏筠荪说:"人家叫我老头子,但我仍需要新生活力的灌溉,我要争取做个青年团团友。"数学教师黄松年说:"我要生活在有组织有纪律有正确领导的团体里,和大家一起发挥巨大的能量,我想从青年人身上获得更多的朝气,使我的服务精神和教学效果有明显提高。"11月4日是民主评定日,申请入团的师生分别对自己的思想进行了检讨和批评。团支部经过审核,决定吸收133名申请入团人中的79人为正式团员,33人为候补团员,8人为"青年团团友"。11月6日,格致中学第二批批准入团的同学进行了集体入团宣誓仪式。

中国少年先锋队(简称"少先队")是中国少年儿童的群众组织,是少年儿童学习共产主义的地方,是建设社会主义和共产主义的预备队。中国少年先锋队的建队日是1949年10月13日,这一天,中国共产党委托青年团建立全国统一的少年儿童组织——中国少年儿童队,1953年6月,改名为中国少年先锋队。

格致中学初中部的入学新生一般都在14周岁以下,年龄上符合参加少先队的要求。遵照上级的指示,格致中学组建了中国少年先锋队组织,学校成立了少先队大队部。大队部设一名大队辅导员(由一名教师兼任)、一名大队主席,还有生活委员、学习委员、劳动委员和文体委员各一名。每一个班级,少先队的组织建制是中队,与大队部相对应,设中队主席一名,生活委员、学习委员、劳动委员和文体委员各一名。由于初入学的新生彼此不熟悉,首批中队干部由学校和大队部根据学生的品行和特长指定担任,以后的每次换届,队干部均由全体少先队员民主选举产生。低年级每个班的少先队中队都由少先队大队部委派一位高年级的团员同学担任中队辅导员,主要是在学习和生活等方面给低年级的同学多一点关心和帮助。

1949年10月19日,上海市格致中学学生会宣告成立,全校800多名师生参加了成立大会。大会以鼓掌的形式通过了校学生会章程,随后候选人逐一作了竞选演讲。教师顾诗灵、吴霆锐、张泽等热情地为全体候选同学的竞选演讲助力,场面非常热烈。下午3点20分,大会进入投票议程,每个同学都郑重地把圈有自己信任对象的选票投进票箱,选举结束后进行了开票、唱票和计票,直到晚上7点45分才从54名候选人中选出黄钱根、卢梓麟、翁丽珍、林铮等11人为学生会正式执委,杨铎声、朱金淦等3人为候补执委,其中黄钱根的得票最多,共计550

票。经执委会选举，黄钱根任格致中学学生会主席，卢梓麟任学生会副主席。接着，黄钱根又代表格致中学参加了在上海"逸园"（1949年后改名为"文化广场"）由华东青年团第一书记李昌主持的"上海市第一届学生代表大会"，并代表格致中学当选为上海市学联副主席。

1949年10月21日《新民晚报》也对格致中学学生会的成立进行了报道：

> 上海市立格致中学学生会已于十九日正式成立，该会选举经过情形非常顺利，自从学联第十四次执委会发出了关于组织学生会各项问题的文件，号召各校积极建立学生会后，格致中学的同学立即响应号召，准备以一星期的时间完成建立学生会的工作。学生会筹备会将学生会章程草案发给同学，全体八百四十位同学则分成小组，展开热烈的讨论。在酝酿成熟后，依照规定每十五人产生代表一人，在十五日各小组即普选产生。再经过周密的筹备于十八日上午召开代表大会，在代表大会上修改了学生会章程，并通过了执委会选举法，继而执委会的候选人即展开竞选活动，并于十八日的下午召开全体大会，进行普选，于是执行委员经过合法的手续产生，学生会宣告成立。

1949年后的格致中学，校园精神风貌焕然一新，学校大力开展新学风运动，旨在培养学生主人翁的学习观点，提倡为革命、为建设新中国而学习。每门课都设立课代表制。学校自从建立了党支部、团总支和学生会以后，除了全力恢复学校的正常教学秩序外，还积极组织学生和教师参加各类社会活动和政治运动，强化爱国主义思想教育，在现实斗争中不断提高大家的思想觉悟。比如：

（一）认购"折实公债"

中华人民共和国成立初期，货币贬值，物价飞涨。为走出财政困境，1950年中央人民政府发行一种公债面值与物价指数挂钩的公债，一期一亿分，以实物为计算标准。格致中学的教职员工，在认真阅读了认购公债的学习材料后，讨论通过了减少个人家庭消费尽力购买、动员亲戚朋友自觉购买、号召同学同行宣传推销等四项工作原则。随后，许志行先生率先认购了20分，掀起竞购热潮。姚枝碧先生紧随其后,认购了30分,紧接着,陈尔寿校长认购了50分,创造了个人认购的最高纪录。4个教职员组一共认购了700分。学生方面,初一乙的小弟弟们首先作出决议,节省自己的零用钱来购买公债,以全班认购17分的许诺,在黑板报上作了披露,向全校各班提出挑战,挑战书刚一贴出,各班的应战书便贴满了校门口的墙头。高二以认购30分接受应战并发起新一轮的挑战,高一下不甘示弱决定认购45分作出再挑战。初三乙见高一下以45分居先,遂将原先认购的37分增加到57分。高三下的同学则进一步发起"一分运动",百分之百的同学购买了公债并以18分捐赠学校作建设之用。

(二) 募捐寒衣

为救济灾区,1950年中国人民救济总会联合7个群众团体向全国发出募集600万件寒衣及被褥毛毯等御寒物品的号召,这一号召迅速得到相应。格致中学全体师生员工联合签名发表庄重宣言,表示一致拥护政府的政策,贯彻政府的一切决议,用搞好学习与师生团结,全力响应劝募寒衣运动的实际行动来表示对政府的拥护和对受灾同胞的关怀。

(三) 上街游行

1949年10月6日,格致、新建、南洋、上海女中、立信会计学校等16个单位组成了1600人的队伍,参加了庆祝中华人民共和国开国典礼大游行;1950年12月9日,格致学生参加了全市纪念"一二·九运动"的集会游行……

图1-1-4 许志行(前排右二)及学校师生参加1950年"五一节"游行

此外，1949年第一届世界保卫和平大会召开，1950年斯德哥尔摩宣言发表，提出无条件禁止原子武器。格致中学发起了每人至少争取亲友、邻居5人以上在和平宣言上签名的"一人五人"运动。实际情况是，格致中学的140名学生，在短短4个小时内就成功发动了3994人在和平宣言上签名，全市有100万青年在斯德哥尔摩和平宣言上签上了自己的名字。

那个时期，学校十分重视学生的思想教育，不仅在工作、学习中着力培养学生求真务实、认真负责的精神，同时还在思想上帮助学生树立热爱祖国、为国奉献的革命理想，使之贯穿于平时的工作、学习之中。当时整个校园的政治气氛很浓，各类活动很多，如"南下服务团""参军参干""抗美援朝，保家卫国，积极报名参加志愿军""捐献飞机大炮"等，同学们在学校组织的一系列政治活动中表现出了高昂的政治热情，也从中受到了深刻的爱国主义教育。

图 1-1-5　学生积极投身"参军参干"等各类活动

四、首推兼收女生及开办夜中学、招收插班生

1949年6月，陈尔寿参加了上海市军事管制委员会对格致中学的接管工作，成为接管工作组的一名成员。10月，上海市人民政府成立后，他被任命为新生的格致中学第一任校长。格致中学是上海一所著名的公立学校，由于学费收得低（当时社会上许多私立学校收费很贵，初中每学期要40多元，高中每学期要50多元，格致中学初中每学期仅收6元，高中12元），而且教学质量高，所以报考格致的学生很多，基本

上要从20多个考生中录取一个。

为了配合中华人民共和国前进的步伐,格致中学积极响应市教育局的号召,陈尔寿校长也一心想着通过尝试,推进在新民主主义教育思想指导下的教育改革。在学校全体同仁的大力支持下,学校决定先做两件事:一是废除学校历来只招男生不招女生的惯例,兼收女生;二是依托学校雄厚的师资力量创办夜中学,为社会上的失学青年创造一个读书学习的机会。

学校原来的办学规模比较小,只有6个年级12个班,且只招收男生。从1949年秋季起,为了满足社会需要,学校充分挖掘了校舍和师资潜力,办学规模扩大至18个教学班,并经市教育局批准,在初一、高一招考新生时,做到男女生兼收,使家住得离格致较近的优秀女生,也能报考入学。各班设班主任,安排学科任课教师组建各学科教研室。每周一至周六上午上课,周六下午和周日为休假日。首批得益于此项教育改革举措的1952届校友臧敏珠,后来感慨而深情地回忆起这段难忘的经历:刚入学时,有老师担心,格致中学的数理化水平比一般学校都高出一大截,招收女生后,这些女生肯定会跟不上的。我和其他几位女生心里暗暗下定决心,一定要用自己的努力,用学习和思想的进步

图1-1-6 实行男女兼收的首届高中学生于1952年毕业

为学校争光。在陈尔寿校长和许多任课老师不辞辛劳的启发教导下，在同学们团结友爱、孜孜不倦学习精神的鼓舞和感染下，第一学期结束时，全班前三名居然全是女同学。后来，我还在格致入了团、入了党。1951年5月高二下学期，组织上派我到中央团校学习，提前离校。我在格致中学学习的时间虽然只有短短两年，但我非常怀念那段日子，格致的经历，是我人生路上的一块基石。[1]

根据市教育局"为了发展劳动人民教育，提高劳动人民的文化政治水平，并给失学青年以求学机会"的精神，1949年11月，上海市共有6所中学开办了夜中学，它们分别是东北区的缉规中学、北区的虹口中学、南区的敬业中学、中区的格致中学、西北区的晋元中学、西区的市立师范学校。上海《解放日报》在1949年10月31日刊登的招生广告中对夜中学招生的相关事宜一一作了详细介绍：各区创办的夜中学，专收产业工人、店员、手工业者以及贫苦的失学青年。学制与课程设置一般与中学相同，但劳动人民班级暂行四年制（先开办一年级），精简课程，加强教学。报名时需交2英寸报名照2张、试验费200元，以及证件，工人、店员无需证件，可由其工会备函介绍。考试科目：职工班一年级及初一考国文和数学常识，初二初三加考英文；高一考国文、数学、理化、社会科学、英文，高二考国文、数学、生物、社会科学、英文。录取学生不收学费只收杂费，高中收人民币4000元，职工班和初中收3000元[2]，经济困难者可申请减免。

普通中学开办夜中学，而且特办职工班，这是中国教育史上破天荒的第一次，因而受到了广大失学青年、学徒、小职员的热烈欢迎。1949年11月5日《解放日报》发表了记者采写的文章，对夜中学的报名盛况作了这样的报道："人民政府市教育局在本市各区创办的六个夜中学，一两日来，报名入学者极为踊跃，2600余产业工人、店员、手工业者及贫苦的失学青年，重新得到了求学的机会。恒兴袜衫厂工人陈义民在报名时说：'我失学已三年了，昨天一听到工会文教科同志告诉我们失学的人都可以到夜中学去报名，于是我立刻就赶来了。'隆丰布庄学徒

---

[1] 臧敏珠：《永远的回忆》，格致《校友风采录》第二集。
[2] 我国1955年3月1日开始发行的第二套人民币，与第一套人民币的兑换比价是1：10000。

杨小毛说：'我在店内已做了四年半学徒，如今有了读书的地方，我就感到有光明的前途了。'一个国药号的店员因老板不准他进学校，他自己就偷偷赶到工会去开了一张入学的证明书来报名。去年在浦东三林中学初二念书后因家贫而做店员的蓝保林，在昨天晚上九点半钟时，还特地赶到格致中学去报名。"

格致中学也是首次开办夜中学，新开办的夜中学校长由格致中学校长陈尔寿兼任，实际教务工作先后由吴霆锐和赵韵香主任主持。同学们非常珍惜这个来之不易的学习机会，许多人下班后连吃饭都顾不上，就赶到学校连上4节课，一直上到晚上10点多，而且放学后都能自觉地独立完成课外作业。有些同学甚至不满足学校的教学计划，埋怨"吃不饱"，于是自己组织起数学、化学、物理等课外互补小组，能者为师、互相帮助、共同提高，根本不需要别人的检查督促，学习气氛十分浓厚。1950年2月6日，上海遭美蒋飞机轰炸，杨树浦发电厂被破坏，造成全市停电，晚上一片漆黑。3天后，夜校学生在室内操场进行期末考试，考场中央挂着气灯，课桌上放着学生们自己带来的蜡烛，每一个学生都神情专注地答着考题，此番情景，1953届的校友潘信孚至今难忘。他说，当年每周一次陈校长在大礼堂上的周会课，都给他留下了深刻的印象，有一次陈校长分析美帝国主义的纸老虎本质，深入浅出、生动形象，同学们听了，不约而同地鼓起掌来。正是由于这样一种教育方式和学习氛围，才真正激发了同学们的爱国热情，使收入微薄的夜校职工班学生踊跃参加了学校发动的"认购折实公债""捐献飞机大炮"等政治活动。这个班的50名同学中被批准参军参干的就有11人，分别被选送到陆军、海军和炮兵部队。这些同学离校后，一批新同学很快又补充了进来。在那个特殊的历史时期，格致夜中学的同学们处处走在各项政治运动前列，尤其为支援抗美援朝作出了积极的贡献。另据1952届校友陈奕达和唐根宝回忆，夜中学的同学非常珍惜党和人民政府为他们创造的学习机会，即使在蒋帮飞机炸毁杨树浦发电厂，全上海晚上陷入一片漆黑的情况下，夜中学的每个同学手里都举着一支蜡烛，坚持在教室里刻苦读书。职工班的同学，为了生计，白天辛苦劳动，晚上还要急急忙忙地赶到学校上课，来不及吃饭，就先买两块大饼或是一碗小馄饨垫垫肚子，等散了课后九十点钟才能吃上点像样的

东西。"三反""五反"运动前,不少同学都是瞒着老板到学校上课的,被老板发现了,少不了一顿训斥。有位家境贫寒的同学,每天都要卖完晚报、送完晚报才能赶到学校上课。

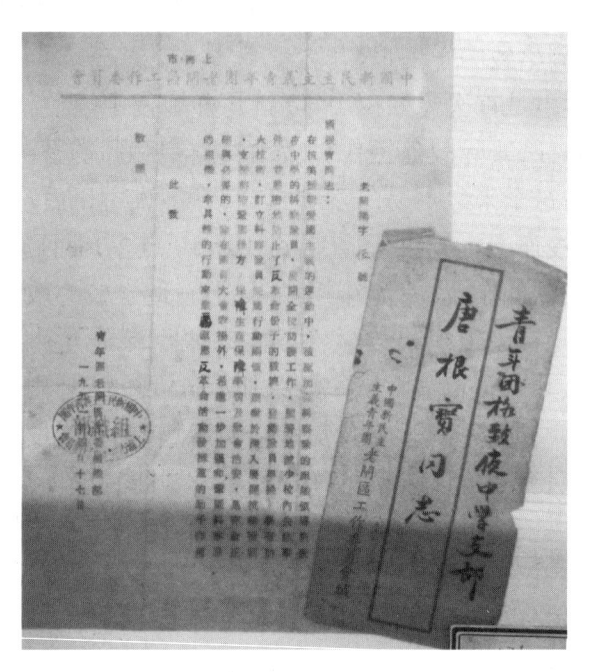

图 1-1-7　夜中学学生唐根宝积极参加抗美援朝运动纠察工作,收到青年团工委的感谢信

学校除了在夜中学开设文化课外,对政治思想教育也抓得很紧。陈尔寿校长还亲自关心夜中学的建团工作,勉励适龄青年积极创造条件,争取加入青年团组织。陈校长每周都要给同学们做政治形势报告,宣传马列主义、毛泽东思想,帮助同学们树立革命的人生观,树立为祖国效力的志向。经过学校一系列扎实的思想教育,1950 年和 1951 年,格致夜中学两次掀起参军、参选军事干校的高潮,同学们争先恐后报名,服从祖国挑选,走上投笔从戎、保家卫国的革命道路。由于思想认识上的局限,有些家长对子女参军有所顾虑。乔亚虹同学的母亲就认为女孩子当兵不太合适,况且弟弟、妹妹太小需要照顾,不支持女儿小小年纪就去当兵,而乔亚虹同学本人参军保国的意志毫不动摇,经过耐心、细心,一次又一次地做母亲的思想工作,这位母亲最后

终于答应了,并亲自送自己的女儿踏上了参军的征途。

图 1-1-8 即将参军参干的学生在学校合影

1951年,格致夜中学改名为老闸区第一高级职工业余夜校,但仍利用格致中学的校舍、教学设备和部分师资力量开展教学。这所学校为老闸区早期的工商企业界培养了不少骨干,1953年,职工培训任务完成后,夜校停办,不再招生。

为了照顾失学青年能再次走进校园,在市教育局的统一部署下,1950年3月,上海市立复兴、缉规、格致、育才、务本、市西、虹口、第一女中、洋泾9个市立中学通过挖掘潜力,将各校各班的余额全部统计出来,补招了一批插班生,共计五六百名。经考试录取的新生,均依据学生的住址和本人意愿,在上列9所学校作适当分配。同年9月,格致中学附设夜中学还登报招收了一批初中、高一新生和高二插班生。

五、继承办学传统,初试教学改革

严把师资关,是格致中学建校100多年来的立校之"基"。《格致校史稿(第一卷)》在"格致公学时期"的"格致公学的发展"一章中,专设"严格选聘教师"一节,一开始就这样评述格致公学的教师:"所有新聘

各教员,或毕业国内外各大学,或毕业师范与专门学校,皆学识丰富,经验宏深。"

1949年后的格致中学,首任校长陈尔寿继承了格致公学长期办学积累下来的好传统,使其更好地为中华人民共和国的中教事业服务,那就是继续把建设一支思想品德高尚、教学业务过硬的师资队伍作为学校建设的第一要务。学校有了这样一支优秀的教师队伍,学生的思想品德教育、学科基础知识教育以及体育文艺活动的开展等,就都有了可靠的保障。

当时的格致中学,不仅数理化教学全市闻名,文史地也不同凡响,是一所德智体全面发展的学校。各科老师都十分优秀,令同学们欣喜万分、感慨不已。教几何学的周宗镐老师,他在黑板上画的圆周、切线,既快又准,即使用圆规、直尺来画也不过如此;夏守岱老师教代数和解析几何,内容非常丰富,大量习题都在课外完成,一个学期要交4打练习簿;唐志瞻老师教的物理,条理清晰,生动有趣;章黄荪老师是教语文的,他是大剧作家曹禺的好友,对中国的文学艺术有很高的造诣,讲课善于启发引导,娓娓道来,令人神往;历史老师段念慈,精通中国近代史,学识渊博,讲到列强欺凌中国时,饱含热泪,令听者动容;地理课是陈尔寿校长亲自上的,他是一位著名的地理学家,《新世界地理》就是他和卢村禾先生主编的,陈尔寿对中国的地貌、山川、河流、交通、矿产如数家珍、了如指掌;英语老师顾绍熹,人称英语文法的活字典,一本厚厚的教材,经顾老师用图解分析,中英文解释,仅用两个学期的时间,就可系统地完成全部英语文法课程的教学。在格致中学,就连体育教师都非等闲之辈。

为了把所有学生都培养成德智体全面发展的人,学校各年级不但成立了学科兴趣小组,还成立了各种文艺社团。学科兴趣小组有植物小组、地理小组、气象小组、美术小组、航模小组等;文艺社团有话剧队、舞蹈队、合唱队、腰鼓队、朗诵队等。此外,每年的三夏、三秋期间,学校都要组织同学们到附近的郊区农村参加学农劳动,通过插秧、割稻、挑粪等繁重体力劳动的体验和锻炼,同学们普遍树立了"劳动光荣"的思想,身体也锻炼得更强壮了。与学农并重的还有学军和学工。学军又可称之为军训,1955年,新中国第一部《兵役法》颁布,首次从法律上作出了在大学生、高级中学学生中进行军训的规定。军训通常与学农安排在同一时间段进行,每天清晨是军训时间。军训的主要内容是队列操练和"匍匐前进"科目的训练,此外还安排了一些简单的军械知识的学习。学工基本上每周安排半天,学校办起了自己的实习工厂,每个班级都有好几个学工点,那都是同学们分头到附近工厂联系后定下来的。

在教师中,"老带新""互帮互学"蔚然成风。校领导和各科教研组要求全体教师在开课前必须吃透教材,备好课,在课堂上,认真讲课,把每一堂课的重点难点讲细、讲透,不能满足于学生对所学知识的浅层次的理解,而是要通过课堂上的解惑答疑和课外作业的强化训练,循循善诱,帮助学生掌握知识,使之入脑入心。行之有效的教学方法、随处可见的教学互动,真正起到了教学相长的效果,教师在教学实践中业务能力普遍有了大幅度提升,全校学生的学习能力和学习自觉性不断增强,德智体各方面发展均衡,出现了一大批品学兼优的佼佼者,学校的教学成果也因此而得以彰显,1959年即被定为上海市重点中学。1963年,上海市教育局根据教育部《关于有重点地办好一批全日制中小学的通知》,确定13所学校为"首批办好学校",格致中学成为其中之一。那段时期,格致中学的教学质量,在整个上海市是名列前茅的。据校友回忆并经史料证实,1955年的夏天,高三(乙)班59位同学从格致中学毕业,除了4位同学因肺结核等疾病未能参加高考,其余55位同学都参加了当年的全国统考,结果有51人被高校录取,占参考人数的92.7%。其中,进入全国重点高校的有35人,约占被录取人数的70%,考进上海交大、复旦等高校的有13人,另有38人选择了报考外地名校,共有23人考入了北大、清华两校,其中北大10人(物理系5人、东方语言文学系4人、中文系1人),清华13人(工程物理系5人、电机系3人、无线电系2人、机械系2人、建筑系1人),加上后来到北大读东语系日语研究生的1人,共有24人在北大、清华两所全国重点名校就读,占考入高校人数的47%。

1956年,我国制定了十年科学发展规划,"向科学进军"的号角响彻中华大地,格致中学紧跟形势,在全校大力开展各项宣传教育活动,请了许多社会名流、专家学者到学校做报告,宣介"向科学进军"的意

义,激励同学们为报效祖国刻苦学习,努力成才。

在20世纪50年代末期,格致中学进行了一些教育改革试点:一是把原来初、高中六年的学制压缩为五年,其中初中三年,高中两年;二是引入大学的分科机制和部分教学内容,在中教阶段试行文理分科,五年制的改革一直持续到1963年。

另见当年上海报载:

上海中小学减轻学生负担初获成效

黄浦区格致中学许多教师也认真改进教学方法,调动了学生学习的主动性。初三(4)班班主任、数学教师周文川,在课堂上实行边讲边练时,注意启发学生自觉地思考问题,改变了过去一讲到底的教法,学生学习主动了,发现问题,当堂解决,课堂气氛活泼,许多学生能做到当堂巩固。课业负担减轻以后,学生参加政治学习、生产劳动和课外文娱体育活动,也比以前更加活跃了。

在学校里,参加各类会议和各种社会活动最多的是政治教师,有一段时间,因工作繁忙影响备课的情况时有发生。格致中学党支部发现了这个问题后,断然采取措施给政治教师减负松绑,要求全体政治教师都能提前两周备好课,留有足够的时间相互听课,并且要求他们安排一定的时间自学毛主席著作,努力提高自己的理论水平,保证学校政治教学的质量。

1958年,中国共产党制定了"鼓足干劲,力争上游,多快好省地建设社会主义"的总路线,随后,举国上下掀起了"大跃进"运动和人民公社化运动。全国教育系统正在全力贯彻的社会主义教育路线受到了不同程度的冲击,学校的教学秩序受到了严重影响。这一时期入学的学生经历了太多与正常教学关系不大的政治活动,从"人民公社""大办食堂""大炼钢铁",到"庐山会议""反右倾运动""反修防修"等,其间,政治运动更是一个接着一个,常规的课堂教学受到了不同程度的影响。但是格致中学的爱国精神、文化传承和教学特色仍然是深受社会赞誉和学生信赖的。如1958年、1959年时段发生的一件格致高中班级在学制反复变化中曲折前进的事例,就颇耐人寻味。当时学校对1958年秋季考入高中的班级进行了分科,高一(1)班被定为文科班,不设物理、化学课程,学制缩短为两年。一年后,上级突然决定取消"文理分科",把所有教师和学生都搞得措手不及。学校决定对这个班重新开设物理和化学课,进行"恶补",中间进行了一次小考,全班大开"红灯",这本是情理中的事情,但见到这样的成绩,所有的老师和同学还是惊呆了。不过同学们并没有因此而气馁,他们决定以自己的实际行动打一场攻坚战。在校长席炤庆、团委书记陈国泰、班主任老师高润华的鼓励下,全班的补习几乎到了白热化的程度,有的同学甚至把铺盖都搬到了学校,晚上就在教室里打个地铺。最后,大考成绩揭晓,全体顺利通过,这个班也因此获得了学校当年颁发的"红旗班"锦旗。

1960年新学年开学之前,学校党支部和行政利用1个月的时间,深入学习《人民日报》社论。为了进一步贯彻"教育与生产劳动相结合"的方针,并适应大办农业、大办粮食的需要,决定在各年级适当增加劳动时间,特别是参加农业劳动的时间,提高学生的动手能力和养成自觉的劳动习惯。为此,学校主动与郊区农村挂钩,建立了学生学农劳动基地。

此时,格致中学的五年制学制试点仍在进行中,初中新生被编成4个班级,准时开学。与其他普通中学最大的不同是,他们全部使用新编的五年制中学教材,班级的冠名也与普通中学有所不同,外校称"初一",格致中学叫"中一"。为了种好这块教改"试验田",学校煞费苦心,在师资配备上进行倾斜,要么由教研组长领衔,要么由资深教师担纲,即便是年轻教师任教,也个个都是出类拔萃的新秀新锐,他们中间有翁璇庆、陈彩云、黄松年、李世昌、周文川、庄流琴、张亚炯、潘秀珍、何炳基、李自端、廖家瑞、邵丙章、饶金根、刘汉标、陈祥麟等,称得上是一个"豪华"阵容。新入学的学生,年龄和普通中学一般大,不仅学习的课程比普通中学明显要多,比如机械制图课,普通中学是不设的,而且各门主课,教材的深度、广度和难度均超过一般普通中学。要知道,这些学生其实都还只是十三四岁的孩子,正当他们长身体需要吃饱吃好增加营养的时候,国家却经历了连续3年的困难时期,物资供应极度匮乏,农副食品的供给少到仅能维持生命的延续。同学们个个面黄肌瘦,男同学的个子都在1.4米左右,比正常情况下矮了10厘米。即便在这样困难的条件下,同学们的求知欲望依然非常旺盛,在老师们的言传身教下,他们不仅刻苦好学,还学会了艰苦朴素、互相帮助和关爱

同学,养成了良好的集体主义观念。那时,学校有夜自修制度,并没有硬性规定每个同学必须参加,可是一到晚上,教室里必定灯火通明,同学们有的在做当天的作业,有的在预习第二天要上的新课,成绩好的同学会在这个时候给需要帮助的同学当小老师。

到了第三年,学校发生了一系列重大事件,首先是五年制的试点取消了,原因是和"五年制试点"同步实施的高中阶段的"两年制试点"因高考升学率下降了许多而饱受社会质疑,学校迫于升学压力,作出了终止"五年制"教改的试点。此外,在"左"倾思潮的影响下,全国教育系统一场"反对修正主义教育路线的斗争"正处于暴风雨的前夜。受"唯成分论"的影响,在这批同学初中毕业再次考试时,一些学习成绩优秀的同学却因"家庭出身不好"而被排挤在外,未能升入格致中学继续念高中。

六、建立规章制度,规范教学管理

上海解放初期,全市人民沉浸在翻身做主人的喜悦之中,格致中学的教师和学生走向社会,积极参加各项社会活动,充分体现了师生的爱国主义热情。与此同时,在学校内部,废除旧的教育制度、建立新的教学秩序也成了一项刻不容缓的任务摆在了全校师生的面前。

1949年10月,学校教务处和学生会联合发出"团结同学,积极温课"的号召,与此同时,学生会学术股也在墙报上发表了《总结我们的学习》的文章,特别着重地指出今天学习的意义已与往日不同,以往在旧的教育制度下温习功课,大家都存在着为了考试、为了拿文凭的错误思想,而现在是新民主主义社会,我们青年学生的主要任务则在于学好建设祖国的知识和本领,文章要求全体同学彻底检查一下自己在学习态度和学习方法上存在哪些缺点,以及怎样纠正这些缺点。教务处和学生会的这一号召发出后,立刻得到了全校所有班级的热烈响应,各教室里里外外贴满了如何搞好学习的意见和建议,学生会同时召集各班代表举行座谈会,商讨温课的方法。一种新的强调集体互助的学习思想在同学们心中萌发,而学习中的个人主义倾向遭到批评。

此外学校还在全体学生中开展学习目的性教育,帮助学生养成"为建设祖国、保卫祖国而努力学习"的思想,使同学们认识到光有政治热情而没有文化知识,是无法为国家效力、为人民服务的。经过一段时间的教育,同学之间出现了互相帮助、你追我赶的学习氛围。团员徐永祥等就邀请了很多高三同学为初二、初三功课特别差的同学补课,同学们的集体荣誉感、责任感、使命感增强。一种新的学习思想和学习观念开始在同学们的心中萌发。

鉴于学校里有一部分学生比较自由散漫,沾染了在考试时喜欢耍小聪明偷偷作弊的不良习气,教务处出台了"荣誉考试"的办法,用集体荣誉感激励学生自我约束,学会自律、自尊、自爱。具体做法就是先将"荣誉考试"的办法付诸各班讨论,让同学们在思维碰撞中认明考试的意义,然后选定6个班级试行。考试时,教师发完试卷后随即离开,教室无人监考,同学们自觉独立答题。"荣誉考试"不仅遏制了不良考风的蔓延,还增强了同学们的集体荣誉感,端正了学习态度,考试成绩也大多在标准以上。学校在全体学生中大力开展了"为建设祖国、保卫祖国而努力学习"的思想教育、帮助学生提高对学习目的性的认识,使同学们认识到光有政治热情而没有文化知识是无法为国家效力的。通过一段时间的教育,同学们普遍树立起了荣誉感、责任感和使命感,同学之间出现了互相帮助、你追我赶的学习气氛。为此,学校还专门在全校进行了一次"荣誉考试",即教师发完试卷后不留在教室里监考,相信所有同学都能自觉地克服陋习,独立答题,向祖国和人民诚实地汇报自己最真实的学习成绩。这次"荣誉考试"获得了很大的成功。从此,学校里树立起了勤学互助的优良学风,同学们的学习成绩都有了明显的提高,高中毕业生中的大多数人都能考取全国重点大学中国家急需培养人才的专业。1949年12月,刚参加完上海第一届学代会的同学回校后,把学代会的精神带回学校,大家响亮地提出了"团结全校师生工友,树立自觉纪律;遵守民主秩序,学习新知识;加强自我锻炼,树立革命的人生观"的三大口号,要求在全校迅速建立起团结进步正派的新学风。全校800多名学生分成108个小组,通过认真的学习讨论,最后拟订了"改进旧习气,树立新校风"的公约,提出七项目标:(1)不迟到、不早退、不旷课;(2)上课和集会专心听讲,早操排队迅速整齐;(3)接受教师指导,及时完成一切工作;(4)小组组员生活在一

起,级际组际互相合作;(5)和工友合作保持全校整洁;(6)爱护人民财产,不损坏公物;(7)阅读有益的书报杂志,参加文娱体育活动。格致学生践行公约的效果明显,尤其是爱护公物方面,据木工陶文生反映"往常课桌椅每天总要修上二十多只,现在两个礼拜只修了四十多只""新学风运动不但减轻了我的工作,而且又省下了一笔可观数目的铜钿"。①高三年级的同学在此基础上还进一步提出了"看谁最先做到,最先做好,做得最彻底,并且要以国际主义的精神融会到具体行动中去,帮助同学,自觉遵守纪律,遵守民主秩序,搞好学校"的倡议。格致新学风运动得到同行们的认可,市西、道中等校邀请格致老师传授经验。副教导主任顾诗灵一语道破其中真谛——"我们无论学习什么,只要全心全意、不自私、能互助合作,什么困难都可克服的,并且保证绝对的有美满的收获的。"②新学风运动中的内容后被教导处修订为全校性的暂行校规,通过颁布光荣牌和红旗的竞赛办法来评选优秀班级,引导学生遵守校规。③

1950年,为贯彻戴白韬局长在教育工作会议上所报告的学期中等教育工作重点"加强教师进修和学生的政治思想教育,提高教学质量,以继续改造学校",学校的全体教职员工分学科进行了反复的调查研究,拟订了各自的工作重点,在对工作重点进行深化和具体化的过程中,形成了一套可供摸索和试行的规章制度,可归纳为:(1)加强全校的政治思想教育,建立全校性的政治学习委员会,有计划、有步骤地领导师生员工开展政治学习及社会活动,定期举行时事测验和政治问题座谈会,切实团结全校师生员工。(2)搞好教师业务学习和同学课程学习,设立各科教学研究会,进行教材教法研究,定期组织教师相互观摩现场教学,交流经验,并通过级务会议检查教学效果。举办各类学习竞赛,提高教学质量。(3)改进考试制度,开展新学风运动;加强小组领导,巩固基层组织;定期举行品德考核;订立全校性的暂行校规。(4)贯彻民主集中制精神。(5)提倡勤俭节约意识,培养艰苦奋斗精神,团结全校师生员工在任何困难的情况下,都要坚守教育和学习岗

---

①② 《解放日报》1949年12月16日。
③ 《解放日报》1950年4月19日。

位,尽量节省各种开支和消耗,树立劳动观点,勤俭办学。

1950年9月,格致中学在总结上一学期的教学情况后,首次制订了学校的教学计划和工作计划,在广泛征求意见后,进一步完善为格致中学的教学工作方针。具体表述为:提高政治认识,加强团结改造;发扬并巩固民主集中制精神,克服工作中的自满情绪、事务主义及官僚主义作风;改进业务,提高教学质量;建立学习纪律,巩固民主秩序。

为了实现这一目标任务,长期以来,格致中学一直把"严校纪、全校规、正校风"作为学校的治学方略,根据教学规律办学,尤其重视素质教育,教学质量始终保持在较高水平。概括起来,主要体现在以下几个方面:

一是办学严谨,教学质量高。教师爱岗敬业,言传身教,德艺双馨;学生刻苦用功,奋发向上,立志成才。教师们在认真上好每一堂课的基础上,经常帮助学生开展诸如"向科学进军""数学一条龙"等活动,并鼓励同学迎难而上。级任导师黄松年给同学打气说:"只要肯下功夫学习,什么困难都可以解决的,今后我愿和同学一起学习"。学校组织了许多业余兴趣小组,积极开展各项课外活动,不定期地举办作文及数理化等学科竞赛,在校园里营造了良好的学习氛围。这些活动的开展,大大地提高了学生们的学习兴趣和创造性思维,学校的教学质量在全市名列前茅,历届学生多次在全市性、全国性大赛中获奖,高考升学率和岗位成才率都比较高。

二是重视德育教育和全面发展。学校注重学生的思想道德教育和文化知识教育,做到两者紧密结合,努力培养学生爱党、爱祖国、爱人民、爱科学、爱劳动、爱集体的崇高品德,强调学生要"又红又专""德智体美劳"全面发展。学校经常举办时事报告会、英模事迹报告会、革命传统报告会,组织访贫问苦,参观各种有意义的展览,在全校形成了浓厚的"学英模、争上游、为祖国学本领"的学习气氛。绝大多数同学,包括一些当时所谓的"后进"同学,实际上都是单纯、爱国、好学上进的好青年。

三是重视社会实践和能力培养。学校积极引导师生参加各种社会实践活动,尽量让更多的同学担任一些社会工作。学校倾注了很大的政治热情,组织同学参加了"三夏三秋""支援边疆""工厂实习""义务

劳动""勤工俭学"等活动,全校师生还共同经历了"公私合营""整风反右"和"大炼钢铁"等政治运动。作为一所学校,能引导学生重视实践、提高能力,走与工农、与社会相结合的道路,无疑体现了一种责任和担当。

四是共青团和学生会的工作非常活跃。以陈国泰老师为团委书记的校团委在校党支部的领导下,经常组织学生上党课、团课和进行集训,培养团干部和积极分子,努力搞好团的思想教育和组织发展工作。校团委每个时期都能围绕形势和学校的教学工作,分析学生和团员的思想状况,及时提出鼓舞人心的口号,在同学中树立学习榜样,促进学校中心工作的开展。这期间,党团组织的凝聚力、号召力和战斗力都很强,共青团员的模范作用也很明显。此外,校学生会积极配合党团组织在全校同学中开展各种健康向上的文化体育活动,极大地丰富了同学们的课余生活。1950年校学生会发起互助互济运动,在学校掀起学习热潮。高一下甲在组长陈之骅的动员下,组织成绩好的学生担任"小先生",课后帮助同学们补习功课。同学们笑着说"小先生呱呱叫,虽是学问不及老师好,热心认真值得佩服。"互助互济运动形式多样,高三上在级任导师和团员的带头下开展百元运动,每个同学每天储蓄100元,以防急需或援助下学期缴不起学费的同学。初三甲沈裕康同学因家境贫寒、母亲生病,被迫辍学,级任导师家访得知这一情况告知同学们后,同学们立刻慷慨解囊,连初三乙同学也捐出8万余元,解决了沈裕康的生活与失学问题。在党支部的领导下,团委和学生会充分发挥了年轻人的优势,积极工作,努力学习,格致校园从上到下充满生机、充满活力。

第二章

全面贯彻党的教育方针

一、多方引进优秀教师

中华人民共和国成立后,格致中学的首任校长陈尔寿先生在格致《校友风采录》第一集第一篇《历史的回顾》一文中谈到了1949年之后的格致中学师资队伍建设。"一是团结学校中原来作风正派、教学经验丰富的老教师,以之为基础,其中有教务主任盛蔼如,语文教师顾诗灵、许志行,英语教师顾绍熹、顾世璋,物理教师唐志瞻,化学教师张泽,生物教师邵丙章,数学教师周宗镐、李承福等;二是发挥新分配来校的一批思想先进、学有所长的年轻教师的骨干作用,如政治教师陶漪文(党员,何祚榕毕业后继任支部书记)、项秀蓉、郑孝同,教导副主任翁史伦,数学教师黄松年,化学教师梁永妙,生物教师赵韵香等;三是聘请了一部分因调整办大学而能兼课的教师和专家来校任教,其中有原暨南大学数学教师乔华庭、夏守岱,物理教师朱章,原新闻专科学校地理教授卢村禾,以及曾在大学任教的语文老师章萁荪,体育教师竺林,在美国留学归来的英语教师曹淳,著名音乐家庄枫、姚牧(兼任)、历史教师段念慈;四是培养少数积极有为的新青年为初中骨干教师,如原图书管理员、自学成才的汤廷浩为初中语文教师,为生病父亲周宗镐代课受学生欢迎的周文川任初中数学教师兼少先队辅导员。

学校有了这一支优良的教师队伍,学生的思想品德教育、学科基础知识教育、体育文艺活动的开展,就得到了可靠的保证。"

下面依据相关史料,简略介绍几位陈尔寿校长提到的建国初年的教师,以及虽在文中尚未提及,但综合史料,介绍那个年代先后在格致执教的优秀教师。

许志行,男,(1901—1983年),江苏吴县人,原姓潘,11岁时因家道中落,被许家领养,改姓许。不堪忍受少年学徒的重负及对养父母的不满,几次逃离,几经辗转。在汉口与从事早年革命活动的毛泽东相遇。毛泽东十分同情青年许志行的坎坷经历,引导许志行逐步认识社会,走上革命的道路。1922年,毛泽东亲自介绍许志行和自己的两个弟弟毛泽民、毛泽覃,一起加入了"社会主义青年团"。1923年,在毛泽东的帮助下,考入浙江省立第一师范学校。学习刻苦,天资聪明,写得一手好文章,颇得当时的国文教师俞平伯先生赞赏。经俞平伯介绍,在上海商务印书馆的《小说月报》上连发短篇小说等,引起文坛注意,得到茅盾先生的好评。1925年,加入中国共产党,在上海从事工人运动。1927年"4·12"事变之后,转入地下工作。在上海、海宁等地长年从事教书职业。左翼作家联盟成员。1949年之后,与毛泽东恢复书信联系。二十世纪四五十年代,主要在格致中学担任语文教师。后调入上海师范学院任教。1964年从上海师范学院退休。

邵丙章,男,格致中学优秀生物教师。知识渊博,讲课生动活泼,不用看课稿,深受学生欢迎。数次政治运动中历经坎坷,认真教书育人始终不变。

周宗镐,男,1949年之前,即在格致数学教研组任教。业务能力极强,1949年,军管会接管学校后,为陈尔寿校长留任,继续在数学组执教,担任格致高中年级数学课程的教学工作,并兼一部分学校的招生工作。1951年初因病离开教师讲坛。

周文川,周宗镐女儿。原先在上海大同大学附中学习,后任苏州某小学老师,因父亲患病,家庭生计发生困难。由陈尔寿校长破格接纳人才,顶替周宗镐老师的数学初中课。能力出众,在格致从代课老师起步,到数学老师、班主任,至格致少先队辅导员等。

翁史伦,男,1921年出生。1950年2月到格致中学任副教导主任,直至 1975 年夏天离开格致中学，前后 25 年，把人生的黄金阶段献给了格致中学。1955 年加入中国共产党，一度由于各项政治运动，被无辜取消过党籍。直到 1986 年恢复党籍。在漫长的严峻考验中，翁史伦从未动摇过自己坚定的信念。他用十二个字总结自己的一生："清清白白做人，认认真真干事。"在上海市建设中学领导岗位上退休。

图 1-2-1　翁史伦参加庆祝暨南大学建校 80 周年活动

周艺，男，1920 年生。安徽枞阳人，前中央大学中国语言文学系毕业，副研究员。历任上海市五一中学、格致中学、上海教育学院等校教师。为《汉语大词典》主要撰稿人及国家重点项目《汉语方言大词典》编审之一。校点古籍及编写各类词典 10 余种。

竺林，男，1914 年出生。浙江奉化人。自幼喜爱体育运动，1949 年 9 月，经军管会签发的调令，从上海体育专科学校调至格致中学任体育教师。在格致任教 8 年。任教后的第一学期，就举办全校各班级体育委员学习班，开展"新民主主义体育"活动，自编格致《体育周刊》。极大地提高了格致学生的体育兴趣、竞赛技能和"吃苦耐劳的精神，勇敢强健的体魄"（陈尔寿校长为格致《体育周刊》题）。

格致中学素以治学严谨著称，教学成果显著，尤其是理科教学，可谓是自成体系、别具匠心。长期以来，一直在上海中教界享有很高声誉。为了科学地继承学校优良的办学传统，历届校领导都把建设一支思想品行好、业务能力强的教师队伍当作学校的一项重要工作来抓。为了及时改变教师队伍的年龄结构，尽快形成老中青的合理布局，避免出现青黄不接的局面，并在教学业务上做好"传帮带"，让学校的众多"名师"都能带出"高徒"，20 世纪 60 年代初，学校便有意识地每年吸收几名应届大学毕业生入校充实师资力量，1963 年，学校一下子吸纳

了钱伟康、赵春英、朱云清、孙晓峰、姜秀娥、李鸿昌、王廉元、杨福根、陈孝栋、徐翔舟等 13 名青年教师，1964 年又进了一批，他们中既有理科教师，也有政治、语文教师，甚至还有音乐和体育教师。青年教师进校后，校领导分别找他们每个人都谈了话，说学校是一个筛子，你们就是一颗颗小石子，你们只有把自己做大了才不会从学校这个筛子的筛眼里漏掉。第二步是给每一个青年教师压担子，除了上课，还要当好班主任，物理组的青年教师还被额外要求带好学生的多个课外科技小组，诸如航模组、无线电组、报务组等。这两次集中引进青年教师，是学校在师资队伍建设上的一个大手笔，事实证明，经过刻苦磨炼，青年教师们迅速成长起来了，他们中的许多人成了同行中的领军人物或是佼佼者。

二、重点学科，重点培养

(一) 课程设置

1949 年之后，按照国家统一部署，中学课程开设政治、语文、数学、外语、物理、化学、生物、生理卫生(曾一度被取消)，以及历史、地理、体育、音乐、美术、劳动技术(包括生产常识)，计 14 门课。大致可以分为四类：语文、数学、外语为第一类。《中国教育年鉴》认为，这是学习科学文化和从事工作的重要工具，是中学阶段的主要学科；政治、历史、地理为第二类，主要讲授社会科学基础知识；物理、化学、生物、生理卫生为第三类，讲授自然科学基础知识；体育、音乐、美术为第四类，是学生身心健康发展的重要学科，并在培养学生高尚品德、情操方面具有重要作用。劳动技术课是培养学生的劳动观点、劳动习惯和初步学会一些基本劳动技能所不可缺少的课程。

上述四类学科在实现中学教育的目的、任务中，各自都有着独特的功能作用，由此来决定各门学科的具体内容和所需课时。1949 年以来，中学各学科的基本要求，虽然在不同的时代背景下有所变化，但基本精神是一致的。1956 年，依据教育部的要求，中学语文分为"文学、汉语"两门课程进行教学。

格致中学以其历史的渊源和适应新时代的使命，在符合国家教育统一规范的前提下,努力探索,大胆实践,走出了一条"以数学为重点"的特色之路。

应该说,20世纪50年代的中后期,是格致中学在1949年后至"文革"爆发前的17年间各科教学的鼎盛时期,其中数学教学一马当先,其他各科也呈万马奔腾之势。1956年,上海市举行了第一届中学生数学竞赛,参赛的学生多达1.2万人,格致中学选送的同学中,盛沛栋、孙曾彪和郑家式同学分别获得了此次竞赛的第二、三、八名,虽然成绩是他们个人取得的,但是他们的荣耀折射出的却是格致中学数学教学的光芒。当时的数学教研组由刘永贞、黄松年、周文川、潘为南、石垒等一批教学经验丰富的教师所组成,这些教师全是第一流的"伯乐"。1960届的校友阮炯感慨地说,能在那个年代进格致中学并接受这些老师的培养和教诲,无疑是一种幸运。在数学课上,老师一丝不苟的严密论证、一题多解的迷人分析思路,不用圆规直尺在黑板上直接画出圆和三角形的基本功,都给同学们留下了深刻的印象。当时学校的教学风气很浓,老师们教得很认真,同学们学得也很刻苦。为了帮助青年教师迅速提高业务能力和讲课水平,一方面,学校有意识地安排青年教师带教大学生,还让他们对来校见习的大学数学系学生上公开课。1960年代初期,学校曾多次安排数学教研组的青年教师给全市的中学数学教师上公开课,给同行上课,压力可想而知,但正是这种压力,给了青年教师自信和勇气,通过认真备课和一次又一次的课前试讲,青年教师迅速成长起来了。此外,学校还非常注重教与学的互动,老师们经常尝试用一些新的教学方法,以取得课堂教学难以达到的效果。比如在各班举行速算心算比赛、在全校举行数学竞赛;成立课外数学兴趣小组,通过墙报和黑板报出题征答;邀请全国著名的数学家华罗庚等到校做报告、与同学们见面和面对面交流。这些生动活泼的教学方法,既是一种探索,也是一种实践,它不仅培养了同学们对数学这门学科的浓厚兴趣,更教会了他们正确的逻辑思维方式,从而有效地提高了同学们灵活多变的解题能力。

(二) 教材应用

1949年至1966年"文革"开始前,17年间,国家教育部门一共出

版了四套教材。第一套是解放初期修订改编的十二年制中小学教材。其基础是老解放区和国民党统治时期进步课本,参照当时苏联十年制中学教材编译修改,应急使用。第二套是1954—1956年编的十二年制中小学教材。这是根据毛泽东的指示,"必须抽调大批干部编出社会主义教材",以及"所谓教学改革,就是教育内容与教学方法的改革。因此,应该改编教材",编写出新的教材。据当时的普遍反映,这套教材比前面大有进步。第三套是1960年编写的十年制中小学实验教材。目的是为了纠正第二套教材实施中,部分地区反映的"要求高、分量重、内容深,教学过分紧张"而改编的,但编写时间比较仓促,准备试用一两年之后再作修改。第四套是1961年开始编写的新十二年制中小学教材。1963年开始在部分地区试用。1964年春节,依据毛泽东关于教育问题的谈话精神,着手修改精简。原计划1966年秋正式使用,由于"文革"爆发,就此搁置。

(三) 学习方法

这里引述1949年11月10日陶漪文老师对学生的讲话:"过去,中国的学生运动,在反帝反封建反官僚资本主义的斗争中,已经发挥了它最大的力量,今后在新中国文化建设的热潮中,一定也能负起时代给予它的使命。学习是学生的基本任务,我们对于如何搞好学习,想提供一些意见:**一、课内学习与课外活动结合起来**——我们强调学习,绝不是希望大家死读书,'死读书,读死书,读书死'是反动派毒害青年的唯一妙计。我们说的是要'活读书,读活书,读书活'的问题。也就是课外活动配合了课内学习,帮助了课内学习;没有课外活动,课内学习就显得枯燥、无生气,不能实际地解决问题。反过来,只有课外活动,没有课内学习,一切都会变成盲目,缺乏理论指导。要认清这一点,那么我们就要多发动到工厂去参观,进行农村调查,研究时事,与社会活动连接在一起。即使是文娱活动、体育活动,也都是为了调剂身心,使学习生活更生动有力。**二、个人学习与集体学习结合起来**——以前,一切都是个人主义,没有自学互助的精神。学识也好像是私有财产,唯恐被别人劫去,这观点是错误的。今后我们认清了学习为的是什么,如果是为了新中国的建设的话,那么我们就要有自学互助的精神，个人与团体结合起来。把个人的经验贡献出来，只有在集体里，个人的才能，才会很好地发扬，也只有在集体的学习下，个人的进步才最完善最快。**三、文化课与政治课结合起来**——许多人以为学习文化课是学生的基本任务，而政治课则无关紧要，只是少数爱活动同学的玩意；而且，关心了社会活动，文化课就一定搞不好，把文化课与政治课截然分开了。其实呢？要培养学生新民主主义的思想，各科正应该有机地、正确地配合政治思想教育。也说说，文化课如何贯彻思想政治教育的问题。任何一种课程，都必得贯串着科学的、唯物的、人民大众的观点、立场和方法。因为只有一个认识真理，掌握了社会发展规律和有着政治觉悟而有坚定立场的人，他的文化程度和技术水平也才能提高，才能很好地发扬。因而，政治思想教育与文化教育这两者是绝对分不开的。我站在一个教师的立场，向同学们提出了这样的学习方法，希望大家展开讨论。”

文中所见的“三个结合”，从一个角度反映出格致的教师和学生在新的教学环境里，是如何把握正确的政治方向，培养学生良好的集体精神和灵活实用的学习方法。

三、首届上海市中学生数学竞赛崭露头角（“2、3、8”）

1956 年，上海市举行了第一届中学数学竞赛，在前十名获奖者中，格致中学的学生盛沛栋、孙曾彪、郑家式分别获得了第 2 名、第 3 名、第 8 名，后来校内习惯称“2、3、8”。

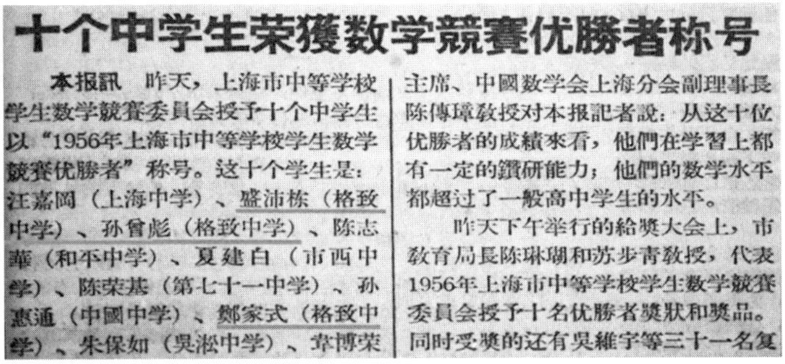

十个中学生荣獲数学競賽优勝者称号

本报訊 昨天，上海市中等学校学生数学競賽委員会授予十个中学生以“1956年上海市中等学校学生数学競賽优勝者”称号。这十个学生是：汪嘉岡（上海中学）、盛沛栋（格致中学）、孙曾彪（格致中学）、陈志華（和平中学）、夏建白（市西中学）、陈荣基（第七十一中学）、孙惠通（中國中学）、鄭家式（格致中学）、朱保如（吳淞中学）、章博荣

主席、中國数学会上海分会副理事長陈傳璋教授对本报記者說：从这十位优勝者的成績來看，他們在学習上都有一定的鑽研能力；他們的数学水平都超过了一般高中学生的水平。

昨天下午举行的給奖大会上，市教育局長陈琳瑚和苏步青教授，代表1956年上海市中等学校学生数学競賽委員会授予十名优勝者奬狀和奬品。同时受奬的还有吳維宇等三十一名复

图 1-2-2　1956 年，上海市首届中学生数学竞赛我校学生获前 10 名中第 2、3、8 名

1957年，上海市举行第二届数学竞赛，格致中学有参赛学生名列前茅。

1960年上半年，《格致数学》刊物创刊。时任团委书记的陈国泰在"创刊号"上号召全体共青团员带头发扬格致传统，努力学好数学，"人人争做红色数学家"。各班纷纷响应，闻风而动，成立了每个班级的"数学小组"。一时间，全校学生学习数学的良好风气大盛。

1960年，上海市第四届中学生数学竞赛，组织了初三、高一、高三共3个年级的学生竞赛，格致中学派出强大阵容参加全部"级别"的

图 1-2-3　学生获奖奖状

比赛，获得了大面积丰收，成绩优异骄人：高三年级在前25名得奖者中占了5名，他们是陆立人第3名、林德芳第7名、赵组铭第20名、孙兆桂第22名、高慎斌第23名；初三年级在前10名得奖者中占了3名，他们是虞吉林第2名、余德浩第3名、任仁光第8名。此外，高一年级也有人得奖。

1961年秋，格致数学教师黄松年邀请到了著名数学家华罗庚来校做报告。全校师生停课两节，因为人多，礼堂根本容纳不下，师生们在篮球场上席地而坐，认真听取这位国家级、世界著名的数学家讲述自己刻苦学习、为国争光的生动事迹。华老虽然演讲的主题是数学，但通过数学学习体现出来的"苦学、自学、巧学"精神，却是可以激励数学之外的任何一门学科的学习。格致校园人人勤奋、个个自觉的良好学习风气更加浓厚。

1962年，格致学生虞吉林参加上海市第五届中学生数学竞赛，获高三组第5名。

1964年，格致学生参加上海市第六届中学生数学竞赛，傅骏庆同学获第11名。

此外值得一提的是，在1964年上海市少年科技站举办的全市中学生初二年级数学竞赛中，格致中学初二(4)班学生徐大容以满分100分的杰出表现荣获第一名(第二名是73分)。据阅卷老师说，徐大容不但答题完全正确，表达上也无懈可击；这位老师还说，以前的全市数学竞赛也曾出现过答题全对，但在表达中总有些瑕疵，因而从来没有出现过满分。①

20世纪五六十年代，上海市中学生数学竞赛一共举办了6届，格致中学每一届都组织各方力量全力以赴，并取得了一届又一届的好成绩，加之格致学生在其他市级数学竞赛中的突出表现，使"格致中学以数学为重点"已成为社会广为知晓的共识；同时也为整个学校借数学东风，开一代良好学习风尚创造了新的局面。

四、教学楼加层扩建

1949年，上海市人民政府接收时的格致中学教学大楼，原名为"格致公学"(1915—1942年)。1925年，由当时的"工部局"公开招标，由

图1-2-4 1927年竣工的格致公学教学大楼

---

① 顾凡：《难忘同桌"徐数学"》，格致《校友风采录》第四集。

"潘义泰营造厂"中标,负责建设项目。1926年开工,1927年格致教学大楼主体竣工。建成的校舍,钢筋混凝土3层主楼,建筑面积1800平方米,含大礼堂1座,普通教室17间,物理实验室、化学实验室、劳作室各1间,校长办公室及教务、事务、医务等办公用房7间,图书馆1间。虽然这样的新式校舍在建成当年已属首屈一指,但到了中华人民共和国成立之后,尤其是随着招生扩大、男女同校、夜校开启等一系列格致的发展,原有校舍往往日显局促。

格致教学大楼加层计划提上了议事日程。由当时的建筑专业单位结合格致校内使用方的懂行教师石垒共同设计。加层设计将原大楼的四面散水式坡顶,改为大楼的第4层,新加层的顶部为"工字型"坡顶。新楼层中间的最大亮点是当年不太多见的"阶梯教室"。于1962年开工,当年竣工。

图1-2-5　1962年教学大楼完成加层改造

第三章

格致品牌的新建树

一、1959年被评为"上海市重点中学"

1953年6月15日,毛泽东主持中共中央政治局扩大会议作出了决定:"要办重点中学"。1954年,上海市政府首次批准"市东、市西、上海、育才、继光、复兴、虹口、市一女子、市二女子、市三女子"10所学校为市重点中学;1959年,扩至23所,格致中学名列其中;1960年,增至41所。

上海市格致中学于1959年被评为"上海市重点中学"。全校师生备受鼓舞,学校领导充分调动教师的积极性,大搞"教学改革"。还在1958年,学校率先创办了"格致实习工厂"。1959年,格致语文、数学两科的高考成绩双居全市第二。数学竞赛在全市连创佳绩,各科平均成绩在上海也是名列前茅。

1960年,格致中学荣获"上海市文教群英会"先进单位,成为上海市中学教育的"十面红旗"之一,并有代表光荣出席了"全国文教群英会"。

1963年,上海市教育局根据教育部《关于有重点地办好一批全日制中小学的通知》,确定育才、市二、五十一、南模、格致、复兴、华东师大一附中、敬业、市东、松江二中、复旦附中、上海工学院附中等13校为首批"办好学校"。

二、"十面红旗"和"全国文教群英会"

1959年,格致中学被评为"上海市重点中学"之后,1960年,年轻的27岁的语文教师高润华被评为"上海市三八红旗手";在上海市文教群英会上,格致中学被评为文教系统先进单位,成为上海中学教育的"十面红旗"之一。高润华光荣出席了"全国文教群英会"。

1960年5月14日—19日,上海"全市文教战线群英大会"召开。时任上海市领导的柯庆施、魏文伯等出席大会,石西民做报告,号召响应党中央"教育改革"动员令,"把上海文教事业办成第一流"。这次出席全市文教群英会的7000名代表,是经过各区、各县、各文教系统自下而上充分讨论评选产生的。经过6天的会议,大会评选产生1600名上海市先进单位和先进工作者,并选出160名先进单位和先进工作者代表出席"全国文教战线群英大会"。

1960年,被列为"普通中学"先进单位的有10所学校,包括:上海市市东中学、上海市复兴中学、华东师范大学第一附属中学、上海市格致中学、上海市第一女子中学、上海市松江县第二中学数学教研组、上海市上海中学、上海市和平中学理化教研组、上海市市北中学、上海市第五十一中学。这就是上海中学系统的"十面红旗"的由来。"上海市格致中学"名列其中,语文教师高润华作为学校的代表,其名字刊登在当时的《解放日报》上。

1960年6月1日—11日,全国教育和文化、卫生、体育、新闻方面社会主义建设先进单位和先进工作者代表大会(即称"全国文教群英会")在北京举行。会上受奖的单位和个人中,教育工作者占了65.4%。高润华老师代表学校光荣出席。

1960年5月9日《文汇报》报道:

上海文教界不断创造新成就迎接群英会
各条战线捷报频传　献礼项目如浪如潮

在市委提出大战四、五两月,创造更大更好成绩迎接全市和全国文教群英会的号召下,上海市教育和文化、卫生、体育等各条战线上的广大群众干劲十足,他们大破迷信、斗志昂扬,大搞群众运动,开展比、学、赶、帮的竞赛热潮,不断地创造出新的重大成就。在这全市文教战线群英会召开的前夕,各条战线捷报频传,向大会献礼的项目,犹如长江之水,滚滚而来。

上海市各级各类学校的广大教师职工,在最近一个时期的奋战中,无论在大闹教学革命,在科学研究攻尖端、攀高峰,和在配合技术革命运动方面,都取得了显著的成绩。

据1960年2月13日《文汇报》载,格致中学教师与学生,为迎接"全国文教群英会"做了大量工作。

"群英会"的召开给全国的教育系统带来了新的生机,激发了各地师生进一步探索教育改革的新路子。当时报载格致中学的一则消息——格致中学的学生课余科研小组从纸浆中提炼出一种带有植物生长激素的肥料,并试验成功在-2℃繁殖小球藻,初步解决了小球藻的过冬问题。很多中小学的气象活动已进一步向农业气象的方向发展。当召开文教群英会的消息传出不久,格致中学各个教研组的教师们曾经纷纷提出保证要用新的跃进成就迎接群英会的召开,现在,他们已取得了许多成就,例如研究、创制了电热烘箱、显微幻灯机、高级繁用电表、25瓦特扩大机以及各项电化设备。今天的小小科学实验,孕育着明天伟大的科学家。

三、高润华老师获上海市"三八红旗手"

高润华老师1952年走上讲台,任上海市闸北水电公司工人业余学校教师。1954年,进入上海师范专科学校,学习教育学、心理学等。1956年毕业,分配至上海市公安局干部文化学校从事成人教育。1958年,调入上海市格致中学任教。一开始就担任高中两个班级的语文课和一个班级的班主任,同时兼任教工团支部书记。高润华老师把全部的精力放在教书育人上,逐步形成了独具特色的"精雕细刻"的语文教学风格。在1962年、1963年的《上海教育》杂志上,先后发表了《谈语文教学中教师的主导作用》《我是怎样备课的》。1962年,《文汇报》在头版头条介绍了高润华的语文教学经验。

1963年,高润华作为中国专家被外交部、教育部派往越南的河内

大学教授"中国现代作品选""汉语语法修辞"等课程。1965年回国后，被借调到复旦大学留学生办公室任汉语教师。

1967年，高润华老师从复旦大学回到格致中学任教。

1962年2月22日《文汇报》报道：

熟悉教材　熟悉学生　深入浅出　有的放矢
高润华精雕细刻教语文

上海市格致中学语文教师高润华，精雕细刻进行教学工作。教师们称赞说，高润华把语文教"活"了。

有一次，有人临时去听了高润华上的一堂单元复习课。在整个一堂课上，他们发现高润华的教本和备课笔记都合着放在讲桌上，始终没有翻动过。他们对照着课本听高润华熟练地口述、提问、释疑、检查。她不看书，朗读了四小段课文，一字不错；板书课文中的6个长句，也一字不错，有两个学生背诵两篇不同的课文，她也不看书就准确地纠正了错字错句，有一次还指出：某句后面是句号，某句是问号，背诵得太快了，没有停顿，就不能正确地表达课文的思想感情。课后，听课的人都表示佩服，说她对课文熟透了。

热情追求一个"熟"字

高润华在教学上热情追求一个"熟"字。每逢新学期开始之前，她总是认真通读教材，力求把全书读懂、读通，以掌握全学期的教学要求和全册各篇课文，明确各个单元、各篇课文在全册教材中的地位与作用，每篇课文都编写详细教案。讲课以前又不厌其烦地将教案修改两三遍。在钻研一篇文章时，她常常自问自答，反复揣摩，不少课文她能背诵如流。对学生的情况，高润华也非常熟悉。上学期开始，她接受了初中一年级的教学任务，为了摸清学生原有的语文水平，她到小学访问了语文教师、教导主任，并通过听课，了解学生已在小学受过哪些基本训练，是怎样受训练的；平时又不断从预习、课堂提问、作业检查和课外辅导中，了解学生学习的困难所在；并通过班级活动、座谈会、个别谈话、家庭访问来熟悉学生的学习、思想、兴趣爱好等情况。她还经常分析研究学生的作业，从开学时的第一篇作文，到学期终了的最后一篇作文，学生有了哪些显著进步,还存在哪些问题,她都很清楚。她和别人研究工作时,随时可以列举出学生作文中的一些精彩的词语和片断。她调到格致中学担任高中语文教师时,心里就想:党交给我的青年学生,就是祖国未来的建设者,他们学习的好坏,关系着社会主义事业。因此,她决心把学生教好。她埋头苦干,虚心学习,在钻研课文、编写教案时,碰到有不懂的地方,就一字一句地向老教师求教,课后又不断征求老教师的意见,踏踏实实改进教学工作。上学期开始,领导上要她担任五年制试点班级的教学工作,高润华认为,这是党交给自己的一项严肃的政治任务,她说:"最新最美的图画,需要一笔一笔地去画,教学上的任何粗心,都会直接影响学生的学习质量。"因此,她在工作中充分发挥积极性和创造性,精雕细刻,努力把语文教好、教"活"。她常常这样鼓励自己:"最大的政治热情,应该反映在踏踏实实的工作上。"

高润华老师的辛勤劳动受到了党和国家的重视、人民的尊敬。1959年,她被评为上海市"三八红旗手",又代表格致中学出席了1960年召开的"全国文教群英会",并光荣加入了中国共产党。

第四章

十七年教育的办学成果

一、贯彻《全日制中学工作条例》

中华人民共和国教育部于1951年3月召开全国中等教育会议,讨论制定了《全日制中学暂行工作条例》(以下简称《中学条例》),并于1952年颁发试行;1963年3月,经中共中央正式批准下达。根据共同纲领和当时的实际情况,明确规定了中学教育的方针、任务、培养目标、教学工作制度、教导原则以及领导体制等,使办好学校有了具体的依据和标准。这不仅对当时整顿、巩固中学教育起了重要作用,而且对以后相当一段时期提高学校教育质量也具有极其重要的指导意义。现在回过头来看,这17年的教育正是循着这条路走过来的。本节对照《中学条例》的主要内容并结合格致中学的17年教育状况,简述历史。

(一)《中学条例》的主要内容

《全日制中学暂行工作条例(草案)》共分八章(五十条):

第一章　总则

第二章　教学工作

第三章　思想政治教育

第四章　生产劳动

第五章　体育卫生和生活管理
第六章　教师
第七章　行政工作
第八章　党的工作和其他组织工作

择其要点——

1. 中学教育的任务和培养目标

"使学生具有爱国主义和国际主义精神,具有共产主义道德品质,拥护共产党的领导,拥护社会主义,愿意为社会主义事业服务,为人民服务;逐步培养学生的工人阶级的阶级观点、劳动观点、群众观点、辩证唯物主义观点。"

"使学生在小学教育的基础上,进一步掌握语文、数学、外语等课程的基本技能。并具有一定的生产知识。"

2. 教育与生产劳动相结合

《中学条例》第一条规定,中学要贯彻执行教育与生产劳动相结合的方针。第八条规定学生每年要参加一个月的劳动。

3. 建立一支又红又专的教师队伍

《中学条例》对教师提出:"必须不断地提高自己的政治、文化、业务水平,向又红又专的方向努力。"并规定对教师的基本要求是"教好功课""爱护学生""以身作则""努力学习"。

(二) 开展政治思想工作

中华人民共和国成立之后的一段时间,党对学校的领导是通过"学生代表大会"选举产生的"执委会"来实现的。

1952年2月2日《文汇报》报道:

上海市学生第五届代表大会选出的第六届执委会委员名单

正式执委37人分别来自:交通大学、华东师大、复旦大学、上海医学院、南洋模范中学、同济大学、圣约翰大学、复兴中学、大同大学、震旦大学、上海财经学院、格致中学、上海中学、徐汇中学、江湾中学、市西中学、中山护士学校、沪江大学、育才中学、中央音乐院上海分院、立信高级会计职业补习学校、上海工专、晋元中学、上海第一女中、虹口中学、糖业中学、东吴大学、澄衷中学、清

心女中、晓光中学、晏摩氏女中、中华职业学校、市东中学、上海女中、育才中学、南洋中学。

候补执委4人分别来自：培明女中、晓明女中、上海师范、南洋女中。

投票人数716人，有效票688张，废票28张。

执委会的作用之一，是贯彻执行党对学校工作的指导。委员名单涵盖了中学、大学，没有涵盖同是教学机构的小学。

再看一段20世纪50年代初，格致中学真实的校园状况：

1952年2月3日《文汇报》报道：

格致中学的"讲报工作"

格致中学全校性的统一讲报工作，本学期在党支部的直接领导和行政、学生会、青年团各方面的配合下，获得显著的成绩。由于统一讲报的开展，引起了广大同学对时事学习的重视，培养起同学们经常看报纸的习惯，并初步纠正了同学们不问政治、一心当专家的错误思想。格致中学本学期开展统一讲报工作的情况是这样的：

在开学典礼上，学生会徐名定同学传达全国学生第十五届代表大会的决议和精神，首先使同学们明确了毛泽东时代的每一个青年都必须努力使自己成为伟大祖国的英勇保卫者和积极建设者。接着行政、学生会、青年团也分别做了动员报告，号召全体同学正确认识时事学习的重要性，培养起经常看报的习惯。这时全校每一教室都装好了扩音机，在物质上也具备了讲报的基础。

在开始统一讲报时，讲报员中只有一位是党的宣传员，领导上对讲报员缺乏组织，联系方式也是"手工业"式的。由于领导抓得不紧，开始的时候，每天讲报内容非常零乱，介绍性多而分析性少，很少针对同学思想解决问题。讲报员事先也没有准备，只是当时在报上找大标题，东拉西扯地讲一顿；既没有中心，也缺乏组织。这样的讲报，同学们是不喜欢听的。因此有一些班级的同学在讲报时便做别的功课，或相互闲谈。党的基层工作人员把这些情况反映出来后，领导上便对这问题重视起来，并发掘出讲报工作的主要缺点是：没有吸取广大同学的意见，也没有和党的宣传网工作结合起来,因此除了立即动员全体宣传员深入每个班级吸取同学对讲报的意见外,还在广播中提出问题,征求同学对讲报工作的具体意见。通过宣传员和班委会的协助,同学们的意见很快地集中起来,同学们都认为讲报员的事先准备太不够,不能掌握时间,忽快忽慢,也不够口语化,有时近于说教,中心内容不够突出,鼓动性也不强。大家并建议建立每周测验制度,多讲些朝鲜通讯和青年故事,并采用问答、辩论等多样化的方式来讲。

领导上接受这些意见,便在实际工作中贯彻了下去。首先是加强了讲报员的政治领导与业务领导,把9位宣传员加入了讲报员的阵营。订立了讲报员的讲报日期表,以便讲报员在事先有充分的时间准备。此外并更进一步加强了讲报员与宣传员的密切联系,在两周一次的宣传员会议上,吸收了全体讲报员参加,共同讨论宣传中心。由于讲报员与宣传员的密切联系,从群众中来的各种思想,经过分析批判后,便及时地回到了群众中去。领导上在开始搞时事测验的工作时,未能和讲报工作很好地结合起来,出的思考题目大都是问答、填充题,和一周的讲报内容缺少联系,因此一般的测验成绩并不好。但后来改变方法后,又被讲报内容所拘泥,造成了同学们依赖讲报,死记笔记,不去主动阅报纸的偏向。所以最后便采取了"民主集中"的办法,规定讲报员根据自己当天的讲报中心,在讲报纪录簿上出一个题目(以是非选择题为主)。这些题目占总测验题比例的20%。这样使得同学们既须专心听讲报,又须主动地去阅报纸,结果收效很好。(最后一周测验成绩的统计,班级总平均最高83分,最低60分,全校各级都能及格。)

通过一学期来的"讲报"(即今天的"读报")工作,在工作方法与业务知识方面也有了以下几点体验:

1. 加强党对宣传员的领导是开展讲报工作的基本关键。

2. 对待新的工作必须耐心钻研,从实践中方能逐步提高。

3. 又一次体现了"从群众中来到群众中去"的重要意义,本学期的讲报工作主要是依靠了群众的意见,才有收获和改进。

4. 通过讲报解决同学思想问题,最好结合时事新闻。要是单纯的为批判而批判、为解决问题而解决问题,群众一定觉得生硬而

不容易接受。

5. 必须重视社团的保证作用。例如高三甲在班委的领导下经常举行中午"大家谈",引起广大同学对时事学习的重视,因此在 8 次时政测验中总平均能保持一贯的成绩,学期总平均是全校第二名。相反地如班委不重视,则工作较难开展,例如高一乙在八次测验中有 6 次是全校最差;后来在班主任和班委的动员下,纠正了过去对测验"无所谓"的态度,因此最后一次的成绩是全校第四名。

6. 讲报是搞好党的宣传工作不容忽视的一环,因为在学校中讲报是最好的宣传阵地,因此必须加强。 （记者:许良中）

（三）探索考试方法

教导主任顾诗灵借鉴国际教育经验,在周会上特别介绍了苏联学校的考试情形,希望同学们也能效仿苏联学生,来建立"荣誉考试"制度。他的话立刻得到同学们的响应,18 个班级纷纷要求参加荣誉考试,格致校内的高墙上贴满了响应荣誉考试和保证不作弊的挑战标语,结果有 6 个班被批准为荣誉考试班,其他未被核准的班级也都没有发现作弊的事情。

实行开卷考试后,同学们有充分的时间进行准备和思考,大大减轻了负担,还提高了学习积极性。学校在实行开卷考试后,学生心理紧张的现象没有了,在考试期间,学生不但有足够的睡眠时间,体育、文娱活动也很活跃。许多师生反映,开卷考试根本改变了过去"上课记笔记,考试背笔记,考过都忘记"的现象,而成了真正检查、巩固、提高学生学习成绩的过程。

格致中学自从学生会发出了"好好学习,来建设我们自己的新国家"的号召后,全校 800 多位同学在学生会 11 位执委和青年团团员的积极鼓励和详细解释正确的学习意义之下,110 多个学习小组很快卷入了学习的热潮中,各科教师都成了团结学生的核心,同学们对于"为什么要念书?"的观点基本上有了很大的转变。

在进行小组学习中,高三甲的同学被推为中心小组,除了他们自己的学习外,随时随地参加到其他的小组中去帮助同学解决问题,"小先生"的制度在各小组中普遍地展开着,并配合着各级的级任导师和政治教员的督促和鼓励,同学们的进步迅速。

同学们自觉学习的热情被激发后,考试成绩大大超过了从前的纪录。这样,同学们对于学习的目标更明确了,学习的信心增强了。除了同学们的学习热情外,格致的教师们也在组织他们的学习竞赛,在教师们办的"教与学"的墙报上,针对高中部的"曙光"和初中部的"活力",师生之间相互观摩、研究,能参加这种不分年级的学习与研讨,格致的每一个同学都感到是最光荣的一件事。

通过此番相互学习,格致师生之间的关系也有了显著的改变,教师不再把学生当作被动的受教育对象,而学生也不再对教师抱着对立情绪,当10月8日为了庆祝开国典礼大游行,同学们到深夜12时才回校,路远的同学没法回家,全体住校的教师,都拿出他们自己的被褥给同学们御寒,结果有几位先生因此受了凉。初一级有位同学病了,他们的级任导师带了同学去探病慰问,家长们对于这种可贵的师生情及同学之间的友情感激得到处宣扬。在这种融洽团结的学习精神下,格致走向新教育建设的大道。

从以"讲报"为代表的政治学习,到文化学习,到开卷考试,再到师生关系的调整,从不同的侧面,生动体现了当年格致中学真实的学校生活。

根据党的教育方针积极改进教学方法,从组织师生重新学习党的教育方针着手,格致中学全面妥善安排学生活动,学校里出现一派生动活泼、积极主动学习的气象,更利于学生的全面发展。据当时报载,上海市格致中学以党的教育方针思想为指导,不断抓好学生活动的全面安排,保证学生在德、智、体诸方面的全面发展。

新学年开学以来,格致中学出现了一派生动活泼、主动的学习气氛。学生们睡眠充足、精神好,上课时思想集中,听课效率高。在课堂上学习主动,积极思考,争取提问;课外,学校图书馆、阅览室里常常挤满了人,很多学生还到校外图书馆去借阅课外读物。许多学生更加自觉地学习毛主席著作,并根据自己的兴趣爱好,结合课本学习内容借阅物理、化学、数学等方面的参考书,扩大知识领域。同时,学生的文体活动也更加活跃了。格致中学这个局面的出现不是偶然的。学校

开学不久,学生革命热情很高,课余时间积极参加公益劳动和其他各种活动,但忽视了认真读书和休息。学校领导发现这一问题后,在总结工作的基础上,组织全校教师重新学习党的教育方针和中央有关改进教学工作的指示,并引导大家联系学校的实际情况,开展讨论,使教师们进一步明确全面安排好学生的各种活动,关心学生劳逸结合的重大意义。许多教师在认真备课、上课的同时,积极加强对学生的学习目的性的教育,启发学生为革命而奋发学习。不少任课教师克服了事不关己的错误思想,认识到关心学生的劳逸结合不仅仅是班主任和团、队干部的事情,从而努力改进教学方法,更好贯彻少而精和启发式的原则,帮助学生当堂巩固、消化知识,并合理安排好学生的课外作业。班主任、政治教师和团、队干部明确了加强政治思想工作不在于活动搞得多,而在于充分发挥政治课、辅导课、班会课、劳动和团、队活动等各个教育阵地的作用。因此,在党支部的统一领导下,班主任、政治教师和团、队干部之间加强了联系和协作,把政治课、班会课和团、队活动拧成一股绳,统一作战。每星期以政治教师为主与班主任、团支部委员或少先队中队委员共同商量,统一安排好一周班级活动;并做到密切配合,统一行动。这样就大大减少了原来许多不必要的活动,提高了活动的质量。

格致中学还不断注意学生的劳逸结合。学生参加三夏劳动回校以后,学校领导又调查了学生活动的情况,发现有安排不当的问题,而造成这些问题的原因,主要是有关领导干部认识不一致。于是,学校首先召开了党、政、工、团和少先队会议进行讨论,自觉地检查了一些错误看法,比如"劳逸结合已经抓过了","反正有些活动是突击的,只搞一次,以后不搞就是了。"大家认识到,学校里的各项工作必须以党的教育方针为依据,凡是有利于贯彻党的教育方针的就做,不利于贯彻党的教育方针的就不做。在取得统一认识的基础上,又经过大家讨论,订出了10条措施,对于学生的各种活动作了规定。例如,学生早晨到校后,提倡读书;各班不组织集体的体育锻炼,教育学生中午休息;自修课让学生自己读书、做作业,教师不在自修课内补课或集体辅导;教育学生安排好校外生活,保证足够的睡眠时间,等等。这样,学生在课外就有时间读书,有时间适当参加各种活动,也有时间充分休息。

新学年开学前后,学校又根据新的情况组织全体教师和学生干部进一步学习了党中央和毛主席有关教育工作的指示,反复领会精神实质。学校领导干部还分别深入年级、班级、教研组、各处室进行调查研究;召开家长座谈会,听取家长对学校工作的意见。接着,学校又以党的教育方针为标准,总结检查了过去的工作,发动大家讨论。在进一步提高认识的基础上,按照上级指示和新学期的特点,学校修订和补充了全面安排的具体措施,使之更有利于学生在德、智、体诸方面得到全面发展。

二、文理均衡,数理见长

格致中学以理科教学著称,尤以数学教学见长。1956年,上海市首届中学生数学竞赛,前10名中,格致学生得名"2、3、8",就此名声大噪,之后的各届数学竞赛,格致学子"金榜题名"乃是家常便饭。当时的重点中学,市级的加上区级的,多达数十所,何以格致的学生尤为突出呢?除了学生的自身努力外,老师的培养和教诲也是一个重要的因素。

格致的数学名师,自我国近代数学开山鼻祖、第一代师长华蘅芳起,开枝散叶、代不乏人。解放初期就有夏守岱、周宗镐、乔华庭、李承福、黄松年、潘为南诸位。20世纪五六十年代又成长起来了一批实力派人物如刘永贞、周文川、孙兆桂、刘汉标等。

黄松年,1949年秋进格致中学当数学老师,兼初三乙班的班主任,他是当时学校里最年轻的一名教师。他家在外地,平时住在学校教师宿舍内,这使他有了更多的时间和精力潜心于自己所钟爱的数学教学。他讲授的平面几何,由浅入深,从培养学生对数学的兴趣开始,渐渐引导学生开动脑筋、活跃思维,全面系统地学习和掌握数学知识,对学生们的启发帮助很大。黄松年不仅备课严谨,讲课认真,对学生们的课外辅导更是充满了一腔热情,有疑必答,有惑必解,一直到学生弄懂弄通、入脑入心为止。格致中学的数学教学闻名遐迩,这与格致中学几代数学老师长期的呕心沥血密不可分,其中离不开黄松年的突出贡献,20世纪50年代的多届学生,皆从黄老师身上获益匪浅,1960年代的学生中，一批数学尖子的脱颖而出，也少不了黄松年老师的悉心栽培。

1956年，刘永贞受上级领导部门指派调入格致中学，不久便当上了数学教研组长。格致数学教研组的师资力量雄厚，向来就是个藏龙卧虎之地，一个年轻的女教研组长要带领好全教研组成员共同前进，继承传统，再创佳绩，谈何容易。"打铁还须自身硬"，既然重任在肩，那就恪尽职守，她几经拼搏，从实践和探索中总结出了一套行之有效的工作方法，听上去并不深奥，用起来却得心应手。

图 1-4-1　黄松年老师

其一是师徒结对，充分发挥骨干教师的"传帮带"作用，大力培养新生力量。凡有青年教师入组，刘永贞即悉心安排骨干教师与之结成对子，这样，骨干教师长袖善舞、得心应手，青年教师学有榜样、教有方向。全组相处融洽，新老相得益彰。其二是教研成风，刘永贞带头在组内大兴教研之风，撇开面子，放下架子，以自己长期以来养成的"有疑必问，无疑也要讨论讨论"的好习惯，敢于在教学实践中发现问题，跟踪追击，集体讨论，大家解决。这种做法坚持了一段时间之后，教研组内同事之间互帮互学蔚然成风，钻研业务的精神也得到了很大的提振。凭借着这套切合教学实际而又协调人际关系的办学经验，刘永贞在任职的18年中，卓有成效地提升了格致中学数学教研组的品位，从而进一步确保了格致中学学生在各届高考和数学竞赛中成为生气勃勃的"常胜军"。

1953届学生徐光辉在《我的经历与对母校的情怀》一文中写道：三年的高中学习，对我的前途有着决定性的影响。教高一平面几何和三角的周宗镐，教高二、高三大代数和解析几何的乔华庭两位先生，可以说是我数学的启蒙老师，特别是受了乔先生的熏陶，再加上我对数学家华罗庚的无比崇敬，使我最后作出了将数学研究作为终身事业的选择。

1953届学生戚庆成在《怀念母校老师》的文章中写道：黄松年和乔华庭老师教我们班平面几何、大代数、解析几何等数学课。他们教学的共同特点是每堂课内容精练、重点突出，不满堂灌，着重阐明思路，启发同学思考，这使我们学得轻松愉快，知识掌握得还很牢固。他们教学的效率很高，每每都能超额完成教学计划。上他们的数学课，我们不仅学会了一些定理和法则，更重要的是学会了严格的逻辑思维，以及对比、联想和多角度的思考方法，通过由浅入深的解题训练，培养了我们独立解决各种实际问题的能力。黄老师和乔老师优秀的教学方法至今仍一直为我班全体同学所推崇。

格致中学数学教研组的教师们一致认为，我国的中等教育，在1949年后曾经进行了重大的革新，学习了苏联的先进经验，制订了教学计划、教学大纲，编写了成套的教材，可以说已经比较规范、比较系统、比较严谨了。但是从今天飞跃发展的新形势来看，这些改革还很不够。在分析了现行中学数学教材中存在的一系列问题后，格致中学数学教研组的教师们决定对现行中学数学教材进行一次大刀阔斧的全面革新，新教材编写的原则是：坚决贯彻教育为生产服务、为政治服务的指导方针，除了必须保持教材的科学性、系统性、思想性以外，大幅度地删减教材中的重复知识，增加与工农业生产密切相关的内容，初中代数教完一元二次方程，精简分式，减少因式分解的教学课时。初中几何教完平面部分，精简一些繁复论证，增加测量实习作业。有些概念的引进，可从定义出发，如圆的度量问题，在高中代数讲极限时结合进去。高中代数在高二下教完，高三的数学复习课，进行系统的综合的联系实际的复习。高三教平面解析几何。高中的三角和立体几何，增加测量实习作业，立体几何与机械制图结合。为了更好地改进数学教学，教师要做到与学生一起下工厂、下农村参加勤工俭学，以此来搜集有关数学知识在工农业生产实际中应用的资料，以边学、边编、边教、边改的方法，逐步做到理论联系生产实际。

格致中学对文科教学同样十分重视，比如，语文教研组对中学文科教材的稳步革新，外语教研组对"外语对白学习会"的创设，都为格致中学教学文理均衡发展做了有力的铺垫。

语文教研组的教师们普遍认为现行的中学文学教材，其选编的内

容,已远远落在形势的后面了。至于如何改,有3种不同见解,有的主张"厚古薄今",有的主张"厚今薄古",有的主张"今古兼收、厚薄等同"。经过反复辩论,最后统一了思想认识,决定语文教材的革新在今古兼收的原则下稍厚于今,在选编新教材的时候保证有2/3或3/4的现代文学作品。所选的古典文学作品,应具有系统性、代表性,并要求最大限度地与时代要求相适应,这样可以使同学们在获得形象艺术感染之余,同时略窥我国文学史的发展概貌。

外语教研组的教师们每星期二都要举行一次"外语对白学习会"。事先确定一个主题,由大家分头准备。学习会上全部使用外语进行对答交流,短短几个月里,这样的学习会先后举办了5次,5次学习会的主题分别是《怎样上好一堂课》《加里宁论共产主义教育》和《怎样讲好外语小故事》等。实践证明,"外语对白学习会"的效果很好。不仅形式生动活泼,内容也紧贴教学大纲,况且对提高教师们自身的听力和口头表达能力都有很大的帮助,因而很受外语教师们的欢迎。

1957年,苏联人造卫星上天的消息,振奋了正在格致中学学习的谢敦礼。他反复而激动地阅读着钱学森关于宇宙飞行问题的文章,憧憬着祖国科学事业美好的未来。为了达到美好理想,谢敦礼十分注意学习方法。他说:"要学好功课,提高听课效率是个关键,而积极思维,用自己的语言记好笔记,又是提高听课效率的关键。"对他说来,每一堂课都像是一次战斗,总是全神贯注地积极思考着、记录着,不放过教师的每一句话。他懂得"不打无准备之仗"的道理,课前充分预习,能够带着问题进课堂,所以他能和老师一起思索问题,证明定理,每一堂课结束,他便像海绵一样吸收了教师所讲的知识。谢敦礼抓住了听课这一环,就好比牵住了牛鼻子,复习、巩固、做作业便能得心应手,做到当日事当日毕,为扩大知识领域、深入钻研问题创造了有利条件。

1959年秋,谢敦礼考入同济大学数理力学系数学专业。他严格地要求自己,刻苦地学习,在党和老师们的教导下,向红专道路疾步前进。1960年,他光荣地加入中国共产党。谢敦礼的学习道路从一定程度上反映了格致学子数理见长,全面培养自己成为国家需要的人才。

三、全面发展的格致学子

1957年2月,毛泽东提出:"我们的教育方针,应该使受教育者在德育、智育、体育几方面都得到发展,成为有社会主义觉悟的有文化的劳动者。"格致中学组织全校认真学习。

(一) 德育

早在共和国成立初期,百废待兴,新生的中华人民共和国遇到了各种各样的困难。格致中学全校师生员工联合签名发表庄重宣言,一致保证坚决拥护人民政府的政策,贯彻政府的一切决议,用搞好学习与师生团结、全力响应劝募寒衣运动的实际行动来表示对自己政府的拥护和对受灾同胞的关怀。

当时报载:

例1:格致中学全体师生员工一周来已捐得寒衣三千六百五十八件和代金一百七十多万元(旧币)。

例2:本市各机关学校庆祝十月革命节

本市各机关学校人民团体昨日纷纷集会庆祝伟大十月社会主义革命三十三周年。本市复旦大学、格致、缉规、虹中、市西、南洋、位育、江湾、高桥、市一女中、民立女中、革大上海俄文学校等校纷纷举行庆祝十月革命节纪念大会。会上师生们都表示要好好学习来认识苏联对于保卫世界和平的贡献、学习苏联的建设经验,发扬十月革命的伟大精神,并纷纷写信给毛主席、斯大林大元帅和金日成将军,一致誓言以实际行动来实践抗美援朝保家卫国的号召。复旦、革大俄文学校昨晚并举行文娱晚会表演苏联军民联欢舞和歌颂斯大林大合唱等,格致中学纪念会上王孝和烈士的弟弟王雄康悲愤地追述了他哥哥的英勇革命事迹,誓言要为王烈士报仇。

例3:举行时事测验　加强思想教育

格致中学用各种方式展开时事学习,针对着部分同学对时事不关心的麻痹思想,学校除了在走廊上、教室门口布置报纸,反映目前时局外,又举行时事测验。在教学时,各科配合了同学们的思想教育,更利

用黑板报、油印快报、座谈会等，广泛收集同学思想情况，解答问题，报告本校及其他学校学习情况，驱除掉一部分不正确的思想。课外文娱活动时演出反映时事的活报剧。根据经验，展开时事学习，必须各方面配合动员起来。为着要澄清部分同学的思想，必须使同学了解人民力量、中国前途的美丽。

此外，曾任格致中二(4)班班主任的周文川老师，在20世纪五六十年代之际的一次发言中说：初中一、二年级是从少年到青年的过渡时期，也是学生德、智、体全面发展的关键时期，是使他们确定奋斗目标、明确政治方向的启蒙时期，因此，在这个时期里，根据他们积极上进的心情，给予共青团的预备教育，教育他们成为优秀的少先队员，准备好条件，加入共产主义青年团，是初中班主任一项非常重要的任务。根据这一认识，她组织学生访问革命前辈，组织工人子弟回家访问自己的家长，以革命前辈青少年时期的光辉形象和家长们青少年时代的悲惨生活教育学生，启发学生的政治上进心，进行团的知识教育。同时，在日常劳动、生活中深入了解情况，及时根据学生思想实际，教育学生自觉地努力培养自己成为有社会主义觉悟的有文化的劳动者，并抓住各种机会和场合，教育学生开展批评与自我批评，使学生们在各种场合中在思想上、生活上得到锻炼。

1. 格致中学的政治课程安排

1963年11月26日《文汇报》报道：

以革命英雄先进人物为榜样　进一步提高学生的阶级觉悟
上海格致中学初三(四)班逐步成为先进集体

上海市格致中学初三(四)班的五十四个少先队员不久前举行了最后一次中队集会。他们已经快满十六岁了，就要和胸前飘了六七年的红领巾告别了，在这迈向青年时代的庄严时刻，全体少先队员在队旗前举手宣誓：一定要走雷锋的道路，做雷锋式的青年！两年多来，这个班的班主任周文川在党支部的领导和团、队的密切配合下，根据青少年的思想特点和不同时期的情况，不断地在学生的心目中树立榜样，从根本上帮助他们提高阶级觉悟，使这个班级的学生在政治上、思想上、学习上天天向上，健康成长，逐渐形成了一个先进集体。早在这个班级还是初一的时候，周文川老师就有意识地用同班学生中的先进事迹来树立榜样。那时,许多学生不习惯独立完成作业,有些学生常常相互对答案,不肯踏踏实实地用功夫。当时,班级里有一个叫穆国美的学生学习比较刻苦,好几次,上自修课的时候,周文川发觉这个学生总是埋头做功课,不和同学对答案。于是,她就向学生们提出,要像穆国美一样不对答案。有一次,学校图书馆要班级里推选一个小管理员,徐孟伟自告奋勇地愿意去做图书管理员。但是,班级里的同学不同意,说他上课时不遵守纪律。徐孟伟听了同学们的意见,立刻表示:"我保证遵守课堂纪律。"并且马上见诸行动。周文川又抓住这个先进典型,向全班学生提出:要像徐孟伟一样能够大胆改正自己的缺点。这些先进事例的发扬,既使被表扬的学生得到了鼓励,也给全班学生树立了活生生的学习榜样,因此,他们在跨入初中的第一年时,就开始形成了较好的学习风气。

有次组织到一个学生家里去访问家长,这个学生的家长是一位十七岁就参加革命的老红军。学生们聚精会神地聆听了老红军战士叙述的当年革命斗争的艰苦生活。临别的时候,这位家长还嘱咐孩子们:"要不断提高觉悟,抵制资产阶级思想的侵蚀,把革命进行到底。"在进行这些教育活动的过程中,周文川又重点地抓了学习英雄刘胡兰的活动。学生们自己阅读了《刘胡兰小传》。关于刘胡兰的故事,学生都知道,但是,当他们自己进入十五岁的时候,再来重温刘胡兰的英雄事迹,一个个都很激动。他们自己动手编了活报剧,在班级里演出了刘胡兰英勇就义这一节。通过这一系列的活动,刘胡兰的光辉事迹在全班学生中激起了反响。在活报剧中扮演刘胡兰的葛葆珮,本来在学习上不刻苦,怕困难。刘胡兰的事迹深深地激励了她。她说:"刘胡兰大姐姐为了革命能牺牲自己生命,我也要像刘胡兰大姐姐一样忠于革命。为了革命,我一定要克服缺点,不怕困难。"许多学生在周记上,在少先队的活动中纷纷议论:刘胡兰为了革命,十五岁就献出了自己的生命,我们同样十五岁,同刘胡兰姐姐比较起来真是差得太远了。就这样,革命英雄的形象在学生的心目中逐渐生了根。在学习革命英雄,逐步提高学生阶级觉悟的基础上,学校团委又向学生进行了团课知

识教育。这样一来整个班级的学生政治上进心大为提高,原来有入团要求的学生态度端正了,原来不打算入团的学生有了入团的要求,全班有十多个学生打了入团报告。

  在树立榜样,教育学生向革命英雄和先进人物学习的过程中,决不会没有问题的,这就要求教师深入地随时掌握学生的思想动向,反复地进行教育。这个班级在学习雷锋的时候,就曾出现过一种思想:学雷锋就要做好事,做好事就会影响学习。周文川发现了这个问题后,立即组织学生讨论:为什么要学习雷锋?引导他们明确认识学习雷锋的重要意义。这个问题解决了,学生中间为集体做好事的动人事例大量涌现。这学期开学之初,有一个学生从江西度暑假归来,周文川就有意识地问这个学生:"你在江西暑假生活过得好吗?"这个学生不假思索地回答:"那地方很偏僻,寄封信要跑几里路,打乒乓球也要跑几里路到俱乐部里去才有台子。这个暑假过得一点不开心。"对于一个有心的教师来说,这几句话是很值得深思的。不久以后,周文川发动学生在教室里贴上了一张世界地图和中国地图。接着向学生讲述了老劳动模范范东科虽然退休了,心却留在厂里,他关心厂里的事,他认真地学习,为什么?因为他胸中有个世界。她说:"我们国家那么辽阔,许多地方还没有好好开发,我们今天发奋学习,也应该要有范东科那样的远见和抱负。"话不多,但在学生的心里却引起了波澜。有一个学生说:"当我学习不专心的时候,看一看墙上的两张地图,思想上就不开小差了。"当学生

图1-4-2 周文川老师(第二排左一)带领学生外出活动

们离队的日子到来的时候,周文川根据党支部和团委的要求,又紧接着发动学生重读雷锋的事迹和雷锋日记,并组织了少先队中队的最后一次集会。明确地向大家指出,要做一个雷锋式的青年,挑起建设祖国和支援世界革命的两副重担,做一个有社会主义觉悟的有文化的劳动者。格致中学的初三(四)班在健康地成长,今年"六一"节,这个班级还被评为黄浦区的少先队先进集体。

2. 时代变革中的格致师生

学校并非生活在真空里,1949年之后17年中间经历的各种政治运动,考验着格致中学的历任教师和莘莘学子。

1951年,"抗美援朝"运动,格致大批师生上街宣传,演街头"活报剧",向广大市民群众宣传"爱国主义教育",动员各界及自己带头"捐献飞机大炮"。

1952年,"保送留苏",上海市教育局直接从参加高考的优秀学生中选拔,保送到当时的"苏联"留学。格致中学每年有5—6名同学被选上,包括去当时的"匈牙利""民主德国"留学。

1953年6月,"争当三好学生"热潮。毛泽东提出了"身体好、学习好、工作好"的三好标准,广大格致中学学生积极响应,热情高涨。

1953年底,学习"总路线"。毛泽东提出了党在过渡时期的"总路线",格致中学立即将政治课改为学习"总路线"。

1957年3月,毛泽东针对部分学校取消政治课提出批评,指出:"初中、高中要加强政治课,要编政治课本。"格致中学努力贯彻执行。1957年暑假,毛泽东在《中国农村的社会主义高潮》一书的按语中发出"知识青年到农村去"的号召,格致初中毕业生郭赛珠、汪家有二位同学,响应党的号召,到高桥海滨公社下乡落户。这是格致中学历史上第一次有学生自愿报名参加农业生产建设,下乡长期落户。

1958年9月,中共中央、国务院发布《关于教育工作的指示》,明确提出:"教育为无产阶级政治服务,教育与生产劳动相结合"的方针。格致中学全体师生积极行动,下乡劳动、大炼钢铁、改革学制、改编教材、创新教法。高三毕业班同学到浦东径南乡参加农业生产劳动暨扫盲运动。高中年级学生到彭浦机器厂劳动,实施"四天上课、二天劳

动",接近"半工半读"。其他年级也纷纷下厂,如螺丝厂、无线电厂、锯钢板厂、光学仪器厂。学生还参加里弄的扫盲。

1959年9月,格致中学将原"社会主义教育课"改为"政治常识课",初一、二年级学《政治常识》,初三学《中国革命和中国共产党》,高中学《马克思列宁主义在中国的胜利》。

1960年9月,党中央发出"大办农业、大办粮食"的号召。格致中学师生和其他学校一样,热烈响应。在课余种菜、养猪,下乡割猪草,广种小球藻。

同年,在中学生中掀起了学习毛主席著作的高潮。格致中学学生纷纷组织"毛选"学习小组,达100多个。

1961年,党向上海知识青年发出"支援新疆"的号召。格致中学在校生大批报名。其中有人放弃升高中、考大学的机会,奔赴新疆。

1963年3月,毛泽东发出"向雷锋同志学习"的号召,广大青少年学生积极响应,争做好人好事,政治热情十分高涨。

3. 德育教育在学校的具体实践

(1) 德育教育不仅仅是政治教育。"教育者把一定的社会思想和道德原则转化为个体的思想意识和道德品质的教育。德育是教育的一个重要组成部分,它随社会的发展而发展,在中国古代教育中,德育居于首位,所谓'夏曰校,殷曰序,周曰庠,学则三代共之,皆所以明人伦也'(《孟子·滕文公上》)"。"在社会主义的中国,德育是社会主义全面发展教育不可缺少的方面,是培养全面发展新人的重要途径。它一般包括政治教育、思想教育、道德教育等三个方面。"可见,学生在校的日常的政治教育,或者说在课堂上的政治课教育,只是德育教育的一个方面。

比如,抓住每一个细节的道德教育:

1950年12月6日《文汇报》报道:

朝鲜捷报不断传来,各校捐献更趋热烈

各校师生的爱国捐献运动,随着朝鲜战事的捷报更趋白热化了。格致中学高二上甲全体同学除保证每人响应学生会号召出动街头宣传外,发起一人一信运动,曹达成同学将他心爱的手表卖了全部捐献。

(2) 政治教育也不仅仅是政治路线的教育。曾经有过误解,认为政治教育就是执政党的政治路线教育,这是一种狭隘的、急功近利的政治观点,无益于学生正确的世界观的形成。

格致中学在培养学生的思想意识方面历来有很好的经验。

其一:把政治教育和理想教育结合起来。

1950年12月8日《文汇报》报道:

同学参加军校热潮愈来愈盛,签名投考者已逾两千人,

交大投考同学已增加到四百五十六人,

育才中学组织小海军队准备集体报名

自青年团中央及全国学联号召青年团员爱国学生参加各种军事干部学校,加速国防建设,巩固国防力量以来,全市各校同学热烈响应,掀起了参加军事干校的热潮;据不完全的初步统计已达二千余人。格致中学日夜校赵焕明、刘关袁、马彦俊、李恒基等一百〇六位同学自愿参加军校学习;夜校吴佩芬同学才十六岁,因受年龄限制,曾哭了三天,她的爱国热情,感动了更多同学,赵之雨的母亲也被她感动了,鼓励儿子参加。

其二:把政治教育和树立先进结合起来。

关于格致中学许良中当年的报道:

钱乃荣3个字上了参加军干校的光荣榜,全校师生都感到非常惊奇,谁都知道钱乃荣同学过去是老牌的"小飞机",解放前,他流连于歌台舞榭,沉迷在灯红酒绿之中,撒谎、逃课、跳舞、喝酒、赌博,对于他是司空见惯,今天能决心投考军干校是一件不平凡的事,他在自己的决心书上说:"三天三夜激烈的思想斗争对我是痛苦的。但当我找出了以前自己堕落的根源,并认清了使自己毁名败誉唯一的敌人后,我的思想开朗了,在我泪痕犹新的脸上显出了笑容,我得感谢这个不平凡的毛泽东时代。"钱乃荣同学已决心投身于革命的洪炉中去锻炼,下面便是他自己所写的决心书:"我有一个极富裕的家庭,爸爸是纱厂经理,哥哥也已经自立,家里要算我的年纪最小,所以祖母、伯父和双亲们都非常地宠爱我,在这种优越的家庭环境中,我从小就轻视劳动,爱慕虚荣,小学里我便交了许多坏朋友,小学毕业后我开始学会了花钱,生活便从此一天天

地腐化堕落下去……学校召开抗美援朝动员大会那一天给我的影响很大,主席宣布参加军干校的已有一百十三位同学时,全场的情绪空前热烈,在雷鸣般的掌声中,一百十三位同学被迎上了台,他们说出了自己参加军干校的思想斗争经过……他们每人都有美满的家庭和美好的生活,但是他们都愿意抛弃这样的家庭和生活去担负起保家卫国的神圣责任,我想这一百十三位同学能够别离自己的家庭和抛弃美好的生活,我难道不能这样做吗?为了保卫祖国,为了保护千千万万的父母兄弟,为了报仇雪耻,我必须抛弃温暖的小家庭生活投向更温暖的大家庭中去,我痛恨过去的生活,我希望被派到很远的地方去学习,在革命的洪炉中考验自己,锻炼自己,尽我所有的能力学好军事技术;当然革命工作是艰苦的,但是我有充分的决心去迎接新的生活,我已选择了自己最适当的道路……"钱乃荣同学勇敢坚强地走向光荣的岗位,这一行动给了同学们很好的教育,初三上乙殷导众、金仲楣两位同学受了他的感动也坚决地表示今后一定痛改前非,并决定向他看齐,参加军干校去学习。是的,参加军干校是青年们最光荣的岗位……忠诚地响应祖国的呼唤,牵紧手,挺起胸,站到抗美援朝保家卫国的最前线,光荣属于毛泽东时代的青年!

其三:把政治教育和班务活动结合起来。

1950年12月19日《文汇报》报道:

各校报名同学愈见增加　动人事例继续不断涌现

参加军干校的同学明天起到廿二日止,由各校保送委员会开始到军干校上海市招生委员会报名,各校报名的同学仍在继续增加中。格致中学报名的有四〇五人,李亦贤老师写了首诗送给参加军干校的儿子,鼓励他站在斗争的最前线……

格致中学昨日下午一时半开始军干校报名工作,报名处设在雨操场,不到一点钟就挤满了等着报名的同学,初三上甲吴雨之同学排了第一,许多光荣的红花都插上了他的衣襟,各级庆贺队打着锣鼓,放着爆竹,使整个雨操场沸腾了起来,同学们都怀着庄严的心情做着这神圣的工作,一天中全校已有一百五十三人完成了报名手续。

德育教育应该贯穿学生在校的全部,乃至一生。格致中学参加干校同学以各班级战斗队为单位,战斗队员们为中心,在坚持进步的立场上展开批评,针对实际情况讨论去留问题。高二上甲毛泽东青年近卫队谭德培同学最初的志愿希望做一个文学家或诗人,这次希望能做一个人民空军,他脑子里充满了这种美丽的诗情画意和技术观点,同学们对他这种不正确的思想给予适当的批判,指出了参加军干校是一件严肃的工作。高凤仙同学的功课很好,但是她不愿意帮助同学进步,同学们批评她自私自利独善其身,希望她在革命的大家庭中要发挥"同志爱"的精神帮助其他同志们进步,她当场表示愿意接受同学们的批评,努力改进缺点。臧敏珠同志是团总支书记,同学们认为她留在校中对工作较有帮助,她自己也表示万一组织上不批准,她就安心搞好团内工作,积极培养出一批新的工作干部,以便自己随时响应祖国再一次的号召。郑志亮同学并自愿帮助她补好一周来因搞工作而缺下的功课。其他许多参加干校的同学经过这次的民主讨论,在思想上发觉了自己许多缺点,大家都表示要努力改正。未参加的同学们在搞好本位工作接替遗留工作上表示了充分的决心。

不同历史时期,有不同的内容,格致老师以满腔的热忱在学生的心田播下高尚情操和爱国主义的种子。

(二) 智育

"学生以学为主",因此,智育——是办好一所学校的根本。"智育"包括:"三有"——有目的、有计划、有组织;"二传授"——传授知识和技能。

1. 格致的数学重点

数学,是格致教学的重中之重,前面章节已有论及。难能可贵的是,这样的教育特色可以保持几十年不变,且历久弥新,不断提升。

2. 格致的语文特色

从解放初期的毛泽东朋友许志行老师,到教坛的"常青树"陈彩云老师,再到语文教育特色工作室的高润华、钱伟康、陈天水等老师,代代相传,人才辈出。

3. 格致的兴趣小组

使学生在课堂之外学到了许多课堂内学不到的社会知识和操作技能,离开学校,走向社会,又能以最佳的姿态融入社会。这是一个值得单独研究的大课题。

(三) 体育

作为"全面发展的格致人"一个显著特征,学校要求学生把"身体好"放在第一位。毛泽东主席在1953年6月有一个著名批示:"身体好,学习好,工作好",这个"三好"的前后顺序并不简单是一个位置问题。

1. 体育是格致教育体系的重要组成部分

重视体育,是格致自建校以来的优良传统。追溯历史,1874年"格致书院"在李鸿章的关注下成立。从当时的书院"课题命题"可以看到,学生的身体素质提倡"自强要务",往往通过医学、养生来实现。在1915年之后的"格致公学",学校对体育的重视达到了空前的阶段。不仅聘任专门教授体育的"特别科目教员"来教体育课,连格致公学的校长裴来就曾经是一名优秀的体育教员,在那时期,学校组有篮球队、排球队、乒乓队、足球队等,不时举办各类体育竞赛,气氛热烈;学校每年都有春季、秋季校运动会,热闹非凡。进入1942年之后的"市立格致中学",虽然由于时代与战乱,办学条件相对受到一定的影响,但查阅《格致校史稿》(第一卷),竟有整整一节——"五、重视体育成绩斐然"(第三篇第二章),专门介绍格致中学如何在艰难的条件下,练就了一批德智体全面发展的优秀人才,为日后的建设中华人民共和国奠定了人才基础。

今天,格致中学同样继承了历史光荣传统,并在此基础上发扬光大。

《文汇报》报道:

格致体育　结合抗美援朝运动

在"练好身体,抗美援朝"的口号下,已积极地行动起来了。除号召班级个别展开军事化的小组体育比赛外,并且决定自本周起举办各级级际体育比赛。举办项目:初二、初一,手榴弹掷远,以总分计算成绩。高一、初三,四百米接力障碍赛跑。高三、高二,异程挑担(三十公斤)、接力赛跑。格致中学体育学习会配合抗美援朝保家卫国运动,改订了本学期的体育教程。从十一周开始,具体布置了多种多样的体育运动形式,有步骤地进行高初中各级每一阶段的教程。在第一阶段中除了逐步减少球类活动外,在体育课上,并增添了掷手榴弹、铅球、铁饼、负重赛跑、单杠、双杠等运动项目。十三周起,为了符合同学们的要求,把体育课更紧密地结合抗美援朝保家卫国运动,最主要是学习解放军操和各种军事常识。

市立格致中学学生会体育部,为了继承"五四"反帝爱国主义精神,继续深入开展抗美援朝运动,决定在五月四日举行全校纪念"五四"青年节体育竞赛大会,竞赛项目有……男生高初中组篮排球,一百公尺、千五公尺、跳高、跳远、推铅球、一千公尺穿梭接力、四千公尺障碍接力,女生组60公尺、400公尺、跳高、跳远、一千公尺穿梭接力、二千公尺障碍接力赛等,参加竞赛的单位,包括日夜校高初中各级及夜中职工各级。各单位于廿八日起举行预赛,选拔竞赛选手。领导上希望通过这次体育竞赛大会,树立起运动员们的新体育道德观念,并号召全体同学能经常注意体育运动,认真练好身体,发扬"五四"革命精神,随时响应祖国的召唤。

(许良中报道)

为了更好地贯彻执行党和国家的教育方针,把学生培养成德智体全面发展的人,格致中学对"德""智""体"3个方面的工作作了通盘考

图 1-4-3　学生在丰富多彩的体育运动中强身健体

虑,虽有侧重,但不偏废。格致中学的体育在1949年前的上海中教界是小有名气的,但主要是小部分同学的成绩,全校整体的体育水平参差不齐,学生们对体育的重视程度也各不相同。体育教研组的教师们,克服了学校场地小、运动器械少的困难,除了上好每一节体育课外,还因地制宜地组织学生开展各种群体活动,比如做团体操和跳集体舞等,在增强学生体质的同时,培养了他们良好的集体主义观念。

2. 竞技体育在格致校园

体育可以分为两大类:健身体育与竞技体育,其中的竞技体育已经从单纯的通过比赛获得一定的名次,发展为一种民俗文化的特殊表现形式,演绎成一种良好的激励机制,鼓励人们向上奋发,追求在相对的范围之内"更高、更快、更强"。格致中学同样顺应潮流,激励学生们不断努力,永远向上。

经过大家的共同努力,乒乓球运动和篮球运动很快在全校师生中得到普及,篮球运动更是成了各项运动中的强项。1951年冬季,上海市中等学校举行了全市性的篮球联赛,参加联赛的男女初高中球队共有293支,最后,格致男篮高中队勇获联赛亚军,女子队取得分组第二名;1953年全市举行了规模更大的高校和中等学校联赛,仅中学部参赛的男女球队就有248支,运动员多达2900人,格致中学男女两队一路过关斩将,双双杀入决赛圈。1955年的上海中学生篮球联赛,规模为历届之最,格致女队获得了这届联赛的第四名。

1950年5月4日《文汇报》报道:

中学运动会今日揭幕　参加学校卅九所运动员近四百人

南市体育场为庆祝"五四"青年节主办之中学田径运动会,定今明两天下午举行。开幕式在今天下午一时在方斜路南市体育场举行,开幕式后,即展开各项田径竞赛:此次参加者,计粤东中学、培明女中、格致中学、大经中学、育英中学、新沪中学、圣约翰中学、华侨中学、民立女中、斯盛中学、南光中学、复旦实中、南洋模范中学、南屏女中、斯高中学、仪韵女中、崇德女中、经世中学、敬业中学、市北中学、务本女中、大同附中一院、市西中学、大夏附中、中国女中、南洋中学、沪新中学、育才中学、虹口夜中、清心中学、光华附中、晋元中学、缉规中学、夏光中学、孟贤中学、复旦中学、市立第一女中及沪江附中等三十九所中学,运动员三百八十五人,为解放后规模最大的田径运动大会。今日项目,男子预赛计一百公尺、四百公尺、四百公尺接力、二百公尺低栏、一千六百公尺接力等五项,女子计一百公尺、八十公尺低栏、四百公尺接力、二百公尺、六十公尺等五项,决赛方面,男子计跳高、十二磅铅球、八百公尺、跳远等四项,女子计八磅铅球、跳远、垒球掷远等三项。大会总干事为蒋湘青,总裁判为吴邦伟。

3. 体育与智育平衡发展

曾经有人担心,提倡了体育,会不会影响学生的学习成绩?实践证明,这是认识上的一个误区,恰恰相反,体育与学习的关系只要处理恰当,就能获得平衡发展;那些体育运动表现突出的学生,也可以是各门功课十分优秀的学生。

1959年1月10日《文汇报》报道:

中学生射击破全国纪录

在一次上海市射击表演中,格致中学高三(5)班的学生王智令以命中96环的成绩,打破了1957年女子3+10卧姿无依托95环的全国最高纪录。王智令过去对射击运动的目的性并不明确,只是利用业余时间玩玩而已。在党团组织的帮助和"大跃进"形势鼓舞下,特别经过整风学习,她的思想面貌有了变化,认识了体育运动是为生产和国防服务的,进行体育锻炼不是为了个人而是为祖国和人民力争荣誉。从此,她进行了艰苦的锻炼,在很短的时间内,成绩飞速提高,打破了全国纪录。

王智令表示:要使自己成为一个具有共产主义风格的

图1-4-4 以96环打破女子无依托卧射全国纪录的王智令正在练习(张浩 摄)

运动员,要在1959年"五一"劳动节以前达到健将级标准,并力争打破世界纪录来向党献礼。

四、毕业生中人才辈出

1949—1966年这17年教育培养的人才,其中包含两个概念:其一,这17年间在格致中学求学、毕业并走上社会工作的学子。其二,这17年间曾在格致求学,后由于各种原因,没有毕业,走上了参军、参干、上山下乡等不同的人生道路。

格致中学"十七年教育"培养出来的学子,若干年后,在各自不同的工作岗位或研究领域,显示出任何历史时期不可比拟的特殊业绩,为社会作出了不同凡响的特殊贡献。本节据格致《校友风采录》(一至五集)并不完全的记载,以年份与届别为序摘录若干例子,意在以一斑窥全豹:

邹世昌,1949年格致中学毕业。20世纪60年代负责国防工业重点任务,获国家发明一等奖。20世纪70年代以后在"离子束"和"固体材料"方面作系统研究,尤其是开展的"高分子材料离子束表面改性"的研究,获国家科技进步三等奖。曾任中国科学院上海冶金研究所研究员。1991年当选为中国科学院院士。发表科学论文100多篇,被推选为国际离子束研究领域主要学术委员会委员。

陈明棣,1949年格致中学高中毕业后参加"南下服务团",从此,将自己的毕生精力献给了闽东的教育事业。1954年任罗源一中副校长,后接任校长。1959年,该校被评为全国文教系统群英会先进集体。此后,接上级任务,在三年困难时期创办宁德师范。1962年调任福安一中校长。1972年任重点中学宁德一中校长。1989年被教育部授予"全国优秀教育工作者"称号。

孙光二,1949年格致中学高中毕业。先进入北方交通大学,后进入上海交大。1953年自造船工程系毕业,分配到江南造船厂工作。从此,与中国的造船工业结下了不解之缘。从技术员做起,到主任工艺师,到1960年晋升为上海市首批工程师,直至担任中国船舶工业总公司造船生产设计指导组成员,主编过相当多的船舶工业专著,1990年代两次获得中国船舶工业总公司科学技术进步奖。

图1-4-5 孙光二(前排右二)回母校参加校庆活动

何祚榕,1950届格致校友。1948年加入中国共产党,同年九月入格致中学求学,任中共地下党支部书记,并组建党的外围组织"格致学联小组"。为迎接上海解放、顺利接管格致,作出了重要的贡献。常年从事社会科学、马列理论研究。1992年,获"为发展我国社会科学事业突出贡献奖"光荣称号,享受政府特殊津贴。

张月霞,1951年格致高中春季班毕业。中华人民共和国成立后格致中学招收的第一批女生。1960年获捷克科学院理学博士学位。回国后在冶金部钢铁研究总院化学室工作。1987年任教授级高级工程师,受聘为中国化学学会分析化学委员会委员。20世纪90年代受聘为中科院长春应用化学研究所专业委员会委员。第三、四届全国青联委员。

邢家骝,1952届格致校友。在抗美援朝运动中,响应祖国召唤,投笔从戎,参加军事干部学校。荣立三等功3次,发表专业论文70余篇,获解放军科技进步一等奖等7项。成为我国第一代临床核医学和放射医学专家。1997年获得"国际互联网世界名医"荣誉证书。

汪品先,1953年格致中学毕业。1960年莫斯科大学地质系深造。同济大学海洋地质系教授。1991年当选为中国科学院院士。现任中国海洋研究科学委员会主席,国际海洋研究科学委员会副主席。近30年来,以汪品先院士为首席科学家的科研团队,圆满完成了在中国海区钻探海底地层的"大洋钻探184航程"等科研项目。

图 1-4-6　年逾八旬的汪品先下潜到南海 1400 米深处开展科学研究

杨福家，1954 年格致中学毕业。1958 年就读复旦大学物理系，留校任助教。后历任原子核科学系主任、教授、博士生导师，现代物理研究所所长、研究生院院长、复旦大学校长。为中国科学院原子核所所长、国务院学位委员会委员、国际大学校长联谊会执行理事。1991 年被选为中国科学院学部委员（1993 年改称院士），1995—1999 年，先后被美国州立大学、香港大学、英国诺丁汉大学授予荣誉博士。著作等身。

图 1-4-7　杨福家曾任英国诺丁汉大学校长

朱亦梅,1954届格致高三丙班班长、团支书,曾获陈尔寿校长签发的"三好学生"奖状。毕业于清华大学电力学专业。1970年代末,根据国家需要,放弃原专业,转身成为计算机专家,参与编写全国高校统编计算机教材,领衔完成上海市科委重点项目"带条形码计算机网络销售系统"。

胡锡兰,1954届格致高三丙班校友。曾为中科院计算所科研人员,参与研发维护我国第一台大型电子管计算机,任机长。1984年由科研转向经营,参与领导了联想集团各个重要的部门,荣获公司"特殊贡献奖"。

图1-4-8 朱亦梅(左一)曾研制了我国第一台自产元件的数字电子秤

谢丽娟,1955届格致校友。毕业后至1961年在上海第二医学院学习。1961—1978年,任卢湾区中心医院主治医师,1982—1984年任卢湾区中心医院副院长。1984—1985年任上海市卢湾区副区长。

图1-4-9 谢丽娟(右一)从政前是一名医术精湛的白衣天使

1985—1996年任上海市副市长，1996—1997年任上海市政协副主席。1997年11月起，任九三学社中央副主席。

吴绍中，1956年毕业于格致中学。1963年毕业于复旦大学经济学系。1964年分配至上海社会科学院国际问题研究所工作。1978年在上海社会科学院经济研究所从事科研工作。后任上海社科院《社会科学》杂志社常务副总编辑、研究员。为上海社科院咨询委员会委员和上海市消费经济研究会会长。1986年起，历任第六、七、八、九届市政协委员，以及农工民主党中央文化委员会副主任。

图1-4-10　吴绍中研究员

吴肇汉，1957年毕业于格致中学。同年考入上海第一医学院，毕业后留任中山医院普外科工作至今。1990年评为正教授，1991年任博士生导师。多次荣获卫生部、上海市科技进步奖。1992年起享受国务院特殊津贴。虽已退休，仍担任中华医学会外科学会副主任委员、上海普外科学会主任委员。

图1-4-11　复旦大学附属中山医院终身荣誉教授吴肇汉

陈志杰，1958届格致高中毕业。因数学突出，考入华东师大数学系进一步深造。自学英、法、德、日四国语言。1962年毕业留校，成了通晓四门外语的数学教师，专攻代数学。改革开放后，被选定为第一批国家公派学者，赴法国进修。回国后，3次参加国家自然科学基金委员会数学重点项目"代数几何"研究。曾获国家教委科技进步二等奖和"宝钢教育奖"。

图1-4-12 达式常是家喻户晓的电影表演艺术家

达式常，1956年格致中学初中毕业。高中毕业于回民中学，随即考入上海电影专科学校，之后进上海电影制片厂演员剧团，文艺一级。主演和参演的影视剧达20多部。《年青的一代》《难忘的战斗》《人到中年》《谭嗣同》为其代表作。曾获"飞天奖"最佳男主角奖、"金鹰奖"最佳男配音奖等。

刘志刚，1960年格致中学高中毕业。1967年研究生毕业于西安交通大学动力机械系，后任西安交大副校长、博士生导师。中国高等学校工程热物理研究会副理事长。多年从事工程热力学、热物理学研究，成绩卓著，是我国"无氟冰箱"的理论权威。获多项奖，1993年起享受国务院颁发的政府特殊津贴。

章祥荪，1960年格致中学高中毕业。毕业后考入中国科技大学深造，从事应用数学研究。1991年起享受政府特殊津贴，1997年被国家人事部、中国科学院授予先进工作者称号，1998年获"五一劳动奖章"。曾任中国科学院应用数学所所长。第八

图1-4-13 章祥荪是我国应用数学领域的著名学者

届全国政协委员、第八届北京市政协常委、第九届全国政协常委。中国运筹学会理事长。

金　瑜，1962年格致中学毕业。1968年毕业于华东师范大学。1981年在华东师大攻读发展心理学，获硕士学位，留校任教。1989年赴美科罗拉多大学进修，1993年获教育心理学博士学位，1997年为博士生导师。1998年被选为"中国心理学会心理测量专委会"委员。多次获社会科学研究专门奖项。

钟　震，格致中学1962届中五(3)班学生。医生世家，加籍华人。第二届国际小肠移植大会执行主席。多年来，他的"显微移植实验中心"为国内培养了10多位移植专家。其实验室已成为闻名世界的显微移植实验中心，同时也培养了40多位来自美国、德国、日本、瑞典、意大利等显微外科医生，为世界显微医学科学做出了巨大的贡献。

图1-4-14　钟震是世界级的器官移植专家

殷立峰，1965年格致中学高中毕业。高分考入清华大学无线电系学习。"文革"期间，自学完成了《高等数学》《高等代数》《理论物理》等，留校执教。1982年进入上海光机所，3年内完成专业论文达20篇，发表在国际学术杂志上。1986年赴美国林肯大学攻读博士。曾获中国科学院科技成果发明一等奖。1991年以特邀学者身份访问多国，在多个国际会议上做学术报告。

此外,不得不提及颇为特殊的群体"老三届"。他们在"文革"前入学,于"文革"中"分配"离校,虽然大多数未完成全部学业,但仍属格致17年教育培养的学生。格致"老三届"经历了"文革"十年浩劫,特别是许多人经历了上山下乡知青生涯的磨难,不少人改革开放后逐步成长为国家的有用人才。

五、创办校办工厂

学校办工厂,在全国大中小学范围内,有一个发展的过程。

教育与生产劳动相结合是我国教育的优良传统之一。1949年以后,党和政府十分重视教育与生产劳动相结合,强调劳动教育是对学生进行思想政治教育的重要内容,生产劳动是教育过程的组成部分。

1953—1957年,党和政府有关部门相继发布了关于加强对中小学生的劳动教育,把"爱劳动"作为"五爱"教育的一项重要内容来抓。

1958年,我国试图突破当时苏联教育的局限性,创立适合中国国情的社会主义教育制度,开展了以"勤工俭学、教育与生产劳动相结合为中心"的教育革命。

1958年8月13日,毛主席在视察天津大学时指示:学校"应抓住三个东西,一是党委领导;二是群众路线;三是把教育和生产劳动结合起来"。

1958年9月19日,中共中央、国务院发布《关于教育工作的指示》,明确提出了党的教育方针——"教育为无产阶级政治服务,教育与生产劳动相结合"。并且规定:在一切学校中,必须把生产劳动列为正式课程。今后的方向,是学校办工厂和农场,工厂和农业合作社办学校。各地各学校积极响应、贯彻、落实党中央的指示精神,纷纷在校内办起了各种类型的"校办工厂"。格致中学所在的黄浦区范围内,很多学校开始创建"校办工厂"和"校办农场",把劳动列入教学计划,开展勤工俭学。也有一些学校尝试实行"半工半读"制度。格致中学于1959年冬办起了校内的"实习工厂",习惯称"格致校办工厂"。

(一) 格致校办厂概况

校办工厂设在学校东侧的一幢小楼内,3层,属于原居民楼改建而成。厂门向西而开,门楣上方有一简易横匾——上书"实习工厂"4个楷书漆字。随后几年,门的两侧,以仿对联的方式增写了"教育为无产阶级政治服务"(上联居右)、"教育与生产劳动相结合"(下联居左)。进实习工厂厂门,左边是一排车床,右边是一个硕大的钳工工作台,两侧各安装有十几台像模像样的"台虎钳"。右边另有一间工厂小办公室。2楼是油漆车间和包装纸盒车间。另有一个小型的钳工车间,主要用于产品的前期开发和试样等。上得3楼,其实是在屋顶平台上搭建的简易房。有个"小暗房",是学校摄影组自己冲洗胶片、印放照片的小天地。另有一间单身教师的集体宿舍,四周种些盆栽花草。一个较为引人注目的白色百叶箱,是学生气象台的观测仪器设备,由格致初中学生为主组成的"气象小组",天天负责向全校师生作"天气预报"。

图 1-4-15 格致中学校办工厂工作场景

(二) 体制与运作

校中之厂,说是工厂,其实还是学校的一个教育机构,或称为一个教研室、一个行政部门,更为合适。厂长、车间主任、技术员,都是本校教师所兼。举1965年为例:格致实习工厂厂长、各车间主任、技术员等,分别同时担任学校语文、政治、数学、劳技、少先队辅导员等基本授课。一周之间,分别以不同的时间比例参与着学校工厂的劳技辅导和课堂授课。

(三) 技术与产品

20世纪五六十年代的校办工厂,等同于一个社会上的小型加工厂,或是街道、里弄办工厂,以中间加工为主。当年起步之后的格致校办工厂就是一个教学仪器加工厂。主要为上海市的教学仪器采购供应站提供学校实验室所用的"复夹、试管架"以及勘测、测量使用的"标杆"之类的中小型产品。校办厂从社会其他企业获取产品的毛坯铸铁件,经过中间环节的"车、钳、刨、钻"等加工,以及当时还流行的"电镀"类表面处理,然后油漆、检验、包装、出厂。

(四) 经营与效益

这样的校办工厂,当时黄浦区有两个,另一个是办在金陵东路上的"建新中学印刷厂",相对而言,格致校办厂比较成功。据并不完全的统计,20世纪60年代中期,格致校办厂的年利润在5万元左右,应该说在那个年代是相当可观的。但在1966年"文革"开始,校办厂即告中止。

(五) 学生的劳动实践

作为格致的学生参与校办厂的劳动,一般采取两种方式:(1)列入每周学习的必修课,集中2个课时至半天的劳动,可以在指导老师的带领下完成相对并不复杂的加工任务。初中低年级主要从事钳工、油漆工、装配工、包装工等;高中年级同学则可以通过一段时间的实践,熟练操作车床、刨床、钻床等。(2)带有"勤工俭学"性质的"打工者"劳动。即按学校规定,一部分家庭经济有困难,而平时学习成绩相对比较优秀的学生,可以申请参加寒暑假期间的"校办厂打工",劳动所得用于抵扣下学期的学费与代办费等,即下学期相当于可以享受奖学金就读本校。学生高兴,家长开心,学校也省心。

(六) 校办厂的恢复、发展与消亡

"文革"中后期1972—1973年开始,随着学校"复课闹革命",格致

图 1-4-16　格致中学校办工厂的产品千分尺测砧研磨机

图 1-4-17　千分尺测砧研磨机获国家优秀新产品证书

中学校办厂逐步恢复正常。该厂1970年代受到教育部门的高度重视，被定位为新型教学仪器生产基地。格致校办厂到改革开放时期有了新的发展。1979年更名为"上海格致中学量修机械厂"，1980年代初引进"工匠"团队和创新产品，重点产品"千分尺测砧研磨机"曾荣获国家优秀新产品证书，当年热销行业内。小小工厂，创造了很高的经济效益，特别是1983—1990年创收达到每年50万元，并长期保持黄浦区校办企业利润额第一。格致校办厂不仅是学生劳动教育实践和勤工俭学的基地，而且把育人和创收结合起来，这也对支持学校教学和增加教职员工的福利、改善他们的生活条件做出了一定的贡献。

随着20世纪90年代初国家经济形势发生变化，城市商业开发兴起，制造业受到冲击，格致校办厂经历了一度的辉煌，于1993年迁出校园,趋于解体、消亡,终结了历史使命。

1964年10月20日《文汇报》的一则报道：

教育与生产劳动密切结合　格致中学坚持校办工厂五年

上海市格致中学坚持学校办工厂已有五年。初二至高三各班的师生每周有半天时间在校办工厂里劳动,加强了劳动观点,培养了劳动习惯,学到了生产技术,有力地贯彻了党的教育与生产劳动相结合的方针。

格致中学办工厂,是坚决贯彻党的教育方针的结果。一九五九年冬创办工厂的时候,有些人认为学校一无设备,二无原料,三无技术,工厂办不起来;学生又读书,又做工,不像个学生的样子。学校领导认为,教育为无产阶级的政治服务,教育与生产劳动相结合,是党的教育方针。必须把生产劳动列为正式课程;有了校办工厂,更有利于学生正常地参加劳动,因此坚持办厂。师生们亲自动手,整修了几间房子,安上了上级拨下的四台车床和一些设备,使工厂初具规模。工厂开初只生产一些小商品,后来逐步转为主要生产教学仪器。在三年自然灾害期间,原料不易买到,生产发生困难,这时有些人又出来说:"不要搞下去了,让学生多读点书吧!"学校领导坚持要办下去,而且要越办越好。工厂工作人员广找门路,采购废旧原料,为市场生产小商品。学生的劳动课照样坚持下来。现在,这个工厂已有金工、电工、油漆、制盒四个车间,各有几十台机器,可容纳一百多人同时劳动,能生产发音齿轮、金属圆柱体、电磁替续器、本生灯、方座支架及各种夹具等教学仪器。五年来校办工厂的总产值达五十多万元。

在工厂越办越好的情况下,学校领导又指出,学校办工厂不是单纯为了生产物质产品,主要是为了培养人。因此,把政治思想工作摆在首要地位。班主任、共青团和少先队的干部、工厂指导老师密切配合,每两周有半天时间专门研究劳动教育问题。每月安排一节劳动课、一次民主生活。学生到校办工厂劳动,是带着种种思想问题的。有的有任务观点,认为"学校规定,不做不行";有的认为体力劳动很简单,"只要卖点力气就行";有的只想学点技术,有的为了"休息休息脑子";如此等等。针对这些问题,教师在劳动课上系统

讲明劳动的意义,使学生明确参加劳动就是保证革命到底,永不变色;读书的目的,就是参加劳动;知识青年要和工农群众结合,首先要热爱体力劳动。平时,教师跟班劳动,抓住活思想,及时做工作。如高一新生参观工厂以后,不少学生说:"分配到车床组不错,可以学点技术。做辅助工没出息,在砂轮组太吃力。"在劳动课上,教师就讲了劳动只有分工不同,没有高低之分的道理,并组织大家讨论。以后,又表扬了大量好人好事,树立了在平凡工作中做出不平凡事迹的活榜样。今年五月底,毕业班学生座谈劳动小结,一致称赞学校劳动课上得好。

思想教育加上劳动实践,使学生的劳动观点大为加强。以三年计算,每个学生轮到两个月的工厂劳动,每周一次,已养成习惯。在生产劳动中,不少学生养成了一丝不苟的好作风,有的学生说:"如果做错了一道数学题,可以用橡皮擦掉重做,而生产劳动时只要有一点误差,就要造成很大损失。"几年来,学生们经过工厂劳动和下乡劳动,对劳动有了深厚的感情。不少学生说,不参加劳动,认为工人、农民的劳动很简单,没啥了不起,自己亲手做了,才体会到体力劳动不简单。今年暑期毕业的高中学生李春生,劳动时专拣重活脏活,做外勤工作时也从不怕累。他说:"工人农民的劳动比我们累多了。我们现在不能坚持,以后怎么做一辈子劳动者呢?"最近,他到新疆去参加生产建设了。学生在校办工厂劳动,使书本知识同生产实际结合起来。在课堂教学中,许多仪器、许多原理都与劳动有关,通过劳动实践,学生更容易学懂;而且在生产劳动时,学到的理论,又得到了检验和运用。一位学生有一次看到车灯坏了,就向指导老师报告。老师说:"你已学过物理,自己修理一下线路吧!"这位学生拨弄了老半天,还是不行,老师再作具体指导。后来,这位学生说:"我们学理论脱离实践,这一次才学到了活的知识。"工厂指导老师在讲解生产要求时,也讲解技术原理;在分析产品质量时,也结合分析理论原理。学车工的学生开始半天只车十几只零件,经过半年的练习,再加上运用物理和几何的原理,已能车一百多只了。

六、开展教学改革

(一) 关于十七年教育的划分和综述

《中国教育年鉴》对十七年教育的具体划分和综述如下,了解这一点,对大环境下的格致中学的"教育改革"具有指导意义。

1. 三年国民经济恢复时期到第一个五年计划时期

1949年12月,教育部召开第一次全国工作会议,确定教育工作必须为国家建设服务,学校必须为工农开门的总方针。强调指出:"建设新教育是一个长期的奋斗过程。要以老解放区新教育经验为基础,吸收旧教育的某些有用经验,借助苏联的经验,来建设新民主主义的教育。"

1951年3月,教育部召开第一次全国中等教育会议,具体确定了普通中学的方针、任务和培养目标。

1953年,中学教育纳入了发展国民经济计划的轨道。

2. 1958—1965年时期

1958年9月,中共中央、国务院发布《关于教育工作的指示》,正式提出"党的教育工作方针,是教育为无产阶级的政治服务,教育与生产劳动相结合"。

1959年1月,中共中央在北京召开教育工作会议,针对1958年教育革命和发展中出现的问题(如工农业生产"大跃进"带来的教育事业大发展),提出1959年的方针是"巩固、整顿和提高"并在这个基础上有重点地发展。

1960年12月,中共中央召开全国文教工作会议,教育部长杨秀峰在会议上指出,1958年以来,教育事业发展快了!……1961年应当放慢一点。

1962年2月,中共中央批转中央文教小组《关于1961年和今后一个时期文化教育工作安排的报告》规定:当前文化教育工作必须贯彻执行"调整、巩固、充实、提高"的八字方针。

经过几年的调整工作,1963年3月,中共中央发出《条例(草案)和对当前中小学教育工作几个问题的指示》,全面总结了中华人民共和国成立以来的教育改革。

（二）教改工作组进校与格致中学学生的"万言书"

为努力贯彻毛主席"七三"指示(即1961年7月30日《毛主席给江西共产主义劳动大学的一封信》)，1965年1月，童月秋、翁妙锦等同志组成黄浦区教育改革工作组进驻格致中学蹲点调研，开展教改工作。从8、9月起教改工作组主要有翁妙锦负责。在区教改工作组的引领下，全校师生纷纷投入调查、探讨及学习上海市育才中学教育经验的活动中。

1966年1月27日格致高三(3)班金志强、李世廷、汪达民、黄友锋4位同学给学校党支部写了一份对教育改革的意见书，又称"万言书"，得到校党支部、区委、市委的高度重视。"万言书"就三个大问题、近30个小问题对党支部、教师、学生如何贯彻毛主席"七三指示"，以及借鉴育才中学经验，提出意见和建议。2月9日学校党支部予以答复："这封信很好，信中洋溢着革命的激情，对学校教改提出了看法、批评和建议。对今后的教改寄予殷切的期望……值得全校同志认真思考。"格致中学将学生的教改意见书以及学校拟定的教改方案上报黄浦区教育局，很快引起领导重视。"万言书"后在党的内部刊物上选登，引发当时上海教育界的一场教改大讨论。

3月，教改工作组尝试教学方法的改革。先后组织教师去彭浦机器厂劳动，培养工农感情；发动教师先后到工厂、菜场、煤球店、饮食店等进行访问、调查，调查社会对学生有何要求，知识上有何要求，为改编教材作准备。

（三）贯彻"七三"指示与"向雷锋同志学习"

为了贯彻毛主席"七三"指示，推进学校教改，格致中学开展了调研，并探索性地推出教改举措。例如：配合教改，学校组织了潘为南、姜秀娥、刘渝英老师赴彭浦机器厂调研，听取工厂对教育的需求和意见。学校组织高中与初中三年级同学到国棉二厂学工劳动，为期一周。根据黄浦区特点，学校组织部分初、高中学生到福州路菜场、宁波路菜场学商(站摊卖菜)。1965年10月组织高三学生到上海县农村吴泾金光大队学农，初三学生到松江县叶榭公社叶兴大队劳动。

下面介绍格致贯彻"七三"指示的两个教改案例——

格致教改案例1：

1966年3月4日《文汇报》报道：

格致中学认真贯彻毛主席关于教育工作指示
启发教师革命自觉性推进教学改革
从学生实际出发进行教学，同时吸取学生有益意见，
出现教学相长局面

上海市格致中学认真贯彻毛主席关于教育工作的指示，启发师生革命的自觉性，使教学改革成为群众自觉的迫切要求，把教学改革工作大大地向前推进了一步。

格致中学在去年上半年就注意到了学生负担过重的情况，相应采取了措施，对于学生的课业负担和社会活动作了控制。采取这些措施后，学生课余时间增多了，有了更多自由支配的时间。面对这种情况，有的教师感到在教学中必须相信学生，但有的教师对学生能不能很好地支配时间，能不能学得生动活泼和主动，还有不少顾虑，怕学生会荒废学业。相信不相信学生，这是一个带有普遍性的问题，也是教学改革的一大障碍。学校党支部就抓住这个问题，启发教师深入学生中去作调查。到学生中一了解，他们发现由于休息的时间充足了，学生无论上课、参加活动都是精力充沛，思想集中，能够及时完成课外作业，并能做好预复习，不少学生带着问题去上课，有的学生自学的功课已超过教师的教学进度。使教师们更为感动的是，许多学生在毛主席关于教育工作的指示鼓舞下，针对自己的弱点和缺陷，订出了在德、智、体诸方面生动活泼地主动地得到发展的计划。他们提出要为革命而学习，为革命而锻炼身体，为革命而抓好自己薄弱的学科。有一位外语教师本来把一个学生看成是不愿学外语的，后来一了解，这个学生对外语学习却很用功，平时这个学生不肯在学校里和家里读外语，主要是怕自己发音不准而被人嘲笑，只好每天在一条马路上来回地走着读。这个发现，使教师很感动又很难过，不是学生不要读外语，而是自己没有很好地给予帮助。学生的这些动人事例，使教师们进一步认识到毛主席指示的强大威力。

通过向学生调查了解，教师们进一步感到教学必须改革。在

这个认识基础上,党支部又进一步和教师学习、领会了毛主席关于教育工作的指示,学习了党的教育方针,大家认识到相信不相信学生,在教学中是不是调动学生的学习主动性,这不是具体的方法问题,而是关系到是把学生教"死",还是把学生培养成为生动活泼,富有创造精神的德、智、体全面发展的革命接班人的大问题。这样,对教学改革意义的认识深入一步,教学改革的积极性、主动性也就更高了。但是,教师的教学改革积极性、主动性调动起来以后,在改革中又遇到不少困难,有的教师感到现在对教师的要求高了,教师难做了。有的教师说:"学生学得主动,教师感到鼓舞,但对教师的压力太重了。"有的教师又急于求成,希望一下子能摸出一条路来。针对这些问题,党支部又和教师学习了毛主席著作《反对本本主义》《实践论》,毛主席关于不断总结经验的指示和要做好先生必先做好学生的语录。毛主席的教导给大家指出了方向,解除了精神负担,不少教师按照毛主席的指示去做,放下架子,虚心听取学生意见。在课堂上当学生提出的问题自己不能回答时,就坦率地向学生表示自己不懂,并和学生一起探讨解决。这样一来,师生关系非常融洽。这些教师不但能从学生实际出发进行教学,而且从学生中吸取有益的意见,出现了教学相长的局面。有些教师在教学改革中不断总结自己的工作,学校领导又及时组织交流;教师们看到了自己的进步,信心也更足了,进行教学改革的自觉性更高了。现在,备课先听听学生意见,课后又听听学生反映,已经开始成为一种风气,不少教师还带着问题学习毛主席著作,主动去工厂参观,自觉要求下厂下乡劳动,改造思想,同时解决教学工作联系实际的问题。他们表示一定要同思想上的"我"字和工作中的"难"字作斗争,把教学改革进行到底。 (通讯员 崔世雄)[1]

格致教改案例2:

1966年3月5日《文汇报》报道:

一次测验

有次测验,我发觉不少学生情绪紧张。我就要求他们停笔三

---

[1] 崔世雄为当时驻格致黄浦区教改工作组成员。

分钟,同同学们一起回忆了一小段《放下包袱,开动机器》的毛主席语录,然后请大家想一想:"徐寅生说,在打球的时候应想些什么呢?如果有任何一点个人的私心杂念都会影响人的斗志。你们现在又怎样呢?有没有人尽想着分数之类问题呢?"同学们都笑起来了。最后我要求同学们冷静一下,排除个人杂念,放下思想包袱,学习徐寅生打球的精神。测验又继续进行下去,整个课堂情绪就好得多了。

测验结束时,我又向学生宣布:试卷一律不交,带回家去,在正常的精神状态下重做一次,明天交来。但是必须在试卷背面写下自己在这一次考查中思想上、知识上存在的问题,从中提高认识,吸取教训,并且可以对教师提出意见和要求。

第二天,卷子纷纷交来了,大多数同学都是在同样的时间内独立完成的,而且全做对了。少数同学仍有一题或二题错误。有些同学说明了经过再一次复习以后才做出某一题的。大家都觉得印象特别深刻。他们还认为,这种做法,鼓励了他们再前进的信心,调动了他们学习的积极性。测验的目的不是为了"将学生的军",为难学生,而是为了使学生更牢固地、更灵活地掌握知识,那又何必一定要一考"定终身"呢?

值得一提的是,毛泽东在1963年向全国人民发出了"向雷锋同志学习"的号召,这个号召影响了中国几代人,也影响了当时的学校教育直至今天。毫无疑问,这个号召对1960年代以来格致中学学生的思想道德品质教育和教育改革实践,产生了很大的影响。

下面再介绍当时格致学生学雷锋的3篇新闻报道——

新闻报道1:

1964年3月14日《文汇报》报道:

演雷锋　学雷锋
黄浦区举办"千万个雷锋在成长"汇报演出

昨天(十三日)晚上,黄浦区文化局和共青团黄浦区委联合举办的"千万个雷锋在成长"文艺汇报演出,在"接过雷锋的枪,我们都学习他的榜样;接过雷锋的枪,千万个雷锋在成长……"的激荡歌声中开始。参加这次演出的共有九个节目。这些节目是从参加

本区交流演出的四十八个节目中选拔出来的。所有的节目,都是表现各单位一年来在学习雷锋的过程中所涌现出来的新人新事。其中如共青团小学教师第七支部的朗诵《发生在山村里的故事》,上海钟厂的表演唱《上钟青年雷锋精神在发扬》,格致中学的独幕剧《学雷锋》,金陵中学的快板《学习区优秀中队初二(8)班的五好榜样》,糖业糕点行业的说唱《李菁菁》等,都显示了年青的一代助人为乐、热爱集体、勤俭节约、奋发学习、团结友爱、热爱平凡劳动的新道德、新风尚。所有的节目在基层演出过程中都给予群众很大的鼓舞和启发。

"做好事",是当年所有学校、所有师生的一致行为。下面是来自"黄浦区图书馆"的一则报道:

在学习雷锋的日子里,常常有不少读者主动来图书馆要求做修补工作。他们都说:图书是国家的财产,我们每个人都应爱护它。例如格致中学高一(2)班和高二(4)班有几位学生,常常利用课余时间到图书馆来补书,三年如一日。今年以来,又动员了10余位同学一起来补书。

这些为图书馆修补书籍,对图书备加爱护的事情,看来似乎是小事,但我觉得这里面体现了广大人民爱护集体事业、爱护公共财物的高尚风格。这种风格是应该发扬的。

(黄浦区图书馆 傅威)

新闻报道 2:
1965 年 11 月 19 日《文汇报》报道:

在三秋劳动中学王杰①
格致中学同学参加三秋劳动二三事

不放过一朵棉花

格致中学学生在上海县塘湾公社金光生产大队参加三秋劳动。同学们认真学习了王杰日记,进一步明确了"下乡劳动就是干革命"的意义。大家劳动起来干劲就更足了。在摘棉花时,有的同学原来为了贪快,不愿摘落脚花和发黑、烂掉的棉花,即使摘好花

---

① 与雷锋同样的一位学习楷模。

也往往留一个底(棉籽)在壳里。学了王杰日记,看到王杰一寸一寸地节约导火索的事迹,非常感动,也就注意不放过一朵棉花。有的同学说:"我们少摘一朵棉花,国家就多一分损失,比比王杰,我们这样实在太不应该了!"

为革命敢于挑重担

高三(3)班男同学连日来差不多都是割稻和挑稻,许多人的肩都肿起来了。可是他们只要一想到王杰,就觉得浑身都是劲,坚持劳动。有的同学想到王杰同志一心为革命不怕苦不怕死的革命精神,激动地说:"我们今天挑的只是稻子,明天就要挑中国革命和世界革命两副重担。如果今天连这样的稻子都挑不动,明天怎样去挑革命重担呢?"于是,当他们挑着稻子在弯曲的田埂上行走的时候,他们就把它看成是红军走过的道路,觉得什么艰苦都不在话下了。

不让集体受损失

十一月八日那天,同学们正在田里劳动,突然间乌云密布,大雨倾盆,他们想到队里还有许多棉花和稻谷晒在场上,就从田里飞也似的奔向打谷场。路上滑,许多人摔倒了,爬起来还是跑,大家只有一个念头:"谷子,棉花,公社的财产!快!不能让它受一点损失。"有的地方缺少抢收的麻袋,许多同学把自己的衣服脱下来盖在棉花上。有的同学甚至把自己的被单也拿出来盖在棉花上。有的说:"想想王杰为了保护人民,连生命都牺牲了,我们还有什么可以计较的呢?"事后生产队送来了感谢信,说他们是毛泽东时代的好学生。可是同学们却说:"我们和王杰同志相差得太远了,今后还要不断地向王杰学习,更好地改造自己!"

(王宝林;武小璈 报道)

新闻报道3:

1966年5月14日《文汇报》报道:

国棉二厂发扬革命风格以培养青少年为己任
热情接待下厂劳动学生认真做好政治思想工作

本报编辑部最近先后收到格致中学本报通讯员王宝林、培进中学本报通讯员李敏智和光明中学董景丰的来信,热情地赞扬国

营上海第二棉纺织厂把培养革命的下一代看作是义不容辞的责任,认真对待学生下厂劳动,加强对下厂劳动学生的政治思想工作,使下厂劳动的师生受到生动而又深刻的阶级教育。

格致中学王宝林在来信中说:"最近我们学校高三学生到国棉二厂进行了为期8天的劳动。"当学校领导与工厂联系时,厂方热情支持,说:"培养无产阶级革命接班人是全党的大事,不仅学校要教育,我们工厂也有责任。"学生下厂第一天,厂里专门向学生介绍了国棉二厂的光荣革命斗争历史,讲了顾正红烈士的革命事迹,并且对学生参加劳动提出了殷切的期望。在劳动过程中,以车间为课堂,以厂史、老工人的家史为教材,为师生补上了阶级教育的一课。各车间党组织分别为师生组织了多次座谈会,请在旧社会受苦最深的老工人谈新旧社会对比,忆苦思甜,同时,又为学生提供了广泛接触工人的有利条件,学生参加各车间工人学习毛主席著作的小组、评"五好"等活动,使学生更好地学习工人阶级的优秀品质,增强劳动人民的思想感情。劳动结束之前,工厂领导又参加了大型座谈会,回答了学生们提出的各种问题;语重心长地勉励学生要听党的话,听毛主席的话,永远革命,永不变色,毕业以后要接受党的挑选。这次下厂劳动,不仅使下去的师生受到了很好的阶级教育和劳动锻炼,工厂领导和广大工人这种以强烈的无产阶级阶级感情、高度的阶级责任感,关心革命下一代的精神,也使全校教师非常感动。

读了格致中学王宝林等同志给本报编辑部的来信以后,记者访问了国营上海第二棉纺织厂的负责同志,请他们介绍如何做好下厂劳动的学生的政治思想工作的经验。

国棉二厂的负责同志认为,做好对下厂劳动的学生的工作,工厂要主动,学校也要主动。学校在考虑学生的教育工作时,要从工厂的生产出发,防止要求过多过急而影响生产。更重要的是,要主动反映学生的情况,使工厂组织教育活动更有针对性。比如格致中学就做得比较好,他们带着问题下厂,在劳动过程中又产生了一些新的问题,如社会主义企业里阶级、阶级斗争反映在哪些方面?当好艺徒要过什么关?企业要什么样的接班人?在工作中怎样突出政治？怎样带着深厚的阶级感情，活学活用毛主席著作，等等。根据学生提出来的这些问题，厂里组织了两次大型座谈会，由工厂负责同志作了发言。再如有的学生下厂以后，看到工厂设备条件好，觉得留在这样的厂里当一个工人也很舒服。厂里了解这个活思想以后，专门找了带训艺徒同学生们座谈如何树立好儿女志在四方的思想，并且请老工人勉励学生要胸怀革命大志，一颗红心，多种准备。

（四）格致有关教改的几点经验

自1874年建校以来，长期的办学实践，使格致中学积累了许多宝贵的教学经验。有些经验不仅完好地被继承了下来，而且得到了进一步的光大和创新，成了格致全体教师的共识。

1. 上好新生入学的"第一课"

格致中学有着光荣的革命历史、优良的学习传统、高水平的数理化教学特色和自信自强的"格致精神"。按照学校的规定，新生入学后全体学生要接受一次"格物致知，实事求是"的校训，先参观校史展览，接着讨论"我为什么要学习"。当同学们走进教室看到黑板上方"胸怀祖国，放眼世界"八个醒目的大字时，他们便会重新思考和审视自己学习的目的性是否端正，从而激发他们崇尚科学、献身科学，为建设美好的祖国，一定要打好数理化基础知识的决心和信心。

2. 传授学习方法重于直接灌输文化知识

格致中学鲜明的教学特点是，老师积极帮助学生做好从小学到中学的知识衔接，所有老师都会采用生动活泼的教学方法，启发和培养学生的学习兴趣，教会他们自学的能力和刻苦学习的精神。通过先由学生预习，进而由学生组织学习小组进行讨论和交流，老师积极参与并作适当引导，使学生们在实践中感悟到在重点中学学习不是一件轻松的事，不但不能满足现状，而且还要不断向知识堡垒发起进攻，占领一个又一个知识高地，变被动学习为主动学习，逐步提高自学能力，养成自觉学习的好习惯。

3. 教学的根本目的是培养学生成为德智体全面发展的人

有一段时间，学校执行的办学方针是"改进教学方法，减轻学生负

担,生动活泼地学习并加强社会实践和能力培养"。格致中学的学生不仅受益于高水平老师的课堂讲授以及老师们孜孜不倦的课外辅导,同学之间互帮互学、你追我赶的气氛也很浓。格致中学不仅课堂教学井然有序,课外活动也一样丰富多彩。在那个办学经费紧缺、物资极度匮乏的20世纪60年代,学校秉持着勤俭办学的精神,节省每一个铜板,但对学生的课外活动却依然给予了一如既往的支持,其中包括常规的数理化、语文、英语等学习兴趣小组以及一切有益于学生全面发展、健康成长的美术、音乐、舞蹈和各类体育活动。此外,学校的"三学"活动也开展得有声有色,军训进行得很规范,每个学生都必须接受"步抢突刺"、射击和队列训练,每周的工厂实习以及经常性的下厂下乡劳动、访贫问苦,与工农兵结合。

附录 1-1　1966 年前格致教工花名册

袁　玮	席炤庆	施亚东	翁史伦	俞敦发	马彦俊	
张庆发	周美影	蒋福祯	辜　端	杨希琰	吴人材	
许凤池	徐燕儿	王昌谷	钱毅蕴	陈漱梅	唐启昌	
张正平	干国英	翁璇庆	陈彩云	汤廷浩	周　艺	
刘兆庆	陈天水	袁林根	马虹莺	赵春英	钱伟康	
费国荣	袁九皋	夏云川	刘永贞	潘为南	石　垒	
陈剑秋	庄流琴	周文川	李世昌	孙兆桂	刘汉标	
朱云清	刘渝英	张联冠	许宝盈	卢秀清	郑麟同	
孙采贞	汪家骏	邵国定	方亚莉	徐维华	黄秋霞	
林立勋	陈祥麟	张秀霞	张亚炯	潘秀珍	朱世芳	
邵丙章	叶守康	杨福根	范　钶	黄开武	唐文伟	
简建华	李家栋	赵金林	张佩君	陈雪珍	王廉元	
王宝林	裘慧芬	潘蓉珍	周柏生	何炳基	秦宗武	
姜秀娥	孙晓峰	李鸿昌	金关保	史纪寿	程润云	
胡福林	陆汉生	陈孝栋	陆　平	徐翔舟	叶全美	
张　浩	朱振远	苏　进	沈文志	匡锡麟	王国浩	
陈月华	单荷英	沈咸勋	张木根	卢晓牛	施有志	
沈广云	许德秀	虞元兴	张中萍	郭瑞康	陶仕德	
沈　洁						

（计 109 人，据杨阿友钢板蜡纸油印件打字）

附录1-2 《中国教育年鉴》对"十七年教育"的评价

中华人民共和国成立后的17年,广大教育工作者,在中国共产党的领导下,在毛泽东思想的指引下,辛勤劳动,努力工作,取得了很大成绩,为各条战线培养了大批人才。然而林彪、江青两个反革命集团,打着毛泽东主席的旗号,炮制了所谓教育战线的"黑线专政论"。1971年4月15日至7月31日全国教育工作会议期间,张春桥、姚文元等人直接操纵、编造了一个《全国教育工作会议纪要》,对17年的教育工作做出了荒谬的"两个基本估计":一是教育部门的领导权不在无产阶级手中,推行了一条反革命修正主义教育路线,毛泽东的无产阶级教育路线基本上没有得到贯彻执行;二是原有教师队伍中大多数世界观基本上是资产阶级的,是资产阶级知识分子。这个《纪要》还把所谓的全民教育、天才教育、智育第一、洋奴哲学知识私有、个人奋斗、读书做官、读书无用,作为"刘少奇修正主义教育路线"的"八大精神支柱"进行批判,全盘否定中华人民共和国成立后17年的教育工作。他们以批判"封资修"、"崇洋媚外"为名,提倡"宁要没有文化的劳动者",否定知识分子在革命与建设中的作用,否定继承历史文化遗产和借鉴外国经验的必要性,在教育领域内实行了文化专制主义和虚无主义。

——《中国教育年鉴》,中国大百科全书出版社1984年版,第82页

附录 1-3 截至 1982 年,全国首批办好的 695 所重点中学,上海市 26 所

复旦大学附属中学
华东师范大学第一附属中学
华东师范大学第二附属中学
上海师范学院附属中学
上海市上海中学
上海市复兴中学
上海市延安中学
上海市第二中学
上海市第三中学
上海市南洋模范中学
上海市育才中学
上海市市西中学
上海市大同中学
上海市大境中学
上海市市北中学
上海交通大学附属中学
上海市格致中学
上海市曹杨第二中学
上海市向明中学
上海市控江中学
上海市七宝中学
上海市建平中学

上海市行知中学
上海市嘉定县第一中学
上海市松江县第二中学
上海市外国语学院附属外国语学校

(资料来源:《中国教育年鉴》1949—1981)

附录 1-4 1949—1966年历任校级领导

1949—1966年历任校领导一览

任职时间	校　长	书　记	副校长	副书记
1949—1953年	陈尔寿	何祚榕 陶漪文		
1953—1956年	尹　敏	马彦俊 张一弼 严煦春	席炤庆 杜继业	
1956—1959年		席炤庆 金　祥	席炤庆	马彦俊
1959—1966年	袁　玮	袁　玮	席炤庆 施亚东	马彦俊 王宝林

附录1-5 陈尔寿校长简介

陈尔寿校长

陈尔寿校长，1941年毕业于中央大学（重庆）地理系，曾在重庆国立二中高中部任教，后任中央大学地理系助教兼修研究生。抗战胜利后，在上海临时大学、暨南大学、光华大学附中等校任教，并加入中共地下党领导的上海中小学教师协会。上海解放后，陈尔寿参加接管并任上海市立格致中学校长。1953年调入中央教育部教学指导司，主持制订全国中小学《地理教学大纲》工作。1954年调任人民教育出版社地理编辑室副主任，负责新的全国通用中小学地理教材的编辑工作。他主编的教科书获得中国出版者协会和中国地理学会联合举办的"中国首届优秀地理图书评奖"一等奖。1993年起享受国务院对有突出贡献者特殊津贴。2004年，荣获中国地理学会第一届"中国地理科学成就奖"。

陈尔寿曾担任中国地理学会常务理事、名誉理事，中国教育学会地理教学研究会副理事长、理事长，华东师范大学地理系兼职教授，全国中小学教材审定委员会审定委员，《中国大百科全书·中国地理》卷副主编，《中华人民共和国地名辞典》编纂委员兼总卷主编等工作。

附录1-6 尹敏校长简介

1956—1957年任上海市格致中学校长。1939年参加革命工作,系"上海学生界救亡协会"骨干成员。1977年6月—1984年2月,上海市体育运动委员会副主任。曾兼任上海市体育总会副主席;上海市老年人体育协会主席等职。

附录 1-7　何祚榕书记简介

1949—1953年任上海市格致中学党支部书记。中国社会科学杂志社编审。曾任《中国社会科学》哲编室主任。

附录 1-8 马彦俊书记简介

1952—1956 年任上海市格致中学党支部书记。曾担任上海市老闸区人民代表大会代表。

附录1-9 格致中学十七年教育纪略

1949年

6月17日，上海市军管会接管了"上海市市立格致中学"。

1950年

党和人民政府根据毛主席的指示，对旧教育制度进行了一些改革。首先提出为工农服务，设立人民助学金。对学校组织、课程进行了初步调整。成立了革命的青年组织和学生组织；取消了国民党的"党义""公民""童子军"等课程，设立了全新的政治课。

毛主席针对学校工作中存在的问题，写信给当时的教育部长，指出：要各校注意健康第一，学习第二。

翁史伦从光华大学调到格致中学，任教导副主任。

1951年

广大革命师生开展"抗美援朝"活动，捐献飞机大炮，上街宣传，演革命戏，向群众进行革命的政治教育。

1952年

党和人民政府根据毛主席的指示，对教师进行思想改造。

市教育局直接从高考学生中挑选学生，保送到苏联留学。学校有五六个学生被选上留苏。以后，学校每年都有学生留苏，并到匈牙利、当时的民主德国留学。

1953年

教育部根据刘少奇的指示，借鉴当时的苏联教育制度，把苏联十年制中小学的教学计划沿用过来，试改我国十二年制中小学原制度，进行试点，并开始在一定的地区推广。

毛主席提出了"身体好，学习好，工作好"。

毛主席提出了党的过渡时期的总路线。学校在政治课上安排专门学习这条总路线。

1954年

团区委组织团员参观上钢三厂。团市委请工人做报告,组织参观炼钢生产;请解放军讲战斗故事,学习军事本领,组织暑期军事夏令营。

中共党员席炤庆同志由华东财政部调至格致中学任副校长,还曾担任过一段时间的党支部书记。

1955年

毛主席在《中国农村的社会主义高潮》的按语中,发出了知识青年到农村去的号召:"组织中学生和高小毕业生参加合作化的工作,值得特别注意。一切可以到农村去工作的这样的知识分子,应当高兴地跑到那里去。农村是一个广阔的大地,在那里是可以大有作为的。"毕业生摩拳擦掌,跃跃欲试。

国家教育部发出关于停开中学政治课的通知,学校一度取消政治课。

学校将语文分设为文学和语法两科,许多历史上优秀的古典文学作品,如《关雎》《孔雀东南飞》被选进"文学"课本。

学校以业务好为主要标准,评选优秀教师,格致生物教师邵丙章等被评为"优秀教师"。

开始实行"学生手册制度",每周的提问、测验、考试分数按日按节计入"手册"内,并每周交家长查阅、盖章,以此来督促学生用功读书,受到广大学生家长欢迎,并形成制度延续下去。

1956年

市教育局进行教师工资调整,当时学校只有物理教研组长朱先生一人是二级教师。市局鼓励格致表彰先进,树立典型。经学校党支部认真研究讨论,一致同意将邵丙章评为二级教师。邵丙章是复旦大学毕业,教龄15年,业务方面一向走在前列,同时被评为"优秀教师"。

陈国泰高三毕业留校任校团委书记,预备党员。

上海市举行第一届数学竞赛,格致中学获得"二、三、八"3个名次。格致并以"数学好"而扬名全国。数学学科成了学校的重点品牌。

1957 年

毛主席提出了："我们的教育方针,应该使受教育者在德育、智育、体育几个方面都得到发展,成为有社会主义觉悟的有文化的劳动者。"

毛主席还提出青年学生要学习马列主义,学习时事政治,指出："没有正确的政治观点,就等于没有灵魂。"

毛泽东对中等学校取消政治课提出批评,指出："初中、高中要加强政治课,要编政治课本。""现在学校有许多问题没有解决,比如课程太多,学生负担过重。课程不要那么多,那么高,要砍掉一半。"

开展"整风反右"运动。格致中学教师中有9人,其中4人被捕法办("肃反"时揪出反革命分子1人)。

初中毕业生郭赛珠、汪家有二人,响应党的知识青年上山下乡的号召,到高桥海滨公社下乡落户。这是格致中学校史上第一次有学生参加农业生产,自愿下乡长期落户。

上海市举行第二届数学竞赛。当时格致中学有一位盛姓学生,在这次数学竞赛中名列前茅。学校据此评他为优秀学生,并列入初选留苏学生的名单内。

为适应"整风反右"斗争的开展,学校开设社会主义教育课,内容结合形势,采用学生鸣放辩论的方式,政治老师作辅导。

1958 年

学校教师开展"自觉革命,批判资产阶级思想"。

毛泽东在《工作方法六十条》中,对于学生"参加生产劳动,实行半工半读"作了一系列的指示。

毛泽东在八大二次会议上,提出了建设社会主义的"总路线";紧接着提出了"大跃进"和"人民公社"。"三面红旗"形成。

毛泽东在天津大学视察,指示说："以后要学校办工厂,工厂办学校。""老师也要参加劳动,不能光动嘴,不动手。"

中共中央、国务院发布《关于教育工作的指示》,明确提出："教育为无产阶级政治服务,教育与生产劳动相结合"的方针。

毛泽东亲自发动一场教育大革命,格致中学师生在党的领导下,大搞群众运动,下乡劳动,大炼钢铁,改革学制,改编教材,创造新的教法,对原有的教育制度进行了猛烈的冲击和批判。

高三毕业生到浦东径南乡参加农业劳动,开展扫盲运动。其他年级学生在操场大炼钢铁。

高三年级学生到彭浦机器厂边劳动边上课,四天上课,两天劳动,准备实行半工半读。其他年级学生也普遍参加生产劳动,如到螺丝厂、无线电厂、锯钢板厂、电学仪器厂参加劳动。学生还参加里弄的扫盲运动。同时,打破了教研组,建立了年级组,成立了政治辅导组,加强政治思想教育。

学校建立了民兵组织,成立了民兵团,开展射击、操练,建立了"劳卫制"体育锻炼等活动。

1959年

由陆定一出面召开全国教育工作会议,提出"以教学为主","全面安排","恢复正常教学"。

中共党员袁玮同志由社会教育科学院调至格致中学,任党支部书记兼校长。

区教卫部杭苇、戴蓉贯彻陆定一、杨西光的"教学为主"指示,亲自深入彭浦机器厂"说服"高三师生回校上课,努力恢复正常的教育秩序。经学校党支部讨论研究,学校领导干部一致同意抽高三师生返校上课,全体支持。至此,格致中学全校恢复课堂教学。

杨西光主持召开市委教育工作会议。会议强调"进一步提高教学质量",提出"全日制学校要以教学为主,重视教学、生产劳动和师生生活的全面安排""提高课堂教学质量是提高教学质量的中心环节""中小学必须用最大力量来提高基本学科的教学质量,使学生扎扎实实地搞好文化科学知识的基础",并指出:"政治教育和劳动的主要问题,是时间太长影响其他工作,对提高质量不利。"会上确定上海市重点学校23所,格致中学被列为23所之一。

孙兰调至上海,任上海市教育局副局长。孙兰同志十分关心格致中学发展,常常深入学校指导工作。

格致中学学生白手起家办实习工厂,广大师生积极参加了建厂劳动。同年上半年,学校领导对"树立张广生为标兵"发生大争论,对于全校师生树立良好的学习风气是极为有利的。

党中央发出"反右倾,鼓干劲"的号召。学校干部进行反右倾整风

运动。

高考时,格致中学获得了全市"两个第二"——数学和语文双第二。

市教育局联络员来格致中学,告诉席炤庆:"格致被定为重点中学",这是对格致中学多年来教学改革的肯定。学校增加师资,大增实验设备,严格新生入校条件。全校掀起一个"为重点中学再添辉煌"的高潮。

市教育局根据杨西光的指示,学校停授社会主义教育课、改为讲授系统政治常识课,研究系统性政治知识教育。初一、二年级学"政治常识",初三学"中国革命和中国共产党",高中学"马克思列宁主义在中国的胜利"。

年底,学校根据市委指示,发放"跃进奖",进一步鼓励教师又红又专。

1960 年

市教育局组织参观团到升学率最高的福建省参观。返沪后,区教育局立即召开校长支部书记大会,格致中学袁玮、席炤庆参加会议。袁、席回校后也要求师生学习福建经验,大抓"双基落实"、大抓统测、统改,大抓复习、作业。学校教学呈现新面貌。

石西民、杨西光召开市教育会议,提出"要实现课程现代化","学多一些,学好一些",要把"大学的数理化课程下放到中学,其他学科也要相应提高"。

陆定一作了"教学必须改革"的报告,依据毛主席的教育方针,提出四个"适当"(适当缩短年限、适当提高程度、适当控制学时、适当增加劳动)。校领导立即组织师生学习讨论这篇报告。

杨西光在天蟾舞台召开教学革命动员大会,努力贯彻实行陆定一的指示精神,提出"四个大搞"(大搞课程革新、大搞改革教法、大力提高师资、大抓教学设备)的口号,他还说要使"中学毕业生达到大学二年级的水平"。

校团委书记陈国泰,参照市局的"四个大搞",大抓"一条龙"的先进学习方法,并提倡"七天变个样",即七天改变一个成绩差的班级面貌。顿时,学校出现了许多"数学龙""化学龙""物理龙"。

学校与复旦大学合作,组织教师去复旦大学听课、进修;教研组里大搞"老革新",学校钻研业务大盛。党政领导干部提出要深入业务实际,"只有领导亲自上课,才能领导好教学"。大家都准备教课,有的已经备好课在家试讲了。当时席焐庆准备教地理,潘为南准备教物理,翁史伦准备教外语,陈国泰准备教化学。

上海市教育局发动创制各种电化教具,大搞科技活动,大力促进格致广大师生的学习积极性。

格致学习和平中学大搞科技实验,由团委组织师生停课3天专攻科技。

上半年,格致《数学》刊物创刊,团委书记陈国泰在创刊号上鼓励"人人争做红色数学家"的创新意识。同时各班纷纷成立"数学小组"。

市文教群英会开幕,学校被评为"先进单位",教师代表出席会议。

全国文教群英会开幕,陆定一亲自致"祝词",格致中学高润华代表学校上北京出席大会。

格致中学被评为区、市、全国先进,其先进的主要事迹是:全校有十个"红旗班",树立了一大批标兵,有一百多个"毛选学习小组",历届数学竞赛名列前茅,高考语、数成绩优良,科技活动发明了二十八用无线电,等等。

校领导向毕业班进行毕业前途教育,提出"一颗红心,多种准备",从实际出发分析,毕业后有三条路:升学、劳动和在家自学(以利"来年再考")。升学考试,吸收高分学生入学,为五年制试点作准备,工农子弟中间也有不少高分优秀学生,远在录取分数线之上。

五年一贯制试点开始,席焐庆、翁史伦亲自抓,许多教研组长,业务骨干被充实到中一、中四年级,狠抓起点年级。向新生动员说:"你们是教育革命的年级,五年要学完大学一年级的课程,这是光荣的任务",要学生埋头苦读。

党中央发出"大办农业,大办粮食"的号召。学校师生热烈响应,在不影响正常教学进度的前提下,课余种菜、养猪,下厂割猪草,种小球藻等。

格致中学举办"校史展览会",教育新生。还请老校友(大学教授)做校史报告,宣传为继承格致的光荣传统而发奋读书。

上海市教育部门要求学校大抓"乱班"(相对落后的班级),石西民亲自到江宁中学抓"乱班",他在区委书记会议上说:"乱班问题要作政

治问题来看待,要动员各方面力量来解决乱班。"格致中学的袁玮、潘为南以及辅导员等集中精力,大抓初三(6)"乱班"。经过努力,大有起色。

下半年,校友陈涴渭(北大哲学系学生)等三人写信给原班主任和党支部,信中说,上海学生"三个不如"外地学生:政治思想不如人,劳动不如外地学生,艰苦朴素不如外地学生。校领导将信件转发给教师,张贴于学校,组织师生讨论,极大地推动了学校的教育改革和各个方面的工作。此文后来刊登到党刊上,引起市委领导的高度重视。

学生参加第四届上海市中学生数学竞赛,取得了多项优异成绩。

1961 年

石西民召开市文教工作会议。会上,石重点强调提高教学质量,强调学校应该以"教学为主",应该"主要采取教学的形式"来培养"提高德智体全面发展的人才"。

党和国家向知识青年发出支援新疆的号召,格致毕业生有6人报名去新疆。其中初三毕业生已考入高一的柴纲华和自愿放弃高考的陈国樑,毅然决然奔赴边疆。

格致中学登报举行学校有史以来最盛大的一次校友会。晚上,操场上张灯结彩,接待大批来自各地高等学府的"优秀学子",畅谈"幸福的大学生活",交流"学习经验和体会",给在校的各年级学生极大的启迪和激励。

语文、数学教研组大抓基本训练,语文教师以早读、写小作文、大楷、小楷、钢笔书法、抄写、背书等向学生提出要求。数学教师则是以大量作业训练学生,提出学"数学,就是靠做题目,靠多练"。

数学组黄松年老师想方设法邀请著名数学家华罗庚到校做报告。全校停课两节,全体师生集合于操场,听取华罗庚的"科学爱国""苦学自学"生动精彩的报告,并拍照留念。

教导主任翁史伦在研究学校工作时,说:"要以教学为主,过去是非教学活动多了,但要全面贯彻教育方针","要加强'双基',不能赶进度,'双基'要落实"。

《团的工作》发表短评:"把团的工作切切实实地做到学习中去",介绍格致中学高一(4)班举行的"一次学习经验交流会"的文章。

教师的政治学习环绕红与专问题进行。校领导向教师提出下列3点学习要求：(1)正确领会红与专的意义及两者关系；(2)深刻认识对红专问题的片面看法所造成的不良影响；(3)按照党对知识分子的红专要求，采取有效措施，积极行动起来。并要求教师制订红专计划。

校领导潘为南召开初中班主任会议。会上由某班主任介绍班级工作计划："以认真读书为中心开展活动"。中二(4)班搞了热爱科学的"有趣的知识晚会"，后刊登于《解放日报》。

1962年

格致中学校领导谈复习考试问题。指出"复习内容，以系统概括与重点突出相结合，对学生知识缺陷，采取积极措施，加以弥补"，试题，一般应全面反映本学期的"二基"要求；试题在备课组研究，经教研组长审查，交教导处，并规定劳动暂停。校班会、政治辅导课看情况而定，还要求对试卷重点进行质量分析，作为下学期改进教学的重要依据之一，试卷要妥善保管，由教导处收藏。布置小结：(1)加强"双基"小结；(2)试点年级小结。

学校领导传达区教育局许练沙报告："今年思想教育以品德教育为主"，要求学生在寒假中做到：(1)勤劳俭朴，关心集体好；(2)敬老爱幼，团结友爱好；(3)爱护公物，遵守纪行好。

学校教工团过组织生活，席炤庆参加会议。会上由两位教师介绍个人业务进修经验。席炤庆要求教工团员搞好青老关系，说："青年阶段是极重要的，要扎扎实实地搞好教导，要认认真真地教好学好"，特别要虚心学习，认为自己不行，"应该虚心向老教师学习，因为他们经验较多"。在席炤庆的倡导下，青年教师同老年教师挂钩，搞"老带新，熟带生"，如语文组就有4组"老带新"。

学校团委过组织生活，在大礼堂召开大会。由校友复旦原子物理系副主任给该校学生做报告，介绍如何钻研科学知识，探讨基础学习"从薄到厚，从厚到薄"，扎扎实实，学得深些，学得好些。

在困难时期，市委领导为保护知识分子积极性，实行下列物质优待供应：党政干部、四级以上教师有黄豆票3斤补贴，二级以上教师另有香烟票20包、蛋票2斤、肉票1斤、油票1斤补贴。学校共有31人受到"优待"。

市教育局先后颁布了《关于中学生品德评定的意见》和《中学生成绩考查暂行方法》，进一步落实团中央"三十八条"精神。

学校为了鼓励学生读书，"减少留级生"，教导主任翁史伦向中二年级学生作"中二年级是关键年级"的报告，分析中二年级出现的个别留级现象，要求学生重视中二年级是关键年级，要善于克制自己，用功读书。

学校准备评优秀生，拟定标准是：(1)德智体全面发展；(2)各科基础知识都比较好；(3)对某些学科有兴趣，学习方法、学习习惯良好的。

在国内外形势变化的条件下，市教卫部、市教育局撤销政治教育处，市教育局将政治处并入教学处。

学校提出"坚持教学为主，劳逸结合，全面安排"，决定于"十八周结束劳动"，"学生政治学习暂停"。

年底，校领导根据市、区统战部意见，给曾受错误批判的吴人材老师落实政策，重新上课。

1962年，格致中学组织学生参加第五届上海市中学生数学竞赛。

1963年

石西民、杨西光立即召开教育工作会议。格致中学袁玮、席焴庆参加。会上，石西民说："德、智、体三块板，不大好摆。领导思想要常常想想，怎样把三块板摆好。"学校领导干部在区里学习"五十条"，并组织教师学习"五十条"。五年试点年级下马，实行新十二年制。

团区委对学生团干部进行干训。强调团委要"抓好学习，帮助青年掌握文化知识"，指出"团组织要关心了解青年的学习状况，及时向党、上级组织反映情况，提出积极建议"，特别强调"团员、团干部要带头学好，起模范作用，对己严格要求，争取做政治上先进、学习上优秀的学生"。

毛主席发出"向雷锋同志学习"的号召。广大青少年学生热烈响应毛主席的号召，掀起了学习毛主席著作的热潮，争做好人好事，政治热情十分高涨。

团市委、团区委发出《表扬和奖励优秀少先队集体和少先队员的通知》，其中表扬的第一个条件就是：勤奋学习、用功读书、不怕困难、尊师守纪，努力学习建设社会主义的本领。一位学生被评为市优秀少先队员。

教师工资调整,学校实行政治挂帅、业务优先的政策。对"学历高、业务好、教龄长"的教师,加大增资力度,给全体教师极大鼓舞。

下半年,学校开展"五反"运动。

同年,许练沙为贯彻"五十条"精神,指示学校成立"校务委员会",进行试点,以便推广。

1964 年

毛主席发表春节指示,对学制、课程、教学方法、考试方法的改革都作了重要指示。同年,毛主席又号召全国学解放军、全国学大庆。

柯庆施指示市教卫部、市教育局,在春节后立即组织中小学教师大学大庆、大学解放军,发扬四个第一。全校教师集中在光明中学,听学大庆的报告,学习整整两周。

教工团进行整团,由马彦俊做动员报告,指出整团要求:接受一次深刻的阶级教育;教育团员坚定无产阶级立场;振奋革命精神,热爱组织,改进作风,把少数阶级异己分子和蜕化变质分子清退出团。

校团委根据团市委意见,开展"学习雷锋一周年小结"活动,要求大家"忆进步,思原因,学雷锋,再前进",提出要引导学生"自觉学习毛主席著作",开展思想斗争,"以革命精神对待学习"。

毛主席指出:"现在学校课程太多,对学生压力太大,讲授也不甚得法。考试方法以学生为敌人,举行突然袭击。这三项都是不利于培养青年们在德智体诸方面生动活泼主动地得到发展的。"

6月起,校领导为了贯彻"百分之百升学",组织"精兵强将"的教师,分配到高、初三毕业班,做思想工作、家长工作,决心百分之百"包到底"。

格致中学举行数学晚会,请来了数学家和校友做报告,晚上举行数学接力赛。

暑假期间,学校举行军事夏令营,学习解放军,内容有政治学习、行军、防空、射击、游泳等,以实际行动学习和贯彻毛主席的指示。

下半年,广大师生掀起了学习毛主席著作的新高潮,大学雷锋、争做好事,上街劳动、推粪车、上菜场、搞绿化。

校领导为了完成"两个百分之百",将没有考取学校的50多个毕业生,组成劳动班,留在学校实习工厂劳动,提供餐饮,还动员学生睡在学校,集中管理,也便于集中抓好"思想工作"。

毕业生姚钖安等 10 多人自愿去新疆安家落户。

席炤庆等 5 位教师下乡参加"四清"运动。

10 月,党员施亚东由光明中学教导主任调至格致中学任副校长,专抓教学工作。到校不久,施亚东依据自己多年钻研业务的经验,蹲点于语文组,在抓教师思想革命化的同时,狠抓"字、词、句、篇"的教学实践。

格致中学组织学生参加上海市第六届中学生数学竞赛。

1965 年

格致中学进行社会主义教育运动,教师放包袱,搞人人过关,直至毛泽东亲自主持制定的"二十三条"下达了,才没有"深入"搞下去。

以童月秋、梅汉、翁妙锦为首的教改工作组先后进校,同时来校的还有谢国沛、董孝闵、陶蔚文、王克英,他们分别蹲点于政治组和语文组,进行教育方法的改革试点。

市教育局邀请海军部队给教师做示范教学。广大教师纷纷要求学习部队活学活用毛主席著作及毛主席语录进课堂。各教研组派教师前去听课、学习,回来后,有的教师(如数学组)也把毛主席语录带进课堂,但由于市局不提倡,学校也不支持。

3 月,学校举行发放"宝书"《毛主席语录》大会。

体育教师下连队当兵,原定半年,实际为两个月。格致中学体育教师陆汉生参加。回校后,陆将自己的体会以书面形式向党支部汇报。

教师第二批下乡参加"四清"运动。孙兰再次来学校,带走了施亚东的"十一条",很为赞赏,意在学习和推广格致中学的经验。

毛泽东主席发表"七三"指示。指出:学生负担过重,影响健康,学了无用。建议从一切活动总量中砍掉三分之一。孙兰、潘文铮主持起草了《减轻学生负担、改进学校工作》的报告(即市"六条"),以中共上海市委名义批转各校。

政治教师(团委书记)王廉元到井冈山参观访问,学习革命传统。

金陵中学团委书记、教导主任、党员王宝林调任格致中学党支部副书记,负责抓学生政治思想工作。

翁妙锦主要负责教改工作组,开始抓校领导干部的思想革命化,作了调研,提出意见:"育才是大改,格致是小改",为格致中学的教改定下基调。童月秋做教改报告,她担心教改影响教学质量,说:"学生还是要读书,尤其是初中学生,还是要多讲点,读书与教条主义是两回事","学生还是要多强调读书。"

9月开学第一天,校领导就大抓双"六条",并举行开学典礼广播大会,正式公布校"十一条"。至此,双"六条"、市"九条"、校"十一条"配套组合,学校教改工作全面展开。

10月,格致中学教师6人,第三批下乡,参加"四清"运动。

1966年

1月,高三(3)班金志强等4位学生写了一份对教育改革的意见书,又称"万言书",得到校党支部、区委、市委的高度重视。

市文教办公室主任陈琳瑚,来校和高三(3)班4位学生座谈,对全校师生触动极大。同时陈琳瑚同意格致中学为教改试点,并派文教办公室主任张铁毅和他的秘书陆瑶仙为联络员,经常来格致中学指导工作。

3月,翁妙锦教改工作组,尝试教学方法的改革。先后组织教师去彭浦机器厂劳动,培养工农感情;发动教师先后到工厂、菜场、煤球店、饮食店等进行调查、访问。调查社会对学生有何要求,知识上有何要求,为改编教材作准备。

5月,翁妙锦等到陈琳瑚处去汇报工作,陈指示:政治要加强,劳动要加强,教学要减少。

6月1日,毛泽东亲自批准"全国第一张马列主义大字报"在全国广播。"文化大革命"风暴开始席卷中国。

6月3日,格致中学高三学生贴出了第一张大字报。

6月17日,格致中学高一(2)班部分同学(而后组成"红小鬼战斗组")贴出批判学校党支部的大字报:"做无产阶级革命派,还是做资产阶级保皇派"。

6月17日晚,中央人民广播电台广播了国务院关于推迟和改革高考的决定。

6月19日,区委宣布翁妙锦"教改工作组"改为"文化革命工作组"。

8月8日,毛泽东亲自主持的《中国共产中央委员会关于无产阶级文化大革命的决定》(即"十六条")发表。决定中提到:"改革旧的教育制度,改革旧的教学方针和方法,是这场无产阶级文化大革命的一个极其重要的任务。"

第二编

"文化大革命"十年及之后"过渡期"

(1966—1978)

引 言

格致中学"文化大革命"(以下简称"文革")运动经历了初期和中后期两个阶段。初期阶段从1966年6月开始,以6月1日新华社播发北大聂元梓等人的大字报和《人民日报》发表社论《横扫一切牛鬼蛇神》为标志,到1968年夏,1966届、1967届学生"四个面向"毕业分配和1969年春1968届毕业生上山下乡"一片红"为止。而后,从1969年春1968届毕业生离校后,到1976年10月"四人帮"被粉碎,共有1969届至1977届8届"新生"相继就近入学进校,格致"文革"运动进入中后期阶段。

1967年初"2·11夺权"后,格致中学两派群众组织对立凸显,经过"军宣队""工宣队"先后"劝和"调解和促进,终于在1968年3月末实现两派"大联合",建立了"三结合"的格致中学"革命委员会"。随着1968年夏至1969年春,"老三届"毕业分配离校各奔前程,校革委会自然解体。格致中学"文革"运动从由"火爆"到"胶着"的初期,转入了由"工宣队"实际掌控的中后期阶段。

由于格致中学老师在"文革"逆境中不忘初心,特别是抓住中后期"复课"乃至学工、学农、学军的有限机会,千方百计坚持教书育人,在学生中埋下了求知的种子,使格致优秀文化传统得以薪火相传,推动了学校"格物致知"优良办学传统逐步恢复,并为学校"文革"后教育工作全面走上正轨做了必要的铺垫。

最后需要说明的是，本编设定的时间范围是1966—1978年，在"文革"十年后延续了两年。这是因为1976年10月粉碎"四人帮"标志着"文革"结束，而1978年12月中共十一届三中全会则是国家开始实行改革开放的标志；1976—1978年这两年，是"文革"结束走向改革开放的"过渡期"。这段短暂的"过渡期"在格致中学校史上也有其承前启后的特定意义。这期间涉及的格致中学1977届中学生，是标志性的一届学生。这一届学生的特殊性在于，他们是"文革"中就近入学的8届"新生"中的最后一届，有幸在毕业之际赶上了"文革"后恢复高考的历史机遇，虽因基础较差、准备不足，未能参加第一次高考（1977级）；但又因推迟1个学年毕业，经学校7个月"开小灶"突击补课，参加了第二次高考（1978级），并且取得了不错的成绩。一批优秀的格致学子"文革"后首次凭实力正式考进了大学甚至名校，这也正与"文革"后在徘徊中转向改革开放的"过渡期"历史特征相吻合。故将1976—1978年接入本编。

第一章

"文革"运动波及学校

一、"文革"开始,学校教学工作全面瘫痪

1966年5月中共中央政治局扩大会议和同年8月八届十一中全会,相继通过《五一六通知》和《关于无产阶级文化大革命的决定》(即《十六条》),标志着"文化大革命"运动全面发动,"文革"运动由此在全国范围迅猛展开。

6月1日新华社播发了北京大学哲学系党总支书记聂元梓等七人5月25日贴出的一张大字报,批评北大校党委和北京市委压制"文化大革命"群众运动,在全国引起轩然大波。

6月3日下午开始,格致中学教学楼走廊里、操场围墙上贴出了大批表示拥护中共中央决定和支持北京大学革命派的标语和大字报。傍晚时分,高三(4)班贴出揭发刘兆庆老师的大字报,拉开了学校"文化大革命"的序幕。6月13日,学校党支部召开200余人大型座谈会,工作组也参加,会上批判教导主任翁史伦和席焰庆副校长。6月17日,高一(2)班部分同学(而后组成"红小鬼战斗组"),在学校教学楼西面广西北路大门的内墙上,贴出了第一张针对学校党支部的大字报"做无产阶级革命派,还是做资产阶级保皇派",批判党支部执行了"修正主义教育路线",以及对当前运动领导不力。此外,陆续有自行组织

的学生战斗小组成立,并拟写大字报批判本校"修正主义教育路线"。①

本校上百名学生走上社会游行,参与"破四旧"活动。也有学生在操场上焚烧学校的"四旧"物品。

1966年6月17日中共中央作出决定,高中学校停止考试,18日又决定全国高考延迟半年,即"停课闹革命"。本校100多名高三毕业班学生游行到市长途电报局,致电中央表示坚决拥护党中央国务院的决定,表示坚决服从毕业分配。

学校的大字报增多,各类教师、学生组织的"文革"战斗小组纷纷建立。学校在操场上搭起4行竹排,以供张贴大字报。"文革"初全校6个年级24个班级纷纷成立战斗小组,包括教职员工。当时学校约有近200个战斗小组。大字报的批判内容开始转向针对本校教师、校领导机构及个人。原有的学校正常教学安排全部停止,师生们全部投入"文化大革命"运动中,个别教师应学生要求的文化知识教学只能暗中进行,分散开展。

6月18日,有一张大字报公布了一位教师的个人不实政治历史情况资讯,党支部副书记马彦俊、组织委员张庆法和人事干事周美影,读后认为不妥而撕掉了该张大字报中的不实内容部分。当事者立即引起部分学生强烈不满而遭围攻,认为校领导"压制"学生运动。

继6月17日高一(2)班部分同学贴出针对党支部的第一张大字报,教工团也贴出"十问党支部"大字报。党支部组织党员到各班进行引导,说党支部是七分成绩,三分缺点。②

6月19日,黄浦区委派员在北海剧场召开全校师生大会。大会宣布对马彦俊、张庆法停职处分;同时宣布以翁妙锦为首的格致中学"教改工作组"改为校"文化革命工作组",领导学校"文革"运动。学校党支部对学校的其他领导工作亦让位给校"文化革命工作组"。

7月底,黄开武与席炤庆老师结束了外单位的"四清"(社会主义教育运动),回校参加"文化大革命",但被剥夺了发言权。席炤庆被定为"牛鬼蛇神""大红伞"、资产阶级知识分子在党内代表人物,在工作组的组织下,被批斗二次。③

---

①②③ 格致中学档案馆《校史纪要》。

学校出现"劳改队",多名教职员工被打入"牛棚",遭受种种人格侮辱,还被强制进行打扫厕所等惩罚性劳动。

8月31日,格致中学部分同学去黄浦区委大门口贴大字报"炮轰黄浦区委",引起过路群众围观。

8月下旬后,全国"大串联"蔓延。学校成立后勤服务组。陆续有串联学生回校,组建毛泽东思想战斗兵团。

9月29日,格致中学、光明中学与市六女中部分学生造反派组织,在黄浦区委门口召开"炮打黄浦区委"大会。

1966年12月24日,毛泽东思想战斗兵团召开批判资反路线誓师大会,会议过程中发生冲突,区委书记李东鲁在场接受批判。

1967年2月11日,毛泽东思想战斗兵团的一部分人员及部分教师与一名格致工厂的工人宣布接管格致中学党政财文大权,成立"新格致中学革命造反委员会",由此格致中学分裂成"新格致""红格致"两大派。

3月7日下午,在学校大礼堂召开"新红"两派辩论会,主要内容为"2·11"夺权大方向正确与否,而后移师培成中学继续展开辩论。

1967年4月16日—6月30日解放军进校开展军训,其间未能促成"大联合"。

1967年8月18日格致中学红卫兵团成立。

1967年9月,1966届初三学生被安排去松江叶榭公社叶榭大队参加三秋劳动,向贫下中农学习,接受贫下中农再教育。1966届高三学生被安排去崇明农场,时间1个月左右。

部分学生拿着学校的介绍信与本人学生证相约到港区、海运货轮及工厂,投身到"抓革命,促生产"浪潮中,用实际行动向工人师傅学习。

1967年11月7日部分同学成立"共产主义学会"(以下简称"共会")。1968年3月26日"共会"受审查,1971年7月27日学校党支部调查"共会"综合报告作出结论:"共会"是一个青年学生的群众组织,没有教师参加,它的活动如清队、搞大批判和教育革命等,大方向是对的,但在具体做法上有一些这样那样的错误。①

---

① 格致中学档案馆《校史纪要》。

1967年12月22日教师沈洁、1967年12月25日教师李家栋因解放前参加地下党,被红派组织("红格致")疑有"叛徒"历史问题在校隔离审查。"红格致"对沈洁多次进行批斗,未经上级批准将其隔离在校办工厂底层。沈洁同志于1968年4月2日自杀。1979年1月组织上对沈洁同志平反昭雪。① 另一名教师汤廷诰也因遭受隔离审查,在医院病逝。

据统计,1966年学校在册教师111名中受到抄家、隔离、审查、批斗等严重冲击者达37.8%,外文教师郑麟同曾被多次抄家。其他教师不同程度受到大字报点名批判。②

"文革"前期,也有不少学生秉承良知,抵制对老师的迫害,有关事例屡见不鲜。

1966年12月1日,毛泽东思想战斗兵团发出通令,解散"劳改队";高三(4)班"红旗"战斗组的红卫兵,在操场上拦住以席焴庆副校长为首的"牛鬼蛇神"队,帮席副校长摘去挂在身上的牌子,宣布解散"牛鬼蛇神"队,解放了这些老教师。

初三(1)班"红旗飘飘"战斗队在施亚东副校长即将遭红卫兵批斗之际,将其接到队内休息;对前来追寻的红卫兵表示"本队正在批判施校长",保护了受迫害的教师干部。

二、学校优良办学传统遭重创

格致中学两位先师徐寿和华蘅芳,他们以爱国护乡、鞠躬尽瘁的风范,发扬探幽索赜、著书立论的学风,开创了"格物致知,求实求是"的科学精神。"格物致知,求实求是"作为校训,乃是格致优秀文化传统的精髓,也是对格致优良办学传统的精辟概括。

中华人民共和国成立后,格致中学热爱学生、言传身教、教学严谨、精益求精的优良教育传统演绎成新的教育篇章。尤其在数学、语文教学中,别具特色,独树一帜,效果显著,成绩斐然;莘莘学子,生气

---

① 格致中学人事档案《沈洁》。
② 格致中学档案馆《校史纪要》。

勃勃,菁菁校园,硕果累累,学校成为当时上海市中学教育的"十面红旗"之一。

然而,一场突如其来的"文化大革命",致使业务精湛、教学有方的教师被剥夺了"传道授业"的资格,不少人遭到批斗,失去尊严;学生被运动左右并受"读书无用论"思潮影响,离开课堂,投入所谓批判"修正主义教育路线"运动。格致中学优秀文化传统被打上了"封资修"的烙印,"格物致知,求实求是"的优良办学传统遭受重创。

三、"军宣队""工宣队"进驻,成立"革委会"

1967年初,中共中央三令五申,尽快结束派性斗争,实现"大联合",让学生"复课闹革命"。3月19日根据毛泽东主席的意见,中央军委又发布了《关于集中力量执行支左、支农、支工、军管、军训任务的决定》,派人民解放军先后到学校、机关、工厂执行"三支二军"任务。

1967年4月16日解放军进驻格致中学,组成了军训团,格致中学是上海市第一批军训的学校。每一个年级设连,每一个班级设排,让一盘散沙的学生按各年级、各班级为单位回到学校军训。军训团以办"毛泽东思想学习班"的形式,要求各派通过各自"斗私批修"促进"革命大联合",另外通过队列操练,使同学们相互接触,在操练中增加互信,增进友谊,加强合作,加强团结。在短短的1个多月的时间里,解放军军训团做了大量工作,学校正常的秩序也开始渐渐恢复。但是,"文化大革命"仍在进行中,"文革"思潮仍影响着学校。军训期间各种学习班没有使两派实现"大联合"。6月30日军训结束,"军宣队"撤走。

1967年2月11日,格致中学部分学生组织宣布夺权,成立了"新格致中学革命造反委员会"。此后,"新""红"两派进行了旷日持久的争辩和争斗。

1968年3月2日,《解放日报》刊登了一封来自黄浦区、署名"一群革命群众"的来信,来信不仅揭露了格致中学学生组织两派的派性斗争的实质是争名夺利,还严厉批评了两派头头破坏"大联合"的行径,指出全市大中学校都已实现了"大联合",劝告格致中学两派"不要成

为派性博物馆的活标本！"①这不仅给格致中学两大派敲响了警钟，更给了他们巨大的压力。

黄浦区区委书记带领工作组前来促进"大联合"，终于使两派达成了协议，于当年3月19日建立了具有广泛代表性的格致中学"革命委员会"，成员有教师干部王宝林、民兵代表王廉元、学生代表7名。格致中学"革命委员会"晚上向区委、《解放日报》社、市委报喜。

1968年8月25日，中共中央发出《关于派工人宣传队进驻学校的通知》，由上海电表厂组建的"工宣队"开进了格致中学。格致中学是全市第一批入驻"工宣队"的学校。

1970年1月30日，黄浦区革命委员会签发"关于建立格致中学三结合革命委员会的批复"，由谈山林（"工宣队"队长、校党支部书记）、王宝林等20位同志组成格致中学"三结合""革命委员会"。

四、毕业分配，"四个面向"

1966年3、4月间，初、高中应届毕业生，基本上完成了教学大纲的要求，进入复习迎考的阶段。"文化大革命"开始后，各大院校，中、小学校都参加了这场运动。6月17日，中共中央决定取消高考，随后中考也取消了。

1966年7月9日，召开了黄浦区初中应届毕业生代表大会。1966年7月16日，召开了上海市应届毕业生代表大会。

两个大会都要求：(1)认清形势和任务，投入当前的文化大革命中；(2)认识高考招生制度改革的重要意义；(3)一颗红心多种准备，以党的需要作为自己的第一志愿。

1966年7月下旬至8月上旬，初三年级集中到浙江中路小学，进行"赴新疆"专题学习。听取了本校学生在新疆生产建设兵团工作、生活的报告，看电影《年轻的一代》、纪录片《新疆是个好地方》。通过学习、讨论、出墙报和主题班会等形式，8月5日，初三年级全部同学都把到新疆去列为毕业第一志愿。

---

① 《解放日报》1968年3月2日。

1968年3月18日，格致中学"老三届"26位学生，被批准加入中国人民解放军空军雷达兵第三十六团，奔赴云南思茅、西双版纳。

1968年5月，1966届毕业分配工作才正式开始。毕业分配方案是"面向农村，面向边疆，面向基层，面向工矿"（简称"四个面向"）。到底谁该去哪里，每个毕业生家庭里兄弟姐妹的就业状况，成为考量的主要的因素。

来自初、高中的"老三届"首批29位学生，打破了毕业分配初的宁静，6月18日，在虹口体育场，黑龙江军垦农场招收上海知识青年的大会上，他们自愿报名去黑龙江。初三(1)班金捷，由于情况特殊，父母都在国外，在多次请求不成的无奈情况下，报名现场咬破手指，血书"我要去边疆！"以示决心。

8月21日上海市举行了隆重的欢送仪式，声势浩大的、自发参

图2-1-1 1968年8月21日，奔赴黑龙江兵团的刘家英(上)、董晓敏(中左)、钱品石(中右)、金捷(下左)、姜忆琴向送行亲友挥手告别

与的队伍一直把他们送到北郊车站。那张后来广为流传的代表上海知识青年上山下乡的"世纪照片"，留影者都是格致中学的学生，他们是：刘家英、姜忆琴、金捷、钱品石、董晓敏。接下来是大批学生奔赴上海崇明农场，以及地处苏北的上海大丰农场。

上海工矿企业的录用通知书也陆续发放，同时陆续发放的还有军工企业和上海支内企业的录用通知书。

五、上山下乡"一片红"

1968年12月，1966、1967两届初、高中毕业生的分配工作已经接近尾声。

1968年12月22日,《人民日报》刊登了毛主席的最新指示:"知识青年到农村去,接受贫下中农的再教育,很有必要。"于是"四个面向"的毕业分配方案终止了,1968、1969两届毕业生全部"面向农村",即全部上山下乡"一片红",1966、1967两届尚未分配的毕业生,也全部"上山下乡"。从政府部门到街道、居委会,以及企事业单位,全力支持上山下乡"一片红"。上山下乡"一片红"的分配于1969年春实施,主要赴黑龙江、内蒙古、云南、贵州、江西、安徽、江苏、浙江等各地的农村或农场、军垦农场插队落户和务农。当时的政策还允许毕业生自谋出路或投亲靠友,去农村插队落户。

第二章

逐步恢复"格物致知"办学传统

一、"复课"后学校面临新问题

随着1969年春1968届初、高中毕业生"一片红"上山下乡赴全国黑龙江、吉林、内蒙古、云南、贵州、江西、安徽等各地农村务农,"接受贫下中农的再教育",最后一批"文革"前入学的格致中学学生离开了母校,格致中学从此开始进入对"文革"中一届届新生"复课"直至毕业的"新阶段"(1969—1976)。

(一)招生与生源

这个阶段,上海的中学生招生发生了颠覆性的改变,取消了历来择优选拔的入学考试制度,招生原则改为就近入学,即将生源按地区划片,就近对口入学,格致中学亦是如此。由于就近入学搞"一刀切",学生来源鱼龙混杂,水平参差不齐,同学们的文化知识基础、综合素质整体上质量平平,一些同学的文化知识、综合素质水平偏低,拖累了格致中学学生队伍的总体水平。

(二)学制与编班

当时上海在中学推行学制改革,取消初、高中分级,中学学制由六

年改为三年(或四年)称为"普及高中",但实际上,学生毕业时文化水平普遍低下,甚至还不及原来的初中生,如格致1970届学生毕业时,数学仅学到一元一次方程。格致中学在"老三届"毕业离校(前)后陆续就近入学的学生共有8届,包括:1969、1970、1972、1973、1974、1975、1976、1977届(其中1970届1968年入校,推迟1年至1971年毕业;本应在1971年毕业的那届也相应推迟1年至1972年毕业,称为72届,这样71届就在名义上缺失)。由于就近入学不按计划招生,班级数只能根据就近生源人数而定,很不确定,多则15个班(72届),少则7个班(73届),甚至4个班(77届),这对校方在校舍、师资和管理上造成很大的困难和麻烦。为缓解师资和校舍不足的困难,学校从小学调进了一批教师进行"增援",并专门盖了一座"小白楼"(后被拆除)。

(三) 课程与教材

"复课"后,政治课改为毛泽东思想课,选读《毛泽东选集》和《毛主席语录》,物理、化学合并为工业基础知识课,生物改为农业基础课,数学教授测绘制图。"复课"初期,开设毛泽东思想教育(包括中国近代史、党内两条路线斗争史、社会发展简史和地理知识)、语文(包括语法、逻辑)、数学、音乐美术、工农业基础知识、外语和军事共7门课。1974年秋起,文科以"大批判"开路,取消历史课,讲儒法斗争,写批判文章;音乐美术课改为革命文艺课;学习"三机一泵""四大作物"。"文革"期间,原有教材悉遭否定,为配合"复课"编写的教材,未经科学论证,随意对系统教材"砍、换、补",编选教材片面强调"政治标准",选读《毛泽东选集》和《毛主席语录》。1974年秋起,使用上海市中小学教材编写组编写的中学课本。[①]

(四) "复课"与学工、学农、学军

延续1967年提出的"复课闹革命"口号,"复课"从1969年开始又被提上议事日程,但并未真正引起重视,"雷声大,雨点小"。倒是在"开门办学"的流行口号下,安排大量时间学工、学农、学军,"复课"出

---

① 《上海黄浦教育志》(2017年12月内部征求意见稿)。

现向学工、学农、学军转向的趋势。毛泽东1966年5月7日发出"五七指示",其中指出:"学生也是这样,以学为主,兼学别样,即不但学文,也要学工、学农、学军,也要批判资产阶级。"这对格致中学70届、72届、73届、74届等中学生的"学业",起到了根本性的指导作用。70届、72届学工、学农及学军盛行,占据了学生全学年活动的主体;73届、74届学工、学农及学军也占据全学年活动相当比重。学工即到工厂劳动,学农即去农村锻炼,学军即野营拉练(去周边郊区方圆几百里转一大圈,约半个月)。文化知识学习则被压缩到最低限度。"读书无用"盛行,教育秩序混乱,政治学习压倒一切,学生大量精力放在学"毛选"、读《毛主席语录》,读报纸、学社论上。同时课堂教学也没有完全停顿,从70届开始陆续开出语、数、外等简易文化知识课,但教教停停,进展缓慢。

在"文革"中入学的8届中学生中,69届情况尤为特殊。他们1966年小学毕业时正逢"文革"开始,无中学可升,滞留小学,变成没人管的孩子,在社会上游荡了一两年。格致中学69届于1967年底对口进校,共12个班级。在校两年基本没读到书,主要精力放在学校"文革"运动上,参加政治学习,读《毛主席语录》,学中央社论。

这一届同学1970年毕业遇"一片红",原则上全部上山下乡奔赴全国各地,"接受贫下中农的再教育"。

在此阶段,为贯彻"工人阶级必须领导一切","工宣队"长驻格致中学,学校的一切活动,包括"复课闹革命",以及学工、学农、学军等,均由"工宣队"掌控。

二、教师坚持教书育人

中学"文革"运动自1967年提出"复课闹革命"的口号,虽当时就未被认真执行过,但此后在名义上仍延续着。格致中学从69届开始"复课",至73、74届,出现了复课抓教学的一线希望。此时格致中学老师对上课教书表现出非常高的积极性。

他们凭着一个教师的职责,凭着良心和对学生负责的态度,尽可能地让学生们回到课堂上来,尽可能地把一些基础知识教给学生。当时

学校师资力量严重缺乏，能使用的老师几乎都是跨学科、超负荷地上课，有的老师跨了两三个学科。物理老师秦宗武，为补救教学急需，什么课都上，数学老师忙不过来，就去教数学，甚至政治课也去上过；数学老师孙兆桂，为顶好政治课，经事先调查，了解到学校对教条式的讲课不感兴趣，于是把上课内容编成故事，通过生动的故事形式，吸引同学们认真地听完整堂课。

格致中学老师无论是被打倒后复出的有专长、有水平、有经验的老教师，还是重返课堂、专业基础扎实的中青年骨干教师，都为推进学校的复课教学倾注了全部心力。资深语文教师翁璇庆是清朝同治、光绪两代帝师翁同龢的孙女，不但家学渊源深厚，而且当年在北京读书期间还参加过"一二·九"运动，是一位名副其实的大家闺秀、知识女性。她"文革"初期被批斗，被解放后，一点也不责怪当初写大字报批判她的同学，重新投入教学，一如既往认真负责地给新同学开课，讲课精彩生动，教书诲人不倦。数学老师朱永清、外语老师孙彩珍，为满足教学需求，克服身体不好等困难，挑起重担，增加工作量，及时在年级开出三四十人的补习班，但没想到不久竟被"工宣队"指责为"复辟"，被迫刹车，半途而废。

图 2-2-1 翁璇庆老师

此后，学校复课活动稍有转机和进展。从 75 届开始至 76、77 届，学工、学农等逐渐减少，开设学科门类比较齐全，包括语、数、外、工基、农基、生理卫生、音乐、美术等,教育秩序在"文革"框架内逐步趋于正常。老师给学生上文化知识课的时间较前要多一些,想读书求知的学生也多少能学到点知识。

在当时流行"读书无用论"的不良教育大环境下,虽然有一部分同学渴望学习,但也有不少人不要读书,课堂纪律散漫无序,干扰、影响了复课教学的大局,然而格致中学老师抓住"复课闹革命"口号的积极因素,以及学工、学农、学军中一切可以利用的机会,千方百计坚持为同学们教书上课、传授知识,收到了一定效果。

周艺老师毕业于中央大学中国语言文学系,在格致中学执教语文并担任班主任多年,后调上海教育学院任教。他涉猎文史典籍的编校研究,著述颇丰,是一位学养深厚的学者型良师。周艺老师"文革"初期遭批斗、进"牛棚",出来后便全身心地投入"复课闹革命",重上讲坛给同学们上语文课。当时班上不少人受社会上"读书无用论"的影响,不理解周艺老师的良苦用心,不愿听课,有人当场以种种捣乱行为破坏课堂秩序,甚至在他背上贴"乌龟"。对顽劣学生如此无礼的恶作剧,身为"国学导师"的周艺全然不顾,忍辱负重,大汗淋漓地坚持讲课不误,教书育人的执着精神令人动容。英语老师林立勋上课时,则语重心长地告诫一些不爱学习的同学:"尽管你们不要学,但知识学到你们心里是你们自己的,将来对你们有用处。你们要不要学习是你们的事。但我有责任,还是要教!"

庄流琴老师担任班主任及数学课,历来就有良好的口碑,同学们都说她像一个好妈妈,威严中透着慈祥;教学风格严谨细腻,讲课思路清晰,善于启发,鼓励广开思路,课堂讨论气氛热烈。在"复课闹革命"中她积极带教学生,保持并发扬自身优秀的教学风格,上课认真、踏实、细致,而且面对学生整体素质偏低的现状,宽严相济而更加强调一个"严"字,遇到有学生在课堂上调皮捣蛋,则以威严之气施压,以强硬手段管理,持之以恒,终见成效。经她调教的学生颇有长进,走上社会后有不少人考上了大学,如有一位同学考进了大连海运学院。

施亚东副校长、王廉元老师带领学生在学农基地,白天干农活,一边学农一边还开课。老师不仅上课,批改作业,晚上还要检查分散在农民家里的同学的学习课业。

格致中学老师以认真教书的精神受到更多要求读书上进的同学们的信任、支持乃至保护，并建立了深厚的师生之情。数学老师周文川刚接手69年新班，第一天上课，突然闯进一帮学生，声称周老师是"学术权威"不能上课，要揪她出教室。班级同学全部起立反对，还有同学挡住那些人，护着老师，大家表示这件事由我们班自己来处理。那些闹课的人走后，同学们安慰周老师："周老师你别在意，我们同学都相信你！"同学们不仅认真听她上的课，尊重周老师，而且在学农的时候，上门用黄鱼车接送她，学农中处处照顾她，洋溢着浓浓的师生情谊。

格致中学老师也以精湛的业务水平赢得了同学们的尊重和喜爱。优秀语文老师钱伟康，知识渊博，温文儒雅，以其独特的魅力吸引72届同学聆听他的语文课。钱伟康老师在格致科学精神的鼓舞下，自觉抵制"读书无用"的谬论，积极投入复课教学，并坚持一贯的严谨教风，认真准备每一份教案，上好每一堂课。他分析课文深入浅出，引经据典，触类旁通，诵读古文抑扬顿挫，语文课成了同学们的一种享受，深受欢迎。钱伟康老师写得一手好字，也是吸引同学们听课的一大亮点。他具有深厚的书法功底，故板书非常漂亮，用粉笔也能写出犀利的笔锋。他的语文课又成了同学们喜爱的书法欣赏课。钱伟康老师用优秀的语文教学引导同学们读书上进。

高润华老师带教75届时，凭着对学生的责任感，利用学工、学农的机会，以"开门办学"的名义，用独特的方式，见缝插针为同学们上语文课，传授知识。那一年高润华老师带着一批年仅十五六岁的学生来到青浦赵巷公社学农，平时下地劳动，下雨天和农闲时，她便把全班同学集中在一起，利用生产队一间仓库作为临时教室，让同学们席地而坐，找来一块简易黑板为大家上课。尽管"课堂"条件很差，高润华老师上课仍然慷慨激昂，神采飞扬，朗读课文抑扬顿挫，分析课文精雕细刻；同学们听课也是那么专注认真，仿佛早已忘却了农活的疲劳和下乡生活的枯燥乏味。她在课堂布置作业，课后对同学们完成的作业逐一批改，并在下一堂课上分析点评，在一定程度上培养和锻炼了同学们的写作能力。布置的作业包括要求结合学农生活写调查报告和人物访问记。班干部郑乐翁同学写的一篇调查报告曾在班上受到高润华老师的表扬，还被推荐到公社广播站广播；这是对他莫大的鼓励，进一步激发了他对语文的兴趣爱好，也成了他以后上大学时选择中文系的一个缘故。

格致中学老师一贯以教书育人为天职，在这段"文革"特殊时期，他们在育人方面，主要是在思想道德品质教育上，担起了更多的职责，付出了满腔的心血，大量精力都耗在学生的管理上。学生由于未经考试就近入学，水平、素质参差不齐，加之受到社会上不良风气影响，有的同学不但文化基础差，而且素质偏低，沾染了打架、赌博、偷窃（摸皮夹子）等不良习气，个别人甚至走到了犯罪的边缘。格致中学老师为此忧心忡忡，全力帮教这些同学。为管教少数后进同学，老师们甘愿承担风险、遭受委屈。

郑祥麟老师为管教学生在校门口遭报复挨了打，仍无怨无悔。有一位带73届的老师为了帮助挽救一个有不良倾向的同学，准备对他进行家访，希望通过家长的配合开展思想疏导。不料这个同学心生怨怼，扬言要用钳子夹着煤球炉里烧红的煤球扔老师。这位老师没有被同学的威胁所吓退，为了把学生从失足边缘拉回来，他冒着风险坚持上门家访。此外，秦宗武通过依靠、支持正派班干部管住"捣乱"学生，维护了正常的教学秩序。

高润华老师带领一个班级50多个十五六岁的孩子在农村学农，肩负着教育、生活管理和安全等方方面面的责任，未敢有丝毫懈怠，尽心尽责投入学农学生的组织管理之中。她每天查完夜，总是最后一个入睡；次日，天刚蒙蒙亮，她第一个起床，唤醒炊事班的同学烧柴做早饭；白天又与同学们一起下地劳动……高润华老师对待学生既像严父般管教，又像慈母那样关爱。比如查夜，全班同学分散住宿在农民家里，临入睡前，她总是带着两位班干部，借着星光月色，踏着崎岖不平的乡间小道，挨家挨户到每一个同学住宿地点名，遇到雨天，道路泥泞不堪，黑夜伸手不见五指，师生几人打着手电筒，手牵着手，深一脚浅一脚地行进；有时有的同学已经钻入蚊帐休息了，她就在门口或窗下呼叫点名，直至那位同学亲口应答，才放心地离开。高润华老师这种对待学生的满腔爱心，对待工作的高度负责精神，以及适应环境、克服困难的坚强意志，给同学们带来一种潜移默化的素质教育，甚至对他们今后的人生道路产生了积极的影响。

同样,干国英老师在学农中悉心育人的事例也非常动人。72届那年在青浦学农时,戴澄清同学经历了一场"半个馒头"的肇事风波,班主任干国英老师展现了难忘的人格魅力和高尚师德,使他受益终生。当时戴澄清为了半个馒头,与炊事班的同学发生了争执,一气之下竟将馒头扔在一个大粪池上,但万万没有想到却让干国英老师陷进了粪池。戴澄清心生害怕,以为会受到老师最严厉的批评甚至处罚,没料到干国英老师丝毫没有责怪他的鲁莽行为对其造成的后果,只是通过和风细雨的谈话指出了他不理性的错误。老师的宽容精神和博大胸怀深深感动了戴澄清,体现了格致母校对他们这一代"营养不良"的孩子们发自内心的疼爱和多么殷切的期盼。这种宽容、关爱和教诲在戴澄清内心深处烙上了难以磨灭的印记,此后一直鞭策和激励着他在人生道路上积极进取,不断追求,事业节节攀升。离开母校后,戴澄清进了上海市卫生学校就读,毕业后成为一名医生,被评为上海市卫生系统先进工作者,并继续深造获医学硕士学位,成为医院业务骨干;1992年底赴美学习,开办了诊所,创业有成;后来回国创办公司,申请了发明专利,获得软件著作权,并努力为全球疾病控制贡献一份力量。

三、在学生心中埋下求知的种子

这个阶段,在"读书无用论"盛行、教育秩序失常的大环境下,格致中学同学多数也就是稀里糊涂地随大流混日子,缺乏读书的强烈愿望,但由于格致老师在"复课闹革命"和学工、学农、学军中坚持教书育人,在他们的积极引导和影响下,不少同学也愿意顺应老师的导向听点课、学点知识;特别是历届学生中都有少数好学生,他们要读书、爱学习,求知欲望强烈,当遇到格致中学老师夹缝中苦心教书育人,他们便如久旱逢甘露般承接知识及相应的素质教育。在当时的环境条件下,虽然格致中学老师传授给学生的知识十分有限,但却在学生中埋下了求知的种子。

物理老师姜秀娥给75届学生上工基课时讲到起重机,其机械原理属于力学范畴,但当时的教材却只字不提,姜秀娥老师便发挥学科专长,顺势而为给学生讲了力的三要素(大小、方向和作用点),使同学们茅塞顿开。有位叫吴晓霞的同学，当时把这个知识点认真听进去了，并学深学透，毕业后又将其融会贯通到自己的工作实践和社会生活中去，遇到问题常常深入思考：着力点放在哪里才能达到最佳效果？正确的方向应该往哪里推进？力度要掌握到什么分寸才恰到好处？由此对她在人生道路上不断进取产生了积极的影响。

69届学生蒋小馨，有幸遇到了一位很好的班主任——语文老师费国荣。费国荣老师是"文革"前三年从大学中文系毕业的高材生，出身书香门第，一生酷爱写作和美术。"文革"初期带69届这个班，不得不经常搞"大批判"，却不能遂心愿上语文课。有一次他借着批判刘少奇而引用古人名句"先天下之忧而忧，后天下之乐而乐"的机会，突然话锋一转引申开去，说到这句话的出典，然后逐字逐句地讲解了范仲淹的千古名篇《岳阳楼记》……在当时"工宣队"的严控和高压下，费国荣老师冒着被扣上"宣扬封资修"帽子的政治风险，给同学们上了中学期间唯一的一堂经典的语文课。蒋小馨由此记住了《岳阳楼记》的千古绝唱，享受了人生一次难得的读书乐趣。

75届学生郑辛遥，从小喜欢画画，上小学时就去参加黄浦区少年宫绘画兴趣小组活动，但没有接受过美术的系统训练。1972年他进格致中学时，恰好有一位上海师范大学毕业的美术老师龚除（电影演员龚雪的哥哥），到校的亮相之作是在校门口的"大批判专栏"上，用白报纸画了一幅经典的雷锋同志手握冲锋枪的标准像，画像明暗分明、色彩鲜艳。那娴熟的绘画技巧，深深吸引了郑辛遥，他在心中暗暗佩服老师的本事。没多久郑辛遥当上了美术课代表，每次认真完成作业，都得到龚除老师的好评。龚除老师特地为学生组建了美术兴趣小组，正常活动每周一次，而郑辛遥和陈放两位同学因特别爱好美术，一周要画多次，龚除老师也很乐意为他俩"开小灶"，还让郑辛遥当模特，示范怎样画速写。他常常把从杭州买来的美术书籍借给他们看，还慷慨地让他们带回家学习临摹。在龚除老师的教授下，郑辛遥比较系统地学习了素描基础；龚除还教他们学习速写、国画、水彩、水粉等画种。格致中学期间的美术学习为郑辛遥打下了绘画的基础。那年，他创作了一幅水粉画《游园会》，参加黄浦区中小学美术作品展览会，龚除老师主动让他去购买水粉画颜料，经他签字后到学校总务科报销。经龚

除老师推荐,郑辛遥在暑假还参加了上海市青年宫、黄浦区教师红专学校、黄浦区工人文化宫等组织的美术创作、速写学习等培训班,有机会直接聆听油画大师颜文梁、国画家张培成等前辈的讲课,大开眼界,绘画水平迅速提高,为日后从事专业漫画创作打下了比较扎实的基础。

郑辛遥在格致中学还遇到了一位开明的班主任陈雪珍老师,他后来能成为漫画家,也与陈雪珍老师对他的理解、包容和帮助分不开的。那时学校每周有两天只上半天课,下午安排班干部在同学家课外学习马列主义。郑辛遥参加了几天觉得基本上是形式主义,桌上放几本马列书摆摆样子,其实收获不大。由于心里不乐意参加,有一次他谎称发烧生病请假了。碰巧陈雪珍老师来检查课外学习,听说郑辛遥生病了,便马上去他家里探望。当她进门见到他支着画架在画列宁肖像时,郑辛遥非常害怕,心想一定会遭到老师狠狠的批评训斥。想不到陈雪珍老师幽默地说:"你不学马列,在家里画马列,画得倒蛮像的。"还劝导他,课余爱好画图很好,但以后不要说谎。陈雪珍老师教育有方,爱护学生的兴趣特长,鼓励培养学生有一技之长。每逢新学期开学,陈雪珍老师都让郑辛遥布置教室,还推荐他去校部出黑板报、搞宣传栏,充分发挥他的特长,提高他的兴趣。

图 2-2-2　陈雪珍老师

郑辛遥的美术特长得到了班主任陈雪珍的肯定和支持,加上有美术老师龚除的精心培养,使喜爱美术的种子埋入他心里,扎下根来,日后茁壮成长——他进入新民晚报社,从事专职美术编辑和漫画创作,成为一位著名的漫画家。①

图 2-2-3　郑辛遥现为上海市美术家协会主席

在老师们的努力下,格致中学这个阶段的历届学生,无论出勤率还是学习能力,在全区都名列前茅。

如前所述,从 1969 届至 1976 届,格致老师在当时"文革"逆境中坚持教书育人,在学生中埋下了求知的种子;一些好学生毕业离校踏上社会后,在职场人生道路上,继承发扬母校"格物致知"的传统,不断成长成才,特别是其中的优秀典型,成为各行各业的事业成功者,为国家的改革开放和社会主义现代化建设,作出了应有的贡献。

(一) 专家学者、学界精英

1. 丁国际

丁国际,格致中学 1972 届毕业生。中学毕业分配到崇明东风农场务农。1977 年参加"文革"后第一届高考,1982 年在同济大学环境工程学院获工学学士学位;1988 年在上海医科大学研究生院获医学硕士学位;2006 年在日本东北大学研究生院获工学博士学位。曾在中国预防医学科学院、同济大学、中国疾病预防控制中心等单位就职;后任上海大学教授、博士生导师;1992—2003 年在日本国立环境研究所任共

---

① 郑辛遥:《感恩格致:我的漫画创作之路》,格致中学《校友风采录》第五集。

同研究员、客座教授。

主要研究方向为水污染治理与控制、饮用水污染防治、受污染水体生态修复,以及微型动物学等。曾主持国家自然科学基金项目;至2014年,已在国内外核心刊物及国际会议上发表论文60多篇,申请专利10多项。

2. 张延猛

张延猛,格致中学1976届毕业生。在充斥"读书无用论"的"文革"年代,张延猛牢记格致中学老师苦口婆心给他们灌输"知识改变命运"的谆谆教导,激发起对读书的渴望,认真学习文化知识,最终以优异成绩考入理想的大学,实现了人生的梦想。

张延猛作为教授、高级工程师,现为上海交通大学海洋水下工程科学研究院副院长、上海交大海科集团有限公司总经理。张延猛是我国海洋勘测领域的著名专家,主要从事遥控潜水器研制技术工作。遥控潜水器,也就是所谓ROV(即水下机器人的缩写),是进行海底勘测、海洋水质检测等工程的重要作业工具,被广泛应用于军队、海岸警卫、海事、海关、核电、水电、海洋石油、渔业、海上救助、管线探测和海洋科学研究等各个领域,是一个充满活力的领域。虽然我国如今的ROV技术在国际上尚不处于领先地位,但发展势头非常旺盛,专业前景极佳。张延猛曾参与过"蛟龙号"中潜水员的体质检测项目,还承担了高海拔潜水及潜水后飞行作业程序与技术要求的省级研究项目,在海洋勘测领域做出了自己的努力和贡献。

3. 李瑜青

李瑜青,格致中学1970届中学毕业。1971年底赴安徽农村插队,恢复高考后第一届大学生,历任上海大学、华东理工大学法学教授。

李瑜青入学格致中学三年正值"文革"期间,但格致老师坚守教学岗位,认真传递知识、教书育人的敬业精神,在他内心默默埋下了格致文化传承精神的种子,使他立下了"用科学文化知识开启国人,振兴中华;无论环境如何恶劣,求知向上之心坚忍不拔"的志向。

1971年12月李瑜青中学毕业,主动放弃留上海的机会,作为知青奔赴安徽省六安地区大别山下插队落户。大别山农民一贫如洗的艰辛生活,使他深深体会到中国农民的不易,也加深了他对中国底层社会的了解,更坚定了他"救民于水火"的信念。李瑜青开始行动起来,当时做的一件比较有意义的事,就是组织下乡知青学习各种文化知识;这批知青运用学习的知识,对改造当地农村的落后面貌做出了积极贡献。李瑜青被树立为全省知青标兵,又被提拔为乡镇党委书记。

"四人帮"被粉碎后,随着中国高考制度恢复,李瑜青对读书求知有了更强烈的渴望。由于他在下乡期间不忘学习,基础知识牢固,很顺利地考进了大学;又因为已担任安徽当地的乡镇干部,组织上要求他只能报考安徽的大学,他选择了喜爱的哲学专业。李瑜青抱着"拯救中国"的念头进大学读书。尽管他所在大学当时读书条件很差,但他很拼。每天早晨5点起床,跑步锻炼半小时后就进入学习状态,中间除上课、讨论、用餐,一直忙到晚上11点30分才回寝室休息。李瑜青有幸较早参加了当时特殊环境下在中国知识分子群体中推进的启蒙活动,作为青年知识分子积极投入了真理标准问题、异化问题、人道主义问题等讨论,大学毕业时他已在一些大学学报发表学术论文。

李瑜青大学期间学习优秀,毕业时被学校指定留校。留校后,他又报考研究生,在西方哲学领域留下了足迹,最有建树的是主持翻译了法国存在主义大师萨特文集九卷本,以及大师哲理美文集十卷本等,他还是《中国百科大辞典》主持人,这些作为推进中国启蒙活动重要学术内容都写进了当代中国文化史。

1992年2月李瑜青被上海大学钱伟长校长作为人才引进上海工作。此时他的研究也发生重大变化,从一位哲学学者转向法学学者。1993年李瑜青在《学术月刊》上发表了一篇论文《论哲学的当代转向》,认为哲学的黑格尔时代已经结束,现代哲学的智慧,特别强调和具体科学的结合。因此他主动把哲学研究和法学相结合,走向法哲学、法社会学、经济法学等学术领域。2006年11月,李瑜青又被华东理工大学作为人才引进,帮助在华东理工大学建立法学院。现任华东理工大学法学院教授、博士生导师和法律社会学研究中心主任,并担任上海市法哲学研究会会长、全国法社会学研究会副会长、上海市城镇文化发展研究院院长、上海市人大立法系特聘专家、上海市总工会特聘专家,同时还是上海大学、复旦大学、上海社会科学院等兼职或客座教授,也是王宽诚奖、上海市育才奖、全国宝钢优秀教师奖获得者。

李瑜青曾获省级科研二等奖（2000年）等多项奖励。先后承接并主持完成多项在国内外有影响的研究课题，其中国家级课题三项、中法合作一项；目前主持课题有"人文精神和法治基础""转型期腐败问题研究""社会转型期民事权利研究"等。已发表专业学术论文《契约精神与法律意识》《法学的方法与理论定位》《论市民社会的理念与现代法制观念的转换》等90余篇，出版论著、译著20余部，代表作有：《契约精神与社会发展》《人本思潮与中国文化》《当代中国社会阶级阶层透视》《法律社会学理论和运用》《法律社会学经典论著评述》《人文精神与法治文明关系研究》《法治社会理论与探索》，等等。

李瑜青认为，格致文化精神一直是鼓励他前行的重要动力，这是永远值得记住的。

（二）出色的文化、教育工作者

4. 蒋小馨

蒋小馨，格致中学1969届毕业生。1980年获复旦大学分校图书馆专业大专学历，2006年获华东理工大学与澳大利亚堪培拉大学合办的工商管理硕士学位。长期担任《沪港经济》杂志总编辑（正处级、副编审）。已公开发表小说、散文等各类作品逾100万字。

1970年离开格致中学后，蒋小馨被分配到大饼摊（那时叫某某食堂）工作。每天的活就是做大饼，一天工作10个小时，特别是凌晨赶早班，非常辛苦。1974年春，他在崇明岛"五七干校"劳动锻炼期间，夜晚当小伙伴们鼾声四起的时候，他就用手电筒照明，在床上写起了小说。3个多月的干校生活结束，他的小说也写好了。

1975年3月，蒋小馨的处女作《店堂前的红灯》发表，小说后来被改编成地方戏曲和连环画。不久，他和黄宗英合作撰写的报告文学《可敬的人们》发表。2016年上海人民出版社出版了他撰写的30万字纪实文学《唐翔千传》（唐翔千为上海唐君远教育基金会创始人）。

1978年，蒋小馨考取了复旦大学分校图书馆专业。毕业后，先后在上海商业会计学校图书馆和华东政法学院图书馆工作。其间，他写了许多有关法律和法律情报的文章，发表在《解放日报》《民主与法制》《图书馆杂志》等报刊上，还与人合作出版了《法律情报学》等专业书籍。1993年,蒋小馨接手《沪港经济》杂志,使之持续发展了26年,发行量长期位于上海经济期刊的三甲行列。

5. 林慧恩

林慧恩,格致中学1973届毕业生。1974年2月—1980年2月在江苏海丰农场务农,经历了6年艰苦劳动的磨砺和持之以恒的自学。回沪后她抓住机会就读电视大学,1986年毕业后留校工作,并边工作边继续深造。从此,林慧恩用她二三十年的职场人生集中精力干好这一份工作,执着坚持,无私奉献,为黄浦区电大教育事业的建设与发展,为面向社会培养大批改革开放急需的各类人才,付出了艰辛的努力,作出了重要贡献。

1982年2月,林慧恩回到上海,"顶替"母亲进生产组工作,她借助于恢复高考后电视大学有全日制带薪上学的机会,考入上海电大(三年全脱产)工商企业管理专业。读书期间,林慧恩学习刻苦,学业优秀,被评为上海电视大学三好学生。她于1986年以优异成绩从电大毕业,留校工作;1987年起在上海电大黄浦区经贸分校(以下简称"黄经贸分校")从事电大教育工作。留校后她在工作岗位上继续深造,考入华东师范大学经济系经济管理专业(专升本),二年半后又以优异成绩完成学业,取得了经济学学士学位。华师大本科毕业前夕,林慧恩参加了招募公务员考试,300余名考生经过笔试、面试竞争6个岗位,结果她成功被录用。而后在担任黄经贸分校常务副校长期间,为了进一步提升自己,林慧恩又参加了为期二年的香港公开大学工商管理硕士学习,获硕士学位。此外,她还通过了高校职称评定委员会评审,被评为副研究员。

林慧恩自1992年至2010年退休,连续被评为"上海远程教育集团上海电视大学优秀教育工作者",1994年被中央广播电视大学评为"优秀教育工作者",2010年在上海电视大学建校50周年庆祝活动中荣获"贡献奖"。

(三) 优秀的公务员和领导干部

6. 高林敏

高林敏,格致中学1972届毕业生。格致中学培养了她吃苦耐劳精

神和组织管理能力,为她走上社会后人生的发展打下了坚实的基础。

在那个特殊的"文革"年代,正常的教育秩序被打乱,1969—1973年4年的学校生活,半年学工、半年学农,加上学军、拉练,还要参加学习班和各类政治活动,文化学习时间很有限;面对当时条件下学校的安排,高林敏总是努力去做,虚心向工人阶级、贫下中农学习,认真接受工农兵的再教育。进校第一年,学校挑选了一批学生骨干,高林敏列入其中,由"工宣队"师傅带领,步行去郊区北新泾咸菜加工场,参加红卫兵干部抗大式学习班。近20千米的路程,走了2个多小时才到达目的地。学习班一切都按军事化标准要求,亦苦亦严。

中学毕业时,高林敏带头报名去吉林插队落户;而后在部队首次来沪公开向社会招收女兵时应征入伍,成为北京海军司令部机关的一名女兵。不久就入了党,提了干。

1985年高林敏转业回沪到黄浦区机关办公室任机要秘书。1992年底,她被选调到浦东新区党工委组织干部处参与浦东新区筹建工作,被评为浦东新区先进工作者、区"三八"红旗手,并被提拔为干部处副处长。2000年,她又被调任浦东新区区委统战部党派工作处处长,荣获"上海市统一战线先进个人"。

7. 周国雄

周国雄,格致中学1974届毕业生。历任上海市黄浦公安分局副局长、党委副书记、党委书记、局长,中共黄浦区委常委、区政法委副书记,上海市公安局党委副书记、副局长;中共上海市普陀区委书记;中共上海市经济和信息化工作党委书记。现任上海电气(集团)总公司监事会主席、上海隧道股份有限公司监事会主席。

周国雄在担任上海市黄浦公安分局局长期间,黄浦公安分局多次获得"全国优秀公安局"的荣誉称号。周国雄在担任上海市公安局党委副书记、副局长期间,积极推动公安体制改革,不断提高公安办事效率,为推进上海市公安系统业务建设和队伍建设做出了一定的贡献。

周国雄在担任中共上海市普陀区委书记期间,团结带领全区干部群众积极进取,使区域经济得以健康发展,城区面貌得到明显改观,群众生活水平不断提高。周国雄在担任中共上海市经济和信息化工作党委书记期间,被光荣评为"上海十大人物"。

周国雄在担任上海电气(集团)总公司监事会主席、上海隧道股份有限公司监事会主席期间,认真贯彻执行市国资委下发的《市管国有企业外派监事会主席和专职监事履职目录(试行)》要求,推进国资国企改革发展。

(四) 著名书画艺术家

8. 郑辛遥

郑辛遥,格致中学1975届毕业生。中学时代就酷爱绘画,得到美术老师龚除的精心培养,其美术特长也得到班主任陈雪珍老师的肯定和支持。他在格致中学期间打下了比较扎实的绘画基础,后来成长为著名的漫画艺术家,擅长哲理幽默漫画。

郑辛遥1985年进入新民晚报社,担任《漫画世界》编委、常务副主编,从事专职美术编辑和漫画创作。其漫画作品曾在比利时、意大利、日本等国际漫画大赛中获奖。现任中国美术家协会理事、中国美术家协会漫画艺委会副主任、第八届上海市美术家协会主席(2018年12月6日当选)。被中国美术家协会聘为第九至十二届全国美展评委。代表作品《智慧快餐》系列漫画曾获第八届全国美展优秀奖、第三届上海文学艺术优秀成果奖。1998年被评为上海首届德艺双馨文艺家,2009年获第九届上海长江韬奋奖。

1992年邓小平南方讲话之际,郑辛遥作为漫画家已在新民晚报社工作多年,他的漫画作品社会影响力越来越大,晚报副刊的同志便约他在副刊上开设一个成系列的漫画专栏;当年10月,《智慧快餐》诞生了,每周一篇作品,简练、幽默与格言、警句同辉,教给人们在快乐中品味人生的智慧。2013年,郑辛遥又应约在《新民晚报》上开设新闻漫画专栏《漫条思理》,探究生活的哲学与人生的哲理。2018年春节前夕,《漫条思理——郑辛遥智慧快餐大全集(2)》由华东师范大学出版社出版。其中《智慧快餐》系列漫画于1992年起在《新民晚报》副刊开设专栏已有25年,共发表作品1260多幅。《智慧快餐》专栏长期受到中外读者的欢迎和喜爱,已成为代表我国当代漫画最高水平的艺坛之一。

郑辛遥的漫画作品构思奇巧,形象可爱,落笔圆熟,讲究线条,寓意深远,幽默中蕴藏哲理,形成了独特的艺术风格。郑辛遥曾经回忆

说,还在刚刚初出茅庐的年头,华君武大师给他回过一封信,里面讲到"幽默的最高境界是一种哲学道理",当时他有一种豁然开朗的感觉,对漫画认识一下子超越了"搞笑、逗趣"的浅陋定位,"幽默中蕴藏哲理"的信条,影响了他此后数十年的漫画创作。

四、恢复高考后,学生高考成效显著

恢复高考的消息于1977年10月21日传来,学校上下紧急动员起来。老师们自己动手编讲义、刻蜡纸,对有关课程抓住重点进行系统整理,紧张地给同学们传授知识、补习功课,星期天都不休息,甚至寒假也不放假;同学们认真补习,师生形成共同一致的目标:求学求知,冲刺高考。

特别是当时格致中学有一批业务精湛、非常敬业的老师,他们呕心沥血、废寝忘食,加班加点、不计回报地给同学们补习数理化等文化知识。在短短7个月的时间里,每周7天,从早上7点到晚上10点,物理老师孙晓峰、数学老师刘汉标两位老师夜以继日地陪着同学们,上课、辅导、测验、考试,让这些"文革"中的中学生,有机会成为恢复高考后的1978级大学生。

功夫不负有心人,格致中学1977届学生在1978年高考中取得了难能可贵的良好成绩。这一届学生共有15人考进大学,其中包括上海交通大学、上海第二医学院、上海师院、华东纺织工学院、第四军医大学等名校。这些优秀学生成为格致中学"文革"后恢复高考第一批凭实力考进大学的"排头兵"。

附录2-1 1966—1978年历任校级领导

1966—1978年历任校领导一览

任职时间	校　长	书　记	副校长	副书记
1959—1974年	袁　玮	袁　玮	席炤庆 施亚东	马彦俊 王宝林
1974—1978年		王宝林	席炤庆 施亚东	孙金凤

附录2-2　袁玮校长、书记简介

1959—1972年,上海市格致中学校长兼党支部书记

1938年在延安抗大参加抗日民族先锋队

1945—1948年先后担任河北省赞皇县二区区委书记、山西省长治市一区区委书记

附录2-3　王宝林书记简介

1965年自上海市金陵中学调入格致中学,任党支部副书记

1974—1978年,任格致中学党支部书记

1978年调至上海市第六中学工作

第三编

改革开放后继往开来的"格物致知"

(1978—1997)

引 言

1978年改革开放之初,饱受十年动乱严重破坏的学校,在党支部领导的校长责任制下,经董孝冈书记和席焰庆校长组成的党政领导班子大力拨乱反正、正本清源,再续"格物致知"传统,使教育秩序得到迅速恢复,步入正轨。格致中学作为重点中学面向全区招生,相继设立理工班和文科班,文理兼顾,均衡发展。

20世纪80年代初,格致中学成为黄浦区教育体制改革试点学校。陈德隆书记和高润华校长组成的党政领导班子作为先行者,拉开了格致中学校内管理体制改革和教学改革的序幕。1982年率先试行职员定编定员,1984年全员定编定员,建立岗位责任制,试行教职工聘任制、考核制、奖惩制。

1986年,格致中学作为先行者,为巩固前两年形成的体制改革成果,向黄浦区教育局申请继续深化教育体制改革,1987年将奖金总额和工作量挂钩,进行结构工资改革,管理体制方面逐年上了三个台阶,学校出现了人人争取工作量足、多数教师争跨两头课、人人争当班主任、职工争挑两副担的"四争"新气象,更好地调动了学校内部的活力和教职工的积极性。

1986—1990年,根据全国和上海教育改革的形势发展,高润华校长主政时期,制定了五年办学规划,提出"三全、三出、三特"的办学思想和相应的办学目标;1993—1997年,在校长责任制下,姜秀娥校长主

政时期,制订新一轮五年发展规划,提出了1、3、5接轨工程,由6个子工程组合而成,分三步,在一年、三年、五年实现相应的发展目标。两轮五年办学规划作为格致中学实现目标管理的纲领性文件,成为学校教育工作和发展的依据。通过教师管理培养制度的常态化、创新和完善,逐步建成一支梯队合理、结构合理、骨干教师为主,在全市乃至全国有影响的教师队伍,形成一整套教育教学常规,持续推进以20世纪80年代"双轨同步"两个课堂教学体系和20世纪90年代"三个板块"课程建设为中心的教学改革。教师队伍建设和教学改革创造了许多具有独创性的改革经验,初步形成了以教育体制改革为中心的包括教学、科研等各方面改革的丰富多彩的生动局面,发扬"勤奋学习、尊师守纪、艰苦朴素"的传统校风,形成"热爱学生、教学严谨、勇于探索、言传身教"的教风和"勤奋、踏实、进取、创新"的学风,取得丰硕的办学成果。

第一课堂教学质量大面积丰收,1980届两个两年制理工班100位毕业生75%升入全国重点高校;85、86、87三届高中毕业生100%被高校录取,其中70%左右被部属重点高校录取,以后几年的高校入学率平均在97%以上,高升学率的办学声誉卓著。1983—1997年格致中学学生在国际竞赛、全国竞赛和市级各类竞赛中获得等第奖的近3000人次,"理科见长"教学特色得以彰显;20世纪80年代初开设第二课堂,学科选修课、课外活动小组、科技小组、运动队近35个,在应试教育盛行的20世纪80年代可谓独树一帜;20世纪90年代每学期全校开设选修、活动课不少于50门,新增创造学、OM、电子技术、摄录像、弦乐队、芭蕾舞班、书画社等各项社团活动,成为实施全面素质教育的改革先锋,格致学子德智体美劳全面发展。

1983—1997年的15年里,格致中学办学取得了丰硕的成果,为实现跨越世纪建成实验性、示范性中学和上海一流中学的办学目标奠定了坚实基础。

值得一提的是,从20世纪80年代初110周年校庆到20世纪80年代末成立校友会,格致校友与母校的联系纽带日益紧密。校友同心聚力共谋母校的教育改革和发展规划,校友讲师团倾情助力学校德育,设立奖学金和慰问基金,以激励学弟、学妹成才和帮扶退休老教师。由校友撰写、供稿的《校友风采录》一至四集陆续编印,作为145周年校庆献礼作品之一的《校友风采录》(第五集)即将印行。深厚绵长的格致情,让格致人无论年辈、无论师生,血脉相连,薪火相传,为承继格致传统,弘扬格致精神,携手相伴,一路奋进。

第一章

学校教育工作走上正轨

随着"文革"的结束,格致中学教育工作开始全面走上正轨。

《文汇报》1978年2月1日报道,上海市教育局根据国务院批准的教育部关于办好一批重点中小学试行方案的通知,经市"革委会"批准,确定了一批重点中小学。中学70所,格致中学名列其中。

图3-1-1　席焰庆校长

"文革"后复出的校长席焰庆,对推动格致中学教育工作全面走上正轨功不可没。席焰庆从1953年起长期担任格致中学副校长,并于1956—1959年兼任学校党支部书记。席焰庆由于在1957年的反右运动中,不愿意伤害平时敢于直言的教学骨干,未能完成"划右指标"而受到影响,两年后被撤去党支部书记职务,但他一如既往地致力于教学工作。"文革"期间遭到迫害。"文革"后他恢复工作,被领导委以格致中学校长重任,他在校长的岗位上夜以继日,在查出患有严重脑血栓后仍抱病坚持工作,终因积劳成疾引发弥漫性脑溢血,于1980年6月12日不幸去世,享年仅59岁。①

一、师资水平稳步提升

为了迎接办好重点中学的机遇和挑战,格致中学党政领导加快了师资队伍建设的步伐,立足本校,挖掘潜力,认真抓好广大教师、尤其是青年教师的在职进修工作,取得了初步成效。

格致中学当时共有32个班级,任课教师80余名,其中青年教师占1/3。由于前几年"四人帮"的干扰和破坏,这个学校的师资水平逐渐下降,特别是1/3左右的新教师在教学上存在着不同程度的困难。校领导感到必须自力更生,抓好教师在职进修工作,提高师资水平。

为了抓好这项工作,学校领导首先注意抓教师的思想工作。数学教师小励,曾想脱产进修,以提高业务水平。学校领导了解了她的思想后,既肯定了她的积极性,又教育她在做好本职工作的同时,加强业余进修,使她愉快地改变了原来的想法。从此,小励在工作之余除了积极参加正常的进修活动以外,还每天早上挤出时间学习,晚上安排好家务坚持自修,业务水平提高很快。62岁的数学教研组组长刘永贞,起初对抓进修工作还心有余悸,党支部成员就和她促膝谈心,共同批判"四人帮",使她分清了路线是非,鼓足了干劲。她表示,一定要带好青年教师,把自己的余年贡献给党的教育事业。她老当益壮,不顾自己体弱多病,热情关心青年教师的成长。学校每来一位新教师,她

---

① 席海燕:《献身格致 鞠躬尽瘁》,格致中学《校友风采录》第二集。

都要去听课,以便了解新教师的业务状况,及时帮助他们解决教学上遇到的困难。

为了帮助教师搞好进修工作,学校领导在提倡自学的同时,主要抓了三件事:

一帮一,老带新。学校文理各科新老教师共有13对"师徒"。语文老教师高润华自从同青年教师小应结成对子以来,除了让小应听自己的课外,还同小应一起备课,共同研究教材和教学方法。过去小应上课时,往往是"满堂灌"、板书重点不突出。高润华听了她的课后,就热情指导她如何做到精讲和板书准确。在高润华的耐心帮助下,小应进步很快。

举办专题讲座。学校领导认为抓教师进修,不光要抓眼前,还应该抓长远。他们针对一些青年教师基础理论差的情况,组织老教师举行专题讲座。物理教研组开设了"普通物理学"讲座,语文教研组开设了"古汉语"讲座。经过较系统的学习,基础差的教师业务水平都有了不同程度的提高,初步改变了教学上一度存在的"现炒现卖"的现象。

发挥集体智慧,进行教学研究。近年来,集体上好公开教学课是格致中学推动师资进修工作的一项措施。教材分析,教法探讨,都由整个教研组讨论,然后以备课组为单位,进行公开教学。1979届的一元二次方程解应用题的公开教学课,先由教研组新老教师集体讨论,然后由这一届备课组的一位教师上课,备课组教师都去听课,听后共同讨论,修改教案,第二位教师再上,再听再改,到最后一位教师上公开课时,已经是三改教案了。这样做,取得了较好的效果。

这一整套做法,以老带新,能者为师,加强教研组、备课组活动,发挥他们的集体力量,是迅速提高师资水平行之有效的办法。格致中学采取了以上一些措施后,教师业务水平不断提高,教学方法不断改进,教学质量不断提高。而且,新老教师团结战斗,关系融洽,心情舒畅。

物理教师小顾用1年时间不仅自学了高中物理教材,而且还自学了高等数学、化学和哲学,由于提高了业务水平,他上的课受到了学生们的欢迎。他在讲"电桥"这一节时,为了帮助学生加深理解课文,讲了几十种电桥的性能和特点。语文教师小傅,原来上课满足于"40分钟摆摆平",现在,他上课前认真备课,提高了教学效果。进修活动的开展,不仅使青年教师收益很大,对一些中老年教师也有帮助。一些中年教师说:"十多年来,我们的业务也生疏了,现在通过进修,得到了提高。"师资水平提高了,教学质量也相应提高了。上学期78届学生成绩优良的人数增加了18%,不及格的人数减少了21%。[①]

原是同济附中1967届高中毕业生的顾国富,自从担任格致中学物理教师工作以后,坚持参加业余电视大学物理专业班学习,两年多来,教学水平有了显著的提高,受到师生们的好评。在党支部全面恢复发展的同时,格致中学的资深教师,也得到了社会的肯定,在各自的岗位上日益发挥作用。[②]

二、特级教师示范引领

1978年8月28日上海市政府发布特级教师和模范班主任文件,格致中学数学教师刘永贞被评为上海市首批特级教师。《解放日报》介绍她的事迹:对中学数学教材中代数、几何、三角等几个分支十分熟悉,上课条理分明,做到精讲多练,在数学教学中成绩显著。

《文汇报》的介绍更加详细:刘永贞老师是格致中学数学教研组组长,有30多年教龄。她对中学数学教材代数、几何、三角都十分熟悉。教课条理分明,语言精练,重视概念和基础知识的讲授,做到精讲多练。即使在"四人帮"鼓吹"读书无用论"泛滥的时候,她还是坚持抓好"双基"教学,使73届学生数学基础打得比较扎实。刘老师对待教研组的工作认真负责,热情关怀新教师的成长,肯定他们的工作成绩,诚恳地提出意见,帮助大家改进教学。她还经常组织教师上实践课,着重进行基本概念课和综合运用课的研究。每次实践课,她都抓得很具体,手把手地教,对教师业务水平和教学质量的提高都起了很好的作用。

1978年12月31日,各界爱国人士在上海市政协礼堂欢聚一堂,举行了辞旧岁、迎新年座谈会,刘永贞和其他与会者一起,满怀激情地

---

① 《文汇报》1978年2月16日。
② 《文汇报》1980年10月27日。

回顾了过去一年的战斗历程。她表示:党的十一届三中全会的公报,在我们面前展现了无限美好的前景,也为科技、教学人员提供了广阔的战场。形势喜人,形势逼人。一定快马加鞭,目标一致奔四化。①

1979年2月3日,上海市教育局、共青团上海市委和中国教育工会上海市委员会在市体育馆联合举办了上海市教育工作者1979年春节联欢会。联欢会之前,举行了部分教师的茶话会。在茶话会上,格致中学语文教师高润华说:党中央号召全党要进行战略转移,我们教育也要迅速跟上。语文是教学的基础学科。我要进一步实践,争取用3年的时间,完成教学大纲规定的5年的语文教学任务,让学生在进入高中后集中力量攻数理化。

1980年2月,高润华被评为特级教师。《解放日报》的有关报道将她的成就介绍为:在教学中注意课内外有机结合,单项训练和综合训练有机结合,口头表达和书面表达有机结合,具有"精雕细刻"的特色。

在题为《为四化培养更多更好的建设人才》的文章中,高润华写道:"教育得到了高度的重视,这是我参加这次人大会议后的深切感受。科学是生产力,教育也是必不可少的生产力,听了真受鼓舞。'教师光荣'确实不是一句空话了。会议期间,教育部散发了教育十年规划草案,会议一结束,教育部领导就召开了教师座谈会,听取了我们的意见。许多代表在发言中对学校、青少年教育表示了极大的关注。现在从上到下对教育如此重视,寄予很大希望,鼓起了我们进一步搞好教育的信心,更感到责任重大。我们教师一定要加倍工作,为四化培养更多更好的接班人。"②

为了更好地落实教学方针,在1979年春季学期开始后,时任格致中学副校长的施亚东教高二(5)班的语文课。施亚东认为,我们党工作的着重点要转移到现代化建设上来,学校工作的重点也要转到教学上来,作为一个学校的领导,就更要深入教学第一线,为提高学校教学质量做出贡献。为此,这学期开学前,在安排教师任课时,他和年轻教师比赛,也接了一个班的语文课。高二(5)班是学校里的一个慢班,语

---

① 《解放日报》1979年1月1日。
② 《解放日报》1980年9月18日。

文基础知识较差。为了迅速提高这个班学生的语文成绩,改变慢班的落后面貌,施老师和备课组老师商量,决定适当增加(5)班的语文课课时,并多做几篇作文。为了提高教学质量,使学生真正有所得,施老师认真备课。《人民英雄永垂不朽》这一课,他就钻研了三四天时间。结果,这堂课上得很成功。①

格致中学的教学和科研,得到了所在的黄浦区的重视。黄浦区主管文教的副区长毛海良来到格致中学,给高二年级300多名毕业生上了一堂题为"党的十一届三中全会以来的国内形势"的政治课,报告深入浅出,结合学生实际,受到学生欢迎。全区38所中学政治教师及部分学校党政干部200多人也参加听课。

三、试点开设"理科班"

1978年夏,上海市恢复重点中学。这是"文革"后恢复重点中学的全市首次招生,格致中学招两个理科班。格致中学校领导十分重视,学校为理科班配备了强大的师资力量。报到那天,同学们拿到了学校为他们每位购买的16本市场上最热门并已售罄的《数理化学习丛书》。对于自己的理科班的往事,后考入清华大学建筑系的格致中学首届理科班学生张桦曾经有感人的回忆:

理科班的教学目的十分明确,就是全力以赴考上大学。学校在教学楼入口的黑板上写着离高考所剩的"天"数,告诫同学时间的宝贵。课间同学们也不休息,直到班主任姜秀娥老师把同学们赶出教室。现在回想起这段紧张而有意义的时光,真为我们当时执着的学习精神而感动。那年头,大家十分珍惜学习的机会,也没有多少科学的学习方法,怀着一腔淳朴的信念:有辛勤付出,总会有回报。英语课许老师对我们英语学习十分严格,新课必须自习,课堂上会请学生朗读新单词和课文。为了备好新课文,我每天早晨不到6点起床预习外语,生怕课堂上被许老师抽到。英语课测验频繁,许老师分析考卷时总会告诉我们每道题答错的人数,凡是答错的人数较多的考题,下次测验或考试

---

① 《解放日报》1979年2月22日。

必考,这种教学方式培养学生"自我纠错"的习惯。期末考试只需将曾经做错的考题认真复习一遍就可以了,考试准备十分简单。

图 3-1-2 "文革"后首次招收的两个理科班毕业合影

最让学生佩服的是数学老师刘汉标,他思路清晰,解题高明。每每我们为了出黑板报"每期一题"栏目时,向他索讨数学题目,他总是可以在身上某个口袋里摸出一张小纸片,塞给我们说:"这是新的数学题目"。我班首任班主任潘老师是位数学老师,经常批评我们学生眼高手低,教导我们:"学习是将厚厚一本书的知识最后压缩成几页纸或者一页纸,你能做到了,就说明你学通了。"在以后的学习生涯中,慢慢体悟出潘老师一席话的深刻含义。

两个理科班各配备一位高水平的专职语文老师,我班的语文课哈老师帮助我们从基础语文教起,曾经形容我们某次语文考试考得"落花流水"。班主任姜秀娥老师再三强调:"数理化上再多拿一分,十分困难,要付出更大的努力;但在文科上稍作努力,就可少失许多分数。"后来事实证明也是如此,要考上重点大学,除了数理化不能失分之外,文科也不能太丢分。①

四、文理均衡,全面育人

以数学教学著称的格致中学同样重视文科教学,在20世纪80年代初,就不断纠正重理轻文倾向,使学生文理各科得到平衡发展,打下了比较扎实的文科基础。

格致中学是一所市属重点中学,素以学生数、理、化成绩好而著称。学校领导认为人才培养要全面,文理科应相辅相成,不能偏废。1980年格致中学在全市范围内,首创开设文科班。在1981年的高考中,这个首届文科班取得了优异的成绩,全班60%的学生考入复旦大学、华东师范大学和上海外国语学院等重点院校,其中钱军的文科高考成绩并列全市第四名。

格致中学重视语文、政治、历史、地理等学科教学,加强文科教学研究,努力探索文科教学规律。语文教研组总结推广了特级教师高润华以"精雕细刻"为特色的语文教学法,提高了教学质量。学校图书馆也为文科教学提供了各种条件。如期刊向学生开架,举办展览等,以丰

---

① 张桦:《1978,我从格致理科班出发……》,格致中学《校友风采录》第五集。

图 3-1-3 1981年8月2日《解放日报》有关当年高考的报道文章

富学生文史知识，并备有录音磁带等有声读物，全天为学生服务。为了激发学生对文科的兴趣，学校开展了丰富多彩的课外活动。各文科教研组与高等院校教师共同举办了外国文学作品、科学文艺、地理知识等讲座，还举行了"现代诗歌流派讨论会"、哲学小论文研究会等各种中小型学术讨论会，吸引了许多学生。学校每两周分别出一期历史和地理知识园地，介绍国内外重大历史事件、历史人物、风土人情、经济资源等。每年召开以"五讲四美三热爱"为主题的学生演讲会，每学期举行论说文和小品文的朗读比赛，开展汉语拼音、黑板报评比活动。全校22个班级还普遍开展影评、戏评、书评活动，把文科教学和思想教育融为一体。初一(2)班同学创办了《友谊周报》，高中部10多个有志于社会科学的同学自己编印油印刊物《同窗文集》，内容有歌颂祖国、反映校园生活的诗、散文、小说。高二(1)班师生创作的《你是一个共青团员吗》小话剧，在黄浦区中学生文艺会演中获奖。精细的文科教学和诸多的课外活动，有效地提高了学生写作和口语表达等能力。在全市中学生"听说读写"比赛中,格致中学荣获1980年团体第二名,1982年团体优胜奖;格致中学还获得1981年上海市"鲁迅读书奖"活动团体优胜奖和个人第一名,1982年华东六省一市中学生作文竞赛三等奖,1983年全国中学生地质知识竞赛第三名。格致中学学生还在《广西文艺》《甘肃文艺》等全国各地报刊杂志上发表诗歌、小说和散文达40余篇。①《文汇报》评论员认为,格致中学的经验值得其他学校学习。

格致中学采取多种措施积极培养创造型人才,取得很大收获。学生在全国、市、区各项学科比赛中成绩突出。1983年以来,格致中学学生参加市级以上数学、化学、哲学、作文、气象等比赛有170余人次获奖,学生在全国各地报刊杂志上发表自然科学小论文、作品、诗歌等达70余篇。1982年,格致中学还获得市中学生智力竞赛第一名。

格致中学十分重视信息对学生智力发展的作用。数学、物理、政治、历史等学科先后建立了科技之窗、数学之窗、历史之窗、语文之窗、出版之窗等各种信息窗口,许多班级也纷纷以墙报、园地、刊物等形式建立信息窗口,全校24个班级共有信息窗30余个。这些窗口介绍了世界新技术革命和遗传、海洋、电子、航天工程等情况,以及国内的科技动态与成就。科技之窗、语文之窗还介绍本校学生科技与语文新作。为了办好这些窗口,图书馆将几百种期刊向学生开架,并配备有声读物,电化教室定期放映科技电影。学校还经常邀请科学院、大学的专家、教师来校做报告,以启发学生思路,增加学生信息量。学校实行课内课外两条教学渠道并进的方针,有力地促进了学生能力的发展。在课内,教师严格按照教学大纲要求执教,为学生打下扎实的知识基础,对学有余力的学生,允许他们选学计算机、电子学、外国文学作品等课程。学校每周还安排4个半天,开辟各种活动领域,为学生发展才能提供条件。语文、数学、物理、化学、外语等11个学科全部建立了学科小组,全校还有电脑、无线电、天文等30多个课外兴趣小组,吸收了近600名学生参加。其中数学学科组就有18个小组,参加的学生达200余人,约占全校学生1/4。他们中有14人取得了参加第二届美

---

① 《文汇报》1983年9月12日。

国奥林匹克中学生数学邀请赛复赛的资格,并有5人得12分,约占全市得12分学生总数的一半。

　　学校在教师中倡导不同教学风格的交流,呈现了百花齐放的生动局面。在语文教研组,有的老师教法精雕细刻,有的注重朗读和点评;在数学教研组,有的老师解题思路清晰、论证严谨,有的注重一题多解、简洁明快;在政治教研组,有的老师注重社会调查,有的侧重课堂讲授。化学教研组还在高一(8)班和高一(2)班进行两种风格教法对比,一个偏重于教师的演示实验,一个偏重于边讲边实验,研究如何增强学生动手能力。学校还成立了教育科研领导小组,全校11个学科围绕如何培养学生能力选择了20多个科研项目,90余位教师人人都写了科研文章。①

---

① 《文汇报》1984年9月4日。

第二章

学校管理体制改革

1980年代对于中国的中学教育改革而言十分重要,1983年邓小平提出了新时代教育的"三个面向"。1985年第一届全国教育工作会议在北京召开。格致中学在这一时期抓住机遇,领悟精神,肩负时代使命,进行了学校管理体制改革。

一、邓小平"三个面向"的指示与全国教育工作会议

邓小平的"三个面向",非常鼓舞人心,全国的教育改革工作也在持续推进。1985年5月19日,全国教育工作会议在北京召开,会议的中心议题是讨论《中共中央关于教育体制改革的决定(草案)》,为繁荣和发展教育事业,献计献策,共商大计。

全国会议召开后,上海各界也展开学习,格致中学重点学习《国家中长期教育改革和发展规划纲要》,切实把落实教育规划纲要作为下一步的重要任务,在校内展开了多层次多形式的学习,同时加快了格致中学探索教育体制改革、创新深化改革的步伐。

二、"三全、三出、三特"的办学理念和实践

1983年,高润华老师担任校长之后,对格致中学提出了新的发展

理念,对于学生的培养有了更多符合格致中学自身特色的评价标准——"三全"的办学理念。

所谓的"三全",指的是学校培养学生要坚持"德智体美劳全面发展",学校的课程要"课内课外全面安排",以及对于学生的效果做到"全体同学全面提高"。从20世纪80年代开始,高润华把"三全"作为学校培养学生的指导精神,并把是否贯彻实施"三全"的理念,作为衡量和评估学校各项工作是否成功开展的严格要求与评价标准。当时的格致中学,是一所初中、高中兼设的市重点中学。作为重点中学的目标就是向高一级的教育单位输送优质的人才。尽管格致中学采取的是择优录取的方式,仍然有部分学生在进入高中学习阶段后掉队。因此,学校提出,对每一位学生在德智体美劳全面要求,让他们都能符合高一级学校的选拔和挑选标准;争取不让任何一个同学掉队,不让一个同学落选。

"三全"理念一经提出,便得到了学校全体教师的认可。在此之后,"三全"理念被列入了学校的五年规划之中。在全体教师的高度认同下,全面贯彻并实施了该理念,最终在共同的努力下结出了丰硕的成果。1985、1986、1987连续三届高中毕业生完成了100%全部被高校录取、70%左右被部属重点高校录取的好成绩。这样的成绩,无疑是让成绩突出的学生全面发展,让成绩较弱的学生不会掉队的"三全"理念作用的成果。

在连续三届学生都完成了100%的高升学率后,学校并没有满足现状,而是进一步地提出要"出升学率,出人才,出经验成果"的"三出"的办学思想。学校领导认为,高升学率只是办学成果的一个方面。高升学率所带来的高分并不能直接等于高能力、高素质。因此,1980年代在高润华校长的倡导之下,学校在保持高升学率的前提下,还把成材率也纳入了考察指标,目的是要培养出高质量、高层次的人才。

在学校教育改革不断深化的过程中,高润华认为,引导教师们认识并掌握教育规律,用教育规律指导教学实践尤为重要。因此,学校鼓励教师参与教育科研,总结教育教学经验。"出经验成果"成为格致又一办学思想。催生了一大批高水平的教育、教学管理经验的科研论文,并在发展格致传统特色的基础上,总结出新形势下格致办学的"三特"特色。

所谓"三特",指的是学校要办出特色,教师要有特长,教学要有特点。高润华认为,学校的特色是学校的生命力所在,学校的特色需要一大批教有所长的教师支撑,而教学有特点是有特长的教师必须具备的专业素养。

格致中学教学有特点的教师分布于各个学科之中,尤其是以数学学科居多。刘永贞、孙兆桂、刘汉标3位老师是数学组的3位特级教师,他们各有特长,教学各有特点。在他们指导下的教学团队,创造了格致中学的数学殿堂,使格致的理科特色发挥到了一个新的高度。上海市首批特级教师刘永贞的教学特长是代数,而研究教材更是她的强项。通过研究学生和教材,她设计和布置的作业形成了"少、精、活"三大特长。作为教研组长,刘永贞老师不仅自己教学技艺精湛,还开放自己的课堂,让教研组内其他老师听课;拿出自己的教案,供其他老师学习参考。刘永贞老师通过这种方式,使格致数学组的教学质量取得了整体的飞跃。在她的悉心指导下,数学组的孙兆桂老师和刘汉标老师先后被评选为特级教师。孙兆桂老师十分擅长三角的教学,其教学容量大,讲课细腻,既注重思维的形成与过程的剖析,又重视证明、演算的完整性。他上课时努力用学生易懂的语言来讲解数学,在20世纪80年代就实践了学法指导。刘汉标老师擅长几何,重视基础,因材施教,注重培养学生的实践能力,尤其是数学第二课堂的教学实践中成绩斐然。"双轨同步"的教学体系就是在总结数学教研组经验的基础上,以点带面、全面开展而逐步形成的。格致中学的数学尖子生之所以不是某一届、某几年突出学生的昙花一现,究其原因主要是坚持了"第一课堂打基础,第二课堂出人才"的课程设置不懈努力的成果。高润华说,教学是一门严谨的科学。科学必须一丝不苟地遵循育人的规律,辛勤耕耘、辛勤劳作,才能为国家输送有用的人才。可以说,格致中学教师特长的培养和教学特点的形成使得格致的特色长盛不衰。

高润华也非常重视格致中学教师的特长和教学特色的带教纽带。青年教师来校之后都有本学科经验丰富的老教师进行带教,在学科方面是这样,在德育班主任工作方面也是这样。学校充分认识到老教师们对于学校发展的厚重力量,发挥他们的带教和示范优势来抓好学校

工作，提高教育教学质量。一方面，高润华把已经退休的特级、资深教师刘永贞、陈彩云等请回学校当"老顾问"；另一方面，她也从学校年轻一代的教师身上看到了未来学校的发展。她坚持老教师负责把关，培养青年教师的制度，请两位老顾问深入教研组、备课组，帮助青年教师备课、听课、评课，对青年教师进行"四心"教育，即对于教育教学工作的热心、安心、专心、虚心。这种师徒带教的形式，促进了年轻一代教师特长和教学特点的形成，为格致中学"理科见长"特色的进一步彰显打造了高质量的教学团队。①

三、健全"定编定员"岗位责任制

20世纪80年代的格致中学，由于受"文革"影响，以及师资配备紧缺的问题，虽然正常的教育秩序正在逐渐恢复，但是学校的师资配备以及教师的管理等方面存在着明显的短板。学校方面由施亚东老师担任常务副校长，包括学校管理层在内，很多组室只有副级的领导，没有正级的领导。1982年陈德隆老师来到格致中学，担任学校党总支书记，1983年高润华老师担任格致中学校长，学校管理层人员才开始逐渐配备齐全。各个组室的教研组长通过学校领导听课、老师之间的考察和学生对老师的评价，对老师日常工作的责任心与完成度等综合因素进行考量评价，最终选出了各组室的教研组长和年级组长。花了整整两个多月的时间，总算把所有的主事人员配齐，搭好了能大展拳脚的教师班底。在学校管理层的带领之下，格致中学开始了学校管理体系的改革。

学校首先恢复的是党建工作。经历了10年的"文革"动荡期，学校党务工作开展受到诸多限制。很多老师由于"文革"后仍然心有余悸，对党建活动也并不那么积极。于是陈德隆书记到岗之后开始着手重建党务工作。针对党支部的威信下降的现象，学校党支部开展了大规模的党员谈话工作。支部委员找党员进行谈话，双数月的时候，党员向支部汇报情况，形成了上下活动、沟通顺畅的党员谈话体系。谈话

---

① 张志敏等：《格致文化的传承与创新》，教育科学出版社2010年版。

内容包括了对党组织建设的建议和意见,个人困惑与想法的交流以及反馈群众对于党支部的想法与声音。在初步的谈话过程中,党组织的威信重新树立,很多党员老师有问题,也及时向党组织反映,形成了一种良好的风气。

重塑党组织的工作给学校领导层以很大的信心。发展党员的工作也开始重新开展,陈德隆书记每两周进行一次,亲自给老师们上党课。前来听党课的,除了有入党积极分子之外,也有一些老师被这样的活动所吸引,自愿在下班时间或课余时间前来听党课。在党课之外,学校党支部领导也亲自找有意愿加入中国共产党的老师进行谈心,交流他们入党的心意,提出努力的方向,扩大党组织的影响力。在活动的长期开展中收获了大量老师的积极赞许,党组织的群众基础也越来越扎实。

其次,格致中学管理体制改革也在同步推行。当时的老师们吃的都是"大锅饭",很多老师额外辛苦的工作,并不能在工资上得到反映。学校领导为了推行学校的管理体制改革,在区委争取到了每月每人25元的奖金,打破了平均主义的分配原则,开始了大刀阔斧的学校管理体制改革。格致中学的工资单调整是最能体现学校改革的方式。工资改革的第一步是每个部门的工作按照市教育局的编制分解成一定的工作量,使全校的教职员工在提高质量的基础上,有一个满工作量的概念,奖励那些工作量多并且完成质量高的老师。第二步是实行奖金总额与工作量挂钩。例如语文数学老师既担任班主任,一周又有6节课,那么就算做满工作量。历史、地理、生物这些学科,平时的作业批改量比较少,因此一周12课时,算作满工作量。如果不满工作量,扣除一定奖金,如果超过工作量,就增加奖金。这种"能者多劳,多劳多得"的分配方式,在每个人一年的奖金中,拉开了一定的差距。1984年学校建立了岗位责任制,核定工作量,第一次定编定员。1987年,学校将奖金总额和工作量挂钩,进行结构工资改革。在整个过程中,学校领导充分发扬民主,发挥工会组织的作用,广泛听取教职工意见。通过不断讨论修改,这一改革最终由教职工代表大会落实。经过全体格致人的努力,学校出现了"四争"的新气象,即人人争取工作量足,多数教师争取跨两头课,人人争当班主任,职工争挑两副担子。大家都以满工作量和超工作量为荣,教师对于工作的热情大大提高。第三步是

实行以工作量为主要依据的结构性工资,在分配上初步形成了按劳分配的制度。从1983年至1993年格致中学基本达到了上级部门所要求的定编定员的要求。学校老师积极开设拓展课,开设第二课堂,人人争当班主任。学校的职工人人争当多面手,争挑几副担子的现象不断涌现,体现了格致教职员工拼搏向上的良好氛围。这一切为学校全面贯彻教育方针,形成育人合力,打下了比较坚实的基础。

最后学校管理层对教师的文明建设也做了严格的要求。据陈德隆书记回忆,他刚刚到格致中学工作时,时常有老师开会迟到,开会时候开小差、看报纸、批改作业,做自己的事情;在教师办公室外的花坛中,时常能够发现香烟头和倾倒的茶叶;在教学过程中,有些老师发生上课迟到、下课拖堂的现象。这一切引起了学校管理层的高度重视和警觉。学校针对这样的现象,提出了文明组室的评比工作。学校领导设计了很多规则来规范文明组织的评比。把诸多老师的不文明行为列入了扣分项:开会迟到、乱丢垃圾、批改作业不认真、下课拖堂、个人仪表不整洁等,都会影响整个组室的得分。而如果一个组室中,有老师辅导学生得奖,或者帮助学生取得出色的成绩,组室也会相应地加上一些分数。有些组室担心自己的加分项并不够,在周末或平时放学后,组织全组成员到社区街道去做义工,帮助社会的同时,也为自己的组室加分。整个文明组室的评比,每个教研组都会轮流有教师组成教师纠察队,学校领导也会定期在学校巡视检查。每一个办公室门口都有一本簿子记录着该组室本周的加分、扣分情况。文明组室的评比一等奖可以获得25元左右的实物奖品,二等奖15元,三等奖接近10元。很多老师刚刚参加时,是为了获得奖品和实物的鼓励。随着时间的推移,为了各个组室之间的荣誉感,大家潜移默化地自觉遵守相应的规范。除此之外,党支部还对文明组织的评比大加宣传,扩大此项活动的影响力,让文明规范深入每一位老师的心中,形成良好教风。

为了鼓励老师的积极性,学校领导积极通过多种合理方法为老师谋求福利。其中包括校领导向市教委、区教育党委提出申请,请求更多资金补助;学校校办工厂积极生产用所得的收益补贴学校奖金;发动老师集资,在学校内开设名为"广博"的小卖部。校领导除了在物质方面激励老师,更侧重于在教师的日常生活中,关注教师的身心健康。

格致教师摄影协会就是在这个宗旨下建立起来的。协会每年至少组织两次活动,教授专业的摄影技巧,并且请电化老师提供专业的拍摄、冲洗、打印一条龙的服务。集体组织前往上海周边风景秀美的地方进行拍摄,让老师在教书育人的同时,培养了自己的兴趣爱好。

四、"双轨同步"的新型教学体系

在20世纪80年代中期,格致中学初步形成了课内课外"双轨同步"的新型教学体系,大面积提高了教育教学质量。据1986年《文汇报》的记录,已经先后有200余名学生在美国中学生奥林匹克数学竞赛、全国天文知识竞赛,各类数学、物理、计算机、外语等竞赛中获奖,还有一批学生在全国各地报刊上发表自然科学论文及作品。

学校领导感到现行的教学内容、方法与充分发展学生的个性、特长、能力存在尖锐矛盾。学校鼓励教师积极开展教学科研工作,用科研来指导教改。在1986学年度,全校就进行了15个课题研究,如:"如何培养学生能力""作文教学中自改能力的培养""如何提前引进参数教学"等,在改革教学内容时,稳步引进《新概念英语》《徐方瞿平面几何》等新教材。学校还在初一年级进行教学方法改革综合实验,教学内容力争在课堂上消化、理解、记忆,在考试方法上采取口试与笔试、开卷与闭卷、动笔与动手相结合的做法,取得了明显的效果。初一学生大部分在晚上8点左右就能够休息,学习负担大大减轻。

学校充分挖掘潜力,积极开展课外教学,建立各种学科小组,让学生获取更多的信息,培养学生分析问题、解决问题的能力。截至1986学年,全校共有39个学科小组或科技小组,从初一到高二都安排了劳动技术课,并且开设了数论、中国古典文学史、科技英语、化学分析、古典音乐欣赏等15门选修课。每个学生必须选修一门,不参加选修课的学生不得参加评选奖学金。这一系列活动获得了可喜的成果。例如,在1986学年学校学生童非设计的"不用汉卡中文学生成绩管理"程序被上海教学仪器公司制作成了软件。[①]

---

① 《文汇报》1986年7月5日。

遵照"第一课堂打基础"的举措,学校要求教师关心每一个学生的学习。基于学生差异是客观存在的现实,学校要求每位教师要对每一个学生负责,潜心研究学情,落实因材施教,让每一个学生都能打好扎实的基础。为了实现"第二课堂出人才"的办学目标,学校开设了多门选修课、兴趣小组、课外活动小组、科技小组、知识讲座、运动队、合唱队等,让学生发挥自己的个性,发展自己的个人爱好。学校开设了多门选修课和活动课,这在应试教育盛行的20世纪80年代可谓是独树一帜。选修课和活动课的开设吸引了全校所有学生一同参与进来,学校出现了各种课外活动小组共36个,其中文艺类5个,运动队9个。第二课堂的开设丰富了学生的课余生活,扩大了学生的知识视野,增强了学生的动手能力,也培养锻炼了一批教师。这一阶段,格致学生在国家级、市级的竞赛中均取得了大面积的丰收。

格致中学多年以来一直着眼于"三风"的建设。所谓"三风",乃是关于学校整体精神的校风、关于教师职业要求的教风和关于学生学习态度的学风。在校风方面,格致中学发扬"爱国、科学"的传统,结合当时的时代大背景,以"勤奋学习、尊师守纪、艰苦朴素"作为指引学校的整体精神面貌;在教风方面,学校方面严格要求教师队伍,在恪守传统中勇于创新,形成了"热爱学生、教学严谨、勇于探索、言传身教"的教师职业要求与素养;在学风方面,格致学子发扬了一直以来的学习热情与刻苦精神,形成了"勤奋踏实、进取创新"的学习态度与氛围。"三风"相辅相成,共同促进,共同发展,给校园带来了进步的活力,也让格致中学在当时上海诸多中学中保持着领先的地位。

为了"强化"三风建设的成果,格致中学多年以来强化责任意识,并落实在具体的行动之中。学校以爱国主义、集体主义为当时德育工作的教育主线,不放松对学生的思想政治教育工作。在具体的行动中,学校邀请了当时在各自岗位上对社会、对各自事业做出突出贡献的校友们,组成了校友讲师团。这些校友讲师团定期回到格致中学,为学生们讲传统、讲理想、讲做人的道理。每一次校友讲师团的到来,都能吸引大量学生参与听讲。除此之外,学校方面还经常请革命前辈和科学家、艺术家来学校做报告,让学生感受到这些老前辈为中国革命和建设做出的突出贡献,并以此为榜样,激励自己的学习与成长。

与此同时,学校还注重家庭教育的积极配合,既有请家长到学校来,谈谈中学时期的理想,谈谈他们为国家做出的贡献,也有布置给学生"回家作业",要求他们和家人交流感想,询问家族奋斗的历史。

加强师资队伍建设,狠抓"三风"是格致中学的生命力所在。教育教学质量的关键是师资队伍的建设。随着老教师一批批退休,青年教师不断地充实进来。格致中学的优良传统出现了传承不足的端倪,这是自然规律。因此,总结青年教师培养的经验,成为格致中学进一步发展的需要。学校实施对新教师的"传、帮、带"工程,以老教师的"传、帮、带"帮助青年教师继承格致"热爱学生、教学严谨、勇于探索、言传身教"的教风,为教育、教学质量的保持和提高发挥了重要作用。

在管理中,高润华大胆创新,打破"大锅饭",建立岗位责任制。同时,学校狠抓"三风"建设,重振格致雄风。在1988年"读书无用论"有所抬头的情况下,学校开展了"管教管导"百花奖、"教书育人"伯乐奖和"服务育人"绿叶奖的评比活动,全面开展"做一个热爱学生的好老师"活动。在教学管理上坚持双向信息反馈,从抓教风来带学风,坚持学风管理上的有效制度。如每月召开一次年级组会议,分析学生情况,每半学期任课教师对任教班级进行学风讲评。又如,建立课堂情况的双向记录表,进行学生评教工作等。

五、"从严要求,过细规范"的学校德育

从20世纪80年代末开始,格致中学把对学生行为规范作为学生德育的基础工作来抓,实施分步教育强化训练,使格致中学的校风跃上了一个新的台阶。在德育教学方面,学校实施了分步教育的计划:首先在全校发起了3次针对全体学生的大型的讨论活动,制定了基本的规章制度;其次制定了行为规范守则,严格要求每一位学生的日常言行;最后安排学生会与老师共同合作,强化训练,确保行为规范训练收到成效。

在全校范围内的大型讨论活动一共3次。第一次的讨论以"作为一名格致学生,应该有怎么样的行为规范"为中心议题。全校学生对照国家教委颁发的"规范标准",针对学生实际情况,进行了详尽而务

实的讨论。要求用简洁、生动的文字,编写一份《格致学生一日规范》。学生们讨论气氛热烈,各班级将讨论成果汇集到学生会,一共收到了57份"一日规范"。这些规范形式活泼,有的是"三字经"的形式,有的是打油诗的形式,甚至还有写成快板词的。不仅展现了学生们的才华,同时还表现了学生独特个性的一面。最后,学校整合学生们上交的材料,确定了《格致学生校内一日规范》,其中主要包含"十环节、五要点",并通过各种宣传的形式,让广大学生知晓并认可,为学校行为规范的训练奠定了坚实的基础。

第二次,学校开展了以"新时代中的新一代"为中心议题的"新时期青少年形象"讨论活动。在第一次讨论的基础上,学生们对于"规范训练"在思想上有了一个更深刻的认识。在教育讨论中,学校邀请了参与浦东开发开放的校友企业家、出国考察归来的学友、教师与学生座谈,提出了"我们应站在世界同龄人的前列"的口号,教育学生把树立新一代的文明形象与振兴祖国的重任联系起来。学校还开展了"寻找排头兵"的活动,从"立大志、讲文明、勤学习、树新风"这四个方面,为学生树立典型形象,帮助学生从自己身边的榜样学起。除此之外,"走向社会大考场"活动也在校外积极地开展。此项活动以社会实践、社会服务、社会调查为抓手,让学生走向社会,去接受社会对自己基本道德行为水平的评估考核,让"格致人"的文明形象在社会上得到广泛认可。

在第三次的讨论中,学校缩小了讨论范围,针对团员、学生干部发起了"格致团员、格致学生干部该有什么样的形象"的讨论活动。学校的宗旨是把一部分学生培养成青年布尔什维克、共产主义事业的坚强接班人。学校的行为规范是针对每个学生的,团员和学生干部应该理所应当地完成。但这还不够,还应当逐步树立共产主义理想。因此,在教育与讨论的活动中,学校特别请到了区委书记高寿成同志为青年学生做报告,组织学生们探讨人生的价值,并提出自己的要求与嘱托。通过参加优秀组织生活的观摩活动,使这部分比较突出的学生真正做到"早一步,高一层",成为学校行为规范训练的优秀骨干队伍。他们平时的优良作风也为周围同学提供了良好的榜样,带动同学之间互帮互助,共同进步。

综上所述,格致中学分步骤、分层次的讨论教育活动,其形式生动活泼,面向所有学生,并且针对性强、效果显著,为学生群体打下了要严守行为规范的思想基础。在教育讨论结束之后,学校针对德育工作中仍然存在的问题进行了强化训练。

要使行为规范训练得以强化,首先就必须使规范的实施得到全面、切实的检查。在日常规范中,学校对每一个学生实施了"问证制度",要求每一个教职员工既要管"教"又要管"导",认真观察学生执行行为规范的情况。一旦发现了问题,立刻要求学生出示学生证,对其不良习惯进行纠正,并且实施教育。除了教师的检查之外,学生会也在不断地对同学们进行检查。学生与学生之间形成了良性的互动,自我约束能力逐步增强,规范训练的强化目的也就达到了。

同时学校还制定了规范训练的"五严"原则,即:严格要求、严格训练、严格检查、严格反馈、严格评比。为了使训练切实有效,学校除了普遍性要求之外,每个学期还确定了若干条训练条目,有意识地进行重点训练。例如,在1991学年度,学校就确定了"尊师重教"作为训练重点,设计了4个条目的要求——见面要问好,答话须起立,递物用双手,求教怀虚心。在整个学期中,德育小组用各种形式进行反复检查,特别是有一些平时不是在一线教学岗位上工作的老师和职员们,学生不是很熟悉。学校特别安排他们在校门口、在走廊里反复检查"见面要问好"的执行情况;在课堂中请班主任以及每一位任课老师都随时留意"答话须起立"的执行情况;学生经常到总务处报修、拿物件,学校请总务处老师注意观察学生们"递物用双手"的执行情况。在学校"三好学生"测试以及"格致明星"的测试活动中,德育小组还设计了相关的"情景测试题",重点训练做到"过细""从严",落实了具体的要求,取得了良好的效果。

经过长期的教育实践和强化训练,学校的校风跃上了一个新的台阶。1989年获得"行为规范示范校"的荣誉,并被授予了铜牌以示奖励。1991年年底,经过兄弟学校以及区、市级领导的反复明察暗访后,格致中学获得了上海市教育局颁发的"上海市中学生行为规范示范学校"的大红锦旗和铜牌。山东、贵州等地的兄弟学校到格致中学参观访问时,校园内素不相识的学生们纷纷向他们行礼问好,他们跷起大

拇指连声称赞。社区单位、学生社会实践基地的领导和群众对学生的行为品德也交口称赞,送来了表扬信和锦旗。

图 3-2-1　1989 年,学校获得"上海市文明单位"荣誉

在 1991 年获得了"行为规范示范校"的荣誉之后,学校并没有放松对于德育的管理与要求。相反,德育组制定了更加详细的行为规范原则。在具体要求中执行"三从严、三过细"的具体准则。

(一) 要求从严,规范过细

格致中学制定行为规范规则按照高标准、严要求的方式制定,具有较强的可操作性。比如,在"文明礼仪"的专项训练中,学校并不满足于学生在与老师、长辈见面时候的张口问好,还要求这种问候是发自内心的。表现在外在就应该微笑、点头。又比如,在"爱护公物"的专项训练中,德育组把训练拆分成了几大类:爱护教室公物,爱护实验室公物,爱护教学设备。不仅规定了训练的要求,而且用摄像机把如何正确地使用设备、爱护公物的标准拍摄下来,向同学们进行宣传,要求同学们模仿操作。在"认真作业"的专项训练中,教导处、班主任和任课老师用树典型的方法,把符合要求的作业根据书写要求、订正要求等,一一过细地规范下来。如此等等,学校通过从严的要求,过细地制定规范，来对学生提出更高的要求，培养格致学子的良好规范。

（二）督促从严，示范过细

为了落实从严的要求、过细的规范，就必须在督促示范上做足功夫，否则行规训练就会变成走过场的形式，成为热闹一阵子的"花拳绣腿"。比如，"爱护学校公共卫生"专项训练一开始，曾反复宣传，要求也提得很明确，还公布了《校园环境卫生细则》。但时间一长，仍然发现有个别学生随手就把刚刚喝完的可口可乐杯丢在走廊窗台上，把喝完的牛奶塑料袋扔进花坛，有的班级做值日生的时候甚至把教室里的垃圾"搬"到走廊上。学校方面一方面紧抓教育，开展"像爱护眼睛一样爱护校园环境"的系列教育活动，一方面加强监督，组织巡查督促。在校方的号召下，每一个老师、每一个共青团员都争当"爱护校园公共环境示范员"，提倡"弯一弯腰，捡起眼前的废纸"。校领导、广大教师与学生干部带头示范，值勤班级示范员、红领巾示范岗紧紧跟上。一个大家都关心、爱护公共环境卫生的校风逐渐形成了，行规训练取得了良好的效果。

（三）检查从严，反馈过细

行规训练能不能真正落到实处，关键在于检查能不能落到实处，检查之后能不能及时反馈、过细反馈；进而使被检查的学生和班集体根据反馈实施再训练，以提高行为规范训练的质量，避免在低水平上徘徊。学校组织了健全的检查网络：值勤班级每天的检查和每天公布的执行记录，是行规训练的常规检查和反馈；学生会干部组织的文明班级评比检查，是行为规范训练中的学生自我检查；反馈由学校体育组、卫生室政教处、教导处、总务处等各部门，对学生的体锻、预防近视眼、学风、班风、公物使用状况等进行的检查和评比，是行为规范训练中的综合性检查。为了从严检查、过细反馈，学校制定了一系列的规章制度，例如《任课老师学分反馈制度》《值勤班周值勤制度》《行政执勤检查记录制度》《政教处周讲评制度》等[1]。

---

[1] 《中学教育》1996年第6期。

总的来说,评为"行为规范示范校"后的格致中学,根据"从严、过细"的原则,在行规教育上继续进行细化、深入的德育训练。由于格致中学在德育工作上的努力,使得百年老校的严谨校风在新一代格致人身上不断发扬光大。

六、全员管理,合力育人

20世纪80年代以来,在中共中央关于"加强中小学德育工作"精神的指引下,格致中学德育工作正在形成"制度落实、工作扎实、作风踏实、针对实际、讲究实效"的特色和风格,一步一个脚印向"培养无产阶级革命事业接班人"的目标前进。

1988年、1990年,学校分别召开了两届"暑期德育工作研讨会",区局领导、学校党政工团干部、德育高级教师、班主任和教研组长参加了会议。会议明确地把"强化德育工作的全员管理、努力形成育人合力""强化学生的政治思想教育和行为规范训练,努力提高学生素质""强化学科渗透意识",作为德育工作的突破口,形成了做实事、讲实干的优良作风。

在不断强化的管理中,格致中学形成了系列化的管理制度,包括《年级德育工作例会制度》《学生会、团委、大队部工作例会制度》《班主席、团支书与行政联席会议制度》。学校还形成了严格的检查制度,其中包括《班集体综合执勤制度》《周六对全校行为规范执行情况讲评制度》《文明办评比制度》《班主任工作计划小结》《主题班会教案检查制度》,还形成了《任课老师信息反馈制度》《团队主要干部班级日志反馈制度》《学生课业负担调查反馈制度》以及《校长与学生直接对话制度》,充分做到制度落实、严格遵守,强化了学校的管理体系。

在具体工作上,学校进行了3个层次的教育:第一个层次是全校性的思想政治观点教育,全校以爱国主义教育、集体主义教育为主线,结合学校的传统教育教学活动,有重点、分阶段地进行。第二个层次是以班级、年级为基本单位的思想政治观点教育,这类教育按教学大纲要求,根据年龄的特点分年级执行。第三个层次是对学生干部、骨干力量进行培养。

格致中学运用本校校史中的革命斗争历史,向学生们讲述在抗日救亡、解放上海的斗争中,参加各种活动、为党为国建立功勋的校友们的种种事迹。学校还组织师生开展校史调查,访问在上海市科技、教育、公安、文艺、卫生等各条战线做出贡献的数百名校友,最终汇集成果举办校史展览。格致中学还举行校史、革命史的主题班会、队会和征文活动;在每年的艺术节中,同学们用诗歌、散文的形式表达了学习校史的活动感想。通过运用校史题材,丰富了3个层次的德育教学工作。

在社会实践方面,当时格致中学与武警一支队十纵队一起在校内进行军训,学生们用桌椅拼成了简易的床铺,搭建简易的冲凉设备,在烈日炎炎中进行军训;在学农方面,学校与川沙大洪村结对,进行学农工作。在1989年、1990年两年里,格致中学连续获得了学农、学军的双金牌,建立了35个固定服务点。上海图书馆、公交46路车队、残疾人协会等11个单位都有学生们服务的身影,学校收到了许多感谢信和锦旗,其中"大世界天桥服务队"被评为了上海市优秀服务队。

图 3-2-2　武警一支队十纵队受聘为学生军训

除此之外,格致中学注重知行合一,建立了政治课主渠道、班集体教育活动渠道和加强学生感性认识的社会实践渠道;还组织了党课学

习小组,进行党课的学习,慎重地发展学生党员。

对于学生德育教学的成果,学校从3个方面进行考评:对学生个别进行品德考评,对团队进行工作考评,对班级进行集体考评。学校在考评中逐渐确定了《文明班集体评比条例》《格致中学品德考评条例》《团队考核标准》等条例,用以对学生以及集体的品德行为进行综合评价,引导和激励学生向着"德才兼备、又红又专"的方向发展,使学校德育工作成为有目标、有计划、有检查、有评价的完整体系。

在德育工作的实践过程中,周文川、傅锦疆老师做出了巨大的努力,建立了一支朝气蓬勃、有一定业务能力、作风踏实的班主任队伍。虽然格致中学没有实行坐班制,但是班主任们都主动在每天早上7点30分之前到校,傍晚5点以后离校,是全校教职工中工作时间最长的。除此之外,在寒暑假,都要对一半以上的家庭进行家访。

1990年4月,上海市教育局督导室对格致中学德育工作进行督导,48项考核指标均是"好"或者"较好",认为格致中学"德育工作取得较好的效果"。在1986年、1988年、1990年3年,格致中学连续3次被评为"上海市文明单位"。可以说,格致中学德育工作的优秀成果与每一个德育工作者的辛勤付出是密不可分的。

第三章

规划引领，
确定学校发展目标

一、率先制定学校发展规划（1986—1990）

1986年，格致中学根据邓小平关于教育要"三个面向"的指示，率先制定学校教育发展规划。

（一）奋斗目标

格致中学在"七五"期间按照邓小平提出的"教育要面向现代化，面向世界，面向未来"的指示，依照上海市"七五"规划纲要，坚持把改革放在首位，从课程设置、活动内容、教学方法，到教育管理体制，进行全面的改革实验，进一步探索教育教学规律，逐步把学校办成一流的现代化特色学校，争取成为市普教系统第一批"三特"中学。

第一流，指的是在"七五"期间通过各种途径使格致中学拥有一支实力雄厚的师资队伍，使骨干教师总数占教师总数比例从25％提升至40％，培养学生成为"四有""二热爱""二精神"的接班人，在高考和各科竞赛中成绩优异，学校在全市有较高的声誉。

现代化校舍和设备，逐渐适应现代化教学的要求，在1990年前通过挖潜、改造、配建，力争使数理化生实验室的数量配备达到"3、3、2"。图书室、电化教育、计算机、体育等设施也力争按高水准配备，行

政管理和教学管理也逐步科学化。

有特色：语文、数学和外语三门工具课的教学，要形成一套独具特色的教学模式，特别是数学教学应总结一套既能全面提高全体学生学业质量，又能不断培育出尖子学生的教学经验，在市重点中学中高出一筹。力争达到或接近全国先进中学水平。

总之，用3年的时间使学校整体工作水平位于市重点中学前列，力争用5年的时间达到全国先进中学水平。

（二）办学指导思想

1. 坚决贯彻"三全、三出、三特"的要求

三全：

（1）坚持德智体美劳全面发展；

（2）课内课外两大渠道的时间全面安排；

（3）全体学生要全面提高。

三出：

（1）不但要有升学率，更应重视成才率，要培养出高质量、高层次的人才；

（2）不但要出人才，还要出经验，总结出高水平的教育、教学、管理经验的科研论文；

（3）要不断端正教育思想，改革陈腐的传统教育思想，在理论和实践相结合上制定出实事求是、敢于创新的格致办学方针。

三特：

（1）学校有特色；

（2）教学有特点；

（3）学生有特长。

2. 狠抓三风：校风、教风、学风

（1）校风：

继续抓好"勤奋学习、尊师守纪、艰苦朴素、勇于探索、言传身教"的16字校风，以保证优良校风的确立。

（2）教风：

严格要求教师队伍，培养其职业素养，培养教师逐步形成"热爱学

生、教学严谨、勇于探索、言传身教"的教风。

（3）学风：

要逐步形成勤奋踏实、进取创新的学风。

3. 切实提高学生三方面的素质：政治素质、科学素质、身体素质

（1）政治素质：

① 能坚持四项基本原则，有爱国之情、报国之志和为祖国四化献身的精神；

② 初步具有革命的人生观、科学的世界观和良好的道德品质；

③ 初步树立起共产主义必胜的信念；

④ 有自我教育能力，有运用马列主义基本观点分析社会现实和抵制精神污染的能力。

（2）科学素质：

① 有扎实宽厚的基础知识；

② 思维具有敏捷性、深刻性和创造性，有观察、思维、记忆、想象、动手操作和自学能力，有一定的组织管理能力和交往能力；

③ 有良好的学习习惯和严谨的治学态度；

④ 有辩证的思维方法和科学的学习方法。

（3）身体素质：

① 具有健康的体魄，能从事艰苦和高效率的体力和脑力劳动；

② 具有健美的体态。

总之，要全面打好基础，打好德、智、体、美、劳全面发展的基础，打好体力和脑力全面发展的基础，打好知识和能力全面发展的基础。同时也要发展个性特长，发展每个学生的兴趣和爱好，培养每个学生有一技之长，培养各学科尖子、科学活动尖子和社会活动尖子。还要培养学生的创造才能，有独立见解，有探索精神，有开拓精神，有独立工作和创新能力。使学生成为"四有""二热爱""二精神"的接班人。

（三）教学改革

1. 三年内全校六个年级逐步实行如下方案：

根据办学指导思想和奋斗目标，着重搞好课堂教学改革。逐步建立新的教学体系。精简或充实教学内容，调整课程设置，开设选修课

和劳动技术课。改革教学方法、考试方法和招生方法。扩展学生获取知识和培养能力的第二渠道。发展学生特长,做到既减轻学生负担,又提高教学质量,使学生既有广博的扎实的基础知识,又有较强的理解能力,以适应现代化建设和未来社会的需要。

2. 逐步建立劳技课、选修课的教学体系

从高一下学期到高三上学期,一共有4个学期作为开设选修课的时间,从扩大知识面培养应用能力、介绍新知识新技术出发,确定选修课程,拟定选修课的教学计划,进而编写出选修课教学大纲。编写或确定各个选修课教材,建立选修课的教学体系,并对选修课实行学分制,学生读选修课完成规定学分,学校发给学生选修课的结业证书。

从初一到高三上学期建立劳动技术课的教学体系。根据学生的不同年龄特点,从陶冶学生情操、培养学生自我服务的能力和劳动观点到学会基本必须的劳动技能出发,拟订劳动技术课的教育计划;进而逐步编出劳动技术课的教学大纲,编写或确定劳动技术课的教材,建立起劳动技术课的教学体系并培养相关的师资队伍。

3. 改革教学方法

本着"教学有法,教无定法"的精神,鼓励教师从学生和学科实际出发,进行不同风格不同方案的实验。提倡百家争鸣,百花齐放。允许形成自己的特性和不同风格,发挥教师的创造精神。不断创造新的教学方法,不断提高教学质量。

改革教学方法的基本要求如下:

(1) 以新的教学理论和心理学理论作依据,使教学方法符合"三个面向"的具体要求;

(2) 充分发挥教师的主导作用和体现学生在教学过程中的主体地位;

(3) 把传教知识和培养能力结合起来;

(4) 寓思想教育于教学之中,教书育人互为一体;

(5) 鼓励学生创造精神,发挥学生求异思维;

(6) 把面向全体学生与因材施教相结合,既培养一批尖子学生,又使各类学生都有所提高;

(7) 在加强基础理论教学的同时,理科要重视实验教学,理化生实

验室向全体学生开放,培养学生的动手能力,文科要注重社会实践;

(8) 加强电教软件创作,充分利用录音录像、投影幻灯、电视电影等现代化视听手段进行教学;

(9) 逐步开设专用的教室,在史地教室、音乐教室、语音教室的基础上开设数学教室,加强教学设备的建设。

4. 考试改革

(1) 考试应重视能力的考核,考试方法可采取多种形式;

(2) 取消期中考试,加强平时考察和教学质量的分析研究;

(3) 实行学生申请期末考试免考制度;

(4) 试行高三复习申请自行复习制度。

5. 教学管理制度改革

逐步试行并健全免考跳级、免试直升、奖学金等制度,鼓励学生拔尖。

6. 加强教育科学研究

逐步建立一支以骨干教师为主,专职兼职人员相结合的群众性教育科研队伍。从学校教改实验和教改探索实践中挖掘具有普遍意义的课题并开展研究。从理论和实践两个方面解决教改中的实际问题,探索提高教学质量和培养高质量人才的实践经验,并通过科研进一步提高师资质量,为办成第一流重点中学、为发展我国的教育事业做出贡献。

(1) 组织教育科研队伍:从各学科各年级中聘请热心于中学教育科学研究工作的老师,担任兼职研究人员,组织他们学习教育理论,介绍教育科研方法,掌握教育改革发展方向,按工作需要和本人特长分专题小组,全体研究人员既要分工又要协作,集中力量解决几个课题。

聘请校外有关人员、专家学者等担任顾问,指导教育科学研究工作。

(2) 确定教育科学研究课题:根据学校教改工作的需要和研究能力,从学校管理、教学工作、思想教育、体育卫生等方面逐步确定一些课题,5年之内逐步完成。

学校管理研究:如"中学管理体制初探""教育研究在学校管理中的作用""教师工作质量评价""试论中学生的个性发展""21世纪对人

才的要求与我们的培养目标"等。

思想教育研究:如"培养学生自学自理的能力""中学生世界观形成问题研究""中学生思想工作的五落实"。

教学工作研究:如"教学中教师主导作用与学生主体地位的辩证统一""培养学生创新精神的几点尝试""教学工作与因材施教"。

主要措施:

把能否积极开展教育科研及成果的水平,作为评选优秀教师、优秀教师集体和教职员工晋级提职的重要条件,列为相关奖励的规定内容。

鼓励教师开展教育改革实验,实行科研项目责任制和指导科研项目责任制,对取得优秀成果的实验和实验报告者给予奖励。

认真落实课题计划,定期检查进展情况,每年召开一次小型学习交流会,评选并奖励优秀论文。

充分发挥教育研究室的作用,组织全校教师学习教育理论,根据文科教学与理科教学的特点做好咨询工作,及时介绍国内教学改革的状况和动态,组织好全校教职员工进行科研活动。

继续并长期办好《格致教育》这本刊物。

(四)改革思想政治教育

(1)根据办学指导思想和奋斗目标,从学校的高中、初中各年级学生年龄特点、心理特点、思想特点出发,围绕"四有、二热爱、二精神"的新人要求,科学安排学生思想政治教育内容,调动学校、家庭、社会等各方面积极因素,对学生进行思想教育工作,帮助学生初步树立共产主义世界观、人生观,养成高尚的道德情操,自觉的组织纪律性,培养学生良好的学风,促进学生全面发展。

(2)按照学生思想品德教育纲要,对不同年级的学生提出不同的教育要求,研究各科教学和各项活动中教学内容和方法,拟定出各学科结合教材对学生进行思想品德教育的要点。各年级和团队结合活动,对学生进一步开展思想品德教育。

(3)加强学生的理想教育和纪律教育,从常规教育入手,把纪律教育和理想教育结合起来,归结为对学生进行共产主义人生观的教育,使学生懂得共产主义理想是科学,是大家的奋斗方向,是精神的支柱、前进的动力,使每个学生逐步做到有崇高的理想、严明的纪律。

(4) 继续开展创三好、创文明班级、创先进集体的教育活动,树立优良校风、学风,提高精神文明建设水平。

(5) 加强学生干部的培养,健全学校学生会和团委会,通过开展丰富多彩的教育活动,来锻炼学生自我教育和自我管理的能力,培养学生干部的独立工作能力,逐步树立良好的校风。

(6) 提高学生政治思想工作队伍的素质,通过学习理论、交流经验、交谈思想,鼓励先进等方式,提高大家做学生思想政治工作的主动性和积极性,并研究初高中如何发挥年级组长的作用。

(五) 师资、校舍、设备、福利

(1) 加强师资队伍的建设,有计划地逐步建立一支骨干师资队伍,通过5年的努力使各教研组的师资基本完成梯队建设。

号召教师分别制订自学计划和结合教育科研的提高计划,做到了解现代化科学发展状况和本学科最新的动向,不断更新知识结构,同时具有较强的动手能力,使更多教师能够尽快掌握初步的电子计算机知识。

鼓励教师著书立说、投稿报刊,以及参加区、市、全国的教学经验、学术研究交流。

组织教师学习先进教育理论和教育思想,改变传统教育观,树立现代化的教育观,加强精神文明建设,不断提高教育工作的政治素质和业务素质,使教师德才兼备,既能上好必修课,又能开设一门选修课或指导一项第二课堂的教学活动,既能胜任教学,又会教育扩大骨干教师的数量,加快青年教师的培养,形成一支品种齐全、结构合理的教师队伍。

加强对广大青年教师的培养,给每一位青年教师落实一位老教师进行指导教育,通过老教师的传、帮、带把教学经验和教学传统保留下来。

(2) 完成物理、化学、生物实验室三、三、二的配置和图书馆的扩建工作、大礼堂的改建工作。充实教育改革需要的现代化设备,补充和更新物理、化学、生物3个学科实验室仪器,添置教育改革机制的教学设备,包括艺术教学方面的音乐教室设备、美术教室设备和学校所学

的乐器等。在市区两级领导的支持下,对学校整个布局进行全面而合理的规划。

(3) 用好集体福利基金,改善教职员工的生活基本福利。

改善教工住房条件,在教育局统配的住房和落实基础上,努力争取每年在集体福利基金中提取20%为教工购买住房,并把买进的住房用于分配,或以补贴的形式卖给教工。

调整或改建现有的教工浴室,解决教工洗澡难的问题,力争在1986年冬天让教工洗上热水澡。

设立教工缝衣组,并对教工实施特殊优惠价,帮助教工解决缝衣服难和做工贵的矛盾。

关于教工健康,在不影响学校的正常教学工作的前提下,以3年为一期分期分批安排教工进行轮流休养,使教工心情愉快、精力充沛地投入教学工作。

进一步办好食堂,改建现有厨房,增添现代化设备,做到早晨有早餐供应,中午既有多品种的大众菜供应,又有小灶菜供应,满足不同层次教职员工改善伙食的需求。

(六) 校办工厂要坚持创收育人的方针,在提高产品质量发展生产的同时,要提供各种有利条件,搞好勤工俭学,为教育服务,为培养人才服务

1. 结合教学,把勤工俭学系列化

为让同学们在初高中学习阶段能够分期分批进校办工厂劳动,经过1年的筹备,校办工厂引进了适合学生年龄特征、身体素质和基础知识的产品,为同学们勤工俭学创造条件,以培养学生劳动观点和理论联系实际的动手能力。

5年内能编写出初一到高三勤工俭学的教材,并能够总结出一套经验。

2. 提高产品质量,发展生产,提高工厂管理水平。

在提高产品质量、做好用户服务的前提下发展生产,并在增加产值的基础上逐年增加盈利,为学校提供更多的办学经费和教师职工的福利基金。

不断创研新的产品,使产品向现代化新技术靠拢,力争5年成功试验出两种新产品。

培养技术力量,5年内有计划地培养青年技术骨干2—4名。扩大现有技术力量队伍,使校办工厂既有先进的机械设备和各种科学测试仪器,又有一定的科研技术力量,为生产高精产品打好基础。

提高职工政治素质和文明素质,使职工有主人翁精神,做到厂房环境美,职工心灵美,全场提倡文明用语。

二、领导关心,校友感恩

高润华校长3次当选全国人大代表。1989年正值全国人大第七届代表大会,赴北京参加会议的高润华心情格外激动,因为她此次参会除了作为代表履行参政议政的职责外,还有一个重要的私人请求——请来听取上海代表团发言的江泽民同志为格致中学115周年校庆题词。趁着会议的间隙,高校长快步走到了江泽民同志的面前:"江泽民同志,您还记得我吗?""我当然记得呀,你不就是格致中学的高老师吗?"江泽民同志笑着回答,并关切地询问格致中学目前的办学情况。高校长介绍了格致中学取得的优良办学成果,并提出了自己请求。江泽民同志爽快地答应了。没过多久,格致中学就收到了江泽民同志为庆贺格致中学115周年校庆的题字:乐育英才。在江泽民同志的肯定之下,学校更加坚定了"三全、三出、三特"的办学理念与教学方针,为社会不断培养全面发展的人才。

格致中学作为一所"百年名校",1个多世纪来不断为社会各界输送优质人才。其中有不少校友在各行各业为社会做出贡献后,还不忘用自己的力量回馈母校,帮助母校发展、成长。

原国务院副总理吴学谦是格致中学的老校友,格致人都亲切地称他为"老学长"。他是1940届的格致学子。1932年刚刚入学的吴学谦就经历了"一·二八"淞沪抗战,在了解了19路军将士英勇抗击日寇的事迹之后,吴学谦逐渐产生了抗日救国的思想理念。在他高二时候,遇到了影响他一生的国文老师——余之介。余老师在课堂上不仅教授国文,还为吴学谦介绍抗战、认识社会,推荐了许多左翼作家的作品。

随后的日子里,吴学谦成立了格致公学中共地下党支部,担任了第一任支部书记。他带领地下党员通过上海学生界抗日救亡协会这个半公开的组织,在校内积极开展抗日活动。他们在抗日救国的宣传工作中发挥了重要的作用。他们的行动使越来越多格致公学的学生们认识到:读书求职是必需的,但是国家危亡、民族利益更是第一要义。他们用实际行动为学校的爱国主义传统增添了光辉的一页。中华人民共和国成立之后,吴学谦担任中华人民共和国国务院副总理、外交部部长,虽然身居高位,但仍不忘关心格致中学的事业发展。

从1980年代起,高润华校长连续当选第五、六、七届全国人民代表大会代表。每一次去北京开会时,都能见到吴学谦。当时已经是国务院副总理的吴学谦尽管工作繁忙,总是能抽空接见高润华校长,亲切地询问母校目前发展的情况。1993年,高润华最后一次作为全国人大代表到北京开会,自知自己是最后一次在北京见到老学长,她把自己多年来的所想所感都写进了一封信中,麻烦相关工作人员转交给吴学谦。本以为自己到上海之后才能收到老学长的回信,没想到第二天,高润华就接到了国务院副总理秘书处的电话,说吴学谦副总理要和她见一面。在会客厅见到吴学谦副总理时,高润华十分感动,连连感谢老学长百忙之中对母校的关心与指导。吴学谦也很兴奋,不断询问着母校目前的发展情况,期待母校能培养出更多优秀的人才,输送到祖国的各行各业。

1996年,在格致中学122周年校庆时,刚刚从加拿大访问归来的吴学谦又来到格致中学,参加学校校庆。在一期改扩建工程完工后新建的"格意楼"内,老学长作了发言报告。谈及自己的学生时代,十分感慨。他回忆道,当年在格致公学读书时,学习条件没有那么好。在那个战火纷飞的时代里,是格致公学给了他对于人生意义和价值的思考。他又谈到今天的学校,硬件设施全面提升,更是一次难得的发展机遇。讲话的最后,他深情地说:"中学时期是一个人世界观、人生观形成期。感谢母校的栽培,祝母校未来越来越好!"在讲话结束后,吴学谦副总理与格致的老师们一起共进午餐,分享心中的感慨与激动。当天下午,吴学谦老学长还与当年的格致地下党老校友举行了座谈会,回顾了当年组织地下党的情形,言语之中充满对母校的关心与眷恋。

前复旦大学校长杨福家也是格致中学的一名老校友，他是1954年从格致中学毕业的。杨福家在毕业之后进入复旦大学物理系学习，毕业后留校从事原子能的研究工作。在此之后先后担任原子能系副主任、上海原子核研究所所长，20世纪90年代初又当选为中国科学院院士、复旦大学校长。2000年之后他又担任了英国诺丁汉大学校长，并把诺丁汉大学引进中国，开设了宁波诺丁汉大学。他是第一位出任英国著名院校校长的中国人。

杨福家1980年代首次回到母校格致中学，并作了关于母校的发言。他提到，格致中学给了他人生中最珍贵的两件东西：一是人生观，正是格致中学让他成为了一个有梦想、有追求的人；二是点燃了他头脑中知识的火种，中学的学习培养了他对于学习与后来做学问的浓厚兴趣，更使得他懂得了在追求理想的过程中必须尊重客观、尊重知识的宝贵道理。从20世纪80年代起，杨福家利用个人影响力，始终关心着母校的发展，指引着母校学生的前进。杨福家每次回到母校，都会给母校捐赠书籍。

1993年出任复旦大学校长后，杨福家更是关心母校的教育。格致中学也为复旦大学输送了不少优秀的人才。然而，在1995年的时候，一名从格致中学毕业进入复旦学习的学生在一次考试中作弊，杨福家校长采取了退学的处理方式。在当时引发了不小的影响，大部分老师和学生都对这种处理方式给予了支持。然而有一小部分格致中学的学生，产生了一种糊涂的思想，认为杨福家校长既然是格致中学毕业的，在这种问题上就应该对该学生有所"关照"，不应该如此严厉。随后的《新民晚报》上，不少人都看到了一篇名为《致格致中学全体同学公开信》的文章。在文章中杨福家校长痛心于该学生的行为。他指出他并非不爱母校，而正是因为太爱母校格致中学，才会爱之深，责之切。他希望所有学生都能以此为戒，并告诫所有母校的学生："在追求知识和塑造健全人格的人生道路上，只有经过艰苦的跋涉和辛勤的耕耘才会取得丰硕的成果，没有别的捷径可走。"杨福家对于母校的关心与焦虑的形象跃然纸上，这位老学长对于学弟学妹们深深的关爱也打动了所有的格致学子，一致支持杨福家校长的行为，都认为做人最起码的品质是诚实，并感谢杨校长的指导。

1997年杨福家为回报母校，激励格致学子，特出资在格致中学设立一个奖学金，以奖励在科学创新上突出的学生。这种由科学家出资中学教育、创设奖学金的方式，尚属首例，在上海市乃至全国都是一大创举。学校一开始提议，这个奖可以叫作"杨福家爱国奖学金"，但是杨福家婉言拒绝用他的名字来命名。最终，这个奖学金的名字确定为"爱国奖"，每学年颁发。这充分体现出老学长热爱母校、不图私利的高尚情操。

像吴学谦、杨福家这样始终关心帮助格致中学发展的校友还有很多，正是他们不忘母校，支持母校的发展，才使得格致中学这一棵百年老树在经历了145年的风风雨雨后依然焕发新春。

三、学校一期改扩建工程提上日程并启动

自1958年学校被上海市政府首批命名为市重点中学以来，格致中学一直是当时全市26所市重点中学中校舍面积最小、设施相对较老的学校。全校占地面积仅10亩左右，实验室仅有基础的设施，老化程度十分严重，学校教学楼也比较老旧。1990年时任上海市市长的朱镕基带领市委领导与黄浦区区委领导来到格致中学参观指导，高润华校长陪同。在参观完当时还只有一小间的校史室后，市委、区委领导召开了座谈会。朱镕基市长指出，格致中学是上海中外合作办学最早的学校，拥有"爱国、科学"的优良传统。他还亲切地说道："一流的学校需要一流的教育。格致中学用三流的校舍、二流的设备，培养出了一流的人才。"这是对于格致中学办学水平的高度肯定。在场的市委、区委领导纷纷发言讲话，一方面肯定了格致中学的办学理念与办学成果；另一方面也对如何解决格致中学校舍、设备的问题积极建言献策。

其实格致中学校舍狭小、设备老旧的问题在1980年代全面恢复教学后已逐渐凸显。区委也几次想帮助学校进行改建，甚至想要在老教学楼上增加1层，以缓解空间狭小的问题，但由于当时的技术条件有限，均未能实施。如今在市委的指示下，格致中学的改扩建计划被提上日程。经过1996年第一期改扩建、2004年第二期改扩建之后，格致中学的校舍面积从最初的不足10亩地变身为4条街道环绕的"格致城"。

第四章

加强教师队伍建设

格致中学是上海校舍面积最小的市重点中学,"螺蛳壳里做道场,硬件不行软件补",便成为学校领导和教师的共识。学校加强教师队伍建设,争取并达到了教育教学的高质量。

20世纪80年代,学校适应教育体制改革,师资队伍得到调整充实,基本形成了一支学历合格、相对稳定的教师队伍。1986—1997年,学校两届党政领导班子根据全国和上海教育发展形势,分别于1986年和1994年提出了两个五年教师队伍建设目标。学校以规范教师培养制度和创新教师培养机制为抓手,以教育科研为驱动,促进教师梯队建设和专业成长。在特级教师的引领和辐射带动下,骨干教师迅速成长、独当一面,青年教师勤奋积累、脱颖而出。学校各科教师普遍重视教学、育人、科研三线并进,形成了职称、年龄结构合理,教育科研能力突出的教师梯队,保障了学校三轮办学规划的顺利实施。

一、调整充实师资队伍

1978年,学校共有32个班级,任课教师80余名,教师队伍存在学历层次参差不齐的状况,特别是20世纪60年代和"文革"期间引进的

一批教师学历不达标。为此,学校党支部首先抓教师的思想工作,动员教师克服家庭事务困难,鼓励教师自学和业余进修,在提高业务水平的同时保障学校教学工作规范有序。学校还开展校级层面的自主进修。一方面,通过"一帮一""老带新"的师徒结对,共同研究教材教法,指导青年教师成长,仅1978年就有13对师徒结对。另一方面,学校针对青年教师理论基础薄弱的情况,专门组织老教师举办专题讲座,物理教研组开设"普通物理学"讲座,语文教研组开设"古汉语"讲座。经过较系统的学习,青年教师的业务水平得到不同程度的提高,课堂教学中曾一度存在的"现炒现卖"现象基本消散。学校鼓励教研组共同探讨教材和教法,发挥集体智慧,进行教学研究,以备课组为单位进行集体磨课和公开教学展示。如执教79届学生开设的公开教学课"一元二次方程解应用题",由数学教研组新老教师集体讨论,再由79届备课组的3位老师轮流上课。经过3次上课、3次磨课、3份教案,形成教研组共享的较为完善的教学设计方案。这样一套以老带新、能者为师,促进教研组和备课组开展常态化教研活动的教学管理方法,凝聚新老教师之合力,使教研组团结融洽,对提升师资水平和教学质量大有帮助。1978届学生成绩优良率同比增加18%,不及格率减少20%。1978年2月16日《文汇报》曾以《自力更生抓好教师在职进修》为题,专题报道上海市格致中学组织教师进修的实践做法,从一个侧面印证了当时学校教师在职进修工作行之有效。

学校把握改革发展大势,借助于体制改革,抓住师资调整和充实的时机。1982年起,学校试行管理体制改革,扩大办学自主权,握好用人权,实行教师聘任制和考核制,依据"双向选择,差额聘任"的原则,根据编制标准核定教师编制,从思想政治表现、工作态度、业务能力和工作效果、文化程度等几个方面,对教师进行排摸、筛选和考核。从外校选调成熟教师和优秀教师,加强学校师资队伍。毕业于北京大学数学专业的陈绍实老师、毕业于北京师院地理系的向学禹老师于1978年调入学校,实现教师的合理流动。对于学历不达标但有培养前途的教师,学校为了让他们尽快达到合格的要求,制订和实施了学历进修计划。一些20世纪60年代引进的高中毕业生,文化基础较好,经过长期带教、自学、培训和学历进修,不仅胜任教育教学工作,而且成为学校的业务骨干,特别优秀者被选任为教研组长和学校中层干部。因病休无缘高考的20世纪60届高中毕业生孙兆桂,1960年从教后经过老教师的帮助指导和个人静心沉潜,不仅能胜任高中数学教学,还逐步形成了自己的教学特色。1982年,孙兆桂在上海电视大学完成大专学历进修,1984年被选聘为学校教导处副主任,1991年被任命为主管教学的副校长,1996年被评为特级教师。物理教师顾国富坚持参加上海教育学院物理专业学习,完成本科学历进修,后担任物理教研组长。

据不完全统计,20世纪80年代中期学校教师数量基本维持在80余名。1982—1987年,约30位教师完成学历进修,其中在1985年前完成学历进修的教师达到21人,占完成学历进修总人数的70%。换言之,当全国和上海在1985年之后全面开展学历"补偿"时,学校已经借助于体制改革的先行优势,帮助大部分教师完成了学历进修任务。比如,1984年开始体制改革后,学校在编制核定的条件下,于1984年下半年一次性选送5位有培养前途的教师脱产进入大学进行知识更新和学历进修。[①]1986—1987年,近10名教师进修学历。1990年,教师学历进修已进入零星扫尾阶段。同时,随着1978年恢复高考和1980年恢复师范院校毕业生分配制度,1982—1988年,一批高等师范毕业生相继分配到学校,充实教师队伍。由此,学校教师队伍的学历达标率和知识基础均实现大幅度提升。

总之,通过教师的合理流动、学历进修,学校师资队伍建设的起点有效提高,基本形成一支学历合格、相对稳定的教师队伍,为1986年后的两个五年教师队伍建设目标和教学改革提供了坚实基础。[②]

---

① 上海市格致中学行政《1986年申请管理体制改革报告》,格致中学档案馆,1/6/1,WS-38-165。

② 从中华人民共和国成立初期,经20世纪60年代、"文革",到20世纪80年代,这四个历史时期,时间跨度较大,这期间教师的入职学历和进修学历的统计数据资料遗失或统计不连贯、不完全兼而有之。本文所采用的数据主要依据上海市格致中学人事《1953—1972年格致教师名册》,格致中学档案馆,WS-2-7;上海市格致中学行政《1985年行政会议记录》,格致中学档案馆,1/8/10,WS-27-107;上海市格致中学校长室《1996年度高级专技人员和中级专技人员花名册》,格致中学档案馆,97-43。通过档案文献管窥蠡测,基本反映出格致中学20世纪80年代教师流动、聘任、进修、招录的情况。

二、分层培养的师资梯队

1986年,在学历进修目标基本达成后,学校在"七五"开局之年,率先制定《格致中学1986—1990教育改革总体设想》,明确提出5年内建成一支骨干教师为主、梯队合理的教师队伍建设目标,作为五年规划办学思想、办学目标、教学改革、育人目标的根本依托。进入20世纪90年代,为贯彻《中国教育改革和发展纲要》的精神和全国教育工作会议提出的办好实验性、示范性学校的要求,学校于1994年制订了新一轮五年规划,明确提出年龄结构合理、师德修养好、业务能力强、风格鲜明、适应教育发展形势,在全市甚至全国都有影响的高质量优秀队伍,作为新五年规划"135接轨工程"发展目标的根本保障。①

(一) 特级教师引领教学

1978年,上海评选出首批17名特级教师。1980年,第二批评选出36位特级教师。格致中学的数学教师刘永贞、语文教师高润华名列其中,镌刻进上海市的教育历史。20世纪80年代初,格致中学已经拥有两位特级教师的宝贵师资财富,在当时上海1000多所中小学中尚属鲜见。由此,格致中学的教师队伍整体素质可见一斑。

刘永贞从上海大同大学数学系毕业后走进了人民教师的行列,据文献记载和师生回忆,刘永贞老师的特长是"代数",特别注重基本概念的剖析,20世纪60年代率先突破当时主流的讲授法的束缚,运用师生对话和师生互动的教学方式,教学效果显著。1956年起,刘老师担任学校数学教研组组长达26年之久。据同辈和后辈教师回忆,刘永贞老师具备淡泊而不失热忱的德性与资质高深而不失灵动的学养,学校摸索出一套"师徒结对""组内教研"的治理教研组经验。刘永贞老师悉心安排骨干教师与青年教师结对,以"传帮带"的方式培养新生力量,获得了数学组"老母鸡"的美誉,数学组的师徒结对经验经过总结提升为

---

① 上海市格致中学行政《格致中学1986—1990教育改革总体设想》,格致中学档案馆,1/6/17, WS-25-102;上海市格致中学行政《格致中学五年规划》,格致中学档案馆,94-10。

校级的带教制度；此外，刘永贞老师大力提倡组内老师集体上同一课时，各写教案，轮转上课，取长补短，实则是20世纪90年代后大为兴盛的"同课异构"。在刘永贞老师的带领下，格致中学数学组钻研之风渐盛，全组教师形成合力，卓有成效地提升了教学品质，并成长为具有优良传统的市劳模先进组。格致数学竞赛从50年代的"2、3、8"走向新辉煌，格致学生在各届高考和数学竞赛中成为生气勃勃的常胜军。

高润华1983年被聘任为校长，主政格致长达十年，她的名字与格致教育血脉相连。她获得了几乎所有教育管理的荣誉称号，先后担任三届全国人大代表，为教育界所推崇。同时，高润华校长的另一个身份是语文教师，1958年入校执教语文，教龄长达半个世纪。她的一生坚守语文教学的三尺讲台，为格致师生所尊崇，更为自己所珍视。

20世纪60年代初，高润华老师经上海市教委教研室的吕型伟专家发掘，作为语文教学新星，开设市区级的公开课，发表教学论文，被推上语文教学示范"文道统一，以文为丰"思想主张的教育科研第一线，并初步形成"精雕细刻"的教学特色。80年代以来，历经20年教学磨砺，高润华老师"精雕细刻"的教学特色正臻于成熟，"文道统一"的教学思想更恰逢其时，大放光彩，其教学特色遂成为享誉全国的语文教育的重要流派。教学、管理工作之外，高润华笔耕不辍，从60年代开始，先后发表高质量的教学论文数十篇，直至2005年，年逾古稀的高润华仍有文章发表。"特级教师"称号是对高润华老师"精雕细刻"的教学特色的一种赞誉，更是对高润华老师对上海市乃至全国的中学语文教育引领和辐射作用的一种嘉奖。

1995年高润华老师担任格致中学名誉校长，退而不休，竭尽余力带教格致青年教师，常常受邀为格致教师开设的市区级公开课任评课专家，继续站在教育改革最前沿。可以说，在近60年的教学生涯中，高润华老师一生坚毅热忱，从未放松个人专业发展，从不放弃教学改革一线，这在上海乃至全国教育界都属罕见，堪称是一株教育教学的常青树。

20世纪90年代，特级教师的评选进入常态化的新阶段，更注重教师的学术水准和示范引领作用。上海市第四、五、六批特级教师评选，数学教师刘汉标、语文教师钱伟康、地理教师向学禹、数学教师孙兆桂相继进入特级教师行列。截至1997年，格致中学的教师队伍拥有6位

特级教师,在当时上海的1000多所中小学中出类拔萃。

刘汉标老师和孙兆桂老师是数学组的绝妙双璧,一生与格致结缘,人生历程的光亮焦点,尽是以格致中学为坐标。二人同为格致中学1957届高中毕业生,二人都因病休,一位无缘高考,另一位肄业于复旦大学数学系,后均受到老教师垂青推举,于20世纪60年代初同期进入格致中学。通过老教师的帮助指导和个人的静心沉潜,两位老师迅速完成了从青年教师到成熟教师的成长蜕变,逐步形成了自己的教学特色,双双通过1986年首届高级职称评审。

刘汉标老师,为学时,他是同学眼中的数学神童;为师时,他是学生眼中任何数学难题都难不倒的"老法师"。20世纪80年代后期,刘汉标老师长期担任数学教研组组长,并全面负责数学组的第二课堂教学活动,尤其善于引导拔尖学生发展数学才能。刘汉标老师以其出色的才学,质朴无华、洒脱浑厚的个性,与学生的友好关系,"一题多变"和"一题多解"教学特色享誉历届学生,学生亲切地称他为"老标先生"。刘汉标老师擅长几何,因其尤喜用"四点共圆"定律解几何题,在学生中又有一个雅号:"四点共圆"。刘老师在80年代初发表并参与编写了一系列教学研究文章和著述,凸显出中学优秀数学教师的学术引领性。

孙兆桂老师擅长教"三角",在20世纪80年代率先实践学法指导,教学容量大却不失细腻,既注意思维过程的剖析,又重视证明和演算的完整,努力用学生易懂的语言来讲解数学,"讲透概念,反复练习;指拨难点,要言不烦"的教学特色与他静思默想不善言谈的个性正相契合,在格致广大师生中小有口碑。

钱伟康老师在20世纪60年代初大学毕业进入格致,先后受教于出身名门、底蕴深厚的翁璇庆老师和教学水平精湛、富有魅力的陈彩云老师,根据自身特点博采众长,80年代初成长为骨干教师。钱老师的粉笔挥就的板书书法优美、气质洒脱,有很强的感染力。学生私下以雅号"仙人"称之,与其学者风范十分契合。同时,钱伟康老师善于反思教学,认为"长文快教"存在形式主义的弊端,率先组内倡导"长文短教"的教学实践,并发表相关教学论文。钱伟康老师长期深入研究高考语文复习备考和命题评价,在上海市中学语文教育界颇具影响力,多次受邀于上海教育电视台做高考复习辅导的电视讲座,并多次参加全国普通高等学校招生统一考试上海卷和成人卷等重大考试的命题工作,起到显著的教学引领效应。

　　向学禹老师1978年调入格致中学任教后,积极探索地理教学改革,尤为注重兴趣引导和培养学生解决地理问题的方法,挑战20世纪80年代盛行的应试教育,率先实践90年代后期才进入公众视野的素质教育。向学禹老师经常组织学生开展课堂讨论,每月出一次地理墙报,发给学生每人一本地理手册,引导他们自己动手制作立体地形图等地理小制作;同时,向学禹老师改革了考试评价,逐步减少甚至取消小测验,创新期中期末考试形式。1983年的市级公开课"自然带"让向学禹在上海市的中学地理教学领域崭露头角,此后他每个学期都要进行公开教学,多年来撰写了大量的教学科研论文,在多种刊物上发表,多次荣获全国、市、区优秀论文奖。同时,向老师刚直的性情转化为旺盛的创造激情,80年代初他先后倡议成立格致天文小组、气象小组、地质小组,辅导学生开展天文、气象、地质等课外活动,指导学生在历届全国和上海市的气象、天文竞赛中多次获得各级各类奖项,带领天文小组的学生在全国各地甚至走出国门观测重要天象达数十次,经主流媒体报道而为公众关注和热议,格致的地理教学和第二课堂面貌为之一新。现今,当年格致学生制作的地理墙报、试卷、小制作、100多万个气象数据,5000多份图表,1万多张天气图,数百张天文小组的活动和重要天象的照片,或珍藏在向老师的办公室,或展示在格致地理专用教室,还原了当年格致地理教学和第二课堂的真实风貌,无不令观者震撼而心生敬意。

　　20世纪90年代被评为特级教师的4位老师,均为40年代生人,80年代成为骨干教师时年富力强,能力出众,敢于打破传统率先实践素质教育。90年代后,他们年岁增长,积淀更为深厚,教学与科研并重,当时格致中学特级教师的课每周定期向全区开放,欢迎区内教师来校听课,交流,签约跨校带教外校青年教师。1997年特级教师高润华、孙兆桂被聘任为黄浦区青年骨干教师研修班导师团顾问和导师,体现了格致中学特级教师在市、区教育教学中的引领和辐射作用。进入21世纪,几位老师均届退休,钱伟康和向学禹两位特级教师仍接受

黄浦区的新任务,组建了以他们名字命名的教育教学工作研究室。

(二) 培育骨干教师成长

1978年改革开放之初,饱受十年动乱严重破坏的学校经历拨乱反正,格致传统正本清源,教育秩序迅速恢复,步入正轨,学校骨干教师队伍浴火重生。"文革"前分配到学校的一批大学毕业生,如1960年毕业于上海师范学院中文系的马虹莺,1962年毕业于华东师范大学中

图 3-4-1　刘永贞老师(右二)、陈绍实老师(右一)

图 3-4-2　何炳基老师(右二)、姜秀娥老师(右一)、
　　　　　孙晓峰老师(左一)

文系的陈天水，1963年毕业于上海师范学院中文系的钱伟康、物理系的姜秀娥和孙晓峰，1963年毕业于复旦大学数学系的朱云清，1963年毕业于上海体育学院球类专业的陈孝栋，1963年毕业于上海外语学院外语系的林立勋，1963年毕业于上海音乐学院音乐系的徐翔舟；或1978年调入格致中学的大学毕业生，如1965年毕业于北京师范学院地理系的向学禹、1967年毕业于北京大学数学系的陈绍实，这批教师大多在"文革"前作为青年教师完成三年学科教学小循环。"文革"期间，他们断断续续教学，经受历练，到了改革开放之初的1978年，已是40岁上下的中青年骨干，教学臻于成熟，精力充沛，富有干劲，为了挽回十年浩劫的损失，他们都全力以赴搞好教学工作。学校作为重点中学面向全区招生，1978年招录并开设两个理科班。当时这批教师被委以重任，姜秀娥担任理科班班主任兼物理教师；孙晓峰20世纪80年代长期担任"物理教研"组组长，担任班主任工作长达25年，他的工作特点是较少发表冗长的训斥性班主任演说，注重对学生动之以情、晓之以理，循循善诱寓教育与潜移默化之中，深受学生敬爱。姜秀娥和孙晓峰分别于1981年和1985年获上海市先进教育工作者的荣誉表彰。

20世纪80年代初，学校明确提出"三全、三特、三出"的办学思想。学校通过选任合适的教研组长和备课组长让一批教有所长的骨干教师得到历练，迅速成长。1983年，学校通过了对骨干教师认定标准的讨论，除了思想政治素质，主要的考量标准还包括业务水平、教育科研能力和组织能力。经过民主协商和反复酝酿，各组经过投票民主选举产生教研组长和年级组长，朱廷玫、张志斌、刘福朝、马虹莺、沈咸勋等

图3-4-3 马虹莺老师

骨干教师长期担任初中年级的班主任和年级组长,袁美云、张许萍、秦宗武、马虹莺等骨干教师担任高中部年级组长,陈天水担任语文教研组组长,刘渝瑛担任数学教研组组长、林立勋担任外语教研组组长,孙晓峰担任物理教研组组长,尤少和担任政音美教研组组长,陈燕敏担任化学教研组组长,向学禹担任史地教研组组长,张强华担任生物教研组组长,陈孝栋担任体育教研组组长。此次改选,使组长的平均年龄逐步下降,一批年轻的骨干教师走上教研组长的岗位,接受锤炼。教研组内,规定教研组长是组内骨干教师的导师,有责任创设条件促进组内教师成长。其次,在校级层面设置学科教学、班主任、教科研等讲座培训,教科研论文评比、百花奖等助推骨干教师成长,鼓励骨干教师参加区级、市级教学比赛,选送骨干教师参加市、区骨干教师培训班。

图 3-4-4　张志斌老师

图 3-4-5　陈燕敏老师

图 3-4-6　张强华老师

图 3-4-7　秦宗武老师(右一)指导学生做物理实验

图 3-4-8　袁美云老师（左）与学生合影

图 3-4-9　陈天水老师正在创作书法

图 3-4-10　学生为朱廷玫老师（左）献花

图 3-4-11　孙兆桂老师（右）与林立勋老师

图 3-4-12　尤少和老师

图 3-4-13　夏云川老师

在1987年首届中学教师职称评审中，学校共有14位教师被评为中学高级教师，分别是何炳基、钱伟康、虞咸康、陈天水、高润华、孙兆桂、刘汉标、皮忍安、向学禹、夏云川、周文川、潘为南、张诗祖、朱云清。在1988年第二届中学教师职称评审中，学校共有17位教师被评为中

学高级教师,分别是姜秀娥、赵全兴、张振文、潘秀珍、孙晓峰、赵启中、沈嘉东、陈绍实、尤少和、林立勋、陈孝栋、陈剑秋、马虹莺、张许萍、陈彩云、刘永贞、张强华、宋惠芳。至1988年,学校具有高级职称的教师占教师队伍总数的35%以上。

1984年聘任姜秀娥、傅锦疆为副校长(20世纪90年代后,傅锦疆任东格致中学校长,姜秀娥升任学校校长)。1984年,孙兆桂被选任为教导处副主任,1986年钱伟康被选任为教导处主任。学校平均每学年受到各级各类个人或集体表彰达15余次,获得荣誉和表彰的对象基本以这批骨干教师为主。20世纪80年代,学校的教育质量享誉沪上,尤其是理科见长的教学特色得以彰显,办学成果丰硕,这都表明这一时期的骨干教师培育卓有成效。

1990年,上海在全国首创并正式实行《上海市中小学教师进修规定》,形成教师继续教育制度,将教师职务培训纳入教师进修计划,增加可实现学历提升的高一层次学历培训,率先开设以中学教师为主要对象的研究生课程班。1991—1995年,学校已有85位教师完成了"540"或"240"岗位职务培训。至1995年,已有5名骨干教师完成研究生课程,1996年新增4位骨干教师参加研究生课程班学习。[①]

1997年,陈维芬、伊燕龄、沈咸勋、杨永武担任初中部年级组长,何平、马莹、顾天立、叶瑛、刘国祥、孙晔担任高中部年级组长,张正康、顾天立担任语文教研组长,皮忍安、李世廷担任数学教研组长,张秀霞、郑爱群担任外语教研组长,何平担任政治教研组长,顾国富担任物理教研组长,张万里、吴佩娣、张志斌、金国强分别担任化学、生物、地理、历史教研组组长,虞咸康、徐翔舟、姚畅担任体育、艺术、劳技教研组长。其中,杨永武、叶瑛、孙晔、李世廷等青年骨干教师开始肩挑重担。

1993—1997年,学校教职员工中有92人次获全国、市、区各类荣誉称号,班组先后20次被评为市、区先进班组。高润华被评为全国劳模,皮忍安、向学禹被评为上海市劳模,姜秀娥被评为全国优秀教师,

---

① 中学合格教师都必须参加教师职务培训,学校、区(县)和市形成三级培训网络,以5年为一轮。被评为中学高级教师者,5年中参加进修培训不少于540学时,并取得54学分;其他教师5年中参加进修培训240学时,并取得24学分。培训内容主要为教师职业道德、教育政策与法规、课程教材改革的理论与实践。

数学组被评为上海市劳模集体,陈天水、孙晓峰、孙兆桂、林立勋被评为区学科带头人,傅锦疆被评为上海市优秀校长,杨永武、沈咸勋获得金爱心一等奖。这一时期,获市级及以上表彰的基本以中年骨干教师为主,同时,青年骨干教师也开始进入表彰名单。

(三) 关注青年教师的培养

一般来说,教师队伍的年龄结构,一分为三,作老、中、青计。总体结构以各占 1/3 左右为合理,小学可略偏青,高中略偏老。20 世纪 80 和 90 年代,学校出现了退休高峰和入学高峰叠加的情况,同期,一批批大学毕业生陆续分配进入学校。师资队伍中,青年教师所占比例从 80 年代的约 30% 上升到 90 年代后期的 40%。80 年代,学校基本形成了青年教师培养制度,90 年代后期,逐步完善创新培养机制,给青年教师丰厚的成长土壤,取得显著成效,为两个五年规划的实施提供了保障,也为世纪之交建设实验性示范性学校储备了后备力量。

1. 20 世纪 80 年代的格致中学青年教师培养

20 世纪 80 年代中后期,全国中小学普遍出现两个高峰:学生入学高峰和教师退休高峰。老教师一批批退休,青年教师一批批补充进来,这是难以逆转的自然规律。20 世纪 80 年代初,学校教师队伍的规模保持在 80 余人,到 20 世纪 80 年代末基本保持在 100 余人。20 世纪 50 年代末进校的老教师中,尚未退休的只剩下两三位,20 世纪 60 年代进校的骨干教师有二三十位,20 世纪 80 年代恢复高考、师范院校毕业生实行分配制度后,一批批高等师范本科毕业生相继分配入校。

学校积累了一系列"老母鸡孵小鸡"式的带教经验,20 世纪 80 年代初逐步规范化、制度化,形成"四心培育"、双带教制度和二级培训制度,取得显著成效。

学校将牢固的专业思想视为青年教师成长的最根本因素,从青年教师来校报到的第一天起,就紧抓思想教育,请资深教师现身说法,请入职两三年的青年教师谈成长体会,对青年教师既热情又严格地提要求。具体而言,学校引导青年教师具备"四心",即"安心、虚心、专心、爱心"。只有安心于平凡而光荣的岗位,才能专心致志地在教育教学工作中刻苦钻研,才能虚心地向资深教师求教,虚心地与其他青年

师一道互补长短,共同提高,才能对学生倾注爱心,教学相长,才能成为一名合格的教师。培育青年教师"安心",主要通过"两年坐班制"实现。同时,党支部举办政治讲习班,帮助青年教师提高对时代的责任感和使命感,联同教工团支部,帮助青年教师开展形式多样的活动以促进全体团员教师进一步提高思想认识。通过教育活动,不少青年教师安心教学,潜心钻研,逐渐对学生、教学工作和教育事业产生了浓烈的大爱之情。

教师以教书育人为职责,既要教书,更要育人。一个善于做班主任工作的教师,往往善于教书,而缺乏班主任工作能力的教师,难以取得教学的真正成功。基于以上认识,学校对青年教师的培养,从学科教学和班主任工作两方面提高,建立"教导处—教研组"的二级培训制度和"学科教学—班主任"的双带教制度。

"教导处—教研组"的二级培训在试行完善之后,走向制度化和规范化。首先,由教导处负责对青年教师进行校级层面的共性培训。针对1年教龄的职初教师进行为期1年的规范化培训,侧重于教案体例、课堂流程、学校传统、学校制度等基本内容。针对入职两年以上的青年教师进行为期3年的提高性培训,侧重课堂教学的表述能力、组织能力、应变能力等培训内容,明确培训的目标和考核要求。其次,将培训基地落实到各教研组内,要求根据各学科教研组对青年教师进行具体的"传帮带",传承"老带青"的传统,教研组长和骨干教师都是青年教师的导师,都有义务和责任帮助青年教师提高教学能力。

"学科教学—班主任"的双带教制度,分别由教导处和德育处牵头,组织青年教师向资深教师和班龄较长的班主任"拜师结对"。带教导师需持续开展手把手式指导,同时在教研组内"选苗子,结对子,压担子,让位子,结果子",促进教研组的可持续发展。

学科带教由教导处牵头,安排青年教师与同一学科教研组中承担相同年级教学任务的骨干教师"师徒结对",教导处备案,并实行"一年一结对"的滚动结对方式,让青年教师有机会向具有不同教学特色的骨干教师学习,博采众长。对于学科带教的具体要求包括:在教学进度上,师傅领先一步上课,节节在前,徒弟先听后教。在一般情况下,一个学期,徒弟必须听完带教师傅的所有课程,带教师傅至少听徒弟

12节左右的课,并在课前备课时加以指导,课后及时进行评课。凡遇公开课和教学比赛,师傅要全程把控备课、试讲、磨课的节奏,尽力帮助青年教师开课成功,比赛得奖。学期结束,徒弟撰写固定格式的小结,师傅进行必要的评估和鉴定,放入两者的业务档案存档,为将来的教师职务评审积累资料。这样,不仅调动了带教教师的积极性,而且对青年教师业务提高起到积极的推动作用。

此外,学校还将特级教师、原数学教研组组长刘永贞,原语文教研组组长陈彩云请回来带教青年教师。在近10年时间里,她们栉风沐雨、寒暑不侵,十年如一日地坚持天天到校帮助语文、数学两个学科大组培养青年教师,帮助青年教师备课、修改教案、听课、评课,还亲自上课示范,深深感染了同组的其他教师。1996年,格致中学曾为刘永贞老师八十寿诞举办盛大的祝寿仪式,之后还为陈德隆、陈彩云、刘永贞等3位老顾问举行欢送会。

这样,青年教师走上教学岗位后,一般都能在较短时间内适应教学工作,部分青年教师在带教师傅的精心培育下,通过自身刻苦努力脱颖而出,进入青年骨干教师行列。1988年,黄浦区开展语、数、外三科青年教师教学大奖赛,学校共有7位青年教师参赛,4人获一等奖,2人获二等奖,青年教师在区级层面崭露头角。

班主任带教由政教处牵头,组织青年教师与班龄较长的班主任"师徒结对"。学校有计划地把刚入职的青年教师分批推上班主任工作的第一线。新教师入职后要先做一年见习班主任,有的新教师在班主任带教老师的指导下,马上顶岗接班,在实践中锻炼。1982年后进入学校工作的应届大学毕业生中,有11人长期担任班主任,占学校班主任队伍的14%。在这11名班主任中,有2人分别获得市优秀青年教师和市园丁奖荣誉称号,6人获区园丁奖,3人获校园丁奖。其中,1986年从上海师范大学毕业进校的孙晔老师所带教的初三班级于1990年被评为市三好先进集体,她本人获市优秀青年教师称号。

蔡蓉老师初踏三尺讲台,雏燕翅嫩,照本宣科,普通话清雅但课堂平淡。学校安排师徒结对后,师傅高润华向她伸出友谊之手,随堂听课。冬去春来,春华秋实,蔡蓉的教学特点逐步与高润华老师"教学严谨,精雕细刻"的语文教学风格相融合。蔡蓉的教学设计精雕细刻,尤

其擅长从学生的兴趣出发。执教传统文化名篇《苏州园林》时，蔡蓉先带领学生到豫园游历玲珑的山亭楼台、弯曲的回廊曲桥，再以幻灯机放映苏州园林幻灯片，园林的映像变幻为学生准确的语言表述。教学之余，蔡蓉沉浸在作文、练笔、周记等6沓高高的作业本堆里，精批细改学生的习作，同时深入开展课外阅读，加强专业积累。她在黄浦区青年教师大奖赛中两次摘得一等奖桂冠。1992年，蔡蓉参加上海市青年教师教学大奖赛，师傅高润华全程指导，与其共同备课、听课、评课、磨课。蔡蓉执教的参赛课文是朱自清的散文名篇《春》，教学过程以盼春、绘春、赞春为主线，将学生引入春季万物复苏、群芳争艳、蜂飞蝶舞的美好意境，终获大赛一等奖。后相继获得区新长征突击手、市三八红旗手、市优秀青年班主任等光荣称号。①

图 3-4-14　蔡蓉老师

孙晔和蔡青先拜刘永贞、李世廷为师，后拜刘汉标、魏宗道、陈绍实、顾鸿达、孙兆桂等老师为师。她们在3年时间里，观摩不同地区、不同年级的数学课达600多节，吸收、融合了多位老教师的教学经验，逐步形成自己的教学风格。从1987年至1992年，学校先后培训青年教师25人次，每学期纳入带教制度的师徒从开始时的8对，发展到1992年的12对。通过培训，青年教师一般都能在短时间内适应教学工作，

---

①　本处文字部分参考《爬满青藤的楼宇　格致中学青年语文教师蔡蓉》，见1992年5月23日《文汇报》。

部分教师经过一轮提高性培训,已脱颖而出,进入骨干教师行列。1982年以后大学毕业分配进校的17名青年教师中,蔡蓉、杨燕、朱莹毅、孙晔、蔡青等5位青年教师在1993年之前被评为一级教师。其中,1983年毕业进校的蔡蓉于1996年被评为高级教师,同年被评为校级学科带头人。1997年,蔡蓉、孙晔、蔡青进入黄浦区青年骨干教师研修班学习。20世纪80年代初进校的青年教师经10年历练,在20世纪90年代初大都成为本学科的青年骨干教师,20世纪90年代后期相继走上中层领导岗位。蔡蓉1997年被选举为党支部副书记,后调任金陵中学校长,现任黄浦区教育党工委书记;孙晔调任敬业中学副校长;朱莹毅被选举为学校工会主席,后调任光明中学副校长;蔡青任学校教导主任。这批青年教师在学校的悉心培养下快速成长,在各自的岗位上都成为独当一面的栋梁之材。

20世纪90年代初,学校师资形成合理梯队,数学组五代同堂,语文组四代同堂。青年教师在格致文化的浸润下茁壮成长,逐步融入学校教师队伍,形成严谨务实的教风,传习和继承了老格致的优良传统。

2. 20世纪90年代的格致中学青年教师培养

20世纪90年代,学校先后引进了一批高等师范院校的应届本科毕业生充实教师队伍。1990年毕业于上海师范大学中文系的杨永武、英语系的马莹、化学系的陆静,1991年毕业于华东师范大学地理系的张宇阳,1991年毕业于上海师范大学数学系的姚勤,1991年毕业于上海教育学院政教系的姚卓匀,1992年毕业于华东师范大学数学系的羊光、物理系的钟浩、化学系的常途,大都在任教5年内被评为中学一级教师。

杨永武是学校1986届高中毕业生。回母校任教后,杨永武依然以当年的学生心态在业务上向老教师们求教,虚心向带教师傅马虹莺、高润华老师学习,力争在每一次听课中不断进取。学生时代在格致中学的时光,使杨永武谙熟学校传统,更加能够体悟、认同、践行"安心、虚心、专心、爱心"的八字箴言。他经常告诫自己:要做好一名教师,必须做到"二多一忌",即多为班级花费一点时间,多为学生投入一些情感,处理问题切忌立竿见影。杨永武在班主任工作中倾注了大量心血。他工作作风细致入微,对学生每一个表情后深藏的心理活动都了然于胸,处理学生问题游刃有余。他担任班主任、任教语文,班上有学

生外语、数学成绩不好,他就自己先去进修,然后再辅导学生。踏上班主任岗位仅3年,他带教的班级就被评为黄浦区先进集体。1994年,在"爱的教育"研究会和《上海教育报》主办的"金爱心教师"活动颁奖大会上,杨永武获得"优秀金爱心教师"荣誉。从此,杨永武一生与学生德育工作结缘,在学校德育处主任的岗位上工作长达20年,后常驻学校奉贤校区任分管德育的执行副校长。

1994年,学校根据教育形势发展和学校教师年龄结构出现的新特点,制订了五年发展规划。根据1996年的统计数据,学校师资队伍在年龄结构上出现了新的特点:在职的114位教师中,35岁以下教师47人,占教师总数的41.2%;45岁以下的教师9人,占教师总数的7.9%;45岁以上教师58人,占教师总数的50.9%。数据表明,作为中流砥柱的中年教师队伍相对单薄,而到2000年时,将有近30位教师退休,世纪之交将面临骨干教师严重不足的局面。

学校党政领导在认真分析教育形势、社会形势和学校师资现状的基础上,将青年教师的培养提升到学校发展规划的战略高度。当时,学校党政领导中心组专题研究讨论"加速培养适应素质教育要求的青年教师队伍",提出课题"适应一流教育的青年师资队伍建设模式的探索",以科研促管理。时任学校党支部副书记张志敏创新工作方法,首先在全体青年教师中进行了一次不记名的问卷调查。在职业期望与现状、师德与业务、培养与使用、常规与提高、留与流的关系等方面的调查结果显示,绝大多数青年教师能够安心教育工作,但是价值取向存在多元化,教师普遍对自身业务提高和发展前途有较大期望,但有部分人处于迷茫状态,找不到突破、提高的方法和路径。

基于问卷调查中反映出的青年教师思想状况及存在的问题,学校党政领导经过探讨,决定在继承学校20世纪80年代以来实施的青年教师培养制度的基础上,准确把握青年教师的思想脉搏,以党支部牵头加强青年教师思想政治意识和师德素养,制订《格致中学青年教师的培养目标和方案》,举办青年教师"希望之光"研修班,大胆启用一批青年教师担任中层干部,健全、创新学校管理体制和机制,加强青年教师培养工作的实效性和针对性,通过完善青年教师培养制度,助推青年教师成长。

另据问卷调查,学校79%的青年教师认为,报酬、职称、评优是体现自身价值的主要标志,体现了当时青年人个性化、多元化的价值取向。教师作为一种特殊的职业,必须拥有无私奉献的思想境界,才能肩负起教书育人的重任。青年教师唯有树立坚定的教育信仰才能抵御各种诱惑。学校在青年教师中大力倡导奉献精神,引导青年教师追求事业上的成功,做一个大气、正气的育人者,树立教书育人的师表形象。为此,学校党总支组织青年教师成立了"邓小平理论读书会"和党课学习小组,组织学习邓小平理论和党的基础知识,提升思考问题的基点和价值取向的平台,构筑理想信念的理论基础,帮助青年教师树立崇高的追求目标。读书会既学习政治理论,也学习教育理论,以精神激励和理论支撑,引导青年教师提高思想政治素质,全身心地投入教育。党总支还注意引导青年教师在政治上积极上进,为每位青年入党积极分子配备理想信念坚定、教书育人成绩突出、富有人格影响力的党员作为"政治导师",对青年入党积极分子进行一对一的帮助。这样,青年积极分子成熟很快,多名青年教师发展入党,青年党员的比例不断提升。学校依据青年教师的专业发展路径,针对教师发展的薄弱环节,从3个层面(1—2年为适应期,3—5年为成熟期,6—10年为提高期)、5个方面(师德素养、教学能力、德育能力、科研能力、学识水平)制订了培养方案,提出发展要求。青年教师依据培养目标和要求,制订个人发展规划,使不同专业发展水平的青年教师明确提升自身业务能力的具体方向。

学校积极创造条件,鼓励并全力支持青年教师提高学历层次。青年教师在完成学历提升后向学校提出申请,学校可全额承担学费。为此,学校还制订了一个特殊的培养计划。一方面,适当减轻参加学历进修者的工作量,助力其完成学业。另一方面,始终安排其在教学工作第一线,亲身参与学校的教学实践和教学改革,以教学实践推动理论学习、以理论知识指导教学实践,从而在各方面都能得到迅速提升。这个特殊的培养计划惠及多位申请学历提升的青年教师。历史教师邵清在华东师大完成3年研究生学习后迅速成长为骨干教师,1998年被评为全区最年轻的高级教师,先后担任学校德育处主任、党总支副书记,后调任大同中学,现任上海外国大学附属大境中学党支部书记、

副校长,2014年被评为历史特级教师。

1996年11月23日—1997年1月24日,学校举办了为期两个月的"希望之光"研修班,学校47位35岁以下青年教师全员参加。研修班邀请老一辈教育工作者于漪老师,以"为人师表,严于律己"为主题,做师德素养报告,教育青年教师安心教育,奉献爱心。邀请名誉校长高润华、特级教师向学禹以"学无止境,教无定法"为主题,做专题报告,激发青年教师的工作热情。邀请教科研专家以"善于总结,勇于创新"为主题,作专题培训。学员围绕"我是怎样当好班主任的"等主题分组讨论并集中交流,最后撰写研修小结。研修班结束后,配套的演讲比赛、板书比赛、命题比赛、教学大奖赛、主题班会大奖赛、自制多媒体课比赛、科研论文评比等活动一直延续到1997学年度。此次"希望之光"研修班及其配套活动,有效推动青年教师在敬业精神、业务能力、师德素养等方面得到全面提升。

图 3-4-15 学校为参加"希望之光"研修班的青年教师编印文集

1996年,学校提拔一批35岁以下的青年教师走上各级领导岗位和管理岗位。在校级领导中,35岁以下青年教师占20%;中层干部中,35岁以下青年教师占40%;年级组长中,35岁以下青年教师占67%;教研组长中,35岁以下青年教师占30%;班主任队伍中,35岁以下青年教师占70%。1996年,4位青年骨干教师走上中层领导岗位,朱莹毅任工会主席、教导处副主任,常途任教导处副主任,姚卓匀任政教处副主任,蔡蓉任党支部副书记。他们在各自的岗位上经受锻炼,不断成熟,逐步成为学校管理的生力军,后又调任到其他单位继续自己的教育事业。朱莹毅后调任光明中学副校长,常途后调任62中学副校长、储能中学党支部书记,姚卓匀调任黄浦区文化局副局长、市政府侨务办公室副主任、民盟市委秘书长,蔡蓉调任金陵中学校长、大同中学党支部书记、中共黄浦区教育党工委书记。

三、科研引领助推成长

学校提出"三出"的办学思想,即"不但要出人才,还要出经验,总结出高水平的教育教学管理经验的科研成果"。学校率先建立教育科研小组这一科研组织,确定由教导处分管。1986年,正式扩编扩建为中层处室——教育科研室,由分管校长负责,指导和管理教师的课题研究,参谋和策划学校课程改革和发展规划。同时,确立以科研促进学校的教学改革和教师的专业发展,这在当时的黄浦区乃至上海市尚属凤毛麟角。[①]

20世纪80年代,学校鼓励教师立足本校教育教学的实际问题,选择科研课题,务求实效,不装门面或搞形式。在实践中逐步明确"用教育科研指导教改,用教改促进教育科研"的思想,组织教育科研基础知识讲习班,组织全校教师学习教育科研的理论基础、基本概念、课题选择、调查方法、实践筛选法等问题,使教师初步了解教育科研的常识和方法,以理论作指导,开展目标清晰的实践研究。在实施中将教育科研课题下放到教研组,每学期由教研组长根据本组教研主题制定科研课题,开学两周之内上报教导处。提倡组内每位教师普遍参与,每人可选择一个章节或一篇课文作为科研实践课,由教研组统一安排,有计划地发动全组教师共同关注,认真讨论和评议,作为资料放入业务档案。学校充分发挥教育科研小组对全校教学改革的指导作用,对上一学期各教研组提出的课题进行全面普查,支持有价值的课题继续深入研究。语文组研究了"如何培养自学能力""语文教学中点划批注的运用""高中语文的长课短教的研究""作文中自改能力的培养"等课题。数学组开展了"数学教学中的读读议议""如何提前引进参数教学""培养预习能力探讨"等研究项目。每学年开展一次教学科研论文公开评选活动,用讨论会等形式发动全校教师参与、推荐和评议,请有关专家参加评定,对质量较高者给予一定奖励,并作为科研成果归入业务档案,作为晋级升职的依据。学校组织力量,进一步充实《格致教

---

① 潘国青:《上海市学校教育科研三十年发展与前瞻》,《上海教育科研》2012年第11期。

育》编委,把刊物办得生动活泼,内容丰富,充分反映学校教育科研成果,并通过各种途径总结其中的优秀经验或将部分论文向有关报刊推荐,拓展研究成果的辐射与影响。1984年,学校将开展教育科研纳入各教研组的工作计划中,并将科研能力作为教师考核的要求之一。1986年成立教育科研室后,学校举办了首届科研成果评选活动,9月10日举行首届教育科研论文授奖大会,评选出一等奖10篇、二等奖15篇、三等奖15篇,鼓励奖若干,获奖论文编印成《格致教育》专刊,作为第二届教师节的献礼。1986年,学校制订五年办学规划,目标成为全市一流重点中学。在"规划"中,专章论述教育科研的规划设想,从学校管理、教学工作、思想教育、体育卫生等方面初步确定了一些课题,并从课改试验和教改探索中选出带有普遍意义的课题加以研究,力图通过科研进一步提升师资队伍的整体水平。

图 3-4-16 《格致教育》与"区教育科学研究先进集体"奖状

随着学校教育科研活动逐步制度化、常态化,催生了一大批论述教育教学管理经验的高水平科研论文,为新形势下学校办学特色的传承与发展指明了方向。1984—1990年,学校连续选送8批教师参加黄浦区举办的教育科研基础知识学习班,学习课题选择、方案设计、研究方法、课题开展等知识。学校形成一支热心教育科研的骨干队伍,确立了一批校级、区级、市级科研课题,重点结合学校第二课堂教学实践特色,探索资优生的教学规律,并以此作为课题研究的重点方向。部分教师写出了有质量的论文,在市、区教育刊物上发表或在评比中获奖,如钱伟康和胡贵根老师合作的《我们是如何培养数学尖子的》获市教育科研三等奖。

得益于20世纪80年代学校对教育科研的先行探索,90年代教育科研成果全面开花,教育科研管理已形成基本的制度规范,科研成果在质与量上都有很大提高,从学校领导到一线教师都能深刻认同教科研是体现学校办学水准高低的重要标志,一支拥有较强科研意识和科研能力的骨干团队基本成型。学校研究教学问题的主要方法从原先的经验总结逐步发展为理论指导下的实验研究。研究视角从关注教育教学改进上升到教学方法整体设计与改革。研究重点从对课堂教学表面现象的剖析上升到对学生学习心理的分析、学生思维品质的培养以及教育教学的策略研究。物理组庄起黎老师完成的课题研究报告《中学物理思维引导课堂教学模式》(精缩本)经市级推荐参加在上海召开的华东地区物理教师研讨会第八届联合年会论文交流,并参加1997年上海市物理学会论文宣讲。这是该年会历史上首次宣讲中等教育方面的研究成果,该课题的阶段性研究成果先后在6种不同的教学期刊上发表,具有一定的影响力。

学校定期编印《格致中学教育教学管理文选》,每年进行一次教科研评比,评选范围涵盖教学录像、多媒体软件、自制教具与自编教材,250余篇论文被先后收录。参选的论文课题主要涉及素质教育思想转变、行动转变、方向转变、思维能力、自学能力培养、科学方法培养、表达能力培养、创造能力培养、实践能力培养及心理素质等方面。20世纪90年代,全校几乎所有教师都撰写科研论文或教学文章,教师在市级以上刊物发表的文章,在市广播电台播出的稿件,在市、区级论文评选中获奖的文章及教育软件共计193篇(件),编著书籍36册。学校还专门建立教育科研基金,支持学校教育科研工作,多名教师获市教科研先进个人称号。黄浦区第三届教育科研成果评选中,学校有4项成果获二等奖、5项成果获三等奖,1项成果还被推选参加上海市第三届教育科研成果评选,获三等奖。1994年,学校被评为黄浦区教育科研先进集体,1996年被命名为黄浦区教育科研基地。

第五章

办学成果丰硕

20世纪80年代,依据上海市教育局提出的"创建两个渠道并重的教学体系"要求,学校率先建立具有格致特色的"双轨同步"两个课堂的教学体系。90年代,伴随一期课改的逐步深入,学校形成必修课程、选修课程、活动课程3个板块的课程结构。第一课堂教学质量大面积丰收,第二课堂各类竞赛屡获优异成绩。学生德、智、体、美、劳全面发展,学校办学声誉卓著,升学率高位平稳,"理科见长"的教学特色充分彰显。

1984—1992年,学生在市级及以上各类竞赛中累计获奖1289人次,同期在区级竞赛中获奖共计1109人次。1994—1997年,学生在各级各类竞赛中获奖达2890人次,其中市级及以上竞赛获奖累计1599人次。6人次进入五大奥赛冬令营,1人进入国家集训队。获奖的学生中既有学科资优生,又有科技、劳技、体育、艺术等方面的佼佼者,学校办学取得了丰硕成果,为实现跨世纪建成上海一流中学和实验性、示范性中学的办学目标奠定坚实基础。

一、学业质量享誉沪上

改革开放之初,在党支部领导的校长责任制下,董孝闳书记、席炤庆校长率领的党政领导班子大力拨乱反正、正本清源,再续"格物致知"传统,使教育秩序得到迅速恢复。1978年,学校作为"文革"后恢复的重点中学,首次面向全区招生。1977年高考制度恢复,国家需要补充大量理工科人才。当时自学报考的学生普遍基础较为薄弱,学校在全区择优录取,招收两个二年制理科班,即1978年9月入校,1980年7月参加高考。校长席炤庆十分重视理科班的教学。学生报到当天即收

图 3-5-1　潘为南老师

图 3-5-2　陈彩云老师

图 3-5-3　朱云清老师

图 3-5-4　许宝盈老师（右二）带教林立勋老师（右一）

到学校从多方采购的 16 本市场上已售罄的《数理化学习丛书》。学校为理科班配备了强大的师资力量，皆为"文革"前分配到学校、知识基础扎实的大学毕业生，他们在"文革"前已经完成高中 3 年的教学循环。理科（1）班先由汤昌浩任班主任、后由傅恒奎接任，语文老师沈嘉东，数学老师朱云清，外语教师汪家骏。理科（2）班先由潘为南任班主任、后由姜秀娥接任，语文老师陈彩云，数学老师刘汉标，外语教师许宝盈，朱世芳兼任两个班级的化学老师。

理科班学生的目标十分明确,即全力以赴考大学。学校在教学楼入口的黑板上写着距离高考所剩的时间,同学们能时刻意识到时间的宝贵,进而珍惜学习的机会,有时连课间也不休息。班主任姜秀娥老师为学生的身体健康着想,在课间将同学们"赶"出教室进行体育锻炼。1980年高考,两个理科班中75%的同学都考入全国重点大学,完成了当时开设理科班的历史使命。后来学生回忆起当时那段紧张而有意义的时光,既为当时执着的学习精神而感怀不已,也为当时老师的谆谆教导和严谨教学而感恩于心。

20世纪80年代,学校提出"三全"的办学思想,即"坚持德、智、体、美、劳全面发展,课内课外全面安排,全体同学全面提高",把是否贯彻"三全"作为衡量和评估学校各项工作的要求与标准。作为一所市重点中学,学校对学生的培养目标是向高等学校输送优秀人才。高考带有选拔性质,难免会有学生落选,但是学校认为格致的学生都是择优录取的,学校理应对每一位学生全面负责,让他们都能符合高等学校的选拔标准。学校的"三全"办学理念得到了全体教师的认可,列入了学校五年发展规划。

20世纪80年代,学校建立第一课堂和第二课堂"双轨同步"的教学体系。在"第一课堂打基础"这一理念的指引下,学校要求教师关心每一位学生,根据学生差异,潜心研究学情,改革教学内容,落实因材施教。1982年,初中年级两个班级试用部编语文重点中学试点教材。在1985年初三毕业会考中,试用试点教材的两个班级的平均分比其他班级的平均分数高出7.5分。1984年,初一年级试用美籍华裔数学家项武义编写的数学教材。1983年,初中平面几何教学中试用徐方瞿编写的教材。1984年,初一年级开始加用《新概念英语》教材。稳步引进新教材教学试验,驱动教师进行教学改革,提高教学质量。1984年秋季,学校在初一年级进行教学改革综合试验,力图通过全局部署,根据各学科特点进行教学改革,以进一步提升课堂效率。校领导深入初一年级,与年级组长及全年级教师一起研究。各门学科都列出了研究课题,尤其是语、数、外三门学科立足45分钟的课堂教学时间,聚焦如何将基础知识和基本能力落实在每一节课、每一个教学环节,力争在课堂上完成消化、理解、记忆以及培养能力的任务。

全体教师的高度认同和共同努力结出了丰硕的成果。85、86、87届3届高中毕业生100%被高校录取,其中70%左右被部属重点高校录取。之后的几年里,大学录取率均在97%以上,在高中会考中,多数学科在全市名列前茅。初中毕业生中考成绩保持区内领先水平,75%以上的初中部毕业生进入高中部。20世纪80年代中后期,学校的高升学率引起社会的极大关注,《解放日报》《文汇报》等媒体先后对学校卓著的办学声誉做专题报道。

1991年9月,学校作为上海市9所重点中学之一,在高中部实施课改试验,第一课堂必修课的教学时间由45分钟1节改为40分钟1节。教学时间减少,教师们在教学中更加注意面向全体学生,贯彻"少精活"的原则:学时少,即不得随意加课;教学内容精,即精心备课,精心设计,精讲精练;教学方法活,即改变填鸭式的教学方法,充分调动学生的积极性,努力把基础知识和基本技能落到实处。1994年制订的五年发展规划要求在教学中实施"三还""三抓"计划,即把课余时间的支配权还给学生,把学习的主动权还给学生,把欢乐和愉快还给学生;抓教研组备课组建设、抓基础学科、抓教学质量管理。1995年9月,设备经费投入700余万元的教学大楼正式启用,学校配备了36个设备齐全的标准教室,6个实验中心,包括3个物理实验室、3个化学实验室、1个生物实验室、1个史地教室、1个电脑室、3个语音室及演播厅。学校按市级标准建设电脑室,配有110台486电脑和16台586电脑,并将其中的56台电脑组成局域网。600平方米的师生阅览室,藏书8万余册,订阅各类报纸、期刊260余种,实行开架阅览。由此,学校充分运用现有的教学设备和条件,提高教学质量,物理、生物实验课的开课率均超过教材规定,为初一、初二年级和高中3个年级学生开设计算机必修课,并加强学生英语听力练习。

二、理科见长,彰显办学特色

格致中学作为一所"百年名校",具有理科见长的办学特色。学校从20世纪50—60年代起,就一直坚持开展理科课外活动,在历届竞赛中均有斩获,特别是在1956年上海市第一届高中数学竞赛中,学生荣获第

二、三、八名的优异成绩,这既是格致学子在历次数学竞赛中夺得的最佳名次,同时也是激励格致后来师生奋发努力的追赶目标。

20世纪80年代,学校提出"第一课堂打基础,第二课堂出成绩"的办学思想。除了开设教学大纲中规定的必修课外,还开设选修课和课外活动,拓展学生知识,培养学生特长。选修课每周一次,每门课程都安排老师辅导,在市级以上课目竞赛前,允许各教研组适当增加辅导时间,帮助学生最后冲刺。在这些制度的保障下,学科特长生有了充分的成长空间,他们在理科竞赛尤其是数学竞赛中取得了突出的成绩。20世纪90年代后期,由于招生规模的扩大和生源状况的变化,初中阶段一些优秀生源流失。学校在理科资优生培养中虽遇到了不小困难,但仍努力传承和发扬理科见长的办学传统。1993年,学校开始试点开办高中理科班,建立优异生制度,对个别学有所长的优秀学生实行优才优育。1994年制订的五年发展规划要求在教学中实施"三落实"计划,落实"智优生"和"特长生"的发掘,配备导师,完善拓展型选修课,建立多级培养渠道,确定各项"特殊政策"和"特殊培养计划",每个年级都配备专职的辅导老师,同时聘请、引进市化学业余学校、市生物业余学校有专长的教师,或外聘计算机专家和数学、物理教授,每周定期为学科特长生进行辅导。

1983—1997年,学校连续10多年开设学科竞赛类选修课,培养出一大批有特长的优秀学生。据不完全统计,在市级、国家级和国际级各项竞赛中,格致学子荣获市级以上等级奖3000多人次、全国以上等级奖达600人次。数学、物理、化学、生物、计算机五大奥赛中获得一等奖的学生不断涌现,获奖人数总和在全市居于前列。数学学科在市级、国家级乃至国际性比赛中获奖逾1000人次,且持续获得较高的团体名次,获奖人数占各级各类市级以上竞赛获奖总数的1/3,为国家培养了大批栋梁之材。在物理竞赛中,已有近400名学生获市物理竞赛等第奖,每届都有1—3名学生获全国物理竞赛一等奖,已有6位学生进入冬令营,其中1人进入国家集训队,在先后举办的4届全国力学竞赛中,格致学子三度代表上海队参加全国决赛。还有1名学生进入全国化学奥赛冬令营。在长期的办学实践中,学校理科见长尤其是数学见长的教学特色和办学传统不断得到巩固,取得卓著的办学声誉和社会的高度认同。

在1978—1997年20年里，数学组作为学校规模最大的教研组，教师数量长年维持在20人以上，拥有3名特级教师和1名市劳模，高级教师比例占30%，获区先进团体7次、先进个人22人次，市先进团体3次、个人先进10人次。1995年，数学教研组被评为上海市劳模集体，1996年又作为全市唯一的中学教研组，获得全国第三届苏步青数学教育团体奖。

图3-5-5 数学教研组获上海市普教系统文明组室

图3-5-6 1996年数学教研组获得全国第三届苏步青数学教育团体奖

数学组在第一课堂内注重双基，发展思维，同时为发展学生特长，做到因材施教，教师教有所长，百花齐放，流派纷呈。如刘汉标老师善于采用一题多变、一题多解、多题一解等方法不断地变换练习的内容和形式，引导学生从不同的角度、用不同的方法思考问题，不仅为学生创造开阔的思维天地，而且让学生掌握问题的关键和知识的内在联系。陈绍实老师注重学生数学思想方法，用参数作为中间变量揭示变量之间的辩证关系，在高一下学期的解析几何教学中提前引入参数恰到好处，配合教材进行教法设计,并通过习题巩固和反馈;初学数学概念时,学生的思维处于启蒙状态,教师通过一些生动有趣而又能确切表示数学概念的模型,用照相机的三脚架作为模型,引入"不在同一直线上的三个点可以确定一个平面"的概念;又用自行车钢丝的旋转引入"旋转角"的概念;以多米诺骨牌引入"数学归纳法原理",让学生对概念有了直观而形象的认识,再经过从具体到抽象的思维过程,逐步理解有关概念的数学表达。有的教师采取"逐段搞清"的方法,使学生学习的每一步都取得成功。总之,不同的教学方法殊途同归,目的都是为了增强学生学好数学的兴趣和信心,让学生打下扎实的基础。1978年起,学科教学中全面恢复了20世纪50年代盛行的"每日一题"活动。"每日一题"与当天的课堂教学内容紧密结合,题目内容包含"韩信点兵""百鸡术""棋盘街问题""抽屉原则"等经典的数学问题、定理和概念。为培养数学特长生的思维能力,有时还试行让拔尖学生在老师的指导下出题,作为全班学生的作业。教师抽批部分学生的"每日一题",并在课内进行讲评。中学6年里,每个学生累计要完成"每日一题"1000道以上。"每日一题"的试题难度是对课堂教学内容的适度加深和适度拓展,试题的综合性、思考性、灵活性等方面都高于平时作业,起到"让学生跳一跳,就可摘下果子来"的效果,使学生特别是特长生的解题能力得到充分锻炼。

此外,学校长期坚持开展课外活动,层次分明,层层递进。第一层面组织数学爱好者协会,编印《数学爱好者》刊物,开设专题讲座、编辑数学小报等,开展普及性的数学教学活动。第二层面是数学课外小组,数量保持在10个左右,参加的学生达200多人,约占全校学生的1/4,开展的教学活动主要是竞赛辅导和训练。数学竞赛苗子往往就在这批数学爱好者中,教师经过调查、了解、观察,特别是通过数学选拔赛等方法,从初一开始挑选好苗子,经过长期培养,在初中竞赛中崭露头角,在高中竞赛中斩获大奖,涌现出李群、吴梓玮、张雯、董耀峰、茅征宇、邵正义、王磊、蔡浩等一批数学竞赛的佼佼者。第三层面是培养数学优异生,由骨干教师采取带研究生的方式对优秀学生进行重点辅导。

图 3-5-7 学校 20 世纪 80 年代内部编印的刊物《数学爱好者》

20世纪80年代以来,学校对部分数学资优生定期进行培训,组织学生参加每年少年宫、青年宫举办的青少年数学爱好者协会招生考试。每年一般都有四至五位初一学生,被少年宫数学爱好者协会录取,与其他重点中学人数持平。高一年级学生参加市青年宫数学爱好者协会考试时,往往有20名学生入选,入选人数要高出其他重点中学一截。董耀峰、李群、吴梓玮、茅征宇等不少数学竞赛的得奖者,都是从初一起就参加市、区培训活动,陆春勇、张雯等在高中时也一直是市青年宫数学小组的成员。进入20世纪90年代,学校逐步摸索、创新数学特长生培养方式,1993年通过数学冬令营,参照当年上海市小学数学竞赛成绩,招收38名数学特长生;1994年通过"倍福来"杯数学邀请赛,参照1994年上海市小学生数学竞赛成绩,吸收50名数学特长生。这两批初中数学特长生平均分布在年级各班中,从预备班开始,年级里成立课外小组,每周定期开展活动,以培养和发展这些数学爱好者在数学方面的特长和才能。1995年,学校根据区少科站数学班的成绩和小学生参加新加坡—上海数学竞赛的成绩,录取47名数学特长生,并组成了一个由54人组成的数学班。在常规教学中,注重学生基础知识的巩固,每周固定安排一次数学课外活动,保证开展课外活动的时间,根据学生的实际学情专项提高。1997届学生参加1994年区"精品杯"(初一年级)数学竞赛,参赛的38人中有18人获奖,获奖率47.4%;1995年参加区"精品杯"(初二年级)数学竞赛,38人中有24人获奖,占63.2%。1998届学生刚进校便跳级参加区"精品杯"(初一年级)数学竞赛,有12人获奖,获奖率24%;1995年参加区"精品杯"(初二年级)数学竞赛,参赛的50人中有19人获奖,获奖率38%。1999届学生参加1995年区"精品杯"(预备年级)数学竞赛,在34个得奖名额中占据31席,47个特长生中有29人获奖,占获奖学生的61.7%。数学班学生坚持出数学墙报,举办了多次"数学班会",还自行组织出版了两期《数学爱好者》专刊,学生竞相争取进入市少科站数学班学习的机会,保持了较高的数学学习积极性。

格致中学理科见长的教学特色的成果主要体现在初、高中升学成绩大面积的提高和竞赛的高得奖率。以20世纪80年代的格致学生中考与高考的理科成绩为例:格致学生中考的数学平均成绩1981年为96分,1982年为91分,1983年为96分,1984年为106.75分,1985年为95.84分,1986年为96.9分,连续6年均居全市前列。格致学生高考的数学平均成绩:1984年理科65.11分,文科100.28分,分别名列全市第二;1985年理科100.16分,名列全市第三,文科110.35分,名列全市第一;1986年理科97.28分,文科100.7分。1985、1986、1987年连续三年高考升学率已达100%;据不完全统计,格致中学在各项全国、市级和国际竞赛中,涌现了一大批学有所长的优秀生,全校有3000多人次荣获市级以上等级奖,全国以上等级奖达600人次。数理化各学科竞赛,继续保持优势,1995和1996学年国际、全国、全市及黄浦区学生得奖数团体为104项、个人1129人次,其中市一等奖以上共110人次、国际性奖39人次。

数学竞赛获奖数占各级各类市级以上竞赛获奖总数的1/3。1983年全国高中数学竞赛51名优胜者中格致独占11名,个人取得第三、四名的优异成绩,1984年全国高中数学联赛全市51人中独占6人,个人取得第一、六名,恢复到20世纪50年代的最高水平。1984、1985、1986年在全国高中数学联赛、美国中学生数学竞赛和上海市高三数学竞赛中三次夺魁。在1987年美国初中数学奥林匹克、1988年上海市初中数学竞赛、1990年美国中学生数学竞赛中分获上海市(上海赛区)

团体第二、三、三名，1992年、1993年美国初中数学邀请赛连续两年蝉联上海市团体第一名，1994年、1995年第45届、46届美国中学生数学竞赛分获上海市团体第一名、第三名，1993、1995年全国初中数学联赛分获上海赛区团体第一名、第二名。1991年第六届全国部分省市初中数学通讯及决赛中1人获特等奖，第三届全国华罗庚金杯赛决赛1人得金牌。

1994年，学生朱安入选国家冬令营，后代表上海赴俄罗斯参加比赛并获特等奖。1994年，全市组织表彰在上海市数学竞赛、全国数学竞赛、美国中学生数学竞赛等7项数学大赛中表现突出的单位和团体，在7个团体冠军奖杯中，学校一举斩获其中4个，包揽了1993年上海市初三数学竞赛、1994年全国初中数学联赛（上海赛区）和第9届美国初中数学竞赛（上海赛区）、第45届美国中学生数学竞赛（上海赛区）团体冠军，这在中学数学界是空前的。1995—1996年，学生先后在市级以上重大数学竞赛中，获特等奖5人次、一等奖78人次、二等奖84人次、三等奖112人次，共279人次获等第奖。[①]

图3-5-8　数学家苏步青（左一）访问格致中学

[①] 以上奖项，美国初中数学邀请赛奖项名次为上海市团体名次、全国初中数学竞赛上海市奖项名次为上海赛区团体名次，详情请参见附录3-15。

图 3-5-9　苏步青与格致学子亲切交流

三、全面发展，注重个性培养

20世纪80年代以来，格致中学秉持"三全、三特、三出"的办学思想，明确提出"学生德智体美劳全面发展""出人才""学生有特长"的办学目标。"第一课堂打基础，第二课堂出人才""课内、课外全面安排"，成为办学目标达成的重要举措。学校创造条件，开设第二课堂，每周有4天下午第二节课后作为第二课堂活动时间，涌现了一批学生喜爱的兴趣活动。每周有一个半天作为选修课时间，学校共开设了15门选修课，如数学组的"数论""微积分""BASIC语言"，语文组的"中国古典文学史""历代名著选读""外国文学赏鉴"，外语组的"英语听力""英语托福""日语""科技英语"，化学组的"电子技术""化学分析"，历史组的"历史典籍"，音体美组的"古典音乐欣赏""国画"等。学校要求每位学生必须选修1门，规定了无故缺席做旷课处理，期末要进行考查，并把成绩记入学籍卡，制定了不参加选修课不得参加评选奖学金的决定，用一套制度来保障选修课的实施与管理。

选修课和活动课吸引了100%的学生参与，各种课外活动小组有36个，其中文艺组5个、运动队9个。学校定期组织"三周三节"活动（数学周、语文周、外语周，科技节、艺术节、体育节），营造了浓厚的文

艺、科技、文学、运动气氛。第二课堂的开设丰富了学生的课余生活，扩大了学生的知识视野，增强了学生的动手能力。第二课堂具有独立、自由和多样化的特点，既有利于学生德智体美劳全面、生动、活泼地发展，又有利于发展学生的个性，培养学生的创造能力，这在应试教育盛行的80年代可谓独树一帜。

1993年的《中国教育改革和发展纲要》提出了素质教育的培养目标，上海基础教育领域出现了许多实施素质教育的改革实践。学校明确提出学生发展目标是"全面发展、学有所长"。培养"基础厚、素质优、能力强、有特长"的跨世纪的四有人，成为学校全体教师的追求目标。1996年，新教学大楼的落成使学校旧貌换新颜，现代化教育设备为学生全面发展奠定了坚实的硬件基础，素质教育的探索与实践进入了新的阶段。课程建设是实施素质教育的基本保证，学校的选修课、活动课安排突出机动、灵活、开放、全面的特点，坚持学生全员参加，努力开设有利于学生素质全面提高的课程。教导处全面安排好3个板块的教学内容，保证高中学生在选修课、活动课中获得不少于16学分。学校每学期开设选修课、活动课不少于50门，其中有天文学初步、创造学、OM头脑奥林匹克、计算机、电子技术、摄录像等，学生可选择参加自己喜爱的课程。学校广泛开展各类科技、艺术、体育活动，天文协会、OM小组、合唱团、弦乐队、芭蕾舞班、书画社等社团吸引了同学们的积极参与。女排、游泳等体育传统项目都取得优异成绩，群众性体育活动积极开展，学生素质全面提高。天文活动、OM活动、学科特长生培养等都已形成特色。学校成了全面实施素质教育的改革先锋，培养一批面向21世纪的优秀人才。

纵观这两个时期的学生培养目标，由于处于不断深入发展的教育改革时期，表述有所差别，但核心都是关注学生的全面发展和学有所长，体现了学校育人理念和学生培养方式的延续性和连贯性。

（一）德育工程在格致落地

学校一直重视德育工作，持之以恒开展一年一度的暑期德育工作研讨会。从20世纪80年代的"三线一面"德育体系，到90年代的德育工程，组成了纵横有序的德育网络，形成了一支由分管校长直接领导，政教处、团、队、年级组、班主任为骨干的德育工作专职队伍,德育目标明确,规范到位,措施落实,任课教师重视德育/社区委员会和家长委员会发挥积极作用,学校教育、家庭教育、社会教育形成合力,逐步健全在本区本市的德育教育基地,至1997年建立南京雨花台、浙江四明山根据地、安徽大别山等外省市德育基地。

学校重视以爱国主义为主线的思想政治教育。尽管初高中共有6个年级,学生年龄跨度较大,不同年级学生的生理、心理特征也不尽相同,但学校善于根据学生的年龄和个性特点,采取学生乐意并易于接受的方式开展思想教育。以20世纪80年代的理想教育为例,初一年级结合政治课在班级中进行了一次以探索理想为主题的采访活动,召开了一次理想信念交流会,组织了一个"十五年后来相会"的主题中队会,寓理想教育于形象化、趣味性的活动中,收到了较好的效果。后来,这项活动获得了中国少年报辅导员杂志社、全国少工委颁发的创造杯。1984届高三学生普遍不愿报考外地大学和工作环境较艰苦的专业,学生大都选择以上海为中心、以市区为半径来考虑志愿。学校决定对高三学生进行有针对性的教育,倡议学生以爱国主义为基础,树牢理想信念,立志成材,合理进行志愿填报。通过一系列的理想信念教育,学生在思想上受到极大感召,认识到20世纪80年代青年应该以党的要求和国家的需要作为自己的第一志愿,不应计较个人得失,有13%同学被外地大学所录取。有些同学根据国家现代化的需要报考海洋类、地质类、政法类、军事类、师范类专业。1985届高中毕业生吴梓伟是学校数学小组成员,在数学竞赛中一直夺冠,但在报考志愿时,他没有报考数学系,而是说服了家人的劝阻,选择报考国家在飞机制造方面亟须的工程力学专业,考入清华大学,立志为填补祖国飞机制造业的空白而献身。他在学代会上自豪地说:"要问我今后成绩如何,蓝天白云会告诉你"。

高润华校长参加全国人代会时,与各界代表结下深厚友谊。她邀请社会知名人士对学生进行国内外形势、爱国主义、社会主义、集体主义教育。苏步青、张仲礼、袁雪芬、马桂宁等各界精英都先后来学校为学生做辅导报告。其次,学校充分利用国内外重大时政活动及校庆纪念活动开展主题教育。如1996年,学校围绕122周年校庆活动,创新

思路，开展以"一个多世纪的骄傲"为主题的校史德育系列活动，从采访老校友到《校友风采录》的采编，从理解"格致"校名的征文到参观黄浦区学生爱国主义教育基地格致校史室，从"为母校增光，为格致增誉"口号征集到"老校歌谱新词"班级大合唱，将爱国主义教育和格致传统教育相结合，为学生创造展示自我、交流体验的平台和展示对历史和时代思考的机会，让学生深刻明白学校"爱国、科学"的传统和自己肩负的时代责任。1997年，学校根据党中央提出的"科教兴国"的战略目标，结合学校办学传统，提出把"立志成才，报效祖国"作为格致中学学生的共同理想。

学校坚持不懈抓好德育的基础工程——行为规范教育。20世纪80年代初，教导处副主任周文川对行规教育细化、强化、督促、检查等环节做了大量工作，为学校行为规范教育奠定了基础。20世纪90年代，学校以创建行为规范示范校为契机，以礼貌教育、卫生教育、爱国主义教育作为学校德育的主旋律，全校师生积极行动，在行规教育的"细化、深化、内化、持久化"上下功夫，做到每周有讲评、期中有小结、期末有总评，并将学生的行为规范与文明班级"示范班""优秀班""合格班"的评比紧密结合，努力使行为规范成为学生的自觉要求。1996年，学校成为上海市中小学行为规范示范学校首批授牌学校。

图 3-5-10　1996年学校获上海市中小学行为规范示范学校

20世纪90年代的行为规范教育的新风貌是学生热心于志愿者服务,主人翁意识和社会责任感大为增强。学校建立了25个固定社会服务点,组建社会服务队30多支。其中高一、高二年级14个团支部与金陵街道14个居委党支部的共建活动在社区传为佳话。格致中学"志愿者社区援助服务队",助残、助老,以"我为社会作贡献"的实际行动,塑造新时期格致青少年形象,格致中学助残服务队6年学生换了3届,助残活动从未间断,学生进一步感悟到了人应该有爱心,应该有社会责任感,关心爱护别人,自己也能进一步体验到人生的价值和乐趣。这期间,涌现出一大批先进集体和先进个人,在市区的各项评比中获得可喜成绩,见诸媒体报道。少先队大队部连续两年被团市委授予"上海市雏鹰大队部"光荣称号;1996年学校被团市委评为"上海市推优入团"先进单位。团委"为老人服务队"和"助残服务队"被区、市评为优秀队;1996年学校被评为黄浦区开拓老年事业先进集体和上海市教育系统尊老敬老先进集体。1997年参加市慈善基金会同区教育局在南京东路开展的"慈善募捐日"活动,是以区为单位开展的第一个"慈善募捐日",格致中学学生志愿者热情地向行人宣传慈善事业,接受行人的捐助,这也成为格致德育体系的一个长期坚持的志愿者项目,延续至今。

1984年起格致高中学生自发组织党章学习小组,校党支部对此十分重视,专门请青年党员教师做他们的辅导员。校党支部根据高中生年龄特点,高一起就从党的基础知识普及入手,由浅入深地设置党课教育内容,营造格致校园内奋发向上的政治氛围。同学们通过教育活动,把原来凭热情参加党章学习小组的动机,逐步升华到确立坚定政治方向,把追求理想信念内化为自身需要,激发了政治热情。到1997年,党章学习小组从当年的20人发展到每届有100多名同学参加,学生入党人数逐年增加。高中学生党课学习小组成员每年相对稳定在50人左右,每年都有一批学生向党组织递交申请书,学生入党的人数也有所增加。1994—1996年两年多时间里,共发展了12位学生党员。每年都有一批同学离校毕业,他们难忘这段教育,因而书写"立志十八留言册"留给学弟学妹。

（二）科学智慧在格致启蒙

格致中学科学素质教育有优良的传统，1989年增设劳技教研组，1995年增设电化教研组，设立科技教育中心，设立学校科技总辅导员，学校加大在课程中对科技教育的力度，同时通过学生社团活动实施科技教育，不断完善机制，为科技教育提供保障。学校科技类学生社团和兴趣小组有35个，学生课余参加科技活动小组的有150余人，每年5月的"格致科技节"活动深受师生欢迎，1995年、1997年两次获得区科技节竞赛团体第一，每年5月的"格致科技节"活动深受师生欢迎。其中天文爱好者协会、头脑奥林匹克团队、机器人制作小组享誉海内外，格致中学首批被命名为市"科普教育基地"。

格致天文活动是格致科技教育的一颗明珠，充满浪漫色彩，同时闪耀理性光芒。1985年格致学生自发成立天文爱好者协会，充分发挥学生的主体作用，实现"滚动培养"的启动和运转，1994年被美国太平洋天文学会吸收为团体会员。截至1999年，协会共培训了600多名天文爱好者，先后观测过九星联珠、哈雷彗星、奥斯汀彗星、日环食、太阳黑子、月全食、火星大冲、水星凌日、彗木相撞、土星光环、小行星、流星雨等天象。协会1995、1996、1999年三次单独组团，分别赴泰国、漠河和欧洲观测日全食，大获成功；1996年在泰国观察并拍摄日全食，拍到了一百多幅日珥、日冕的珍贵照片，国内外有十多家报社、电台、电视台予以报导和采访，《解放日报》以《中学生追星到泰国》为标题大篇幅连续给予报道并刊出照片，东方台、上海电视台制作反映格致天文爱好者协会活动和成长的专题节目。协会成立以来在全国和市级竞赛中获奖50次，1983、1985、1987年获得市天文赛团体一等奖，哈雷彗星观测活动成果(共8册)等都获全国团体一等奖，多次获得市天文活动优秀集体称号。1993年与1995年学校两次被评为天文特色学校。全国最年轻的天文学博士、市天文学会理事、研究员邵正义就曾是格致天文爱好者协会的成员，也是当年第一个发现哈雷彗星的上海中学生。1996年，学校在新竣工的教学楼顶部平台上，建设了有60个座位的天象厅，作为进行星空天象表演的场所，能演示1950—2050年中任何时间，地球上任何地点的各种天象。它不仅是天文科学普及的理想场所，也是进行天文、地理、宇航、航海等有关教学的最佳课堂。在建成两年多的时间内,天象厅对市、区中小学生开放,也对社区、街道开放,累计接待近万人,其中6000余人是中小学生。

图3-5-11　1996年格致天象厅落成仪式

OM(头脑奥林匹克)小组是格致中学作为科技特色学校的又一颗明珠。10多年来学校都把科技教育放在教学工作的显著地位,推进科技活动课的教改实践,1993年引进头脑奥林匹克活动,开设以OM比赛为主题的动手型活动课。在开展OM活动中,指导教师姚畅引导学生兴趣,开发学生的思维潜力,活动课把提高观察能力作为培养创造性思维的首要条件,经常组织外出参观,学会思考、学会观察。学生多项作品获得了发明奖,都是在学会观察的基础上,以活跃的思维、丰富的想象力创造出来,再让学生亲自动手参与作品制作,积极从事创造性实践活动,加强训练。竞赛中即兴题比赛的模式延伸到了培养学生发散性思维和创新意识的活动课,在活动课上把构建学生的主体地位作为挖掘学生创造潜能的重要手段。因劳技课作为必修课在学生中有一定的基础,故将头脑奥林匹克活动内容穿插在劳技教育中,在劳技课中加大了科技含量。高年级劳技课上,引入机器人制作的教学内容。上课时,经常采用学生合作创造的教学模式:课堂上先提出问题,然后分组讨论解决方法;同时,鼓励学生通过社会调查,寻找解决方法,鼓励同学发挥集体智慧来解决问题。这样不仅丰富劳技课的内

容,更使劳技教学增添了科技创新含量。100%的学生都能享受到头脑奥林匹克活动的乐趣,无论是理科班、外语特色班,还是平行班的学生都能在这里找到自己个性发展的平台。

由于普及基础扎实,竞赛的成绩也在不断提高,学校每年都有7个以上的队参加市头脑奥林匹克(OM)比赛,如1996年以两个第一、两个第二的优异成绩,获得代表上海参加在美国举行的第17届世界OM总决赛,在有世界各地50多个团队参加的总决赛中,获得第六名,为国争光。参赛作品为残疾人设计的"多功能轮椅床"被邀请在美国亚特兰大残奥会上展示,并在北京国际发明创造博览会、上海十年发明专利展览会均被评为金奖,以及上海市亿利达发明一等奖,被誉为"床夺四金"。

图 3-5-12　OM 社团代表上海参加在美国举行的第 17 届世界 OM 总决赛

1983年格致中学开始开设与电子信息相关的选修课,1988年区政府把开展中小学生电子计算机教学列为全区16件大事之一,拨款45万元订购微机供中小学校使用,当时数学组的周柏生老师和教工黄传霖老师负责格致中学计算机房筹组,付出巨大的心力。学习中涌现出一批尖子学生,一批计算机爱好者成为黄浦区青少年计算机活动的骨干,1984年蔡浩同学设计的计算机软件《乒乓球赛电脑抽签程序》受到国家体委的重视和赞扬,并得到采用;1992届的邵啸华等同学在中学阶段已取得计算机程序员的资格。格致中学高三师生合编的《工厂工资处理程序》,被上海空调机厂采用;学生蔡浩编写的《乒乓竞赛电脑抽签程序》被市乒乓球比赛采用,另编写程序多篇被市财贸、工业系统采用。1995年格致中学设立电化教研组,指导学生建立格致中学电视台(内部闭路),学生电视台播出的节目完全由学生自采、自编、自导、自播。格致学生电视台综合部下设《能人专访》《热点感应》《校园花絮》与《阳光走廊》等4个栏目,有时还推出《1995新年狂欢》等一些专题节目,新闻部下设《格致新闻》与《新闻聚焦》两个栏目,每周午会课定时播出自制的专题节目《科技20分钟》。1997年暑假赴革命老区大别山拍摄的专题片《一次脱贫之行》在市第三届学生电影节上荣获一等奖。为了使更多的学生能学习到录音、拍摄、编写、策划、专访等多种本领,电视台每年或每学期都要扩充队伍,招进新人员,至1997年曾经或正在学生电视台工作的人员达到60人。

(三) 强健体魄在格致锻造

20世纪80年代初,仅以建筑面积2000平方米的老大楼计算,生均面积仅两平方米,校舍面积小,体育设施较差的状况已初步凸显。学校仍重视强健学生的身体素质,在"螺蛳壳里做道场",对每一寸土地进行细致安排,在操场上排列单杠、云梯、长竿等运动器械,绿化地边缘安装肋木、双杠等运动器械,为学生合理安排每天1小时的体育活动。课间的走廊大厅、午间和放学后操场和乒乓房,都能看到同学们进行踢毽子等体育锻炼的身影,全校有55%的学生达到体锻标准。学生卫生室由专职卫生指导老师苏玉华管理。学生都拥有一张健康卡片,定期开展学生体质检查与测试,学校对学生健康数据认真统计分析,对出现传染病的班级采取严格的隔离措施并进行卫生消毒。在卫生室的组织下,学校逐步形成校园环境卫生评比制度、个人卫生检查制度、饮食饮水卫生制度、禁烟制度,延续至今。20世纪80年代,学校体育卫生工作经验收,达到国务院有关部门划定的优秀标准。

90年代以来,校舍和体育设施有所改进,尤其是1995年9月,建筑面积达10060平方米的新教学大楼启用后,生均面积达到10平方米的标准,人均操场面积0.9平方米,配备两个200平方米的体操房。1997年,通过对新楼地下室的改造,配置了20多个乒乓球桌,建成了

一个可同时容纳一个班级学生规模活动的乒乓球房，为体育教学和课外活动的开展提供便利。学校认真贯彻《学校体育卫生工作条例》，确保每个学生每周有三课、四操、两活动的体锻时间，保证每个学生每天有1小时的体育活动时间，每周3节体育课，严格规定其他学科不得挤占体育锻炼时间。学校每年举办全校性的体育节，开展丰富多彩的体育活动，如"格致杯"篮球赛、五项素质测试、广播操、拔河、棋类等比赛。通过比赛，发扬了顽强拼搏的体育精神，学生人人参与，增强了班级的凝聚力，为学校精神文明建设增添风采。此外，师生还利用课余时间，经常开展田径、排球、篮球、乒乓球、踢毽子等群众性体育活动。体育组积极开展教研活动，提高体育课的评比密度和运动量，学生身体素质测试评比获高中组优秀，位列全区第一。1997年，学生体育合格率98.5%，1996年、1997年体育达标率分别为92%、94%，学生的体能达标率保持在92%以上，学生身体素质比赛连续4年获区第一名。1995年，学校被评为上海市群众体育先进单位，1996、1997年度被评为上海市黄浦区体育达标先进学校。

学校开展心理健康教育，从1995年开始就开通了语言信箱，在高一开设心理学选修课，并利用午会课时间对学生开展心理健康讲座，以团体讲座和个别辅导相结合的形式，对学生进行心理疏导。

20世纪80年代起，校运动队在女子排球、游泳、围棋和象棋等项目上屡获佳绩。同时，篮球、乒乓球、田径等体育项目也捷报频传，人才辈出。

学校女子排球队最为引人瞩目。1979年组队后，凭借学校的大力支持和师生的刻苦训练，1983—1987年，初、高中女排在上海市体育传统学校排球赛中蝉联五连冠和三连冠，1985年获得参加华东地区排球传统学校邀请赛资格，还应邀赴美国参加中学生国际排球邀请赛。1984年，学校被上海市教育局、上海市体委命名为上海市体育传统项目学校。体育教师吉文明、宋惠芳分别于1987年、1989年荣获"全国体育传统学校先进工作者""上海市体育耕耘奖"的荣誉称号。女排的队员不仅技术水平得到提高，文化素质也不断提高，40多位女队员全部顺利升入大学，半数左右升入重点大学，为高校输送了一大批优秀的排球运动员。20世纪90年代以来，学校领导班子充分贯彻市教委关于推进学生素质教育的精神,给予校女排以最大的支持,校长亲自挂帅,将校女排的发展纳入了学校教育教学的计划之中,并亲自过问女排的日常训练及学习,亲临赛场鼓励队员,建立了一整套队伍管理制度和后勤保障措施。1992年,学校女排作为上海市"育苗杯"三连冠,与东方卫生器材商店共建格致东卫女排俱乐部,整合优势资源,助推格致女排进入新的发展阶段。

图 3-5-13　女排队员与指导老师吉文明(后排左一)、陈孝栋(后排右二)合影

　　1987年、1989年上海市第一届、第三届"敬业杯"中学生游泳邀请赛,格致中学分获女子团体冠军和第三名。20世纪90年代初中学生沈附在香港获国际游泳分龄赛的金牌,为学校和国家争得了殊荣。80年代以来,格致中学棋牌类比赛也备受瞩目,1983年上海市中小学生围棋赛,格致中学学生董军获得中学女子组冠军,1988年上海市中小学生围棋邀请赛获得中学女子团体冠军,1987年黄浦区中小学生基层桥牌赛,经过70多场比赛,获桥牌赛第一名。1993年以来,学校体育运动会面展开,在市首届民防运动会上,获一项团体第一、三项个人第一。区中学生素质测试高中组第一、初中组第二。王薇同学在1996世界杯(上海站)100米、200米蛙泳夺得两块金牌,5名学生在市青少年运动会上夺得金牌。

图 3-5-14　虞咸康老师（前排右二）与游泳比赛获奖学生合影

历年来，学校分别向国家队、上海游泳队、高校输送 3 名、10 多名、60 多名游泳健儿。培养出 5 名运动健将、10 多名一级运动员、100 多名二级运动员，曾获三届市团体冠军，1996 年市中学生运会夺得了 4 枚金牌。

图 3-5-15　青年时代的徐翔舟老师

（四）艺术修养在格致培育

艺术教育的魅力在于激发灵性、陶冶才情，是学生在学校得到的最宝贵的财富之一。上海音乐学院儒雅的高材生徐翔舟老师是学校音乐学科的代表性教师之一。在徐老师钢琴的伴奏之下，同学们的琅琅歌声始终在校园中萦绕。学校自 1987 年起举办的艺术节总能吸引全校广大师生的关注。

进入 20 世纪 90 年代，学校在艺术教育闪现了新的亮点。1995 年，艺术教研组组建，由徐翔舟担任教研组长，同年,组建新民格致芭蕾舞特色班。1996年,学校组建高水准的弦乐队与民乐小分队,成立了80余人的少儿合唱团,重组了书画社、文学社等一系列艺术性团体,既为一大批有艺术特长的学生提供了个性发展的环境,也提高了广大学生的艺术修养和审美情趣。

1995年经市、区教育部门和市文化局批准的新民现代芭蕾格致中学特色班,由《新民晚报》出资解决办班之需,学校则提供了人力物力,学生在学校就读,实行住宿制,聘请海内外专家开设现代芭蕾特殊教学课程,先行探索专业艺术教育和高中学历教育结合的新型办学形式。1995年,芭蕾舞特色班开始面向全市招收学生,吸引2200多位考生报考,经过初试、复试、总复试、音乐测试、文化考试和体检,最后录取了14名学生。通过学校的专业培养,学生不仅芭蕾水准迅速提高,而且一半学生的基础文化课考试成绩达到优良。弦乐队和民乐队自1996年成立以来,得到学校的高度重视和精心扶持,聘请中国著名指挥家曹鹏来校任弦乐队指挥。在专家指导下,乐队相继在市、区一系列重大比赛中获得了许多大奖,也应邀献演多场高水平的音乐会,获1996年上海中学生第二届学生艺术节综合专场一等奖。弦乐队在上海市中学生乐队中具有较高的知名度。在1996年学校122周年校庆师生大型庆祝活动文艺演出中,弦乐团合奏《春》《俏姑娘》、海顿钢琴协奏曲,新民格致芭蕾班表演芭蕾舞《校园的早晨》。1997年的学校艺

图3-5-16 著名指挥家曹鹏任格致弦乐队艺术指导

图 3-5-17　小天鹅芭蕾舞班于美琪大剧院汇报演出

术节更是丰富多彩,富有特色和魅力,包括百人巨画、民乐专场、京剧欣赏、名曲欣赏、格致之星、青春歌舞、作家讲座、格致书市、小品朗诵、师生书画等。在艺术节闭幕式上,弦乐团和小天鹅特色芭蕾班奉献精彩演出,这些学校文艺团体还到广场、外滩、电视荧屏、福州路文化街等地表演,为社区文化建设增光添彩。1997年,新民格致小天鹅芭蕾特色班和学生弦乐队分别在美琪大戏院和上海音乐厅举行专场汇报演出,得到专家、领导和师生的广泛好评。

(五) 劳动观念在格致树立

学校注重引导学生崇尚劳动、尊重劳动,培养学生的动手能力。各班级每周开展大扫除,还对校园公共区域综合包干。中学阶段每一位学生参加学农、学工等实践体验活动,办好社会大课堂。学生学农的基地在川沙大洪墩乡,学生在学农中体验集体生活,通过劳动切身体会到"一粥一饭,当思来之不易;半丝半缕,恒念物力维艰"。学农能让学生感悟劳动的艰辛和快乐,认识劳动的价值,掌握劳动的技能,从而热爱劳动,珍惜劳动成果。

校办工厂是学生认知、历练生产劳动技能,常态化开展劳动教育的实践基地。1958年,为贯彻党的教育方针"教育为无产阶级政治服务,教育与生产劳动相结合",学校成立校办工厂,以校园操场东侧的一幢3层楼房为厂址。20世纪70年代,教育部门高度重视校办工厂的发展,

图 3-5-18　学生在学农中体悟劳动的艰辛与价值

将格致校办工厂定位为新型教学仪器生产基地。1979年,校办工厂转向生产"量修机械",研发设计的千分尺测砧研磨机进入上海市机电一局情报所汇编的《1978年度上海市优秀新产品》名录,畅销29个省市,在全国计量系统中小有名气,特别是1983—1990年创收达到每年50万元,长期保持黄浦区校办企业利润总额第一。校办工厂创收和育人一起抓,不仅经济效益可观,还是学生勤工俭学的基地,配备专职人员负责学生劳动教育。20世纪80年代开始,初二年级学生的课程表上有一门学工课程,大多数班级都被有序安排进校办工厂学工,为期1个月。学工前,张浩厂长或苏进老师进教室与学生讲解学工的意义、要求、纪律和安全事项。学生进车间前,首先要集中进行体验式培训,每位同学一一操作体验每一道工序,再为每一名同学安排一位指导师傅,讲解制作要领,在守住生产劳动安全底线的前提下进行设备操作。学校设立勤工俭学教育组,专门开发适合学生操作的简单教具,为学校节约了大量教学经费。他们制作的教具包括计量仪器的包装用品,利用边角料为学校图书馆制作"书立",为学校卫生室试制视力按摩器等。同时,校办工厂还开发适合学生操作的劳动密集型畅销新产品,如新型益智玩具"磁性脸谱",首批生产量达1万副。学工期间机

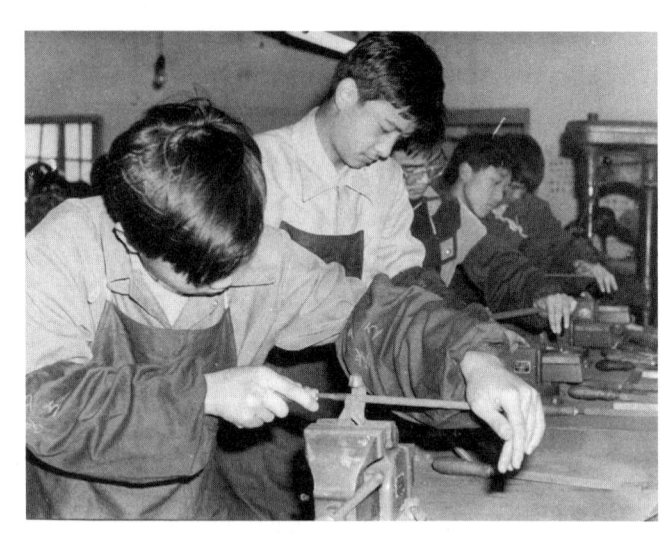

图 3-5-19　学生在校办工厂参加学工

图 3-5-20　校办量修机械厂被评为1985年上海市勤工俭学先进单位

动车间一般每天都有工前会，点评劳动情况与纪律情况，车间不设指标，但学生每天劳动结果都有记录。各班级每星期要出1—2次黑板报，报道学工情况，表扬突出的、有引领意义的先进事例。每过1/4学工时间，学生就更换一个车间，上新的岗位体验认识一项新的生产工艺。由此，校办工厂曾多次被评为全国、市勤工俭学先进集体。

整个学工期间，学生在实践能力、生产技能、内心体验等方面的成长与收获，已经远远超越了制造一个小榔头的内容本身。学工不仅培养学生动手实践的技能，而且陶冶静心和专注的品行，这些在人生道路上前行所必备的素质，也就是如今广为称道的"工匠精神"。当初在校办工厂实践中已开始孕育的匠心，势必对学生未来的全面成长有深远的影响。

第六章

发挥校友的作用

作为百年历史文化名校,数代格致教师笃志教育,绵延不断,格致学子俊彦云集,英才辈出。校友是学校最好的代言人。翻开格致校友录,全国政协副主席、全国工商联主席经叔平,上海市副市长谢丽娟,中国常驻联合国代表、大使梁于藩,中国驻匈牙利大使陈之骝,国家经贸委纪监局局长张广胜,中国科学院院士方守贤、邹世昌、汪集旸、汪品先、杨福家、李家春、杨玉良,中国工程院院士陈联寿,中国"保尔·柯察金式"翻译家王志冲,漫画家郑辛遥……这些闪亮的名字让学校的历史熠熠生辉。而这还只是校友中的沧海一粟,还有更多在平凡的岗位上默默奉献的普通劳动者,他们兢兢业业地在国内外各行各业勤奋实干,成就卓越,将学校赋予的格致文化进一步传承和发扬。

"校友走多远,学校的疆域就有多远。"无论校友身在何处,他们都是格致传统的忠实追求者和发扬者,都在直接或间接地为母校作贡献。校友奋斗的足迹彰显着学校的精神理念和价值追求。"绿草繁茂,其人宛在";"周虽旧邦,其命维新"。在母校度过少年时代的格致学子,无论身在何处,那爬满绿藤的老楼红墙和散发着青春气息的校园,都是校友们安放心灵的庄严殿堂。

校友和母校的纽带始结于1980年初110周年校庆和20世纪80年代末成立的校友会。从此,校友同心聚力共谋母校的教育改革和发

展规划。校友讲师团倾情助力学校德育,《校友风采录》陆续编印四集,校友设立奖学金和慰问基金,激励学弟、学妹成才、帮扶退休老教师。格物致知的传统薪火相承、永葆生机,格致人携手相伴、奋勇前行。

一、成立校友会

改革开放之初,经20世纪70年代末拨乱反正,格致教育正本清源,逐步走上正常的发展轨道。80年代初,学校重新建立起稳定的党政领导班子,率先进行教育体制改革,万象更新。1983年,学校举行盛大的110周年校庆活动。

校友们毕业后有的继续留在上海,有的则奔赴祖国大江南北,很长时间里,老同学之间只是个人零星的联系和往来。改革开放后,校友和母校的联系逐渐增多。1980年,20世纪40年代校友、美籍华裔激光专家王正平借参加在上海召开的国际激光会议间隙,访问母校,受到师生们的热烈欢迎。1983年6月19日,学校成立110周年校庆纪念活动筹备组,寄发校友登记表,邀请校友出席校庆庆典,出版《格致通讯》校庆特刊。20世纪40届校友、中宣部新闻局局长钟沛璋撰文回忆格致公学建党初期的情况,中华人民共和国成立后第一任校长陈尔寿题写"欲穷千里目 更上一层楼"祝贺校庆。其时,1000多位校友和师生欢聚一堂,盛大场景及昔年的校长和老师的亲切问候,触发了老校友们蕴藏于内心的母校情结。学校借此校庆契机,编制了校友通信录,以编号、性别、年龄、毕业年份、现工作单位、职务、通信地址为类别,共计收集647名校友的联系资料,从届别最高的1910届校友缪荫祖(时年81岁高龄)、庄立钦(时年80岁高龄),到1979届尚在高校就读的校友,跨越数十届。校庆之后,校友与母校之间的活动日益频繁,联系日趋紧密。20世纪80年代中期各届各班开始搜寻同学的信息,组织毕业后的首次聚会,校友中的积极分子将同学的信息反馈到母校,这样点点滴滴地积少成多,到20世纪80年代末,校友们的信息已较为完整,建立校友会水到渠成。

为推动教育改革深入发展,加强校友和母校的联系,目光深远的高润华校长考虑成立校友会。她的提议得到校友们的热烈回应,校友会开始筹建。通过向上海中学、南洋模范中学、向明中学等较早建立校友会的兄弟学校取经,学校从1989年3月份起开展校友登记,向参加110周年校庆、留有通信地址的校友广泛发函联系,历经两个月,登记了1949年前校友155人、20世纪50年代校友543人、20世纪60年代校友313人、20世纪70年代校友58人、20世纪80年代校友192人,共计1261人。1989年5月起,学校先后召开1949年前校友、"文革"期间校友、老教师、校友企业家等近10场校友座谈会,讨论和梳理学校办学传统。校友们对学校发展和教育改革献计献策,经过校友的集思广益,最终制定《格致校友会章程》,作为成立校友会和开展校友活动的行动指南。

1989年7月,学校在北海剧场举办庆祝建校115周年校庆活动。格致公学1942届校友、著名电影表演艺术家于飞携滑稽表演艺术家嫩娘一起表演节目,场面热烈。同时,1949年后的首届校友会正式成立,一致通过了校友会章程。据考查,格致校友会创始于1936年,首任会长是当年上海市警察局长、知名校友陆大公,之后他连任数届,是名副其实的老会长。1989年,陆大公荣任顾问,并以80岁高龄亲自参加第一届理事会的第一次会议,早早地端坐在第一排,鹤发童颜,神采焕发,全场理事为之注目。从这个意义上说,与其说是格致校友会的建立,不如说是基于格致深厚办学传统的一种延续和重建。

校友会章程(1989年草案)

第一条:会名

上海市格致中学校友会

第二条:宗旨

加强校友之间的联系,交流信息,沟通感情,为发扬格致的优良传统、为母校的进步和发展贡献力量。

第三条:会员

凡在格致中学(包括格致书院、格致公学)学习过的历届毕业生、肄业生和工作过的教师、干部、职工均属格致中学校友,均可与本会取得联系,填写好校友登记表,成为本会会员。

会员的权利和义务

(一)权利:有选举权和被选举权,有建议和监督校友会工作的权利,有参加校友会组织的各种活动的权利。

（二）义务：有遵守章程、执行决议和支持校友会开展各种工作的义务，对母校的建设和发展有献计、献策、提供咨询信息和各种可能的支援的义务；对加强国内外校友的联系有牵线搭桥的义务，有缴纳会费的义务。（每年会费暂定五元）

第四条：经费

（一）会员会费

（二）校友捐赠

（三）母校资助

第五条：组织

（一）由会员大会协商推选理事若干人组织理事会。

（二）由理事会推选会长一人，副会长若干人，聘请名誉会长、顾问各若干人，由会长提名推荐秘书长一人，协助会长处理日常工作。

（三）理事、会长和副会长五年换届推选一次。

（四）各地校友或各届校友可组织格致中学校友会分会，并按会员人数比例推选理事参加理事会，各分会章程可由各分会自定、并上报总会。

（五）理事会一般一年一次，会员大会五年一次，均由会长、副会长建议召开。（分会活动的时间和内容由分会自定）

第六条：会址

设在上海市广东路615号格致中学内。

第七条：附则

（一）本章程由会员大会通过，送母校备案。

（二）本章程有未尽完善处，随时可由理事会修订补充。

格致校友会是在学校领导下，由处于各地区各行业的各届校友组成的具有广泛性的校友组织。会员大会与学校"逢五""逢十"校庆同步，5年举行一次，理事会于每年隆冬时节寒假开始的第一个周六举行。校友理事会以"加强校友联系、发扬格致传统、支持格致发展"为宗旨，由会员大会推选理事会，5年换届。理事会推选时任格致中学校长的高润华为会长，学校教师马雅贞为秘书长，协助会长处理日常工作。聘请时任国务院副总理的1940届校友吴学谦，时任全国工商联副主席的1931届校友经叔平，时任上海对外友好协会会长的1936届校友李寿葆，时任上海文学艺术联合会副主席的1942届校友吴宗锡，1949年后格致中学第一任校长、著名地理教育学家陈尔寿，时任上海市副市长的1955届校友谢丽娟等6位校友为名誉会长；聘请上海政协专员、1930届校友陆大公，时任解放军后勤学院政治部主任、1937届校友张云青，时任中共中央新闻出版署顾问、1940届校友钟沛璋，原校长尹敏，原常务副校长施亚东，特级教师刘永贞为校友会顾问。推选上海电影厂著名编剧、1940届校友沈寂，时任上海社会科学院院长的原格致教师张仲礼，时任《中国社会科学》杂志编审、1950届校友何祚榕，时任副校长姜秀娥，时任上海铜材厂厂长、1966届校友葛佳渝等11位校友为副会长。校友会理事的推选范围涵盖1939届到1980届校友、学校领导、退休教师、在职教师。理事包括著名电影表演艺术家、1942届校友于飞，上海冶金研究所冶金专家、1949届校友邹世昌，地质矿产部副部长、1952届校友张宏仁，《汉语大词典》编著者、1961届校友朱松乔，格致退休教师翁史伦等，共计76位，其中的14位校友在外地工作生活。上述校友或为社会贤达、党政领导，或为行业俊彦、商界翘楚，都是感恩母校教育、感怀同窗情谊、热衷教育事业、关心和支持母校教育事业发展的杰出校友。

各地校友可以组织地方分会，自定分会章程后呈报总会。到1997年，在北京、黑龙江、新疆、山东、南京、福建等地均已相继成立了校友会分会。如1950年南下参干的11名学生随军解放福建，建设空军，反封锁反轰炸，由此，福建校友分会在20世纪90年代得以成立。

20世纪50年代，在陈尔寿校长的影响下，一批学生响应抗美援朝保家卫国的召唤，投笔从戎，参加军事干部学校，或考入北京各著名高校的地质系、地理系。据不完全统计，仅在京的20世纪50年代校友有近150人，如唐照明、徐柏生、冯国权、吴明章、钱鸿、赵宗良等服役于空军部队，何祚榕、臧敏珠、翁善乔、李金贵、王宗南等进入中央党团政府机关，邢家骝、陈明哲就职于军事医疗系统，张祖培、张宏仁、杨承祖等从事地质、矿产类行业。1985年春天，高润华校长在北京开会时，开始与北京校友取得电话联系。1986年，北京校友会聚会，来自各行业的60多位校友欢聚一堂，祝贺陈尔寿老校长七十大寿。1990年，格致

中学北京校友分会正式成立，设立联络组，印发通信录，活动开展最为规律和活跃。20世纪90年代初，北京校友会活动主要在1956届校友杨承祖为东道主的铁道部科学研究院进行，吴学谦、经叔平两位老校友和陈尔寿老校长都出席，秘书长马雅贞、副校长傅锦疆、老教师陈彩云也赴京参与。北京校友分会为联络在京校友感情，传递母校发展与活动信息起到了重要的桥梁作用。1996年，北京校友分会为学校122周年校庆建立筹备会，以支持母校教育事业的改革和发展。2000年以后，中科院院士、1957届校友李家春和力学所副所长、1967届校友李和娣经常做东道主在中科院力学研究所举行北京校友分会聚会。自2002年时任党总支书记张志敏一行赴京参会起，至2018年，学校党政领导张志敏校长、王丽萍书记每年隆冬例行赴京，与北京校友亲切交流，宣读学校当年的十大新闻，将建设实验性示范性高中；校园二期改扩建工程；奉贤校区开工建设；131周年和140周年校庆筹备；《格致校史稿》编写进程等学校教育教学的重大事项，向在京的陈尔寿老校长及300多位校友全面汇报、请教商讨，殷切希望大家全面评估、建言献策。每一次，张志敏校长独具匠心的部署、卓有学术风度的讲述，再配以丰富的图文和影像资料，全场初时屏息凝神，继而拍案首肯，欢欣鼓舞，再行评估审核，建言献策，气氛热烈活跃，共谋格致在21世纪办成具有国际影响的一流中学。会后的晚宴则是感恩敬酒，晤谈甚欢，令人感怀不已。

校友理事会负责联系协调各地校友分会以及各届毕业生联谊活动，整合校友和各界资源，为母校的教育改革和发展规划提供支持。校友会恰似一条丝线把点滴散落的珍珠串联起来，重新散发耀眼的光芒。

校友会成立后，1961届高三(1)班以校友会理事朱松乔等为骨干组织联络小组，不到1年时间就组织了"大三元聚餐""马年新春茶会"和"嘉定踏青游"3场大活动。间隔已整整30年的校友活动，不但一举接续，而且全面展开。这样的班级活动，除母校"逢五""逢十"有庆必聚外，每年春节必定举行。每逢春节，向全班师生寄发贺年信，并附以母校的年度十大新闻及本班自编的校友会简讯。凡逢班主任生日或病恙，必有组织地庆贺或慰问。如高润华老师六十大寿、李自端老师八十寿诞。

1991年,1958届校友在上海教育会堂为黄松年老师隆重举办"执教四十周年暨七十华诞"的盛大活动,自愿而至的校友多达158位,其中包括复旦大学校长杨福家,上海数学学会理事长、华东师大教授曹锡华和北京校友会代表顾申一。德高望重的数学界泰斗苏步青教授,也应邀为黄老师撰联书对:"半世纪耕耘识途仍是疆场骥　大中华灿烂俯首同为孺子牛",浑厚高古的手迹张挂在主席台前,为这场盛大活动大增光彩。

图 3-6-1　格致北京校友会为122周年校庆举办筹备会

桃李天下,缘在四方。校友会牵系每一位校友感恩母校的赤子之心,校友拼搏在外之时不忘常回母校,以各种方式感恩母校。校友的每一份爱心和校友的每一分付出,都是校友对母校最深情的祝福和最赤诚的感恩、对学弟、学妹最深切的关怀,聚沙成塔,汇聚成薪火相传的感恩母校的传统。

校友或利用返校举办毕业周年活动、班级聚会、校庆等机会,为母校捐款、捐物,包括奇石、名画、设备。1996年,伴随着新落成的10层教学楼全面启用,学校举办盛大的122周年校庆。1940届校友、格致公学地下党创始人、全国政协副主席吴学谦专程来沪参加校庆活动。20世纪50年代校友、副市长谢丽娟也前来祝贺。各届校友敬献的实物关照学校的设计和建筑风格,契合格致这所百年名校独有的文化积

淀和厚重历史底蕴。20世纪50年代部分校友捐赠的汉白玉"格物致知"校训碑,成为校园中最为深入人心的人文景观。1961届高三(1)班敬献的落地座,以秒钟状分布镌刻60位师生姓名,构思奇巧,寓意深远。20世纪50年代校友地质矿产部副部长张宏仁捐赠矿石标本参与筹建格致地理教室。

图3-6-2 老校友吴学谦和谢丽娟出席格致中学122周年校庆

校友或设立奖学金、慰问金基金,激励学弟、学妹成才,帮扶困难师生。如1954届校友、著名核物理学家、中科院院士杨福家于1997年个人出资设立"格致中学爱国奖",激励毕业班学生全面发展、勇攀高峰,以优异成绩报效祖国。2003年,由1953届、1955届、1956届、1957届校友发起并正式成立"格致中学数学奖学金基金会",并决定设立"格致数学奖学金",奖励在市级以上竞赛中获得一、二等奖的学生。设立奖学金的初衷为弘扬学校的数学传统,感恩20世纪50年代夏守岱、刘永贞、黄松年等数学教师,培养爱好数学的优秀学生,激励他们努力攀登高峰,进一步扩大数学教学的成果,为学校争光添辉。由1953届校友慎保中,1955届校友邵子文,1956届校友严忠汉、刘汉标、孙兆桂,1957届校友刘永才、张国威7位校友组成基金管理小组。随着时间的推移,1950年代校友先后步入80岁高龄,管理小组陆续补充进新校友,如1966届校友葛佳渝,1968届校友吕耀良,1979届校友周素卿,1985届校友关梓玮,1986届校友徐文,1992届校友杨烈犀等。

数学奖学金得到各界校友的支持,从2003年至2018年,16年间共获得捐款122200元,共发放奖金119100元,获奖学生共计125人次。其中,一等奖学生31人次、二等奖67人次,2014年增设的三等奖24人次。特别是2014年在国际数学奥林匹克竞赛(IMO)中获得金牌的2013届学生顾超同学在高中3年连续3次获得数学奖学金特等奖。1957届校友、第三军医大学教授、皮肤病专家张国威出于助人为乐的善良本性和格致学长的社会责任,于1999年设立"格致校友爱心奖学金",每学期捐助每个年级1—2名家庭贫困的品学兼优学生,由最初每人每次500元逐年增长至1000元,至今20年共捐款15万元之多。2012年,以刘方毅和毛丞宇为代表的1987届、1988届、1989届学生募集成立"学生慰问基金",帮扶病困退休老教师,捐助金额高达110万元,截至2018年,全校60余位退休教工、共240余人次享受到"学生慰问金",共发放了63万元。

校友或参与校友讲师团持续助力学校德育工作,或举办科普报告和系列讲座,介绍当今世界科技发展的最新成果和学校的优秀传统,深受师生欢迎。

校友们还关心学校的教育改革、发展规划和重大项目,倾情助力、献计献策。1998年,学校在全市率先成立素质教育推进委员会,由中科院院士叶叔华、杨福家、汪品先、邹世昌等担任顾问,依靠校友的力量,形成和拓展以素质教育为共同目标的大教育网络,优化教育资源,完善全面实施素质教育的运行机制。自1998年启动的格致《校友风采录》(第一集至第四集)、《格致校史稿》(第一卷)的编撰出版,都离不开校友们的支持和参与。

二、聘请校友,成立讲师团

20世纪80年代中期,学校基本恢复校友活动。1989年组织成立校友会,推选校友理事会。1989年成立校友讲师团,让校友更直接地参与到教书育人工作中。老校友们到学校做报告,把成功经验、学习心得,以及国际最前沿的学科动态、学术成果、管理理念带回母校。1992年,3位新当选的中科院学部委员——冶金专家邹世昌,海洋地

质专家汪品先、核物理专家杨福家,共同回母校与学生见面,并与学校的优秀教师、在国际和国内重大竞赛中获奖的同学座谈。1996年中科院院士、1952届校友汪品先再次来校做专场报告。

图3-6-3　1992年3位新当选的中科院学部委员回母校与师生见面

据回忆,报告讲座现场,始而鸦雀无声、聚力凝神,终而掌声如潮、神而往之,通过这种面对面的交流方式,实现了与格致先贤和校友跨越

图3-6-4　校友讲师团与学校领导合影

时空的对话,给学生带来心理和情感的强烈冲击,由此油然而生的爱校之情是一种质朴自然、刻骨铭心的情感,在爱校情感基础上逐步树立起来的民族自豪感、自信心和国家归属感、责任感,将更加自觉、稳固而持久。学长们的谆谆诱导和言传身教,优秀校友一生追求理想、无私奉献的精神深深感染了在校学生,同学们纷纷表达了对杰出校友的敬重与爱戴,与杰出校友现场交流对学生传承和发扬学校"爱国、科学"的优良传统,起到了良好的教育效果。

三、《校友风采录》的采编出版

《校友风采录》第1集的酝酿,起始于1998年1月校友理事会二届四次会议。当时,会长、名誉校长高润华提议编写《校友风采录》,宣传格致校友的先进事迹,作为格致学生特有的教育资源,并向母校125周年校庆献礼,全场反响热烈。理事们纷纷就主旨、书名、内容、组稿、联络等直抒己见。1999年1月,在校友理事会二届五次会议上,经过热烈讨论,理事们一致认为,编写的宗旨应该是展现整个20世纪格致学生在校内勤奋好学、砥砺成才,毕业后投身中华人民共和国建设与改革开放的两个建设时期所焕发的动人风采,从中观照母校100多年来卓然行世的"格物致知""爱国科学"的优良传统。

当时,由1949届校友孙光二、1950届万廷镫、1961届朱松乔和校友会秘书长马雅贞等组成编辑小组,并由老学长孙光二任组长。编辑小组遵循编委会"广采博收,精益求精"的原则,向广大校友拟发急件,提出具体征稿要求。校友届别跨度大、人数广、人材多、类别丰,而编写时间短,离不开校友可贵的投稿热忱——约稿不误,篇篇按时寄到。编辑小组分届别审阅收集到的稿件,由朱松乔统一润色,1966届校友李玉棠设计封面,1975届校友郑辛遥献出漫画佳作附于封底,1955届校友邵子文奔走联络印刷事宜,在仅仅3个月的时间内校友们竭力尽智、抢时间、赶进度,使《校友风采录》第一集在1999年5月作为纪念格致125周年校庆丛书之一编印出版。书中收集150篇作品,其中有献身革命、任职中央的校友,有精研科学、贡献杰出的校友,有医界俊秀、名扬中外的校友,有乐育英才、辛勤耕耘的校友,有专攻数学、成绩突

出的校友,也有从事文化艺术或各行各业富有成果的校友,可谓是群英荟萃,熠熠生辉。名誉校长、校友会会长高润华欣然提笔为该书撰写序言,并唱赋七绝一首:"格物致知育群英,映日风采照眼明。一集传世报母校,百年辉煌转世新。"庆贺出书之盛。

2005年,作为学校131周年校庆献礼丛书之一,《校友风采录》第2集编印,载文凡151篇,整体风格一改第1集的档案密集型,而代之以杂志舒展型,卷中增加了8页图片,图版共16页,较第1集为多,集中展示广大校友的神采风貌。文章作者涌现新面孔、新笔调,总体质量较之第1集明显提升。全集分为二辑:"芬芳格致园"回放校友求学时的情景,"翱翔九重天"展示校友毕业之后的风采。每辑均设4个栏目,这样既可让校友的来稿各得其所,又在总体上合成风貌各异而色彩斑斓的长卷。每栏文章的编次,以所写及的校友入校的先后为序,这样便于查找,更易于品赏。

2009年,作为学校131周年校庆的献礼丛书之一,《校友风采录》第3集编印。该书基本遵循和延伸了第1集、第2集的传统和风格,共编辑124篇文稿,分为6个篇章:理工精英:院士篇,师座风范:教师篇,青苔履痕:校园篇,校史钩沉:历史篇,桃李芬芳:校友篇,格物致知:感恩篇。

作为学校140周年校庆纪念丛书之一,2014年编印的《校友风采录》第4集,延续、拓展了第3集的基本风格,分为4个篇章:春风化雨:母校情,良师益友:师生情,志同道合:同窗情,春华秋实:壮志情。名誉校长高润华撰写了卷首词《母校情深》,一个"情"字贯穿了全书始终,格致情怀引人入胜。

前后4集近600篇文稿主要是记载20世纪四五十年代的老学长、老教师,但也不乏20世纪八九十年代的年轻校友。百年名校文化底蕴之深厚、人材资源之丰足可从中窥豹一斑。校友记忆中的文理各科老师们,或作举一反三的难题解析,或作浅吟低诵的名篇品赏。时光流逝,校友们居然还能仔细辨识当年的青苔履痕,娓娓道来,令观者击节赞叹。其中有一个颇为令人瞩目和感怀的现象,即父子、兄弟、姊妹等,在格致校史里往往是前后校友或者同窗学友。如20世纪50年代校友阮氏三兄弟:1951届阮刚、1956届阮亮、1960届阮炯,3位先后就读于格致中学,毕业后在各自岗位为开拓我国的高新科学技术作出优异成绩,被同学们美称为"格致三阮";再如1966届的父亲葛佳渝和1995届的女儿葛宜珉两代人的格致情缘。在优秀校友的成长轨迹中,分明看到"格物致知"不仅仅是格致人在校期间耳濡目染的校训,更是格致人在毕业之后走向社会而践行的人生箴言。

文稿中生动鲜活的格致人,熠熠生辉,风采照人。深厚绵长的格致情怀跃然入目,叩人心扉,隽永于格致汗青,成为格致校史编撰可资参考的重要史料。同时,《校友风采录》已成为格致学子学习的校本教材和必读课本,化为涓涓细流润泽格致学子的心田,凝聚成格致薪火相传、永葆生机的不竭源泉。

《校友风采录》与时俱进,第5集的编辑组稿工作于2018年初正式启动,经过1年的努力,已基本完成,即将付梓,将作为145周年校庆的献礼。

图3-6-5 《校友风采录》(第1集—第4集)

四、改革开放年代格致校友的新风貌

1978年恢复高考后,格致恢复重点中学,面向全区招生,招录第一批通过考试入学的初中生和高中生,并且顺应国家对人才的迫切需求,培养了一批初中2年、高中2年的特有学制的学生。1978—1982年在母校度过初中、高中年代的1982届校友袁园,从上海市新中中学一名普通的中学教师到担任学校、区县领导。袁园在学校担任班主任

工作时，常常以当年自己的班主任姜秀娥、秦宗武老师为榜样，关心每个孩子成长，重视班集体建设，所带班级获得上海市优秀班集体。作为学科老师，袁园以特级教师高润华、孙兆桂、刘汉标等为榜样，刻苦钻研、精益求精，在市区各级大奖赛获奖，获得全国优秀教师、全国优秀教育工作者荣誉称号。袁园历任上海市新中中学教导处主任、闸北区教育局局长助理、教育局副局长，闸北区环保局局长、静安区环保局局长，现任奉贤区人民政府副区长。1980届高中理工班张桦，选报清华大学建筑系，后被免试保送到同济大学攻读研究生，毕业进入华东建筑设计研究院工作，2000年担任上海现代建筑设计集团总经理，其间参与或主持设计东方明珠电视塔、上海浦东国际机场、虹桥综合交通枢纽、金茂大厦、环球金融中心、迪士尼乐园、世博会主轴阳光谷、奔驰文化中心等一大批现代建筑，在中国尤其是上海30多年的城市化进程中贡献巨大能量。1980届校友王晋佳考入上海财经大学，相继取得经济学学士学位和硕士学位，曾任上海财经大学教授，1993年起从事中国证券市场分析评论、中国企业上市（B股IPO），收购兼并国有企业重组，1996年开始筹备韩亚银行中国有限公司，担任总行副行长，2016年起，担任雏菊金融执行董事及执行总裁，负责公司金融业务以及基金业务。1981届校友许基仁，毕业于复旦大学新闻系，进入新华社工作，为新华社首届双十佳记者、高级记者，获得国务院特殊津贴，现任新华社体育部主任。

  20世纪80年代中期的优秀校友在校期间受到数学竞赛、气象天文等第二课堂感染和学校理想教育的感召，在考入大学后基本从事与之相关的专业，步入社会后崭露头角、历经磨炼，在各自的专业领域成为佼佼者。如1984年全国数学竞赛优胜者李群后成为美国麻省理工学院华裔诺贝尔物理学奖得主丁肇中教授的研究生；1985年美国中学生数学竞赛优胜者毛征宇在美国某大学任数学教授。20世纪80年代以来，气象小组和天文小组成员中有不少人立志从事地理研究，考上大学的天文、气象、地理、环保、地质、水利、人口地理等专业。1986年数学竞赛优胜者、天文小组的成员邵正义，是当年第一个发现哈雷彗星的上海中学生，1990年毕业于北京大学物理系，1996年在中国科学院上海天文台获理学博士学位，成为全国最年轻的天文学博士，曾先后赴英国诺丁汉大学、德国马普天体物理研究所和美国马萨诸塞大学开展合作研究,现为上海市天文学会理事、上海市天文台研究员、佘山1.56米光学望远镜基地主任。

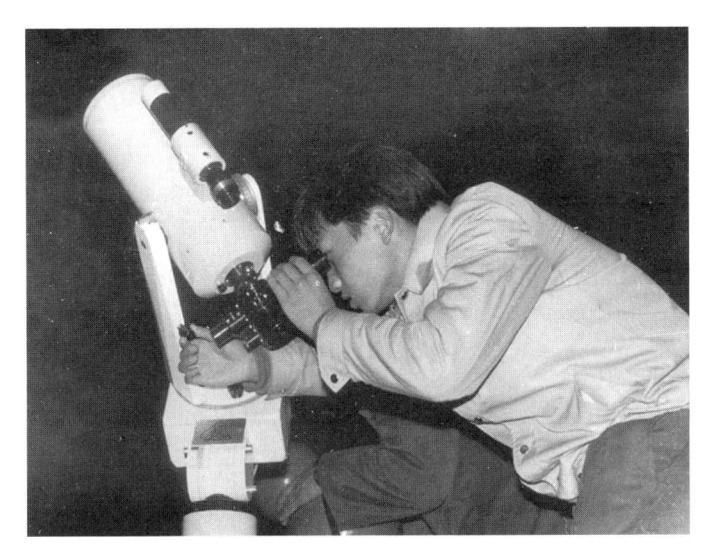

图 3-6-6　邵正义校友正在进行天文观测

1985届校友杨雪波在校期间连续5年参加校气象小组活动,长期在第二课堂活动中受到指导老师向学禹潜移默化的教育,立志从事气象工作。他各门功课成绩优秀,报考北大地球物理系气象专业,最终以优异成绩被北大气象专业录取,入学后是北大气象专业唯一一位第一志愿的学生,1989年参加工作,现任上海市浦东新区规划和土地管理局副局长,分管的工作中如地质环境、矿产资源管理,正是地理学的分支学科,与地理学科结下深厚的情缘。

随着改革开放进程的推进,20世纪80年代后期和20世纪90年代的校友报考的专业主要集中于医学类、法学类、经济类、新闻类,其中不乏佼佼者,尤其涌现出多位叱咤风云的商界巨子。

1986届校友汤澜进入上海交通大学工业外贸专业,后在美国弗吉尼亚州大学读经济学硕士,毕业后进入携程旅游网工作,现任携程旅游网高级副总裁。

1987届校友皮六一为金融学博士,荣获上海金融杰出青年,现任

中国证监会市场监管部副主任。

图 3-6-7　1987 届校友皮六一

1989 届校友刘方毅考入美国西部最大私立学校南加利福尼亚大学,学习电子工程,19 岁开始创业,1993 年正式在洛杉矶注册英科医疗有限公司,该公司于 2017 年在深交所创业板发行,在国内各地运营 9 家工厂、1 家贸易公司,在东南亚建立两家工厂,在海外布局 4 家销售公司,2002 年创立中国唯一的 PS(聚苯乙烯)再生利用全产业链公司,通过对 PS 废旧泡沫塑料进行高效回收、优质再生,研发出优质 PS 框条及其成品框类产品,广泛应用于全球家居装饰和室内外建筑材料等

图 3-6-8　1989 届校友毛丞宇(左图)、刘方毅(右图)

领域,实现了"垃圾与艺术的联姻",2018年入选国家第三批"万人计划"。1989届校友毛丞宇保送上海交通大学,后攻读中欧国际商学院MBA学位,毕业后先后加入联合利华、IDG资本,创立了基金总规模超过30亿的云启资本,为福布斯2017中国最佳100投资人之一。

1989届校友沈建光进入复旦大学世界经济系就读,后在赫尔辛基大学攻读经济学硕士和博士学位、在美国麻省理工学院经济系做博士后研究工作,毕业后先后在芬兰央行、欧洲央行和国际货币基金组织等海外金融机构从事经济预测和分析工作,担任亚洲首席经济学家,主要研究领域回归到中国及亚洲宏观经济和金融市场。

1989届校友惠静毅毕业后考入复旦大学生物系,之后在德国获得博士学位,担任中国科学院生物化学与细胞生物学研究所研究员,从事基因表达调控异常导致人类疾病的机理研究,是中国科学院百人计划、上海市浦江人才计划获得者。

1991届校友张泉灵北京大学西方语言文学系毕业后,进入中央电视台担任《东方时空》《人物周刊》《新闻会客厅》等节目主持人,是雨雪冰冻、两会、珠峰、灾区、奥运的第一线记者,相继获得中国新

图3-6-9　1989届校友惠静毅

闻奖、全国"三八"红旗手、全国抗震救灾英模、全国十大杰出青年,2015年从央视离职,进入创投界,成为傅盛旗下紫牛基金的合伙人。1994届校友胡光,考入复旦大学生物化学系,在美国贝勒医学院攻读生物化学博士学位,在美国哈佛医学院做博士后,开展世界上首个在胚胎干细胞中进行的全基因组遗传筛选,进美国国立卫生研究院环境健康研究所任研究员,带领科研团队探索生命科学的前沿领域。1994届校友顾宇航毕业于华东政法学院国际经济专业,后曾任职于英国西蒙斯律师行,2001年加入白玉兰,主管涉外及非公事业部,擅长外商投

资、知识产权、风险投资、公司收购及房地产法律服务,与合伙人共同创立网络交易平台。

图3-6-10 格致的舞台是张泉灵主持生涯的起点

叶茂源于根深,饮水也当思源,当20世纪80年代格致学子长大成人,在各行各业取得一定的成绩时,回首格致中学恩师们的谆谆教诲,为自己的人生起点奠定下坚实的基础,成为一生中取之不竭的财富,为了铭记和感恩母校老师的付出、奉献与关爱,80年代校友通过设立基金感恩母校、回馈老师,感谢启蒙老师的培养之恩,将分布在海内外的20世纪80年代校友的爱心义举,传递给曾经为学生兢兢业业、无私传授的退休老师们。

2012年初,1989届校友、成功的企业家刘方毅、毛丞宇从周柏生老师处得知母校有一批高龄退休老教师面临生活和医疗方面的严重困难。刘方毅、毛丞宇主动提出每年出资5万元,2012年当年有16位老师领到慰问金;2013年在毛丞宇校友的努力下,共募集校友捐款75000元,其中杨文红等5位校友每人捐5000元;2015年毛丞宇校友发动了3届校友100余人,其中还有来自美国、加拿大、日本、澳洲、欧洲的校友,共捐赠了人民币19万余元。2016年,由于退休老师中患癌症达到20余人,刘方毅、毛丞宇的捐助追加至20万元人民币,为开展慰问高龄和患有严重疾病的退休教师提供坚实的资金保障。

校友的捐款全部进入上海市民政局直接领导、管理和监督的慈善基金会"上海民生公益基金会"账户,由上海民生公益基金会开具收据,开设专款专用平台。慰问金发放方案由周柏生老师垫款,按财务要求发放,受益人本人签收,格致中学工会审核盖章,送交基金会审核,审核合格报销归还垫款;8年里,周柏生老师、周文川老师、格致中学退休教师协会主要负责人姜秀娥老师及退管会何平老师,走访60余位教工家庭、8家养老院,根据反复多次访问和了解不断变化的情况,经集体研究予以合理精准地发放慰问金。

图3-6-11　1989届校友杨文红

第一次发放慰问金的当天晚上,周柏生老师接到因患白血病住院生命已进入倒计时的张石林老师的电话,他用微弱的声音表达对学生的感谢,并询问学生为哪一届。当得知是1989届的刘方毅和毛丞宇,他突然激动地说:"1989年我还没来格致工作,他们根本不认识我啊!"周柏生老师解释说:"因为你是格致的老师,他们是格致的学生啊!"张老师在电话中不断反复地说:"这些学生真好!真好!你一定要替我谢谢他们!"3天后他带着学生给他的关爱、给他的温暖离开了人间。7年来有20位退休老师在他们行将离世时感受到了学生们有特殊意义的关爱,这种心灵的温暖对老师来说是极其珍贵的。

退休职工钱永康2011年时退休养老金仅1500元,身患直肠癌,2009年又发现原发性胃癌,又因离异在外租房居住,生活极度困难,退协商定每年给予钱永康最高额为5000元的慰问金,8年共计4万元,确实解决了一定的经济困难。家住无锡的百岁老教师匡锡麟连续3年收到"学生慰问金",直至老先生仙逝。

自2012年初至2018年底,7年来,格致中学1987届至1989届学生募集成立"学生慰问基金",共收到捐助110万元,其中刘方毅和毛丞宇二位共捐了90余万元;7年来,全校60余位退休教工、共240余人次享受到"学生慰问金",共发放了63万元。中间有90岁以上高龄教师16人(包括3位百岁老人),80—90岁的老教工23人,其中还有患癌症的教工20余人,患严重心血管疾病和各种严重疾病的约20人左右,一定程度帮助了有经济困难的教工,更重要的是让广大退休教师感受到学生们对他们的关爱。能享受到"学生慰问金"的退休教师毕竟只有一部分,其他没有享受到慰问金的老师同样也感受到学生尊师重道的爱心,深受感动,为格致中学培养的学生而感到欣慰。

附录3-1　1978—1997年历任校级领导

1978—1997年历任校领导一览

任职时间	校　长	书　记	副校长	副书记
1978—1980年	席炤庆	董孝闵	施亚东	徐崇善
1980—1983年		董孝闵 陈德隆	施亚东 (常务副校长主持工作)	徐崇善
1983—1993年	高润华	陈德隆 张婉宜	徐崇善 姜秀娥 傅锦疆 孙兆桂	张婉宜 袁行吾
1993—1997年	姜秀娥	张婉宜 张志敏	傅锦疆 孙兆桂 柳泽泉	袁行吾 张志敏 蔡蓉

附录3-2 席炤庆校长简介

席炤庆,中共党员。1954年9月—1969年长期担任格致中学副校长(其间1956—1959年兼任学校党支部书记)。1978—1980年担任格致中学校长。

附录3-3　施亚东常务副校长简介

1980—1983年,任上海市格致中学常务副校长,主持日常工作。曾代表学校出席上海市文教群英会。曾担任上海市语文学会黄浦分会长、区政协委员。

附录3-4 董孝闵书记简介

1978—1982年,上海市格致中学党支部书记。1977年,被评为上海市教育战线先进工作者。

附录3-5 高润华校长简介

高润华,语文特级教师。1958年到上海市格致中学任语文教师。1960年出席全国文教群英会。1980年被授予特级教师荣誉称号。自1978年起先后被选举为第五、六、七届全国人大代表。1987—1992年担任黄浦区人大常委会副主任。她先后5次荣获全国"三八"红旗手称号,两次被评为上海市劳动模范。

1993年9月,国家教育委员会决定对高润华等21名中小学校长授予"全国优秀校长"称号。1996年1月,上海市教委授予高润华"格致中学名誉校长"称号。

附录3-6　陈德隆书记简介

陈德隆，1956年加入中国共产党。1958年，由上海市轻工业局日化公司转入上海市黄浦区委教卫组工作。1958—1982年，先后担任延东中学副校长，九江中学党支部副书记、书记，黄浦区教育局中教科科长等职，其间于1979年被评为黄浦区教育系统先进工作者。1982—1991年，任上海市格致中学党支部书记。1984年被推荐为黄浦区政协第六届委员会委员。

附录3-7　张婉宜书记简介

张婉宜，1965年在大学求学时加入中国共产党。1967年于华东师范大学化学系毕业后开始从事教育工作。1979年被评为格致中学先进教师，1984年7月起担任格致中学党支部副书记，1988年被评为上海市优秀园丁奖二等奖。1992—1996年任上海市格致中学党支部书记。

附录3-8　姜秀娥校长简介

姜秀娥,1963年毕业于上海师范学院物理系,分配至格致中学任物理老师、班主任,指导科技小组航模队。1978年被评为黄浦区教育局科技教育先进个人,1980年被评为黄浦区教育系统先进工作者,1981年和1991年两次被评为上海市先进教育工作者。1995年被评为全国优秀教育工作者。1984年被任命为副校长,1993—1997年任格致中学校长。

附录3-9 刘永贞特级教师简介

刘永贞老师,1916年9月生,1941年毕业于上海大同大学数学系,获学士学位。1955年调入格致中学,1956年起担任数学教研组组长。1978年,被评为上海市首批特级教师。曾获上海市"三八"红旗手、市先进教育工作者、市园丁奖等荣誉称号。

刘永贞老师在教学中注重对基本概念的剖析,20世纪60年代起探索"改教为导"的教学实践,积极创设探讨环境,运用师生对话和师生互动的教学方式,让师生在分析研讨互动中实现教学生成,逐步形成启发、引导、设问、分析、探讨、反馈、点拨、释疑的启发式教学风格。

刘永贞老师著有《数学自习与辅导 高中代数》,其教学课例和教学论文被《中国特级教师辞典》《名师授课录》《中学数学课实录》《上海高级专家名录》《中学数学能力培养》等书籍收录。

刘永贞老师

附录3-10 高润华特级教师简介

高润华老师,1932年5月生,1952年起参加教育工作,1956年毕业于上海第一师范学院(现上海师范大学)中文系,1958年调入格致中学任语文教师、班主任,1960年出席全国文教群英会,1980年2月被评为特级教师。先后5次荣获全国"三八"红旗手称号,两次被评为上海市劳动模范,1986年被评为全国教育系统劳动模范。

高润华老师以"精雕细刻"的教学风格而著称,教学功底扎实,紧扣字词句篇,善于从培养学生的观察能力着手,读、写结合,有效训练学生的听、说、读、写能力。

高润华老师在《上海师范大学学报》(哲学社会科学版)、《语文学习》《语文建设》《中学语文教学》等刊物发表文章20余篇,教学课例被《语文教学经验与研究》《名师授课录》《中学语文教学论集》《全国语文特级教师教学经验选》《优秀语文教师上课实录》等书籍收录。

高润华老师

附录 3-11　刘汉标特级教师简介

刘汉标老师,格致中学 1957 届高中毕业生,20 世纪 60 年代初回母校任教,1986 年通过高级职称评审,20 世纪 80 年代后期担任数学教研组组长,1990 年被评为上海市特级教师。

刘汉标老师在教学中善于运用"一题多变"和"一题多解"给予学生思维以启迪。对于复杂的推导过程和难题的解题过程,刘汉标总能用深入浅出的方法进行讲解,让学生豁然开朗。刘汉标长期引导拔尖学生发展数学才能,辅导的学生在市、全国和美国中学生数学竞赛中多次获得一等奖,1996 年被授予中国数学奥林匹克高级教练员称号。

刘汉标老师在《数学教学》《中学数学教学研究动态》《上海教育》等刊物发表教学论文,教学课例收录于《初中数学竞赛辅导讲座》《数理化生园地》等书籍。

刘汉标老师

附录3-12 钱伟康特级教师简介

钱伟康老师1963年从上海师范学院毕业,分配至格致中学任语文教师,入职后得到翁璇庆、陈彩云等老师的点拨,1980年代成长为骨干教师,1986年担任教导主任,1994年被评为特级教师。

钱伟康老师博采众长,在教学中注重人文性和工具性的统一,逐步形成"谨而不拘、活而有序"的教学风格。课堂上的钱伟康言语激越却不失从容,教学严谨而气度洒脱,光华四射的内涵对学生有强烈的感染力。1980年代起扎根于"长文短教"的教改实践,教学成效显著。

钱伟康老师长期从事语文学业评价研究,多次参加全国普通高等学校招生统一考试(上海卷)等重大考试的命题工作。著有《初唐四杰和陈子昂》《十七岁的彩虹》《高中语文能力训练精析》《学习方略 高中语文》等书籍。在《语文学习》《中学语文教学》《文史知识》等刊物发表论文20余篇。

钱伟康老师

附录 3-13　向学禹特级教师简介

向学禹老师,蒙古族,1965年从北京师范学院地理系毕业,分配到上海工作,1978年调入格致中学,1994年被评为地理特级教师。兼任上海市高级职称地理学科评委、上海市天文学会理事、中国教育学会地理教学研究会常务理事、中国地理学会理事、上海市地理学会副理事长、华东师范大学兼职教授。

向学禹老师的地理教学注重兴趣引导与培养学生解决地理问题的方法和能力,充分发挥地理学科在宇宙观、人生观、资源观、环境观及可持续发展中的教育优势,形成融思想性、科学性、趣味性、实践性为一体的教学特色。他长期坚持辅导学生开展天文、气象、地质等课外活动,带领天文小组的学生在全国各地甚至走出国门观测重要天象达数十次,指导的学生在历届全国和上海市的气象、天文竞赛和小论文评比中,共获奖170次。

1988年上海中学生天文知识竞赛获奖学生与指导老师向学禹(右一)合影

向学禹老师撰写的教学论文曾获全国地理教育论文评比一等奖，上海市优秀课外活动方案二等奖，上海市教育科研论文评比三等奖。先后在《地理教学》《天文爱好者》《中学地理教学参考》等刊物发表论文20余篇。

附录 3-14　孙兆桂特级教师简介

孙兆桂老师，格致中学 1957 届高中毕业生，20 世纪 60 年代初回母校任教，1984 年被选聘为教导处副主任，1991 年被任命为主管教学的副校长，1996 年被评为特级教师。

从 80 年代起，孙兆桂老师在教学中探索学法指导，既注重学生思维过程的培养，又重视证明和演算的完整，努力用学生易懂的语言来讲解数学，形成了"讲透概念，反复练习；指拨难点，要言不烦"的教学特色。

孙兆桂老师著有《初中代数常用解题方法》《特级教师教数学》等教学用书。

孙兆桂老师

附录3-15　1978—1997年20年间格致中学学生获奖情况

项　目　名　称	获奖情况
1984年第35届美国中学数学奥林匹克竞赛(AHSME)（上海赛区）	一等奖1名,二等奖2名,三等奖4名
1985年第36届美国中学数学奥林匹克竞赛(AHSME)（上海赛区）	二等奖1名,三等奖1名
1986年第37届美国中学数学奥林匹克竞赛(AHSME)（上海赛区）	一等奖1名,三等奖1名
1987年第38届美国中学数学奥林匹克竞赛(AHSME)（上海赛区）	二等奖1名,三等奖1名
1988年第39届美国中学数学奥林匹克竞赛(AHSME)（上海赛区）	二等奖1名,三等奖1名
1990年第41届美国中学数学奥林匹克竞赛(AHSME)（上海赛区）	一等奖1名,二等奖2名,三等奖3名
1991年第42届美国中学数学奥林匹克竞赛(AHSME)（上海赛区）	一等奖2名,二等奖3名
1984年第2届美国初中奥林匹克数学竞赛(AIHSME)（上海赛区）	二等奖5名,三等奖1名
1985年第3届美国初中奥林匹克数学竞赛(AIHSME)（上海赛区）	一等奖1名,三等奖3名
1986年第4届美国初中奥林匹克数学竞赛(AIHSME)（上海赛区）	一等奖2名,三等奖1名
1987年第5届美国初中奥林匹克数学竞赛(AIHSME)（上海赛区）	一等奖1名,三等奖3名
1988年第6届美国初中奥林匹克数学竞赛(AIHSME)（上海赛区）	三等奖4名

续表

项目名称	获奖情况
1989年第7届美国初中奥林匹克数学竞赛（AIHSME）（上海赛区）	三等奖3名
1990年第8届美国初中奥林匹克数学竞赛（AIHSME）（上海赛区）	一等奖1名，二等奖2名，三等奖3名
1991年第9届美国初中奥林匹克数学竞赛（AIHSME）	一等奖1名，二等奖3名，三等奖2名
1990年美国数学邀请赛（上海赛区）	一等奖7名，二等奖8名
1984年美国数学邀请赛（上海赛区）	优胜奖6名
1985年美国数学邀请赛（上海赛区）	优胜奖3名
1986年美国数学邀请赛（上海赛区）	优胜奖2名
1987年美国数学邀请赛（上海赛区）	优胜奖2名
1988年美国数学邀请赛（上海赛区）	二等奖1名，三等奖2名
1989年美国数学邀请赛（上海赛区）	二等奖5名，三等奖5名
1990年美国数学邀请赛（上海赛区）	一等奖5名，二等奖3名，三等奖3名
1991年美国数学邀请赛（上海赛区）	一等奖2名，二等奖1名，三等奖4名
1987年全国初中数学竞赛（上海赛区）	优胜奖4名
1988年全国初中数学竞赛（上海赛区）	优胜奖4名
1989年全国初中数学竞赛（上海赛区）	一等奖3名，二等奖3名，三等奖2名
1990年全国初中数学竞赛（上海赛区）	一等奖3名，二等奖3名，三等奖5名
1991年全国初中数学竞赛（上海赛区）	一等奖6名，二等奖2名，三等奖3名
1988年上海市初三数学竞赛	第一名（特等奖）
1991年第3届全国"华罗庚"金杯赛决赛	金牌奖
1985年上海市学生英语演讲比赛	三等奖1名
1987年全国中学生力学竞赛初赛（上海赛区）	第一名（上海赛区）
1988年全国首届中学生力学决赛（上海赛区）	二等奖1名

续表

项 目 名 称	获奖情况
1990 年全国第 3 届中学力学决赛(上海赛区)	三等奖 1 名
1995 年第 12 届全国中学生物理竞赛(上海赛区)	一等奖 2 名,二等奖 2 名,三等奖 1 名
1996 年第 13 届全国中学生物理竞赛(上海赛区)	一等奖 3 名,二等奖 3 名
1997 年第 14 届全国中学生物理竞赛(上海赛区)	一等奖 3 名,二等奖 3 名,三等奖 1 名
1998 年第 15 届全国中学生物理竞赛(上海赛区)	一等奖 3 名,二等奖 4 名
1999 年第 16 届全国中学生物理竞赛(上海赛区)	一等奖 1 名,二等奖 2 名,三等奖 4 名
2000 年第 17 届全国中学生物理竞赛(上海赛区)	一等奖 1 名,二等奖 5 名
2001 年第 18 届全国中学生物理竞赛(上海赛区)	一等奖 4 名,二等奖 6 名,三等奖 2 名
1996 年全国中学生物理竞赛(冬令营)	铜牌 1 名
1998 年第 16 届全国中学生物理竞赛(冬令营)	铜牌 2 名
2001 年第 18 届全国中学生物理竞赛(冬令营)	银牌 1 名
1989 年第 2 届全国中学生物理竞赛决赛(上海赛区)	四等奖 1 名
1989 年全国 15 省市初中常用物理知识竞赛	一等奖 1 名
1991 年第 7 届全国中学生物理竞赛决赛(上海赛区)	三等奖 1 名
1993 年高中"英雄杯"化学竞赛团体	二等奖
1986 年上海市"东华杯"化学竞赛	二等奖 1 人
1987 年上海市"东华杯"化学竞赛	四等奖 4 人
1993 年上海市"东华杯"化学竞赛	团体一等奖
1984 年黄浦区化学竞赛	团体一等奖
1985 年上海市高二化学实验竞赛	二等奖 1 人
1986 年全国青年化学竞赛上海赛区	一等奖 1 人　二等奖 1 人
1987 年第 20 届奥林匹克化学竞赛	二等奖 1 人　四等奖 2 人
1987 年第 20 届奥林匹克化学竞赛	团体二等奖
1989 年全国首届中学生物学知识竞赛(上海赛区)	二等奖 1 名,三等奖 1 名

续表

项　目　名　称	获奖情况
1983年上海市首届中学生天文竞赛	一等奖1名,二等奖2名,三等奖9名
1984年全国首届天文知识竞赛	一等奖1名,三等奖5名
1984年全国首届天文智力竞赛	三等奖1名
1985年上海市哈雷彗星知识竞赛	一等奖2名,二等奖4名,三等奖1名
1986年上海市哈雷彗星观测评比	一等奖2名,三等奖4名
1987年上海市日环食天文竞赛	二等奖1名,三等奖5名
1987年上海市日环食小论文评比	一等奖2名,二等奖2名,三等奖3名
1988年全国日环食小论文评比	二等奖2名,三等奖6名
1988年上海市天文知识竞赛	一等奖2名,二等奖2名,三等奖2名
1990年上海市天文摄影评比	优秀奖3名
1994年天文刊物通讯赛	三等奖1名
1997年全国天文通讯竞赛	三等奖1名
1997年全国天文竞赛	二等奖1名,三等奖2名
1997年上海市天文竞赛	一等奖1名,二等奖3名,三等奖8个
1987年青少年日月食观测全国评比	小论文三等奖
1987年青少年日月食观测全国评比	照相团体三等奖
1983年上海市首届中学生天文竞赛	初中团体第一名
1983年上海市首届中学生天文竞赛	高中团体第三名
1985年上海市哈雷彗星知识竞赛	团体第一名
1987年全国哈雷彗星活动成果评比	团体一等奖
1988年上海市天文知识竞赛	团体一等奖
1993年黄浦区天文竞赛	高中组第一名
1988年上海市中学生气象知识竞赛	二等奖4名,三等奖3名
1988年上海市中学生气象知识竞赛	团体第二名

续表

项 目 名 称	获奖情况
1995年"全球青年论坛"课题竞赛(上海赛区)	二等奖1名 纪念奖1名
1995年全国环保知识竞赛(上海市)	团体第一名
1996年上海市中小学环保情报比赛	团体一等奖
1996年"六五"世界环境日系列活动	鼓励奖
1997年黄浦区第六届中学生地震知识竞赛	一等奖2名 二等奖6名 三等奖3名
1996年"国际科学与和平"上海市中小学生金钥匙科技竞赛	一等奖1名 二等奖1名 鼓励奖3名
1986年第3届中国青年电子计算机竞赛	三等奖1名
1990年第3届全国发明展览会	铜牌奖
1989年市"育苗杯"排球比赛高中女排	第一名
1990年市"育苗杯"排球比赛高中女排	第一名
1991年市"育苗杯"排球比赛高中女排	第一名
1996年世界杯(上海站)100米200米蛙泳	金牌2块
1984年上海市第4届中学生运动会游泳	男子高中组团体第一名
1990年上海市第9届中学生运动会游泳比赛	少年团体第一名
1987年上海市第1届"敬业杯"中学生游泳邀请赛	女子团体冠军
1989年上海市第3届"敬业杯"中学生游泳邀请赛	女子团体第三名
1985年上海市三棋比赛围棋(女子)	第一名
1983年上海市中小学生围棋赛	中学女子组冠军
1988年上海市中学生围棋邀请赛	女子团体第一名
1987年黄浦区中小学生基层桥牌赛	第一名
1991年上海第2届十月歌会学生专场合唱比赛	中学组二等奖
1991年上海第2届十月歌会	好歌团奖
1991年上海第2届十月歌会	优秀组织奖
1987年区第3届艺术节"盆栽花卉"	一等奖
1990年红领巾合唱团参加第3届"十月歌会"	黄浦区区最佳歌团奖
1985年上海市中学生先进集体	高二(3)班

续表

项　目　名　称	获奖情况
1986年上海市中学生先进集体	高二(3)班
1987年上海市少先队优秀集体	初一(1)班
1988年上海市中学生先进集体	初二(1)班
1989年上海市中学生先进集体	初三(1)班
1990年上海市中学生先进集体	初二(5)班
1991年上海市中学生先进集体	初二(2)班
1995年上海市中学生先进集体	少先队
1986年上海市红十字会卫生智力竞赛	第一名
1990年黄浦区区助残帮残先进集体	初三(3)班

市级以上竞赛中获奖人次

获奖人次\学科\年份	1984	1985	1986	1987	1988	1989	1990	1991
数　学	25	11	13	31	50	94	66	61
语　文		1	9	12	12	2	44	36
英　语		2	2		9	5	4	3
物　理	3		3	16	10	11	10	28
化　学		1		3	3	9	12	20
政　治	3		1		15	3		1
地　理	3	8	7	60		31	12	13
生　物	1				8	40	4	2
计算机								
科　技		17	7	20		21	5	2
文　艺	1		1				2	
体　育	40	17	18	2	8	7	40	36
合　计	76	57	64	141	115	223	199	202

附录 3-16　1978—1997 年 20 年间学校、教师获奖情况

		1978 年获奖情况	
区级	黄浦区教育系统先进工作者	金关宝、陈彩云、孙兆桂、夏云川、胡侣元、许宝盈、何炳基、陈雪珍、赵金林、朱世芳、史纪寿、袁行吾、陈德隆	
	黄浦区推普单项先进工作者	哈秀怀、沈家栋	
	黄浦区物理单项先进工作者	姜秀娥	
	黄浦区个人标兵	刘永贞、高润华	
	黄浦区宣传战线个人先进	简建华、费国荣、徐翔舟	
		1979 年获奖情况	
区级	黄浦区先进个人	高润华、刘汉标、金关宝、赵金林	
		1980 年获奖情况	
区级	黄浦区先进集体	格致中学数学教研组	
	黄浦区教育系统先进工作者	姜秀娥	
		1981 年获奖情况	
市级	上海市先进体育教师	虞咸康	
	上海市先进教育工作者	姜秀娥	
区级	黄浦区优秀党员	高润华	
	黄浦区教育系统先进体育教师	虞咸康	
	黄浦区先进职工	林晓明	
	黄浦区教育系统先进个人	向学禹、朱云清、孙晓峰、马虹莺、张秀霞	
		1982 年获奖情况	
国级	全国勤工俭学先进单位	格致中学	

续表

1982 年获奖情况		
区级	黄浦区绿化先进集体	格致中学
	黄浦区先进集体	格致中学语文教研组
	黄浦区教育系统先进工作者	高润华、孙兆桂、马虹莺、向学禹、唐启昌
1983 年获奖情况		
国级	全国"三八"红旗手	高润华
市级	上海市"五讲四美"为人师表先进集体	格致中学图书馆
	上海市劳动模范	高润华
区级	黄浦区先进集体	格致中学语文教研组
1984 年获奖情况		
市级	上海市《国家体锻标准》达标先进单位	格致中学
	上海市优秀班主任	马虹莺
区级	黄浦区先进集体	格致中学
	黄浦区教育系统先进集体	格致中学数学教研组
	黄浦区先进工作者	孙兆桂
	黄浦区"三八"红旗手	姜秀娥
1985 年获奖情况		
市级	上海市《国家体锻标准》达标先进单位	格致中学
	上海市勤工俭学先进单位	格致中学量修机械厂
	上海市优秀教育工作者	孙晓峰
	上海市"文汇"园丁鼓励奖	刘汉标
	上海市青年教师大奖赛优秀奖	刘渝瑛、钱伟康
	上海市优秀青年教师	刘福朝
	上海市"边讲边实验"科研三等奖	赵全兴
区级	黄浦区先进集体	格致中学数学教研组
	黄浦区振兴中华统一祖国服务先进个人	张联冠
	黄浦区教育系统先进工作者	刘渝瑛、刘汉标、孙晓峰

续表

	1986年获奖情况	
市级	上海市文明单位	格致中学
	上海市《国家体锻标准》达标先进单位	格致中学
	上海市勤工俭学先进集体	格致中学
	上海市青年教师大奖赛纪念奖	孙晓峰
区级	黄浦区教育工会先进集体	格致中学工会
	黄浦区先进党支部	格致中学党支部

	1987年获奖情况	
市级	上海市文明单位	格致中学
	上海市《国家体锻标准》达标先进单位	格致中学
	上海市优秀产品	格致中学量修机械厂外径千分尺测探砧研磨机
	上海市中青年教师评选活动优秀奖	向学禹、张志斌
	上海市中青年教师评选活动纪念奖	符龙溢
	上海市教育科学研究三等奖	钱伟康、胡贵根《培养数学尖子》
区级	黄浦区卫生合格单位	格致中学
	黄浦区文明单位	格致中学
	黄浦区先进团支部	格致中学团支部
	黄浦区先进集体	格致中学数学教研组
	黄浦区先进青年先进团体	格致中学教工团支部
	黄浦区先进工作者	孙兆桂

	1988年获奖情况	
国级	国家教委中学教学实验教材研究组二等奖	李世廷
	全国体育传统项目学校优秀工作者	吉文明

续表

1988年获奖情况		
市级	上海市文明单位	格致中学
	上海市《国家体锻标准》达标先进单位	格致中学
	上海市爱鸟、护鸟先进单位	格致中学
	上海市绿化合格单位	格致中学
	上海市勤工俭学先进集体	格致中学
	上海市园丁一等奖	陈燕敏
	上海市园丁二等奖	张淑玲、袁世英
	上海市学校卫生先进工作者	苏玉华
	上海市第二届教育科学研究三等奖	钱伟康、胡贵根《培养数学尖子初探》
	上海市中小学体育耕耘奖	宋惠芳
区级	黄浦区中学眼保健操第二名	格致中学
	黄浦区档案工作先进单位	格致中学
	黄浦区勤工俭学先进集体	格致中学量修机械厂 格致中学勤工俭学教育小组
	黄浦区教育系统档案先进工作者	王凤琴
	黄浦区园丁一等奖	陶志华、袁美云、朱延玫
	黄浦区园丁二等奖	杨燕、王瑞康、毛天行、秦宗武
	黄浦区勤工俭学先进个人	陈德隆、赵志忠、尹永来、姚章豪、史家麟
1989年获奖情况		
国级	全国优秀教师	孙兆桂
市级	上海市文明单位	格致中学
	上海市《国家体锻标准》达标先进单位	格致中学
	上海市优秀教研组	格致中学数学教研组
	上海市优秀教育工作者	钱伟康
	上海市园丁奖	钱伟康、陈德隆、任遵义、刘永贞

续表

	1989年获奖情况	
区级	黄浦区先进集体	格致中学物理教研组
	黄浦区园丁奖	沈咸勋、赵金林、陈天水、黄秋霞、徐翔舟、何炳基、尤少和、潘秀珍
	黄浦区治安责任人先进个人	傅锦疆

	1990年获奖情况	
市级	上海市文明单位	格致中学
	上海市《国家体锻标准》达标先进单位	格致中学
	上海市普教系统文明组室	格致中学物理教研组
	上海市先进集体	格致中学物理教研组
	上海市育才奖	格致中学物理教研组
	上海市优秀青年教师	孙 晔
	上海市体育先进个人	陈孝栋
	上海市普教系统勤工俭学先进个人	朱仲康、林晓明、胡热和
	上海市优秀工会积极分子	康瑞娟
区级	黄浦区园丁奖	何 平、张志斌、尹祖德、李文黎、朱云清、陈维芬、张秀霞、何继德
	黄浦区民防知识教育系统先进个人	郑正方

	1991年获奖情况	
市级	上海市《国家体锻标准》达标先进单位	格致中学
	上海市录像工作先进集体	格致中学
	上海市优秀园丁奖	姜秀娥、孙晓峰、孔庭瑶、林立勋
区级	黄浦区区工会先进集体	格致中学工会
	黄浦区社区办学先进集体	格致中学
	黄浦区红读活动先进集体	格致中学
	黄浦区防近先进集体	格致中学
	黄浦区绿化先进集体	格致中学

续表

	1991年获奖情况	
区级	黄浦区群众文化先进集体	格致中学
	黄浦区先进集体	格致中学退管会
	黄浦区教育系统文明组室	格致中学教导处
	黄浦区第三届科技进步三等奖	格致中学量修机械厂产品ocu电脑计重仪
	黄浦区园丁奖	周柏生、金关宝、吴佩娣、刘国祥、朱仲康、王珍芳
	黄浦区德育优秀工作者	朱莹毅、朱卫平、张志勤
	黄浦区"三八"红旗手	姜秀娥
	黄浦区先进青年人物	唐国珍
	1992年获奖情况	
市级	上海市普通教育科学研究工作先进个人	钱伟康
区级	黄浦区先进集体	格致中学语文教研组
	黄浦区优秀青年教师	蔡蓉、叶瑛、马莹、杨永武
	黄浦区艺术单项先进	徐翔舟
	黄浦区绿叶奖	马雅贞、张联冠、胡贵根
	1993年获奖情况	
国级	全国优秀教师	朱延玫
市级	上海市中小学社会服务先进集体	格致中学
	上海市园丁奖	傅锦疆、杨永武、尤少和
区级	黄浦区天文特色学校	格致中学
	黄浦区先进集体	格致中学物理教研组
	黄浦区先进集体	格致中学数学教研组
	黄浦区"三八"红旗手	康瑞娟
	黄浦区先进工作者	皮忍安
	黄浦区青年先进个人	姚卓匀
	1994年获奖情况	
市级	上海市教育系统文明组室	格致中学数学教研组
	上海市精神文明先进班组	格致中学数学教研组

续表

	1994 年获奖情况	
市级	上海市教育系统文明组室	格致中学数学教研组
	上海市精神文明先进班组	格致中学数学教研组
	上海市德育先进工作者	潘学军
	上海市劳动模范	皮忍安
	上海市"金爱心"奖一等奖	杨永武
	上海市优秀计算机教师	周柏生
	上海市优秀总务工作者	尹祖德
	上海市中小学电化教育先进个人	黄传霖
	上海市青年教师教育教学评优活动一等奖	陆　静
	上海市青年教师教育教学评优活动三等奖	常　途、钟　浩
	上海市中小学自制教具评选三等奖	潘德宝、俞宜兆
区级	黄浦区规范化管理一级党支部	格致中学党支部
	黄浦区文明单位 黄浦区十佳集体	格致中学
	黄浦区教育系统精神文明先进班组	格致中学教导处
	黄浦区第二批科技拔尖人才	钱伟康
	黄浦区青年"希望之星"	蔡　蓉、孙　晔、马　莹
	黄浦区优秀班主任	陆　静、吴佩娣、伊燕龄、顾天立
	黄浦区科技"飞天"奖	姚　畅、沈雪敏
	黄浦区"百合花"艺术奖	徐翔舟、黄庆华
	黄浦区"白玉兰"带教奖	赵启中、张振文、秦宗武
	黄浦区"腾飞"奖	王　慧、李文黎
	黄浦区"绿叶"奖	张小薇、干国英、诸世传、朱仲康
	1995 年获奖情况	
国级	全国优秀教育工作者	姜秀娥

续表

	1995年获奖情况	
市级	上海市雏鹰大部队	格致中学少先队
	上海市群众体育先进集体	格致中学
	上海市模范集体	格致中学数学教研组
	上海市中小学德育先进工作者	潘学军
	上海市园丁奖	陈天水
	上海市群众体育先进工作者	虞咸康
	上海市优秀科技辅导员	林立勋
	上海市先进财务工作者	张福珍
区级	黄浦区红旗大队	格致中学少先队
	黄浦区十佳集体	格致中学
	黄浦区先进党支部	格致中学
	黄浦区文明单位	格致中学
	黄浦区科技特色学校（天文）	格致中学
	黄浦区科技先进集体	格致中学
	黄浦区计算机推广应用先进单位	格致中学
	黄浦区精神文明标兵班组	格致中学数学教研组
	黄浦区园丁奖	赵金林、黄秋霞、张振文、羊　光、诸世传、袁惠芳、向学禹、姚　畅
	黄浦区青年新长征突击手	潘燕雯、朱莹毅
	黄浦区优秀团干部	张　威
	黄浦区青年"希望之星"	常　途、羊　光
	黄浦区科技先进个人	吴关宝
	黄浦区少先队优秀辅导员	潘燕雯
	1996年获奖情况	
国级	第三届全国教育教学论文大赛二等奖	张高炜
	第三届苏步青数学教育奖	数学组
市级	上海市"关心下一代"工作先进集体	格致中学党支部

续表

		1996年获奖情况	
市级		上海市劳模集体	格致中学数学教研组
		上海市教育系统文明组室	格致中学物理教研组
		上海市雏鹰大部队	格致中学大部队
		上海市推优入团先进单位	格致中学大队部
		上海市规范队室提名奖	格致中学大队部
		上海市"我心中的红十字"组织奖	卫生室
		上海市"关心下一代"工作先进个人	高润华
		上海市教育科研先进个人	赵启中
区级		黄浦区先进集体	格致中学数学教研组
		黄浦区红旗大部队	格致中学大队部
		黄浦区优秀班主任	何 平、陆群英、邵 清、姚 勤、肖 磊
		黄浦区"金钥匙"奖	顾国富、陈燕敏、姚 畅、李世廷
		黄浦区"绿叶"奖	谢德华、刘福朝
		黄浦区优秀党员	袁惠芳
		黄浦区优秀党务工作者	袁行吾
		黄浦区"十佳"青年标兵	蔡 蓉
		黄浦区少先队优秀辅导员	伊燕龄、潘燕雯
		1997年获奖情况	
市级		上海市文明班组	格致中学数学教研组
		上海市园丁奖	向学禹
区级		黄浦区十佳集体提名奖	格致中学物理教研组
		黄浦区先进集体	格致中学数学教研组
		黄浦区十佳新闻	《学长的情怀——杨福家教授在格致中学设立爱国物理奖》
		黄浦区希望之星	肖 磊
		黄浦区园丁奖	张秀霞、李世廷、庄起黎、何 平、干国英
		黄浦区先进工作者	向学禹
		黄浦区先进科技教师	张志斌
		黄浦区先进工会积极分子	水 凌、张小薇、奚雅婷

附录 3-17　1996 年上海市格致中学教职工名单

行政
高润华　姜秀娥　张志敏　孙兆桂　傅锦疆　柳泽泉　袁行吾　蔡　蓉　马雅贞　朱莹毅

教导处
钱伟康　林立勋　郭自作　朱仲康　李晓春　杨庆生　周文娟　王芷鸿　胡大明　郑霁瑜　朱晓华

图书馆
干国英　胡贵根　陶志华　潘蓉珍　张兴惠　沈开达　董　琪

总务处
张联冠　王慈祥　张福珍　陈刘荣　曹正勇　张益利　王家洪　钱永康　苏玉华　卢银龙　诸世传　周桂兰

物理组
孙晓峰　秦宗武　顾国富　庄起黎　何继德　钟　浩　陈国延　童松华　俞一辛　金莲娥　席海燕　王珍芳　王根妹　陆光明　沈万友　丁宽兰　尹永来　王丹萍　赖兴华　林晓明　周一新　钱蒙恩　谢德华

电教组
黄传霖　王　臻　白迪之　张　威　周　挺　沈雪敏

语文组
陈天水　孔庭瑶　张正康　赵金林　陈维芬　刘福朝　刘济桓　伊燕龄　顾天立　孙春梅　张高炜　沈　岚　杨永武　郭维维　肖　磊　刘意人　阮晓岚　王小欣

数学组

刘汉标　皮忍安　李世廷　陈绍实　赵启中　周柏生　吴关宝　朱廷玫　任遵义　羊　光　孙　晔　蔡　青　姚　勤　杨建华　王国伟　葛　桢　陈　莉　李　幸　朱　逸

化学组

陈燕敏　徐晓宏　张万里　徐　烂　陆　静　常　途　方红萱　张　燕　王政华　潘德宝　俞宜兆

外语组

黄秋霞　张秀霞　王玉英　郑爱群　毛羽美　朱卫平　潘庆生　洪钧能　徐仲达　奚雅婷　陆群英　钟维尧　叶　瑛　马　莹　方立平　曹　薇　凌萃华　董正宇

体育组

陈孝栋　虞咸康　李文黎　吉文明　邵　伟　罗永雄　水　凌　万爱芳

政治组

袁惠芳　何　平　沈咸勋　刘国祥　姚卓匀　潘燕雯　周　隽　尤少和

历史组

符龙溢　金国强　缪国芬

生物组

吴佩娣　张小微　李　艳　张志平

地理组

张志斌　向学禹　张宇阳

艺术组

徐翔舟　陈妮娟　夏　星　黄庆华

聘用人员

康瑞娟　朱云清　张振文

东格致教师

王培煜　刘大年　方孝虎　沈慧敏　张石林　王之骏　许　颖

离休人员

程润云　王子枫　程国清　张佩君

第四编

全面实施素质教育的跨世纪发展

(1997—2005)

引 言

　　1999年6月，中共中央、国务院关于深化教育改革、全面推进素质教育的决定指出："全党、全社会必须从我国社会主义事业兴旺发达和中华民族伟大复兴的大局出发，以邓小平理论为指导，全面贯彻落实党的十五大精神，深化教育改革，全面推进素质教育，构建一个充满生机的有中国特色社会主义教育体系，为实施科教兴国战略奠定坚实的人才和知识基础。"

　　作为黄浦区的试点单位，格致中学于1997年率先停止招收初中新生，实行初高中脱钩，扩大高中招生。学校将"首批通过示范校评估"作为学校工作的目标之一，制订了三年发展规划，将规划作为指导格致中学各项工作的蓝图。学校拟定了"基础厚，能力强，身心健，有特长"的育人目标，以教育科研为先导，以课程教育革新为重点，以优化师资队伍、改善办学条件为保障，全面实施办学规划。2001年、2003年先后顺利通过市专家组对三年规划实施的中期评审和终结性评审，2005年成功首批挂上"上海市实验性示范性高中"的铜牌。

　　学校全面落实《中共中央关于加强社会主义精神文明建设若干重要问题的决议》，起草了《格致中学精神文明建设规划》，将学校精神文明建设分解为"五大工程"予以实施，即通过发起"凝聚力工程"、构筑"师德塑造工程"、建设"校园文化工程"、创建"文明班组工程"、开展"社区文明共建工程"，凝聚道德力量、铸造兴校之魂。学校以规范化

管理保证服务的标准化,以人本化管理促进服务的优质化,以信息化管理追求服务的现代化,提高管理效益。格致中学蝉联上海市文明单位。

学校将培养具有"公共精神、国际胸怀、诚信关爱、独立自信和科学素养的格致新人"定为德育工作的总目标,建立起一个特色、两大基地、三方合力、四项制度、五大活动、六组系列的校本德育体系,厚植爱国主义情怀。

学校努力构建符合素质教育要求的课程体系。"以学生发展为本"、以满足五个"需要"为指导,设置格致课程的框架。执行国家课程,开发学校自编课程,制定《〈格致课艺新编〉编制纲要》,优化基础型课程,发展拓展型课程,落实研究型课程,成绩卓著。

学校建立教科研导向机制,确保素质教育的方向;建立教科研激励机制,确保教育科研的广泛参与性;建立教科研成果展示、推广机制,确保教科研效益的充分发挥。格致中学被评为"上海市教育科研工作先进集体"。

学校致力于打造一流的师资队伍,提出了"创建学习型学校,培养研究型教师"的教师专业发展目标,制订《格致中学教师专业化发展纲要》,明确教师的专业素养要求,构建教师的继续教育体系,成效显著。

2001年黄浦区委区政府决定依托旧城区改造建设,兼顾示范校达标要求,启动格致中学改扩建工程,继续委托同济大学建筑设计院设计。2004年二期改扩建工程正式开工,2005年竣工投入使用。

第一章

争创实验性示范性高中

一、获评首批实验性示范性高中

(一) 完全中学改为高级中学

从1997年秋季起,市重点中学格致中学、区重点中学光明中学实行高初中脱钩,不再招收初中学生,逐步办成规模各为36个班的实验性示范性高级中学。

1997年格致中学开始不再招收初中生,到1998年学校拥有37个教学班,学生数1855人,在职在编教职工人数为182人,其中教师130人,列表如下:

表4-1-1　1998年格致中学在校学生人数统计

1998年	年级	班级数	学生数
初中(男:381人　女:295人)	初二	6	344
	初三	6	332
高中(男:591人　女:588人)	高一	10	497
	高二	8	388
	高三	7	294
总　　计	5	37	1855人

1999年新高一设 10 个班级,共 501 名学生。2002 年新高一设 11 个班级,共 513 人。学生来源更为复杂化,其中正式生 287 人,扩招生 39 人,特招生 17 人,特长生 38 人,一、二等奖保送生 64 人,保送生 22 人,零志愿生 46 人。

(二) 争创实验性示范性高中过程简介

为贯彻落实《关于本市开展"实验性示范性高中"规划评审的意见》,在 1998 年 11 月—12 月接受上海市政府督导室对格致中学进行为时 3 周的综合督导的基础上,格致中学启动了实验性示范性高中的争创工作。从制订规划到正式命名挂牌主要经历了以下阶段:(1)酝酿准备阶段,学校主要接受了上海市督导室对学校进行为时 3 周的综合督导(1998 年 11 月—12 月)。(2)制订规划与申报阶段,学校主要制订了《上海市格致中学建设实验性示范性高级中学规划》(简称《三年规划》),并于 1999 年 9 月 13 日在格致中学教代会五届六次会议上通过。(3)通过初审阶段,学校主要于 1999 年 12 月接受并顺利通过了市教委专家组对《三年规划》的评审。(4)通过中期评审阶段,学校主要于 2001 年 12 月 19 日—20 日通过了市教委专家组对学校《三年规划》实施状况的中期评审。(5)通过终审阶段,学校主要于 2003 年 11 月 26 日—27 日接受了市教委专家组对学校实施《三年规划》的终结性评审,获得专家组的好评,并同意学校的申报。(6)命名挂牌阶段,主要是根据以上三次评审的结论及社会反馈意见,2005 年 2 月格致中学被命名为首批"实验性示范性高中",并挂上了铜牌。

(三) 酝酿准备

在 1997 年学校制订的 1996 学年第二学期工作计划中,以全国高中工作会议及上海市高中工作会议的精神为指导,将"争取首批进入示范校评估"作为学校工作开展的三大方面之一。1997 学年的学校工作计划则以"争创示范性学校"为抓手,全面推进素质教育。此后几年时间里,争创实验性示范性学校成为学校工作的目标之一,学校以它为衡量各项工作的重要标准,扬长避短,查漏补缺。

1998 年 11 月—12 月上海市政府督导室对格致中学开展的综合督

导成为格致中学创建实验性示范性高中的前奏。第一周,由专家组和徐汇区教研室全体教研员来校听了95%以上教师的课;第二周,专家组进行内部分析;第三周,专家组近20位专家在听取柴志洪校长作的"格致中学办学水平督导评估自评报告"后,采用个别访谈、小组座谈、问卷调查、实地考察等形式对全校师生、家长、社区单位、大专院校、社会实践基地等进行深入调研,并于1999年写出综合督导报告,向学校党政班子作出反馈。

市政府督导室在评估报告中肯定了学校在办学目标、师资队伍建设、办学特色、教育教学管理等多方面的办学成绩,指出:"学校坚持以教学为中心,在邓小平理论学习、艺术教育、科技教育等方面形成自己的特色""学校注重学生个性特长的发展,为培养学生的创造能力提供各种条件""学校重视校园文化建设,有书画、钢琴、插花、器乐等社团,努力营造浓厚的艺术氛围""根据面向现代化、面向世界、面向未来的精神,学校已构思确定了办学目标和培养目标""建议将领导的办学思路,变为每个年级、每个教研组、每个教职工的共识和实际行动"。报告也指出了一些不足,并提出了改进建议,如"学校的课堂教育是素质教育的主阵地,但教学方法陈旧等问题普遍存在""建议组织教师通过各种形式的学习,打开思路,拓宽视野,转变观念,树立正确的人才观、教育观"。总之,市政府督导室的评估报告,为学校制订建设实验性示范性高级中学的三年规划提供了针对性极强的理论和实践的依据。

(四) 制订规划、通过初审

1999年上半年,在专家的指导下,学校开始制订《三年规划》(1999年9月—2002年9月),并把制订规划的过程看作是师生、家长、专家和领导融合、互动、学习、调研、评估和完善的过程。《三年规划》以推进学校可持续发展为出发点,以8个方面的思考与实践作为制订规划的依据:(1)对全面落实教育方针、推进素质教育的理解。(2)新世纪,社会对学校的高标准要求。(3)对当前校情的切合实际的分析。(4)对学校传统特色的继承和发扬的思考。(5)领导、督学、教师对学生可持续发展的期望。(6)社会、家长对学生可持续发展的期望。(7)对学校可持续

发展的要求。(8)规划的"先进性和可行性"相统一的原则。

《三年规划》将学校近期(1999年9月—2002年2月)发展的总体目标定为:经过3年的努力,格致中学建设成上海一流、国内知名、有一定国际影响的、体现大都市中心城区特色的、以科学素质教育见长的实验性示范性高级中学。

《三年规划》主要由社会期望、学生发展、学校传统、办学目标、龙头课题"格致中学素质教育的思考与实践"(含6个子研究课题)、6个分目标、监控评估、实施过程构成。其中龙头课题"格致中学科学素质教育的思考与实践"将科学素质界定为科学精神、科学态度、科学知识、科学能力,科学统领等6个子课题,囊括学校工作的五大领域:德育改革工程、课堂教学革新工程、课程改革工程、信息科技教育工程、教师自培基地建设工程。

《三年规划》制订后,1999年8月20日在行政领导会议上学校各级领导干部对《三年规划》进行了讨论修改;9月13日经格致中学教代会六次会议一致通过后上报市教委。12月13日—15日,由15名专家组成的上海市"实验性示范性高中规划"评审专家组对学校建设实验性示范性高级中学办学规划(1999年9月—2002年9月)进行了初审,格致中学顺利通过,《三年规划》随即成为格致中学3年发展的蓝图。

(五) 实施规划

学校以"基础厚,能力强,身心健,有特长"为育人目标,以教育科研为先导,以课程教育革新为重点,以优化师资队伍、改善办学条件为保障,全面实施办学规划。首轮三年规划实施期间,学校创设了"格致教育论坛",先后举办23场学习活动,邀请10多名专家、学者来校作专题讲座,遴选近60名教师在论坛上做专题发言。深入的研讨使全校教职工在人才、教学、课程、信息技术等观念上有了新的理解与转变,为实施教育改革确立了思想前提。

规划实施期间,学校加大投入力度,努力改善硬件设施和后勤服务。不仅优化配置电化教室、语音室、天象厅、现代物理实验室、数字化地理教室、网络化生命科学实验室、合作互动历史多媒体教室等专用教室,还为95%以上的教师配备带液晶显示器的DELL电脑,为实施素质教育提供物质保障。学校还把"信息技术与学科教学高效整合的方法研究"作为办好现代教育技术实验学校的主课题开展研究,与复旦大学光华公司一起设计、构建学校校园网,与清华大学同方公司一起探索高水准的信息技术与学科教学整合的实践与研究,并向全市同行展示。

学校始终将学生的思想品德教育置于首位,以"学习邓小平理论,加强高中生爱国主义教育实效性的实践探索"和"格致中学学生道德实践能力的形成和发展研究"两个课题的研究为抓手,在德育实践中,形成"学习—参与—体验—感悟"交互推进的德育模式。通过组建邓小平理论读书会等各类社团,开辟大别山等德育实践基地,推出"成功袋"等新型自我评价形式,开展艺术节、科技节、体育节、社团节等丰富多彩的校园文化活动,构建校本德育体系、提高德育的实效性。

为全面推进素质教育,学校深化三类课程改革。基础性课程以"夯实基础,文理并重,融会贯通"为要务;拓展型课程以"拓宽领域,开发智能,培养特长"为目标,开设了70多门拓展型课程供学生选修、拓展;研究型课程以自主选题、自主研究、发展个性为特点,要求每个学生参加并完成一个开放性课题研究。学校以多元智能理论为指导,重视学生个性发展,优化资优生、特长生的培养条件。2002年,格致中学与市体育运动学校建立协作关系,开展女排项目的训练;与上海棋院签订协议,帮助格致培训象棋、围棋、国际象棋的人才。2003年,区教育局和华东师大教科院联手,以格致中学为基地筹建"上海资优教育研究中心"。学校通过创办"格致教育论坛"、加强行政听课视导、举办教学展示周等活动,促进教师转变角色,探索新的教学模式,如思维引导教学模式、合作交流教学模式、创设情景发问探究模式、收集资料分析研讨教学模式、信息网络教学模式等。

学校提出"创立学习型学校,培养研究型教师"的目标,制定了《格致中学教师专业化发展纲要》,明确提出格致中学教师专业素养5条要求,包括:教书育人,为人师表,自觉学习教育教学理论,在教育教学实践中勤于反思、精于研究,学习、掌握并积极应用现代教育信息的理念

与技术等。为此，由学校党总支牵头，组建了"格致中学教师专业化发展的校本培训研究"课题小组；建立、健全师资自培基地，采取多种形式，开辟多重渠道，为教师提供不同层次的专业发展机会，如为青年教师举办"希望之星"研修班，在高级教师中实行首席教师制度。4年中，学校共选派34位教师出国进修访问，选送8位教师到数学、物理、化学、生物全国冬令营参加对集训学生的指导。

（六）成绩斐然，通过评审

在1999—2003年的实施建设实验性示范性高级中学规划期间，学校保持或首次获得以下市级以上的光荣称号，社会声誉不断提高。

综合类荣誉称号有：上海市文明单位（1999年、2001年、2003年评上），上海市"双学"先进集体（2001年再次评上），上海市"双拥"先进单位（2002年再次评上）。

德育类光荣称号有：上海市中小学德育工作先进集体（2000年再次评上），上海市新长征突击队（2003年，团委），上海市"特色团组织"（1999年）。

教学类光荣称号有：全国科普工作先进集体（2002年），国家级教育资源库建设研究项目合作学校（2003年），中国创造学会创造教育专业委员会实验基地（2001年），上海市科技教育特色示范学校（2003年首批评上），上海市"双语"实验学校（2003年首批评上），上海市头脑奥林匹克特色学校（2001年首批评上），东方网学生记者站格致中学分站（2003年），上海市TI数理教学技术实验学校（2001年），上海市十佳明星社团（2001年，校天文协会）。

艺体类光荣称号有：上海市群众体育先进集体（2002年再次评上）、全国国际象棋示范学校（2003年）、全国国际象棋传统项目学校（2003年）、上海市排球传统学校（每年复评）、上海市中小学影视教育先进学校（2001年）。

管理类光荣称号有：上海市A类预算信用单位（2002年）、档案国家二级先进单位（2003年）、上海市示范性图书馆（2002年）。

4年中，反映学校教学质量的硬指标不断提升，家长口碑越来越好。

表 4-1-2 2001 届—2003 届毕业生高考成绩一览表：

毕业年份（届）	全体在校学生人数	参加高考学生人数	达线率（%）	本科率（%）	一本率（%）	四校录取率（%）
2001	1492	462	96.76	81.39	64.07	17.32
2002	1468	476	98.53	86.98	68.91	18.28
2003	1506	476	99.58	94.33	76.26	22.06
2003A		428	100	96.67	81.87	24.07

注1：表中高三毕业生的招生对象是原黄浦区，当时的居民约24万人。
注2：2001—2003 的毕业生统计的人数包括所有特长生和线下生。
注3：2003A 为去掉了 48 名特长生和线下生的比例；这 48 名学生的达线率为 95.83%。
注4：四校指北京大学、清华大学、复旦大学、上海交通大学4所大学。

学校培养的尖子生、特长生逐年有所增加。学科类：2001—2003年格致学生在数学、物理、化学、生物的全国竞赛中荣获一等奖的共有37人，在上海市名列第四(详细见附录4-11)。这些学生均被保送到理想的名牌大学深造。在全校师生的共同努力下，2001年12月格致中学顺利通过了市专家组对三年规划实施的中期评审。2003年11月，学校又顺利通过了市专家组对规划实施的终结性评审。2005年2月上海市教育委员会关于命名"上海中学"等28所学校为"上海市实验性示范性高中"的决定下发到学校，文件指出：经过学校申报、区县教育局

图 4-1-1 上海市格致中学建设实验性示范性高中总结性评审现场

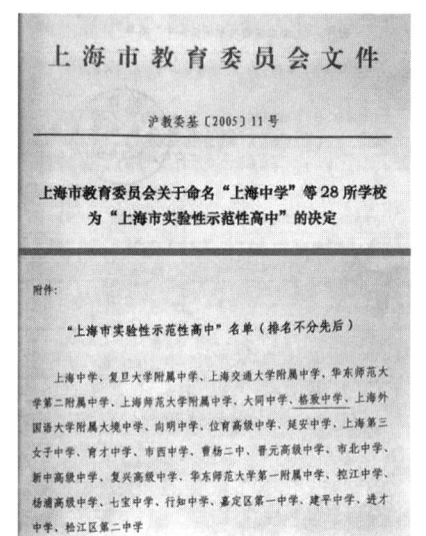

图 4-1-2　格致中学被命名上海市实验性示范性高中

审核同意,市教委组织专家对申报学校实验性示范性高中规划和规划实施情况的初审、中期评审和总结性评审及上网公示等评审程序,经市教委研究并审定,命名上海中学等 28 所学校为"上海市实验性示范性高中"。2005 年颁发铜牌,格致中学成为首批上海市实验性示范性高中之一。

2002 年格致中学制订了第二轮三年规划(2002—2005 年),2005 年 12 月格致中学圆满通过市示范性实验性高中的年检。

1. 2003 年至 2005 年,格致中学所获荣誉称号

上海市文明单位;

首批上海市实验示范性高中;

上海市普教系统先进基层党组织;

上海市普教系统德育工作先进集体;

上海市中小学行为规范示范校;

全国科普先进集体;

上海市绿色学校;

上海市科技教育特色学校;

上海市艺术教育特色学校;

上海市双语教育示范学校；
上海市知识产权示范学校；
上海市头脑奥林匹克活动特色学校；
上海市体育传统项目学校；
上海市红十字先进单位；
上海市中小学图书馆先进集体；
上海市"双拥"模范单位；
上海市新长征突击队(校团委)等市、区50多项荣誉称号。

2. 2003年至2005年，格致学生所获奖项

上海市中学生古诗文阅读大赛一等奖多名；
上海市中学生作文竞赛一等奖4名；
上海市第十届中学生科普英语竞赛A组团体一等奖；
上海市头脑奥林匹克竞赛中获得4个一等奖；
朱哲明同学获得首届"上海市青少年科技创新市长奖"；
上海市第四届学生艺术节器乐专场一等奖；
茶艺社获上海市中学生茶艺比赛两项金奖；
上海市中学生运动会国际象棋男女团体冠军、围棋获中学组男子团体第一
上海市第三届青少年运动会排球女子A组冠军。

3. 全国重大学科竞赛格致学生获奖记录(2003—2005年)

全国生物竞赛(上海赛区)连续3年团体第一；
全国物理竞赛(上海赛区)团体第一、第二；
全国数学竞赛(上海赛区)团体第三；
全国信息技术竞赛(上海赛区)团体第二；
上海市中学科普英语竞赛A组团体一等奖。

4. 全国重大学科竞赛格致学生获奖人数(2003—2005年)

2003年获一等奖20名；
2004年获一等奖15名；
2005年获一等奖18名；
总计43名。竞赛获奖者保送北京大学、清华大学、复旦大学、上海交通大学。

二、素质教育，有序推进

（一）成立学校素质教育推进委员会，制定《格致中学素质教育推进委员会的工作条例》

1998年，为了协调学校、家庭和社会各方面的力量，搭建以素质教育为共同目标的大教育网络，学校决定成立格致中学素质教育推进委员会。柴志洪校长代表学校发表讲话，林立勋老师介绍了《格致中学素质教育推进委员会的工作条例》，张志敏总支书记宣读了格致中学素质教育推进委员会的成员名单。委员会由中科院院士叶叔华、杨福家、汪品先、邹世昌，上海师范大学校长杨德广，上海市艺术教育基金会理事长桑桐，原中共黄浦区委书记、格致中学顾问高寿成，中共黄浦区委副书记李俊明，黄浦区人民政府副区长孔耀洲，上海市教委基教办主任尹后庆担任顾问，张俊明、姚仲明、高润华任名誉主任，柴志洪为主任，张志敏为副主任，柳泽泉为秘书长，林立勋、姚卓匀为副秘书长。委员会分设专家委员会、社区委员会、校友委员会、家长委员会、教师和学生委员会。

根据《格致中学素质教育推进委员会的工作条例》，素质教育推进委员会的具体工作有4个方面：(1)根据邓小平理论、党的"科教兴国"的战略方针以及新世纪对人才素质的要求，对格致中学教育工作提出建议。(2)帮助学校拓宽素质教育的渠道，优化格致中学的教育条件和环境。(3)指导和帮助格致中学培养有特长的学生。(4)指导和帮助学校教育科研工作。6个委员会经民主协商各产生2—4名代表，组成学校素质教育推进委员会联席会议，协调各委员会的工作，形成以素质教育为共同目标的大教育网络。格致中学素质教育推进委员会成立后提出了《格致中学推进素质教育工作的若干意见》，委员会在指导格致老师学习先进教育理论、贯彻党的"科教兴国"的战略方针、探索适合格致实际的素质教育的新举措、拓宽开展素质教育的渠道、优化格致的教育环境、合力培养跨世纪优秀人才等方面发挥了积极作用。

（二）实施目标管理，建立体现素质教育的格致教育目标体系

格致中学根据全国教育工作会议、上海市中小学素质教育工作会议的精神、世界教育发展趋势、校情国情，联合各方力量，制订了两轮"三年发展规划"，确定了德育、教学、课程、教师培养等各领域的关于推进素质教育的总目标和具体目标。1999年制订的第一轮三年规划提出的学校近期发展总体目标是：经过3年的努力，把格致中学建成上海一流、国内知名、有一定国际影响的、体现大都市中心城区特色的、以科学素质教育见长的实验性示范性高级中学。参照学校三年规划拟定的目标，围绕国家教育方针、政策和一系列重要会议精神的落实，以及需要解决的各种现实问题，学校每学期制订体现素质教育的学校发展计划。

德育处、教导处、团委、科研室等每学期根据学校工作计划、市区相关部门的指示、发展素质教育需解决的现实问题、实验项目的探索等制订本科室的工作计划，明确各个部门有关落实素质教育的目标、措施。例如，2005年第一学期，教导处工作计划提出：做好从原校区向新校区的规模、设施等接轨阶段工作，做好从一期课改现状向二期课改要求的接轨阶段工作，认真贯彻学校"新校区、新发展"研讨会议精神，落实教学质量是学校第一质量的工作目标。教研组长要从起始年级带头实践课改或具体指导课改。评选各教研组教改、课改的优秀案例。主要学科的教研组要制订教学的转轨计划并积极实践。

通过制订学校三年发展规划，校本课程标准，每学期学校、党总支、各处室、各学科、各年级、各节课的有关素质教育的目标的设定，逐级分层地构建起格致教育目标体系，减少了教育、教学的随意性，保障了素质教育的探究和落实。

（三）开辟多种渠道，转变教师教育观念

格致中学提出"创建学习型学校，争当研究型教师"的目标，邀请多名专家来校做专题讲座，组织领导班子、各处室干部、全体教工3个层面的学习，将学习与素质教育的理念挂钩，转变教师的人才观、课程观、教学观、质量观，树立"以学生发展为本"全面实施素质教育的观念。将学习与素质教育的任务达成挂钩，采用3种学习方式，即中心组

的"调研—分析—出思路",各处室的"研究—对照—出方略",教工的"实践—反思—出经验"。学习中,特别强调理论与实践相结合,邀请于漪老师来校开设讲座,推广于漪老师的教学经验,鼓励、要求教师撰写教学反思,让教师在反思中更新观念、自主发展。学校还提出"五个一"的要求,要求教师每年读一本理论专著、写一篇科研论文、开一节研究课、作一次学术发言、参加一个课题研究,让老师在学习、实践、交流中提高综合素养。学校还组织"格致教育论坛",加强教研组、备课组活动,相互学习、相互促进。

(四) 开拓德育资源,建立德育体系

格致中学始终坚持以德育为核心,以"学习邓小平理论,加强高中学生爱国主义教育实效性的实践探索""格致中学学生道德实践能力的形成和发展研究""格致中学学生'成功袋'教育的实践与评价研究"等德育课题的研究为载体,积极推进素质教育。学校建立邓小平理论读书会、党课学习小组,将邓小平理论、三个代表重要思想、科学发展观进课堂、进教材、进头脑,提高学生理论水平、思想觉悟、辨别是非的能力。开设心理健康教育课,提高校园心理热线电话的使用率,加强心理健康教育和心理辅导,帮助高危学生渡过心理危机。根据社会形势发展,邀请专家做报告,如1999年组织南极考察报告会、科索沃局势报告会。格致中学团委荣获上海市"特色团组织"荣誉称号,学校积极发挥团委、学生会作用,有计划地发展学生社团,给学生创设施展特长、发展特长的空间,并统筹活动课、选修课与学生社团活动的时间。为每一位学生建立"成功袋",作为推动格致学生成长的催化剂,记录格致学生综合素质发展的历程。组建学生自律委员会,重视学生的行为规范教育,倡导"身正为范",师生行规同步、相互促进。结合年级主题活动开展常规教育:高一年级通过军训,组织学生学习《中学生守则》以及《格致中学学生常规管理录》,进行基本的行规训练;高二年级以学农为契机,在基本训练的基础上进一步加强社会公德及诚信教育;高三年级要求学生在学校起榜样作用,结合即将离开母校走上社会的特点,学会对自己的行为进行自觉审视,尽早形成适应社会的能力。辟设30个左右固定的社会实践点,组织社会考察,为学生提供接

触社会、了解社会、服务社会、融入社会的机会,增强德育的实效性,形成有格致特色的"学习—参与—体会—感悟"交互推进的德育方式。

在学校动员下,各科老师主动挖掘德育资源,通过教学的主渠道,利用学科本身的逻辑力量、知识内容、人文精神对学生进行潜移默化的渗透和教育。例如,向学禹老师在《地理国情教育与地理学科其他思想教育任务的关系》一文中指出,地理国情教育是爱国主义教育的重要基础,《中国地理》《乡土地理》、高中《地理》各册教材中富含爱国主义教育的素材——我国自然地理环境的优越性,自然资源丰富性和物产多样性,中华人民共和国成立以来工业、农业、交通、商业城市建设等方面的巨大成就等。这些可用来培养学生热爱祖国之情,激发学生民族自豪感、自尊心和自信心,感受社会主义制度的优越性,树立祖国的领土、领空、领海不可侵犯、保家卫国的责任感。并指出地理学科的环境观、资源观和人口观是地理国情教育的一部分。沈庆红老师在发现同学们对于学校组织观看爱国主义教育片《生死抉择》情绪不高时,教育学生不要以消极的态度对待这部电影,更不要以逆反心理来对待爱国主义教育,要求学生做到两点:一是去看,二是把它看完。结果,在电影接近尾声的五六分钟内,剧场的掌声频频响起,同学们都被李高成的正直、勇敢和不畏权势深深地打动,也为那些"蛀虫"被绳之以法而拍手叫好。第二天政治课上沈老师立刻趁热打铁,因势利导,请同学们谈谈观后感。结果同学们纷纷主动结合邓小平理论谈看法:有的认为李高成是社会主义现代化建设中思想解放、实事求是的典型,有的认为李市长之所以实现了人生价值,是因为他把自己的选择同党和人民的利益联系在一起,他就是邓小平同志所讲的那种为人民的利益而奋斗的有坚定信念的人,也有人认为他能不怕困难是因为坚持真理……。通过讨论,同学们的爱国热情被激发起来了。同学们的反应也表明格致中学邓小平理论进课堂取得了良好的教育效果。学校还通过组织、参加各类主题活动进行生动形象的思想道德教育,将外在的教育要求逐步内化为学生的自觉行动。

(五)发展科技教育,培养科学素质

格致中学贯彻"科教兴国"的战略思想,保持严谨的科学态度,秉

承"科学、爱国"的传统,一贯重视科技教育,完善科技普及教育的实施办法和管理措施,多层次、多形式、多渠道地开展科技教育活动。学校成立科技教育领导小组、劳技教研组,建立了一支专、兼职的科技教师队伍,保证科技教育有专人负责,保证科技教育经费的投入;学校聘请高校等有关单位的专家不定期来校指导,成立了发明创造协会,引入化学奥林匹克学校——上海市中学生化学业余学校,在特长生招生、培养,乃至教师培训等方面都建立了一套保障机制。经多方努力,1997年格致中学成为上海市首批科技教育特色学校,1998年首批挂上了中国教育部颁发的"现代教育技术实验学校"铜牌、"上海市创造协会创造教育实验基地"铜牌,是上海市科技教育示范学校和头脑奥林匹克学校之一,各类竞赛佳绩频传,格致中学科技教育享誉沪上。1999年2月4日,中央电视台来校拍摄格致学生继承科学传统的节目,2002年与教育电视台合作拍摄科技特色学校节目。格致发展科技教育的举措主要有如下几个方面:

1. 学校课程设置中突出科技教育

为发展科技教育,培养学生主动探究的意识和能力,针对三类课程中的重头戏必修课,学校于1999年提出把研究型课程开进必修课的要求和措施。数、理、化课程不仅要完成国家课程规定的科技教育任务,还要求全面开展研究性学习及长作业项目,且学生全员参加。地理、生物学科除完成必修课的教学任务,每学期还要抽出3—4周时间让学生自己进行天文观测、环保调查、生物拓展性实验和"科海名家"等研究活动,要求撰写相关的观测、考察报告和研究报告,自行设计并完成实验,填写实验报告。劳技课要求增大科技含量,增加普及OM活动和机器人制作的基本知识和基本技能的课程。为培养学生的科技素养,姚畅等劳技组老师经常播放各国中学生机械机器人比赛和中国学生科技竞赛的录像,介绍本校学生的优秀科技作品,报道国内外的科技新动态,普及科技知识。在高一年级使用爬行机器人、升降电梯作为学具;在高二电子技术教学中,让学生动手制作光电小车,激发学生学习技术的兴趣,培养动手能力。在学具的设计上,经常留给学生进一步发挥、改进的空间,如高一的同学们可进一步将步行机器人改造成二脚、四脚、六脚的机器人;高二的流水灯,在灯的造型图案设计上学生可自由创意组合。电教组老师还发挥创造力,自制各种教具,如圆柱直齿轮传动模型、偏心轮连杆传动教具、机械传动结构套件、模仿动物走路的机器人装置等。丰富多样的教具、学具激发了同学们学习、创作的热情、欲望,自主设计创作了各种构思新颖、制作精良的精巧物件,如电动课程表、输液瓶检测报警装置、帮助盲人过马路的红绿灯提醒器、脱排油烟机的改进装置、汽车油门的改进装置等。这些作品还申请了国家专利,保护同学们的创造性成果和创作激情,进行知识产权教育。

图 4-1-3　劳技老师姚畅(左二)向周慕尧副市长(左三)介绍爬行机器人

另外学校还开设了数十门科技类选修课、活动课供学生自主选择,以满足学生的不同要求。生物组鲍晓云老师撰写的《中学生生物教学与培养新世纪生物人才——我在格致中学科学素质教育中的生物教育探索》一文,显示了格致中学部分学生对生物实验的极大热情和鲍老师对学生兴趣的精心呵护、科学态度的耐心引导。文中讲到高二(4)班付晔同学在青少年生物和环境科学实践活动竞赛中荣获十佳实验设计奖后,提出要将他自己设计的实验亲手做出来的设想。鲍晓云听后着实吃了一惊,因为即使是大学生完成这一课题也不是一件易事,而他只是高二的学生。犹豫片刻之后,鲍老师毅然决定尽其所能地帮助他达成这个心愿,毕竟这是一次培养学生实践能力的绝佳机会。鲍老师建议他找来了高一、高二的4位同学组成一个研究小组,召开了一次深入细致的开题讨论会。随后研究小组全身心地投入了生物实验,从搜集资料、设计最佳实验方案、购买材料、动手实验、数据记录与处理,到最后得出实验结果,耗时近3个月,有时实验做到晚上八九点,双休日还要继续奋战,鲍晓云皆全程陪伴,及时帮助解决实验中突发的问题,为他们加油打气。研究小组的实验课题得到了上海中科院裴刚教授的夸奖,说他们的课题很有意义,这篇研究成果也获得了上海市青少年生物和环境科学实践活动二等奖。同学们收获的远不止这些奖项与光环,实践过程中体验领悟到的科学家的必备品质、同学们实际操作能力和自信心的增强,才是他们受益终身的宝贵财富。

为了使格致中学的理科特色锦上添花,学校还与市教研室签订了把上海市生物奥校创办在格致中学的协议,达成了在格致中学建立上海市化学学校分校的协议。

2. 通过学生社团活动实施科技教育

学校充分发挥学生社团的作用,为学生创设培养科学素质的舞台。2003年学校科技类学生社团和兴趣小组有35个,占全校学生社团和兴趣小组的55%以上。数学爱好者协会、物理爱好者协会吸引了一大批数学、物理爱好者踊跃报名。1997年数学爱好者协会有初、高中会员509人,自编"数学爱好者刊物",因人数众多,又将协会的学习活动分层,分为普及型和探究型,让同学根据自身需求选择。1999年格致中学发明创造协会成立。2000年格致中学物理爱好者协会成立时,杨福家院士还发来贺信:"欣闻格致中学物理爱好者协会成立,特此祝贺,希望同学们发挥创新精神,多问几个为什么!发挥团队精神,经常聚会研讨,Science roats in Conversation(科学扎根于讨论)发挥不怕困难的精神 Never Give Up(永不放弃)。"杨教授的贺信给格致师生以莫大的鼓舞,莘莘学子学科学、爱科学、用科学的氛围更加浓厚了。

格致天文爱好者协会在观测天象过程中,创造出各种新的摄影方法,拍摄出许多有价值的照片,上海电视台、东方电视台、中央电视台、《解放日报》《新民晚报》《青少年科技报》等诸多媒体都有报道。天体摄影不同于普通照片的拍摄,张跃军老师在《开展天文活动对学生素质的培养》一文中写道,虽然师生手头有大量天文类书籍,但没有一本书原原本本地记载具体的拍摄方法,每一次拍摄前,格致中学天文协会的同学都必须大量参考所有能找到的相关书籍,针对不同的天气、纬度、时间设计几种不同的拍摄方案,找不到具体拍摄方法的,就要自己依据天体运动规律和摄影规律,独创一种拍摄方法,通过试拍,测试方法的可行性。

OM头脑奥林匹克是格致中学的明星社团,辅导老师科学的教育理念和身体力行的精神成为社团成员屡创佳绩、素质提升的关键。素质教育的核心是创新精神和实践能力的培养,黄浦区优秀科普传播志愿者姚畅老师认为科技活动课是培养学生创造性思维行之有效的课程,而增强观察力是培养创造性思维的首要条件,姚老师不失时机地引导学生通过"观察"来解决制作中的难题。例如,当OM社团同学对如何解决自动升降装置一筹莫展之时,姚老师适时引导学生仔细观察螺丝螺母的运动方向和效果,由此发现螺旋形物品的运动规律,进而联想到借用弹簧的特性,制作出新的升降装置。1996年、2004年,学校代表中国二次组织学生赴美参加世界头脑奥林匹克决赛,在与如林强手竞争中,分获团体第六、第八名佳绩。后来,2018年学校有两个OM参赛队代表中国参加世界头脑奥林匹克决赛,仍获得了团体第7名和第15名的佳绩。

3. 举办科技节,普及科技知识

学校每年举办的科技节活动丰富多彩,学校科技领导小组与学生会一起设计各种新颖有趣、增长知识、展示水平的科普活动,比如科技作品的展演、科技论文的评比、科普录像的播放、科技作品的竞技,以及"创新百变活动"等。2005年5月23日—27日举办的科技节主题为"科技创造未来",主要内容有五项:(1)主题讲座:"青少年创造能力的培养",主讲人:宇宙老师(上海科普出版社编辑)。(2)创意模型竞赛,展示①:竞速、爬杆、爬绳比赛(高一年级),展示②:电子流水灯造型设计展示评选(高二年级)。(3)科普录像播放,每天中午12:00—12:45以及劳技课课内播放。(4)上海市青少年创造发明设计竞赛动员。(5)科普摄影比赛。

图 4-1-4 　徐匡迪市长（前排左二）参加格致科技节亲手操作学生自制的机器人

格致科技节的各项活动为学生提供了展示才华的舞台，也给参观领导留下了良好的印象。1999年5月19日时任市长徐匡迪应格致中学8位学生的邀请来校视察科技节活动，亲自操作了机器人，接受了格致电视台学生的采访，当学生问道："您刚才已经看到了我们科技节的展示，包括OM小组、天象厅，能不能谈谈您对我们学校的总体印象？"徐市长回答说："应该讲我是出乎意料之外的，因为中学生学习负担是比较重的，大家面临着繁重的学习任务，但你们还能够开展这样一些课外的科技活动。说明学校的老师非常重视同学们的素质教育，同学们也是很有余力，在学习基础上还能有这么多的课外活动，我感到非常的惊讶，也比较高兴。作为市长，我非常支持你们学校这样的做法，千万不要把学生关在课堂，做作业，听课，背笔记，能够更多地接触一些实际……我的意思是在完成基础教育的前提下，应该发展大家的个性，发展每个人的专长，因为最后你为国家、为社会贡献的是全面发展基础上的你自己的专长，这是最重要的。比如说：我看格致中学的天象厅，应该说除了科普之外，除了生动的教育之外，我就问你们的向老师，将来格致中学能够培养多少个读天文的学生，做我们叶叔华院士的接班人。我们天上有两颗叫叶叔华的星，一颗是中国命名的，还有一颗是联合国命名的,因为他对天文学有贡献。刚才看到的一个多功能轮椅,设计的这个学生听说已经到上海交大去了,也许他将来能够在我们有了载人宇宙飞船或者到宇宙航行的时候发挥才智,因为宇宙飞船的空间非常小,所以它所有的用具都应该是多功能的。他在中学里就能做这样的事情,也许到了大学毕业后,他就能到航天设计院,也许就能为非常小的空间,做出既能做桌子,又能做椅子,又能够做床的东西,那么它的空间就能够充分利用了。所以我看了你们科技节这些展示,看了天象厅,我觉得非常高兴,也希望你们充分利用这个条件。应该说,区里给你们创造了很好的条件,这个投资是不小的,一个中学有这样的条件,我认为是很不容易的,我看,在国际上也没有几个中学有这样好的条件,希望大家珍惜社会、珍惜政府、珍惜人民对我们的投入,将来能够为社会作出更大的贡献来回报祖国。"徐市长的赞赏和教诲使格致师生们深受鼓舞。

4. 组织学生参加各类科技竞赛与展示活动

为推进科学素质的养成,市、区乃至国家举办了各级、各类科技竞赛活动,除数学、物理、化学、生物、计算机等5门学科的奥林匹克竞赛外,还有头脑奥林匹克创新大赛、头脑奥林匹克擂台赛、智能机器人灭火比赛、国际青少年奥林匹克机器人大赛、创意机器人展示活动、电子技术竞赛、金钥匙竞赛、全国劳技作品比赛、未来工程师大赛、英特尔科技创新大赛、"明日科技之星"评选活动。格致中学重视各学科智优生的培养,鼓励学有所长的学生选择适合自己的竞赛项目,培养学生的自信心、创造性思维、动手能力和团队精神。例如,1997年10月30日格致中学20多位同学在物理组的张庆涛老师指导下参加上海市第二届科技节的"科技智慧擂台赛",荣获一等奖。在1997年举办的上海市第10届OM竞赛中,学校组织8个队参加所有项目的比赛,学生设计制作的多功能轮椅获得国家专利。鉴于格致中学科技教育方面取得的突出成就,1997年格致中学被授予上海市科技特色学校称号。1999年格致中学组织全校师生参加市、区青少年科技节的各项活动,格致中学学生在黄浦区20余项比赛项目中,所获得的奖项和人数均是全区第一。格致学生的优秀作品被送到市科技节展馆展示,学校还组织全体高一学生前往市青少年科技节展览会参观,当同学们看到自己

学校同学的作品时格外欣喜与自豪,爱校、荣校之情油然而生。学校还组织队伍参加市级机器人体能测试比赛,1999年3月22日上海市第12届头脑奥林匹克竞赛场上,格致中学高中组的"翻山越岭"、初中组的"环境的挑战"项目双双荣获第一名,高中组的"追求效率的结构"获第三名。格致中学师生用自己创造性的作品为学校125年校庆献上一份又一份厚礼。2003年格致学生朱哲明获得上海市首届明日科技之星的称号,2004年林剑青获第二届科技希望之星称号。2004年格致选择5项发明申请实用新型专利,包括:朱天博发明的电焊防护镜、林剑青发明的货运汽车超载报警制动装置、李颖发明的家庭用奶粉安全监测试纸、朱哲明发明的新型液位传感器、朱天博发明的老年人多功能便利车。2004年格致中学被上海市教委、上海市知识产权局命名为上海市知识产权示范学校。

格致学生不仅积极学科学,还致力于用科学知识为他人谋福利。2005年高二(5)班王意等同学从报纸上得知孤寡老人因为听力不好,常常听不见志愿者的敲门声之后,便用"卖花小队"赚到的202.5元为老人们买了10个便携式门铃;同学们还利用在物理课上学到的知识,用二极管改装门铃,动了"手术"的门铃一闪一闪煞是惹眼。同学们的义行得到金陵路福南居委老年协会的表扬。该故事在2005年4月4日的《新闻晚报》上报道。

(六) 开发多元智能,提高艺术修养

格致中学积极推进素质教育,重视发挥艺术教育在培养学生的爱国情感、艺术素养和人文精神方面的作用,努力提高学生的艺术素养,培养学生的艺术特长,搭建展示艺术才能的舞台,促进学校艺术教育的发展。学校建立了关于艺术教育的定期检查、考核、评估制度,制定了艺术特长生的招生、管理、培养及选送进大学等政策,被评为上海市艺术教育特色学校。学校在高一、高二年级开设了不同的艺术教育必修课,高一为"音乐欣赏",高二为"美术",均为每周一课时。设计编写了《高中音乐欣赏》《服装设计》《美美中国茶》等校本艺术教材,推出了多种艺术拓展型课程供学生选择:弦乐、民乐、爵士乐、素描、国画、书法、水彩、合唱、摄影、话剧小品、茶艺、学生电视台节目制作等,组建了

各色学生艺术社团：弦乐队、民乐队、合唱队、爵士乐队、文学社、书画社、昆曲社、校电视一台和二台等。格致电视台推出的《格致综艺》《格致聚焦》《格致英语新闻》等栏目，每周两次为同学们提供丰富的文化早餐。格致乐队经常参加市区重大演出活动，1999年参加了上海市学生音乐教育汇报演出，李岚清副总理和陈至立部长出席观看。2001年APEC会议期间，中央电视台APEC之夜的乐队伴奏全部由格致弦乐队承担，悠扬的旋律、精湛的演奏受到中外嘉宾一致好评；2002年参加了世界著名小提琴演奏家帕尔曼与千名琴童联合演出专场音乐会，与大师共襄盛举。格致中学不仅配备专职的音乐、美术艺术教师，还特聘了著名指挥家曹鹏，上海音乐学院教授丁芷诺、张眉，上海民族乐团艺术总监王永吉，上海歌剧院指挥林友声，国家一级昆剧演员张洵澎，美籍华夏指挥家胡咏言等担任艺术总监和指导。格致中学还积极参与国际艺术交流活动，与澳大利亚PLC女子学校定期友好交流，举办两校学生的画展和乐队的联合演出等。

格致中学以倡导欣赏高雅艺术、树立格致文化形象、提高师生审美素质，从而推进精神文明建设为宗旨，从1997年开始学校每年举办文化艺术节。围绕这一宗旨，格致策划了一系列具有浓厚的文化气息和相当的文化品位的活动内容，诸如：百人巨画、民乐专场、京剧选粹、名曲欣赏、青春歌舞、格致之星、作家讲座、校园书市、书画展览、茶道表演等等。文化艺术节由格致师生共同策划、共同演出，内容丰富，质量精湛。1999年5月为迎接125周年校庆举办了黄庆华、张石林老师美术作品和杨昊瑞同学摄影作品展。

从1996年开始，学校每年都要举办新年音乐会，乐队同学的精彩演出给全校师生带来了新年的阵阵暖意。2002年格致新年音乐会在上海音乐厅举办，得到上海广播交响乐团的大力支持，美籍著名指挥家胡咏言先生率近10名外籍音乐家和学生乐手同台演出莫扎特的第40交响曲，把格致中学新年音乐会推上了前所未有的水平。1999年9月格致中学还举办了陈妮娟老师的独唱会，《文汇报》对此进行了报道。

格致学生乐队在夏星等老师的精心指导下，屡创佳绩、捷报频传。2003年民乐队参加长三角地区民乐队展演获优秀节目奖。2004年暑假弦乐队参加第三届雁荡山国际音乐夏令营，获得1个一等奖、1个专

业组三等奖……民乐队汤康敏同学凭借其极具民族风情和现场感染力的唢呐演奏，不仅随同上海市长去法国参加中国文化节活动，还在2004年首届全国青少年艺术英才大赛中夺得金奖，赴北京参加中华人民共和国成立55周年庆典音乐会，受到时任国家领导人胡锦涛等的亲切接见。格致学生乐队参加东方电视台青少年才艺大挑战比赛，囊括了前三名，其中葛维岳同学获第一名。弦乐队蓝天同学参加上海"名家提琴杯"小提琴比赛获第二名；吴一凡同学参加上海市业余大提琴比赛获一等奖……学校艺术特长生有多人进入复旦大学、上海交通大学、同济大学等名牌高校深造，有的还免试直升。夏星老师的辛勤付出赢得了学生们的尊重，同学们在《格致校园闪亮的"星"——记夏星老师》一文中写道，夏星老师曾经说过一句话："我最大的追求就是让学生开心。"她做到了，几乎每一个上她课的学生都能快乐于音乐的海洋中。夏星老师经常在上课的时候让学生观看艺术经典片段，给学生以艺术的熏陶。她也不忘适时教育学生："每个人都在人生的舞台上演自己，应该努力让自己更出色，给世界留下一份美好的东西。"

图 4-1-5　2006届校友汤康敏

（七）加强体育、健康教育，养成健康体魄

　　格致中学关心每一位学生的身心健康、卫生保健，制定《卫生保健制度》，健全学校卫生技术档案，1997年起，学校把每周20分钟的健康教育纳入课表，不断地运用广播、电视、黑板报等形式对学生开展健康教育。学校爱护学生的眼睛，每学期普查一次视力，将眼保健操纳入文明班级考核。学校积极开展"红十字"会活动，发展全校学生为"红十字会"会员，学校"红十字会"被评为市先进"红十字会"。

学校重视全面提高学生的身体素质。课程设置上保证学生拥有规定的体育运动时间，不挪作他用。体育教研组积极开展教研活动，提高体育课的评比密度和运动量，1997年格致体锻达标率创市、区先进，学生身素质测试评比获高中组优秀，列全区第一名。格致每年都举办体育节，丰富学生的课余生活。1997年的体育节安排在10月6日—10月22日，运动项目丰富，设计了篮球赛、拔河比赛、五子棋比赛、两跳一踢比赛、学生运动会等。各类竞技比赛开始后，整个校园沸腾起来，运动员们在赛场上挥洒汗水、奋勇拼搏，拉拉队员们将赛场围得水泄不通，摇旗呐喊、呼声震天，班级的凝聚力迅速攀升。2000年格致中学整修了操场，减少体育课伤害事故发生的可能性，提高了使用效率；新建了高水准、设备齐全的学生健身房，男、女生所需健身器材应有尽有。2000年7月格致被国家体育总局确定为第二批百家青少年体育俱乐部之一，第二年9月俱乐部正式开放。2005年二期工程完成后学校建立体育中心，体育设施堪称一流，游泳馆、健身房、棋类室、球类馆等一应俱全。

图4-1-6 上海棋院院长胡荣华（左）与格致中学校长柴志洪签约

学校优化体育特长生的培养条件,不仅在场地设施上予以改善,还于2002年,根据体、教结合的精神,与市体育运动学校建立协作关系,帮助格致中学开展女排项目的训练,成立祝嘉铭格致排球俱乐部;与上海棋院院长胡荣华签约,建立协作关系,帮助格致中学开展象棋、围棋、国际象棋三棋培训。2002年沈衡同学获"东湖杯"全国少年儿童围棋比赛少年男子组第六名,获国家体育总局颁发的全国体育竞赛获奖证书;获上海市中学生"建桥杯"围棋比赛总冠军,捧回总冠军奖杯一座。2002年10月12日、13日、20日,由黄浦区体育局、上海市象棋协会承办,格致中学、恒源祥集团公司协办的"深发展杯"上海市第12届运动会"恒源祥杯"国际象棋比赛在格致中学举行,比赛分为成年组和青少年组,格致中学学生周桂珏获女子组金牌。在上海市第12届运动会上,格致女排队获女子甲组冠军。

学校积极组织学生运动队训练,参加市区乃至国际体育比赛。排球是格致体育特色项目。1999年格致女排队员与教练发扬刻苦训练、顽强拼搏的精神,在市中学生育苗杯比赛中夺得冠军。2004年在上海市"体彩杯"第2届青少年运动会排球比赛中,格致中学女排代表黄浦区参加女子A组的比赛,击败闸北区市北中学,以3∶1的总分赢得冠军。格致排球队还曾代表中国中学生参加美国加州国际青少年女排邀请赛,获得亚军——不仅为格致争光、为黄浦争光,还为祖国争了光。格致游泳队25年来均获黄浦区团体第一名,1997年4月举办的上海市中学生第11届"敬业杯"游泳赛,总共获14项前6名。2000年赵汝杰参加上海市青少年游泳精英赛暨全国少年游泳锦标赛荣获50米、100米蛙泳第一名,100米蛙泳达到国家运动健将标准。格致中学游泳队不断向高校和市队输送优秀体育人才,如:陆笛——巴塞罗那奥运会选手;王薇——1997年香港世界短池赛100米、200米冠军,1997年八运会100米蛙泳冠军。

三、视察指导,互动合作

(一)视察评审,指导研讨

格致中学争创实验性示范性高中、全面推进素质教育得到了各级领导和专家的支持指导。1999年格致科技节期间,徐匡迪市长泼墨挥毫亲笔题写"格致电视台",亲自操作体验格致学子发明的机器人,欣然接受学生的采访,发表语重心长的感言寄语。1999年格致中学125周年校庆期间,上海市政协副主席谢丽娟、副市长周慕尧亲临格致中学为格致创始人徐寿的铜像隆重揭幕。全国人大常委会副委员长钱伟长,全国政协副主席、全国工商联主席经叔平分别发来题词"格物致知　乐育英才""培育科技　兴邦人才"。中共中央政治局委员、上海市委书记黄菊和国家教育部部长陈至立分别发来贺信,在高度肯定格致中学办学成就的同时,提出了办学期望。2000年全国人大常委会副委员长、中国红十字会会长彭珮云来校视察,并题词:"红十字青少年活动是学校加强素质教育的重要组成部分"。

1997年,学校邀请上海交通大学副校长白同朔教授传达八届人大五次会议精神,邀请市教卫党委王镇祥同志来校做题为"准确把握十五大精神,进一步实事求是、解放思想"的党课教育报告,提高老师们的政治觉悟;1999年邀请北大教科所刘兼福教授来校做数学教育改革报告,引导数学老师更新观念,进行教学反思和教改实践;2001年邀请上海市化学教学研究会副理事长、《化学教学》副主编范杰教授来校做报告,化学老师们深受启发;2000年复旦大学郑永令教授来校做物理高考辅导报告,师生们都颇有收获;1999年市教委孙元清为格致"希望之光"研修班教师做的关于"二期课程改革基本构想和要求"的报告和2000年上海师大副教授邓小丽为全体教工做的"关于研究性教育的报告",使格致中学教师对二期课改、研究性教育的必要性、紧迫性逐渐认同,对两者的内涵和落实方法有了进一步的理解和思考;2005年语文组邀请上海市教委语文教研室谭轶斌老师来格致中学做题为"二期课改下的语文课堂教学"的专题报告。

各类专家、领导莅临的研讨会、交流会,为格致中学推进素质教育提供了技术等方面的支持和交流展示的平台。比如,2000年黄浦区高中实施研究性课程交流会在格致电化教室召开,黄浦区教育局领导及各校领导、同行来格致中学参观、交流。1999年,黄浦区知识分子工作现场交流会在格致中学召开,学校党总支书记张志敏,青年知识分子代表、高级教师邵清,党外知识分子代表、高级教师林立勋,分别

作了题为"尊重人才,充分发挥知识分子在教育改革中的作用""格致中学——青年知识分子成长的沃土""民进组织在教育改革中发挥积极作用"的发言。

(二) 教育合作,向外辐射

作为实验性示范性高级中学,格致中学主要从 4 个方面发挥示范辐射作用。

1. 教育协作体与学校联动

2001 年,格致中学先后与东格致中学、明珠中学建立教育联合体,与应昌期围棋学校、井冈中学、市六中学(现格致初级中学)建立教育协作体,展开办学交流,组织名师带教、资优生培养、资源共享、学生互帮等一系列校际交流活动。比如,2002 年 9 月 11 日召开格致中学、应昌期围棋学校、井岗中学、市六中学协作例会,讨论各校有关教学工作的方法,以进一步提高教学质量。2004 年 11 月 19 日格致中学、格致初中和明珠中学教师齐集黄浦区青少年活动中心,聆听中国教育学会副会长、国家基础教育改革与发展研究所所长、华东师大博士生导师叶澜教授关于"社会转型时期教师的发展"专题报告。叶教授就社会转型时期教师面临的挑战、教师角色理想的重建、教师价值和爱心的再思考、教育资源的再开发等问题作了富有前瞻性和实践性的发言。这次活动是格致链充分利用社会资源,同步培训师资队伍、有效提升教师素质的积极尝试。

2003 年,原上海市第六中学改名为上海市格致初级中学。上海市格致中学从学校管理、教学指导、特色接轨、教师培养等方面进行指导,将高中的优秀办学传统、办学特色以及管理经验全面渗透到初中。学校成立了以特级教师为主体的 7 人导师团,定期深入格致初级中学课堂,开展教学"诊断"等指导工作。据不完全统计,导师团听课 50 多节,开展专题研讨数十次。学校还派出教师赴格致初级中学担任学科辅导老师。格致初级中学派出有潜质的青年教师到格致中学参加教学研究和专业培训,他们后来都已成为骨干教师。学校还指派教师为初中资优学生上课,进行竞赛辅导,使格致初中在理科尖子学生的培养方面崭露头角。两校还在师资培训、对外交流等方面做到资源共享。

图 4-1-7 出席揭牌仪式的黄浦区区长陆晓春（左三），区委副书记李俊民（左四），区人大副主任王启民（左二），区政协副主席芮爱娣（左五），区教育局党工委书记陈伟忠（右二）

2. 名师带教

格致中学拥有一批在市内外颇有影响的名师，他们从黄浦教育的大局出发，担负起本区兄弟学校青年教师的带教任务。比如，2002年11月14日召开格致中学、市六中学、应昌期中学、井岗中学四校教育协作体师徒带教准备会议，商定了带教名单：语文组钱伟康老师带教应佳敏、张翊青、王轶君、朱强，数学组刘汉标老师带教黄岳平、瞿文萍、孙秀梅、钟俊、王福永、武良文，英语组林立勋老师带教李佳、慈一虹、陈艳华、俞炯、袁海刚、胡刚，物理组庄起黎老师带教朱婵蒙，化学组张万里老师带教于军、贾谨、陈风。11月27日，举行四校教育协作体师徒带教签约仪式。2002年学校又派出优秀教师带教金陵中学、储能中学青年教师。格致中学7位区学科带头人共带教两所学校14位青年教师，指导7个教研组活动。2004年格致中学和金陵中学举行第二期师徒带教签约交流仪式，师徒代表方梦非老师与曹立冬老师分别作了发言，江华校长代表金陵中学颁发聘书，师徒签约仪式后，娄华等师傅与徒弟们就听课等具体事宜进行了商议交流。另外格致中学设有4个区级的名师工作室，全区共有44名青年教师在工作室学习

提高。

格致中学作为区教育系统青年干部的实训基地,接受了区教育局下派的青年干部带教任务,共带教了全区12位青年后备干部。外省市和外区县也先后有5位校长来校接受培训。格致中学作为华东师大国家教育部高中校长培训中心的考察基地,向全国重点高中开放。接待海内外的教育代表团共计500多名校长。学校历史、地理、生物学科专用教室和天象厅接纳了上百批海内外来访者,并成为这些学科市、区教研活动的示范场所。此外,格致中学还分别派出优秀教师到新疆阿克苏、安徽大别山、贵州等地,为西部地区学校的教师提供培训。

3. 人才输出

格致中学先后输送12位教师到区政府有关部局和各兄弟学校担任领导。德育处主任杨永武老师到云南省思茅市孟连县红塔中学担任副校长,负责全校的教学工作。雷红星老师到新疆阿克苏三中支教,担任高三毕业班教学,取得该校历史最好成绩,他也获得了新疆自治区"园丁奖"。王晓华老师到崇明登瀛中学支教。他们把格致中学的管理教学经验带到当地学校,深受好评。两校间的交流与合作也建立起来。2006年,物理组戴建中老师赴崇明县崇西中学支教,把格致人科学爱国、严谨治学的精神带到"崇西",把教改新理念传播到农村,为建设社会主义新农村添砖加瓦。2007年,英语组滕永勤老师赴云南支教,他悉心指导并热心帮助云南当地青年教师,所带教的云南红塔中学英语教师肖丽虹在当年孟连县中学英语教师观摩课大奖赛中荣获第一名。

4. 服务社区,招收外地生

学校积极投身创建学习型城区的活动,合作建立市民学校,为提高社区的文明水平和市民的文化素质服务。2003—2005年,格致中学还招收来自全国各地的学生,使学校的优秀教育资源服务于全国。

(三)与国际、港台交流合作,提升办学国际化水平

2002年,为了贯彻邓小平关于"教育面向世界"的精神,格致中学在新的三年规划中提出把学校的发展放到教育国际化、教育现代化、教育信息化的背景中进行再思考、再设计。此后格致中学对外交流、合作更为频繁,与中国香港、台湾地区的交流、合作的力度也逐步增强。

1999年通过校友的联系,格致中学与澳大利亚 Presbyterian Ladies' College 女子学校进行了教育文化交流,9月份接待了他们校长的来访。2000年设立两校之间各派4名老师进行为期两周的交换项目,此后每年互派老师作教学访问,观摩教学,讨论教学方法和学习模式。2004年签署《PLC/上海格致中学交流项目协议书》,格致中学的学生可以在每年的8月或2月来PLC 2周参观学习,住在墨尔本PLC安排的寄宿家庭,PLC的学生将在每年11月底/12月,或七八月到格致中学,住在格致中学安排的寄宿家庭或学生公寓。

图4-1-8　2000年澳大利亚PLC女子中学四位教师来校交流

从1999年至2003年格致中学有34名教师受教育部及市、区、学校委派,赴美、英、法、日、澳等20余个国家和地区进行学术交流和业务进修。数十位境外同行及专家来校交流、讲学。如,1999年6月美国卡内基基金代表团来格致中学做数学学术交流,杨建华老师用英文书写教案,开设的公开课受到代表们的赞许。10月柴志洪校长接待美国依阿华州州长、议员一行7人来校访问。11月英国皇家督学代表一行3人在上海市教委督导办公室同志陪伴下来格致中学考察访问,研究教育督导改革、推动学校办学规划的制定和落实。2004年10月28日法国Louis le Grand和Le Parc两校的校长来格致中学交流访问。

图 4-1-9　英国皇家督学来格致中学考察访问

学校加强与港台地区的交流。2003年柴志洪校长作为中国校长代表团成员接受时任中国台湾地区台北市长马英九的宴请,并在台北师范大学发表演讲"科学素质和人文素养的整合——上海市格致中学课程设置概况"。10月私立台北格致中学董事长访问上海格致中学,就发展两校间的学术交流达成了许多一致意见。2004年格致高中同学携手格致初中、明珠中学20余名学生赴中国香港特别行政区参加由香港保良局颜宝龄书院举办的"新、沪、港"三地学生的文化交流活动。

第二章

创建现代化管理模式

一、常规管理规范化

在建设实验性示范性高中的过程中,格致中学提倡淡化和消解管理中的行政意识,而代之以服务意识,建立规范高效的管理机制,强调管理的"规范化、人本化、信息化"的特征,以规范化管理保证服务的标准化,提高管理效益。学校在教学实践中,逐步建立、健全必要的规章制度,使学校管理、各项工作的开展有法可依、有章可循,学校管理日趋常规化、制度化和规范化。

(一)《格致中学办学章程》开启建章立制

1999年学校制定了《格致中学办学章程》,以此作为办学依据,修订和建立了一系列的有关规章制度。2000年根据国家教育部和上海市教委关于研究性学习的指导意见,学校制定了《格致中学推进研究性学习工作条例》和《上海市格致中学研究型课程实施方案》,为学生研究性学习的开展提供了保障。

(二)汇编《格致中学管理常规录》

格致中学严谨的治学精神、优良的办学传统需要传承,而教育常规是最规范的"信条",是学校优良传统与教师道德观念、行为规范、是非

标准在学校日常工作、学习和生活中的具体体现。有鉴于此,学校请钱伟康老师主持将格致中学经年累月积累下来的教育教学常规集结成册,编成《格致中学管理常规录》。通过教育常规的执行,各个职能部门、各位教职员工能彼此相互协调与自我约束,形成一种相互促进、相互教育、同步发展、共同提高的校园文化氛围。学校邀请著名教育家吕型伟为《格致中学管理常规录》一书题写序言,吕先生写的序言名为"学校要办好,制度不可少",充分肯定了格致的常规管理。

《格致中学管理常规录》收录了校长办公室、德育工作、教学工作、科研工作、总务工作的分级职责;校长办公室管理、德育处管理、教学工作管理、科研工作管理、总务工作管理的基本内容;教学场所管理细则;教学工作管理、德育工作管理、科研工作管理、总务工作管理的常用表格、附录等。《格致中学管理常规录》可分为目标管理、过程管理和考评管理3个部分。其中目标管理主要指各个岗位的目标责任制,上至校长、书记,下到每位教职工,都明确规定了岗位职责,包括各个岗位"应该做什么、怎样去做、怎样做好",如《格致中学教职工岗位责任制》就是其中一例。过程管理主要指各条、各块、各类工作的运转程序和各种常规问题的处理程序及其要求,如《重大问题议事规则》。考评管理主要是对各条、各块、各类工作的考核评估。考核与每位教职工的利益分配直接挂钩,如《格致中学教研组工作考核条例》《格致中学文明组室评比要求》就是其中二例。各项管理制度的完善,保证了学校教育教学工作的有序开展,也为师生考核与业绩评估提供了依据。

以下是从《格致中学管理常规录》中摘录的格致中学管理系统示意图:

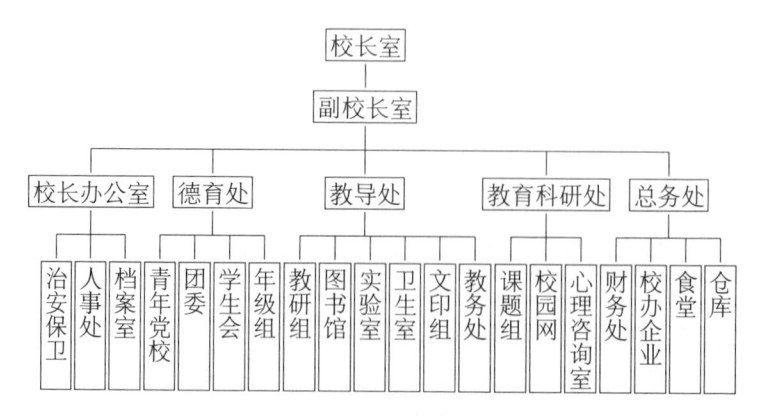

图 4-2-1 格致中学管理系统图

以下是1998年《格致中学办学水平督导评估自评报告》中的学校行政管理流程图：

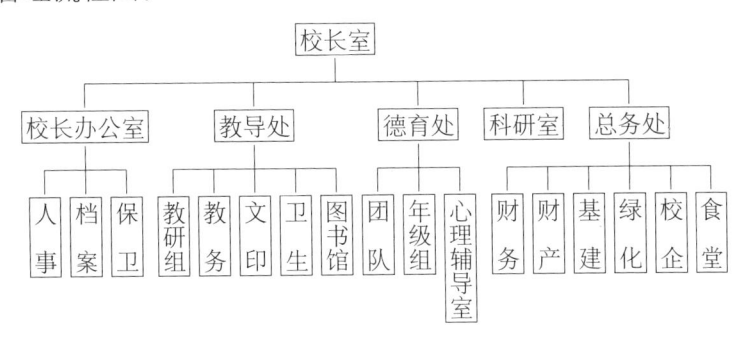

图4-2-2　格致中学行政管理流程

（三）学校管理的进一步规范

2003年学校新订和修订了《上海市格致中学校务公开实施条例》《上海市格致中学关于教书育人的有关规定》《上海格致中学结构工资调整方案》《关于评选格致中学"首席教师"试行意见》的重要规章制度。

根据"一费制"的收费规定，学校制订了一系列措施，保障学生的各项权益。比如，教导处制定了《上海市格致中学关于订购学生教学用书和教师教学用书暂行办法》，总务处制定了《关于学生收费的有关规定》《上海市格致中学财务审核制度》《上海市格致中学经费报销审核审批制度》。

2004年9月17日开学以来，学校以"依法治校、规范收费"为重点，大力倡导规范办学、诚信育人的良好风气。学校制定了收费责任人制度、收费公示制度和家长告知制度，全面规范各项收费。2004学年，由于校园基建，体育场地严重不足，只得向社会租借活动场地，学校恪守收费规定，宁愿由学校每年多支出10多万元，也不向学生收取1分费用。教导处制定了《上海市格致中学关于订购学生教学用书和教师教学用书暂行办法》，总务处制定了《关于学生收费的有关规定》《上海市格致中学财务审核制度》《上海市格致中学经费报销审核审批制度》，并将收费制度全部上网，告知全体学生，接受监督。

2005年9月，为了适应新校区背景下的新管理，各部门制定和修

改了相关规章制度,如教导处制定了《上海市格致中学期中、期末考试工作流程规则》,校务办公室制定了《上海市格致中学档案工作实施办法》《上海市格致中学寄宿生管理条例》。

(四) 成立专业管理中心,探索社会化管理的模式

学校二期工程竣工之后,学校尝试"学校掌控、社会参与、成本运作"的管理模式,成立了6个专业管理中心。

学校的国际教育与交流中心,专门负责国际学生的招生管理和学校的国际交流活动。

学生事务服务中心是"学生事务的帮办,师生交流的通道",采取"一门式"服务的形式,为学生提供智能卡管理、教室损坏报修、校服发放、补办证件、分发邮件、好人好事信息收集等服务,帮助学生解决学习和生活各方面的困难,深受学生的好评。

此外,学生宿舍管理中心、学校物业管理中心、师生餐饮管理中心和格致体育活动中心都引进社会上的专门机构进行专业化管理运作,减少了学校的管理人员,降低了管理成本,提高了管理效益。

二、建立校园信息化管理系统

信息技术的日新月异给学校的管理带来革命性的影响。格致中学与时俱进,依托信息化促进学校教育教学管理的现代化,提升学校的办学水平和管理水平。

(一) 格致中学信息管理系统

学校制订《格致中学信息技术发展规划》,展开学校各管理部门的需求调查,编制了框架结构。在此基础上,1998年9月与"复旦大学网络与信息工程中心"签订"格致中学校园网和应用系统"建设合同,由该中心根据格致教育教学管理特点和模式开发"格致中学教育教学管理和信息系统",启动校园网一期工程建设。1999年底,"格致中学教育教学管理和信息系统"投入使用,1年后正式验收通过。格致中学成为上海市IP宽带网与上海市中小学教育信息网首批联网接入单位。

"格致中学教育教学管理和信息系统"包括13个模块：学籍管理系统、成绩管理系统、课务管理系统、考务管理系统、奖学金管理系统、校务管理系统、德育管理系统、教科研管理系统、现代教育技术管理系统、总务管理系统、物资管理系统、卫生管理系统和系统管理。

在这一系统下，格致中学每个学生都有一个唯一的学籍号，学籍档案、照片、成绩、健康状况、品德评语等都在电脑中储存。教师按照学校赋予的不同权限，在网上输入或查询需要的各类数据。管理部门则可以在校园网上进行各种数据的汇总、统计，计算机可以做出学生的健康状况、成绩走势图，形象直观地供浏览老师分析参考。学校的各类通知、学习材料、重要文件、校园新闻、一周安排、活动内容等，都可在校园网上发布。学生还可以在父母的参谋下，根据自己的兴趣爱好在学校或家中上网选择选修课程。家校之间则开通了阳光通道平台。教师的业务档案、科研论文等也能随时予以登记，对业务档案进行电子化管理，避免手工管理中的许多重复劳动，减少了差错率，使学校的档案管理跃上一层楼。另外，全校各办公室与教室都全部联网，实现了学校教育教学管理的现代化与网络化。

（二）《校园网络管理常规》等规章制度

为提高图书馆、资料室、实验室、电化室、语音室、计算机房的使用效率，发挥信息化的管理功能，确保学校网络的高效安全运行，格致中学制定了《校园网络管理常规》《学校教育教学网络管理常规》和《校园网负责人职责》。

（三）图书馆的电子化管理

格致中学图书馆数据库共存储了7万多册图书的详细资料，管理全校200多位教职工、1500多名学生的借阅情况。该系统可以自动生成条形码，新书购进以后立即被贴上条形码，并通过电子识别器识别，实现电子入库。同时师生们也可以通过电子识别方便地借还书，学校不再仅仅满足于为师生提供纸质图书，还引进了电子图书馆，它由1万册电子图书构成，2003年升级为中教育新电子书库，共2万册图书。每位师生在任何一台校内的计算机上，通过标准的浏览器就可以获得

电子图书馆的全部信息和服务。在电子图书系统建设上,学校又购买了电子大百科全书、四库全书等近千张光盘版的电子读物,扩大了教师和学生阅读的范围。

总之,格致中学利用信息技术的优势,促成了学校教育教学管理迈上新的台阶,为示范校辐射引领作用的发挥创造了条件。

三、学校管理突出人本化

学校人本化管理的关键是尊重人的民主权利,调动人的工作热情,关心人的发展需求。格致中学致力于以人为本,将科学精神与人文关怀融入学校管理的全过程,激发教师的创造性、积极性,有效开发、利用人力资源。

(一) 教代会、恳谈会与校务公开

学校的发展规划突出人本化管理,强化依靠广大教职工办学的意识,注重发挥教代会的作用,使广大教职工享有学校工作的知情权、参与权、监督权。学校重大事务的决策、重要规章制度的出台都要经过教代会的讨论通过、生效。例如:1999年6月讨论通过《格致中学聘用合同制实施方案》《格致中学上岗合同制实施细则》《格致中学办学章程》,1999年10月讨论并通过《格致中学结构工资方案》,2000年6月讨论并通过《格致中学校务公开条例》,2000年12月讨论并通过《格致中学推进研究性学习工作条例》《格致中学研究型课程实施方案》,2001年6月讨论《格致中学三年办学规划实施两年情况的回顾与小结》,2002年10月、11月讨论修改通过《上海市格致中学建设实验性示范性高级中学办学规划》(2002年9月—2005年8月)。

自2000年开始学校大力推行"校务公开"制度,制定校务公开的具体操作规程,力求把关乎学校发展的重大问题予以公开公示,规范并扩大了广大教工民主管理、民主监督的渠道。在校工会的协调下,学校还建立了校长、书记与教代会代表的恳谈制度,共商学校工作中的热点问题和蓝图大计。

（二）发挥工会职能和党组织凝聚人心的功能

学校通过工会这一渠道牵线搭桥为教师办实事。比如，为教工办理大病保险和住院保险，有3位教师因此而获得2.3万元的保险金；每年冬季为生活困难和患病职工争取1600元左右的补助；约请医院为教工做体检；每天组织教工做广播操，鼓励教师体育锻炼；购买饮水机，解决办公室饮水问题；邀请教师辅导部分学习困难的教工子女。工会还关心教师成长，不仅在校内师徒结对活动中穿针引线，而且与党政领导一起创造条件，让部分青年教师与校外名师结对。另外在教师电脑、普通话、外语培训与考试事务中，工会也积极为教师提供帮助。

学校党组织开展凝聚力工程建设，以目标激励人、以榜样教育人、以师德规范人，切实起到了凝聚人心的作用。格致中学党总支连年被评为区创先一级党组织。2002年柴志洪校长被评为上海市职工信赖的好领导。同年，张志敏书记被评为上海市教育系统优秀党务工作者。

（三）开展"研究性听课"，帮助老师事业成功

2001年初，柴志洪校长在试用了一种新的听课方式，后来有老师把它称为"研究性听课"。提前一周通知有关教师听课节次，然后会同教导主任、教研组长一起去听课，并请电教组教师全程录像，听课后与执教教师一起讨论研究。到年底时，柴校长听课达50节，与40多位教师进行了个别交流。

（四）强化管理的服务意识，提高管理的服务水平

在管理活动中学校不断强化管理人员的服务意识，注重提高管理的专业能力。比如学校强化图书馆的服务功能，完善图书馆的管理体系，被市教委图工办评为"上海市示范图书馆"。在档案管理工作中，按照"统一领导、分级管理"的原则，建立了档案工作网络；加强档案业务建设，规范档案管理，建立特色档案，开发利用档案信息资源，为学校教育教学发展服务。2003年学校档案馆顺利晋升为国家二级先进单位。此外，学校财务管理水平经上级主管部门审核，2002年度管理等级也晋升为市A级，获得奖牌。

(五) 聘请学生事务助理参与学校事务管理

2004年11月,格致中学加大学生参与学校管理的力度,正式聘请了6名学生作为校长室学生事务助理。每个年级两名学生,他们是高一(6)班顾源敏、高一(8)班华梦晓,高二(1)班鲍芳、高二(8)班周明珠,高三(5)班严谨丽、高三(7)班戚泠昊。学生事务助理广泛联系同学,将同学对学校的各项制度、活动的意见和建议及时向校长反映和沟通。1年中,校长收到学生事务助理提出的意见、建议50多条,内容涉及课程设置、教师教学态度、饮食卫生、校园绿化、校园安全等多个方面。学生事务助理架起了学校管理层与学生之间沟通的桥梁,体现了学校"以学生发展为本"的人本管理理念,使学校制定的各项管理制度更具人本化色彩、更富有实效性,同时增强了格致学生自主管理的能力和主人翁意识。

总之,格致学校管理渗透着关注人、尊重人、服务人的人文关怀的理念。

四、加强精神文明建设

1996年10月召开的党的十四届六中全会通过了《中共中央关于加强社会主义精神文明建设若干重要问题的决议》(以下简称《决议》)。格致中学党政领导认真贯彻《决议》,加强格致中学精神文明建设。

为提升格致中学师生的思想道德文明素养和校园的文明程度,1996年,学校起草了《格致中学精神文明建设规划》(以下简称《规划》),明确了格致中学精神文明建设的指导思想、总体目标、实施途径和保障措施。《规划》指出:提高全民族的思想道德文化素质,基础在学校,关键在教师。学校是全社会精神文明建设的阵地和窗口,教师是精神文明建设的实践者和传播者。因此必须高度重视学校的精神文明建设。学校的精神文明建设要切实做到"一突出,两注重,三提高",即把精神文明建设放在学校工作的突出地位,注重建设、注重实效,提高队伍素质、提高创建水平、提高文明程度。

《规划》紧紧围绕《决议》确定学校精神文明建设的目标:重在树立

党员、干部联系群众求真务实、廉洁奉公的优良党风;重在提高教工队伍敬业爱岗、治学严谨、乐于奉献的职业道德;重在培养学生具有远大理想、良好道德、丰富知识、健康身心的优良素质;重在创设整洁有序、文明礼貌、团结互助、充满活力的校园文明环境,以全面提高每一位格致人的思想道德修养、科学文化水平、民主法制观念,长久保持文明单位的光荣称号。

鉴于学校精神文明建设是一项系统工程,内容丰富,主体有异,为便于实施,《规划》将它具体化为五项工程:(1)凝聚力工程——包括了解人的制度、关心人的制度、党员教育制度、监督保证制度。(2)师德塑造工程——包括完善《格致中学教工职业道德行为规范》、发扬敬业爱生等先进教工的精神、评优和职评工作中实行"师德一票否决制"、定期组织师德讲座和参观考察、教师节庆祝大会上表彰优秀教工。(3)校园文化工程——包括构建文化环境、开展文化活动、建立和谐的人际氛围。(4)文明班组工程——包括文明组室的创建工作要形成支部领导、行政保证、工会实施的工作格局,文明组室的创建要包含师德修养等5个方面常规内容,特色文明组室的争创继续以"四小"为内容,文明班级的争创由政教处制定评比条例,由年级组实施,鼓励先进班级和群体的创意活动。(5)社区共建工程——包括积极参与社区的精神文明共建活动、继续发展共建单位建立定期联系和活动制度、坚持不懈地开展以服务社会为内容的学生志愿服务活动。为保障《规划》的实施,学校成立了精神文明建设领导小组、评比小组,每年开展学校精神文明"十佳"好事的评选活动,设立精神文明建设专项奖励基金,对在精神文明建设中做出重大成绩的个人和集体随时给予全校通报表扬等奖励。

以《规划》为指导,学校党政领导、教职工、全体学生开展了卓有成效的精神文明建设活动,涌现出一大批感人事迹和先进人物,形成了"一总两分"的精神文明建设工作机制:"一总"就是学校党、政、工等代表组成领导小组,总体部署、协调学校精神文明建设;"二分"即工会、行政主要负责教工的精神文明建设,德育处主管学生的精神文明建设。

(一) 凝聚力工程

学校精神文明建设领导小组通过拜访教工家庭、邀请专家开设讲座报告、聆听劳模的英雄事迹、组织参观访问、帮替教工办理实事、勾画学校发展蓝图、召开各类研讨会、组织邓小平理论读书会等方式,凝聚全校师生员工的智慧和创造力,激发师生们的爱国情怀,坚定党员教师的理想信念,激励老师们立足格致教育岗位,献身教育事业。

图 4-2-3 于漪老师"敬业爱生"专场报告会

柴志洪校长为凝聚人心,不仅注意尊重老师们的人格,搭建平台帮助老师们在事业上取得成功,还在百忙之中坚持做到两个100%,对100%的教职员工进行家访,对100%的教师进行听课评议。名誉校长高润华的肺腑之言"如果让我第二次选择职业,我仍然选择教师,我的工作岗位仍然是格致中学",深深感动了格致中学新一代的教师。1999年于漪老师的"敬业爱生"的师德报告震撼了格致中学全校教职工,整个报告厅唯有于老师的声音在回旋激荡,台下师生鸦雀无声,无不沉浸在于老师奉献教育的感人事迹之中。为留住因路途遥远、爱人身患重病而多次申请调离格致中学的优秀音乐教师徐翔舟,学校领导想方设法,帮助他克服困难,每周两次用校车将徐夫人从医院送回家。在上海市歌唱比赛中,徐老师指导的格致中学歌唱队荣获一等奖。格致中学工会想方设法为教工谋福利、办实事,成为教工温暖的家。

1999年工会响应学校"创建学习型学校,培养研究型教师"的倡议,替全校80多名教工办理黄浦区图书馆的借书证,为教工读书进修、陶冶情操创造条件,深受教工的欢迎。

(二) 师德塑造工程

学校通过学习《公民道德建设实施纲要》《上海市中小学教师师德修养》,表彰先进教师,听取师德报告,开展党员先进性教育,挖掘校史资源等方式凝聚师德正能量,取得了良好的教育效果。门卫职工丁宽兰路拾巨款1.4万元,不为所动,如数归还失主,还拒收失主的答谢钱款,记者采访时,她说:"这是学校领导教育得好,我也是为格致争光。"物理组老师把上级奖给他们的市文明组室奖金全数支援希望工程,刘福朝、朱莹毅老师六年如一日资助大别山区贫困学生李小红完成中学学业,成为大别山区引以为豪的大学生。1997年市园丁奖获得者、特级教师向学禹作为黄浦区师德标兵代表在区内做多次专场报告,反响强烈,2001年被评为全国师德先进个人,登上上海市名师宣讲团讲坛。2001年,李耀华老师在黄浦区宣讲20多场师德报告,场场引起轰动。蔡青老师将自己可爱的双胞胎子女送到外婆家里,原因是高考在即,她的学生小怀因父母离婚而无法专心学习,蔡老师把小怀接到自己家里,不仅包下了全部衣食住行,还提供最便捷的辅导和咨询。小怀拿到本科录取通知书后第一个向蔡老师报喜,他满怀深情地说:"没有蔡老师的雪中送炭,怎有我今天的金榜题名,老师的爱,我会记一辈子!"

1998年全校教工、学生积极响应黄浦区第八次"全国助残日"的"蓝天下的至爱"捐赠活动,捐款2750元,帮助残疾人。"非典"时期,全校师生响应高二年级组提出的倡议,踊跃捐款1.9万多元,慰问长征医院远赴小汤山一线的医务工作者。学校还发动师生关心家长正战斗在"抗非"第一线的同学,给他们提供帮助。2005年从媒体上得知印度洋地区遭受海啸灾难后,格致师生为灾区人民捐款15341元,像这样的爱心暖流不时在格致中学校园里涌动。

格致中学每年进行"十佳好事""十佳爱生奖"的评选,还与共建单位共同设立了"星腾—格致精神文明奖励基金",奖励先进教师,评选优秀党员,推选市区级优秀教师,以"榜样"示范来引导、激励格致教

师。学校还鼓励老师参与高润华老师担任校长的劳模爱心学校的教学活动。数学教研组在劳模精神鼓励下，坚持4年无偿为街道内的贫困学生上课，陈莉、葛赪、朱逸等10多位老师热情参与。

（三）校园文化工程

格致中学开辟多种渠道引导学生树立正确的世界观、价值观、人生观，丰富校园文化。例如，各班级开展以"民族精神"为主旨的主题班会评选活动；讨论"人活着应具有怎样的人格"，同学们从马拉多纳的"上帝之手"谈到三毛之死，从周恩来的高风亮节讲到名人名言"生命从65周岁开始"，从陈毅的《青松》说到毛泽东的豪迈气魄、邓小平的国格与人格……在讨论中同学们逐步懂得该如何做人。学校还组织"格致学子形象大讨论"活动，由学生自主选择身边的道德规范主题，如我与网络、关爱他人、诚实守信等主题进行自我教育，形式丰富，有自创诗歌剧本自行朗诵表演、订立诚信公约、组织"诚信签名"、申请"无人监考"班级等，在活动体验中同学们的"公共精神、诚信关爱、独立自信"等现代人文素养获得培育提升。

校团委、学生会还组织开展文化艺术节、社团节、科技节、体育节、英语节等主题节日活动，丰富同学们的业余生活、展现格致学子的多样才华。1999年的文化艺术节，同学们自行创作、排演了25个戏剧小品、20多个歌舞节目，精彩纷呈，由学生会和各班级组织的书市、花市将格致中学师生置身于花的海洋、书的世界之中，整整一周格致中学校园里绽放的文化艺术气息，浓郁芬芳，经久不散。2004年学校以"世博会"与上海新一轮发展为契机，以"弘扬民族精神，培育爱国情怀"为主旨，开展了"班班有歌声"的歌咏比赛，同学们一展歌喉，《大中国》《红旗飘飘》《同一首歌》等一系列反映当代精神风貌、拥有浓郁时代气息的优秀原创、改编歌曲脱颖而出。在五月歌会的决赛场上，庄起黎副校长最后上台指挥同学们同唱《歌唱祖国》，台上激情四溢、台下同声高唱。

学校还充分发挥学生的兴趣特长，建设校园文化。学生会、团委组织学生利用自己创作的书画作品布置楼舍，美化校园；学校在教学楼各层大厅购置钢琴，供学生闲暇之余弹奏一曲；鼓励文学社、团委发行

《格致》《启萌》等刊物,倾吐自己的心声、传递信息;组织编撰《格致学生作文选》,展示格致学生的人文素养;支持格致电视台编导播放《格致新闻》及各种短片,发现热点、传播正能量;鼓励学生自主开展各种社团活动,培养个性、飞扬青春。

学校注重开发校史资源,丰富校园文化,建立校史陈列馆、院士廊,编写《校园风采录》,邀请校友讲师团给格致学生做报告,帮助学生继承"科学、爱国"传统。学校党总支还为每个班级配备党员"政治导师",建立党员教师每学期到联系的班级上班会课、进行理论辅导的制度。广大党员教师结合德育目标和热点问题,宣讲邓小平理论、"三个代表"重要思想、科学发展观,把党的理论、方针、政策带进课堂,引导学生深入思考,树立科学的世界观、人生观和价值观。

格致中学注重建设合作型校园教学文化。格致教学活动的"合作"形式灵活、丰富,主要有师生之间的互动合作,教研组、备课组老师的合作,年级组老师的合作,师徒结对合作,校内外合作,国际间交流合作,课题研究合作,青年教师"研修班"学员间的合作等,格致中学的教师们永远感觉不到"孤军奋战",而始终处在一个有着共同奋斗目标的格致大家庭之中。

经过长年累月的创造、积累、沉淀、沿革,格致中学形成了健康、温暖、文明、向上的校园文化氛围。

(四)文明班组工程

创建文明组室和文明班级是格致精神文明建设的基础,学校坚持开展树文明形象、创文明单位活动。文明班级评比由德育处组织开展,教工中的文明组室评比由校工会负责落实。格致文明班级优秀率达90%。伴随学校教育改革的深入,教职工文明组室评比的具体项目不断调整,主要包括各级各类先进奖项获得情况,校内外各项活动的参加状况,献血、爱心学校上课、志愿者、帮困结对、捐款等公益活动的参与状况,以及来电来信表扬、无烟班组等。每年岁末年初,老师们都积极参与,总结一年的精神文明建设成果。格致2000年文明组室的优良率达100%。学校除组织校级文明班组评比外,还推荐优秀班组、班级,参与区、市级文明班组、集体评选,组织获奖班组参加市区公益服

务,如市劳模集体数学组组成义务讲师团,对外公开教学达250节。

(五)社区文明共建工程

格致中学积极为提高社区的文明水平和市民的文化素质服务,与武警一支队十中队、长征医院、金陵街道、南京东路街道、黄浦区车辆管理公司等多个单位开展共建活动。被江泽民誉为"南京路上好八连,霓虹灯下新一代"的武警一支队十中队与格致中学结成"军民共建"单位后,格致中学连续10多年为武警战士开设文化补习课程和计算机培训,教师们利用业余时间无偿为他们上课,还帮助部队排练文娱节目。每年,都有官兵考上了军队的高校,还有不少战士通过参加格致的业余学习拿到了计算机考级证书,回到老家找到满意的工作,为此特意感谢格致中学的老师们。

1998年教师节期间,共建单位金陵股份有限公司出资为格致教职工颁发伯乐奖、百花奖、绿叶奖,嘉奖格致中学优秀教师。社区武警官兵帮助格致中学学生进行军事训练,消防队员为格致中学学生举行消防演习,宣传防火安全知识,开放场地供格致中学学生参观消防设施。南京路上好八连排长公举东和全国劳动模范、上海第一医药商店党委副书记陶依嘉同志还被格致中学邀请担任高三(2)班、初二(6)班名誉班主任。

图 4-2-4　学校教师为部队官兵普及计算机应用技术

格致中学积极参与创建学习型城区活动。1998年学校各班团支部与金陵街道各居委党支部签订了"共建精神文明"的协议,在原"爱心协会"的基础上与金陵东路街道共同建立"共青团金爱心学校",并在金陵社区18个居委设立分校。2001年在原"金爱心学校"的基础上,利用学校师资、设施等优质资源与金陵东路街道合作创办"上海市金陵东路街道市民学校"。逢周六上午,格致中学将学校的计算机房、天象厅、健身房、生命科学实验室等优质教育设施免费向社区居民开放,吸引大批居民前来"深造"。学校还配备师资,提供场地,开设摄影、时政、书画、舞蹈、计算机、英语等10多门课程供社区市民选择,最多时达到30门课程。来校学习的市民达200多人。学员们收获颇丰,感激道:"格致中学圆了我们走进重点中学、接受优质教育的梦,使我们的素质有了很大提高。"

图 4-2-5 黄浦区委书记钱景林(左三)来格致中学为市民学校成立揭牌

格致中学还为社区和学生家长举办以教育咨询和学科答疑为主要内容的开放日活动,共接待700多人次。一位社区学生写来感谢信:"我真诚地感谢格致中学老师对于我的帮助,谢谢你们,尽管我不是一名格致中学学生,但我得到了格致中学老师的关爱和辅导,我一定用优异的成绩来回报你们。"学校各班团支部都建立了固定的社区服务

点,为黄浦区孤老、残联残疾人服务10多年,帮助老人扫地、洗衣、拖地、擦窗,和老人聊天,同学们用爱心温暖了老人孤独的心,使老人孤寂的屋内传出了阵阵欢乐的笑声。各班以接力棒形式将服务活动薪火相传,《新民晚报》《文汇报》等报刊都曾为此作专题报道。

格致茶艺社的同学们多次参加市、区茶文化活动,与爱茶人分享茶道、共品香茗,完成特奥会进社区的接待任务和人民公园国庆大型游园活动中市民的接待工作。学生啄木鸟行动、福州路文化小导游、晨光辅读学校等志愿者服务项目取得良好的社会效应。格致中学师生的爱心活动已成为社区精神文明建设一道独特而亮丽的风景线。

2002学年度,格致中学被区总工会评为"黄浦区学习型企事业"单位。2002年10月29日,中央文明办率各省市文明办负责人来格致中学视察,参观了格致中学的社区学校,给予高度评价。中央文明办负责人说:"这是营造社区先进文化的方向,你们的示范有深远的意义。"

格致中学精神文明建设取得累累硕果,多次被评为上海市文明单位、黄浦区德育先进集体、"敬老爱老先进集体"、市"教育系统关心下一代工作"先进集体和区"双拥工作集体"。

第三章

建立校本德育体系

一、架构一体化德育体系

世纪之交,格致中学根据时代要求和格致校情,在继承办学传统的基础上,将德育工作总目标设定为培养具有"公共精神、国际胸怀、诚信关爱、独立自信和科学素养的格致新人"。坚持理论与实践相结合,充分发挥学生的自主性、创造性,利用尽可能多的方式和渠道开展德育工作,形成"学习—参与—体验—感悟"交互推进的德育模式,建立起一个特色、两大基地、三方合力、四项制度、五大活动、六组系列的校本德育体系。一个特色指邓小平理论学习进课堂、进教材、进头脑,两大基地指社区居委社会实践基地、大别山革命老区德育基地,三方合力指社会教育、学校教育、家庭教育,四项制度指班级学生轮职制度、年级学生助理制度、校级学生值周班制度、学生自律委员会制度,五大活动指主题班会系列活动、社区爱心活动、党的基本知识教育活动、邓小平理论学习活动、大别山考察活动,六组系列指政治信念系列、伦理道德系列、学科渗透系列、社会实践系列、问题研究系列、自主管理系列。在第2个三年规划(2002—2005)实施中格致德育体系略有调整,改为"一个工程、两大服务、三方合力、四个制度、五大基地、六个系列"。"一个工程"指格致学子人格形象工程,主要在学生中开展学生"IC"形

象设计活动，丰富"格致新人"的品质；两大服务指学生个性服务、心理健康服务；五大基地指扩充已有的德育教育基地，完善学校"校史—校友—校情"德育基地，学生社团、学生电视台、学生论坛等学生自培基地，社区活动基地，爱心服务基地和大别山社会考察基地。

（一）创建邓小平理论读书会，开展党课学习小组活动

中共"十五大"报告提出全党高举邓小平理论伟大旗帜，把建设有中国特色的社会主义事业全面推向21世纪。为全面、深入地学习邓小平理论，提高格致中学师生的政治思想和理论水平，坚定走社会主义道路的信念，在张志敏书记的统筹下，1997年9月"格致中学青年邓小平理论读书会"创立。它是上海市第一个中学生邓小平理论读书会。读书会由书记任总辅导员，聘请社科院邓小平研究所常务副主任程伟礼、《文汇报》理论部周锦蔚、名誉校长高润华为导师，沈庆红、李天胜、陆森泉、陈宝璐、李裕中、尤少和、杜筠翊、柳泽泉、张之平、何平等同志为兼职辅导员，吸收有政治热情、素质高的青年教师和学生参加。读书会分设青年教工读书小组和青年学生读书小组，以阅读原著、听报告、座谈、笔谈、参观调查、研讨论文等形式开展活动。如1999年邀请黄浦区体政办主任谢俊后为读书会同学讲解经济体制改革。读书会的活动培养了一大批理论学习的骨干和政治上的积极分子，不少青年

图 4-3-1　格致中学邓小平理论教育探索论证会

师生递交了入党申请书,有的发展为中共党员。他们多次在"上海市学生世纪论坛"上发表学习和研究成果,其深刻的见解和求实的学风受到理论专家和教委领导的赞扬。

为了将对邓小平理论的学习由点向面扩展,面向全体高中学生进行邓小平理论的基本常识教育,从1998年上半年开始,学校启动邓小平理论进中学课堂的探索,不仅制订了《格致中学高中阶段学生学习邓小平理论必修课教学提纲》和《格致中学高中阶段学生学习邓小平理论选修课、活动课教育计划》,还邀请《文汇报》理论部的周锦蔚老师为学校全体青年教师作关于邓小平教育理论的基本框架介绍,培养进课堂的师资队伍。这一年邓小平理论教育实施方案通过了市教卫党委、市教委德育处、市教卫党校、市社科院的专家的论证。9月,经校党总支、政治教研组、政教处的合力组织,格致中学初步形成必修课、选修课、活动课三大板块的邓小平理论进课堂体系。"邓读会"的同学们还自己编印《求实》刊物,一切事务皆由学生完成。

图4-3-2 何平老师(右二)带领参加"邓读会"的学生制作校内刊物《求实》

格致"邓读会"在学习研究邓小平理论的基础上,注重与社会热点相结合、与社会实践相结合。2004年元月,"邓读会"的部分成员由何

平、杨娟两位老师带队到中国最大的私营企业集中地区温州进行考察，听取了温州市委经济研究中心刘爱芬主任做的专题报告，通过考察，同学们更直观地了解了中国私营企业的经济与文化发展状况以及先进文化在私营企业发展中的作用。为纪念邓小平同志诞辰100周年，2004年7月格致中学"邓读会"发起了学习小平同志理论，走小平同志之路的实践考察活动，由格致中学、曹杨二中、控江中学、松江二中、莘庄中学五所学校100余名学生参与。他们分别到北京、深圳、百色、大别山等小平同志生前革命、工作和生活过的地方进行调查、访问。格致中学"邓读会"先后被评为上海市优秀中学生理论学习组织、黄浦区优秀理论集体、黄浦区十佳理论学习社团。

1986年学校党总支组织成立了学生党课学习小组，延续至今。学生党课学习小组由党总支副书记分管，由党总支青年委员任辅导老师，另设政治辅导员，分管德育的校长、政教处主任、政治教研组长、党员老师为小组的讲师。党课学习小组通过学习党章、党史和参观考察，加深对党的认识，逐步树立共产主义理想信念，提高政治觉悟。根据不同年级的学生特点，对小组同学实施分层教育：高一年级主要学习党的历史，辅以参观上海"一大"会址和嘉兴南湖，使学生对党有感性的了解。高二年级主要学习党章，明确党的先进性，辅以南京等地考察，实地感受革命先烈为共产主义事业，不惜抛头颅、洒热血的崇高精神，增强青年人的社会责任感。考察后，让学生寻访身边的优秀共产党员，引导他们提交入党申请书。2005年6月格致中学"邓读会"、党课学习小组、团委共同发起了"红色之旅"暑假系列寻访活动，活动启动仪式在青浦练塘陈云故居举行，王丽萍书记鼓励200名学生代表从陈云等革命先辈的点滴小事感悟人生真谛，明确使命与责任，认清自己发展的方向与目标。高三年级主要进行坚定理想信念教育，通过在龙华革命烈士纪念碑前的宣誓和"立志十八"大型座谈会等活动，培养他们"立志成才、报效祖国"的使命感和责任感。1999年5月，学校邀请上海市劳模、南京路上活雷锋陶依嘉同志与高中党课学习小组座谈，用劳模精神鼓励同学们努力学习、无私奉献。党课教育培养了一大批政治上积极要求上进的学生骨干。至2004年，格致中学在近3年的时间里，共有500多人参加了党课学习小组，200人写了入党申请书,18名优秀高三毕业生加入了中国共产党。在入党审批会上,有同学满怀深情地说:"我不会忘记格致中学党课小组对我的教育、帮助,不会忘记那些把我从不懂事的少年领进了党的大门的党员老师,这三年的教育使我终生难忘。"1997年在校党总支发展4位学生党员的审批会上,一位残疾孤老谭老伯满含激动的泪水讲述了马瑞同学三年如一日地对他的关心、照顾:不仅定期为老人服务,打扫卫生,买米送菜,陪老人理发、沐浴、就诊,还经常替老人擦背、洗脚、剪指甲。老人无限感慨地说:"我从心底里感谢党,感谢格致的老师们培育出比亲人还亲的好学生。"

(二) 常抓行为规范养成教育,确立自理自律四项制度

格致中学对行为规范养成教育常抓不懈,制定了《学生日常行为准则》《学生校内一日常规》《学生礼仪常规》《广播操和眼保健操制度》《学生社会实践常规》等规章制度,以此引导、约束、规范学生的日常行为,如《学生校内一日常规》规定了学生从进校到放学的行为准则。

格致中学充分发挥学生"自理自律"4项制度和学校"三评三级"评比模式在行为规范养成教育中的作用。"自理自律"4项制度指班级学生轮职制度、年级学生助理制度、校级学生值周班制度、学生自律委员会制度。

学校各班级均实行学生轮职制度,每天设"值日班长"轮流管理班级一天的常规事务,记录班级同学一天的学习生活状况,方便班主任及时了解、适时教育。年级学生助理制度主要指各年级的团总支充分发挥作用,协助年级组长管理整个年级学生的事务,组织好年级中的大型活动,如高三年级的成人仪式、高二年级的农村社会实践。校级学生值周班制度主要指高一、高二年级各班同学佩戴臂章每周轮流对全校学生的行为规范进行分岗管理、监督,并根据要求填写《关于值周班的考核表》《＿＿学年度每周综合执勤汇总(第＿＿周＿＿月＿＿日—＿＿月＿＿日)》。学生自律委员会制度是指学校为加强精神文明建设,搭建学生自我管理、自我教育的平台,加强对学生行为举止、良好学风、卫生习惯等方面的教育与检查力度,由学生会发起成立了

格致中学学生自律委员会。自律委员会成员根据学校制定的《学生自律委员会章程》《格致中学学生自律委员会成员基本职责》和《格致中学自律委员会成员守则》，肩负起对全校执勤班同学监督检查的职责，以自己正确的言行教育和带动其他同学共同进步，对周围同学的行为举止、学习风气、卫生习惯进行监督检查，对于不符合要求的行为要发挥主人翁意识，立即指出、批评与制止。

学校的"三评三级"评比模式指的是"周评、月评、学期评"以及"文明班级示范班、优秀班、合格班"3个级别的文明班级评选模式，格致中学的多项制度、措施多以文明班级评比为抓手加以落实。学校制订了《＿＿学年第＿＿学期文明班级评比表》《主题班会交流课评分表》《格致中学黑板报评分表》《格致中学广播操评分表》《班级学风评分表》《班级学风反馈表》《午会课记录》，为各项评比提供了量化标准。学校"周评"由值周班的同学在校内对全校学生的行为规范进行为期一周的管理，填写相关的考核表，到周五由值周班班长汇总各项数据、填写《＿＿学年度每周综合执勤汇总》表送至德育处。"三评三级"评比模式提高了学生遵守日常行为规范的自觉性。1996年格致中学被评为首批上海市行为规范示范校。

（三）设立学生成功档案袋，形成自主教育的管理机制

格致中学为每一个学生设立了"成功档案袋"（简称"成功袋"）。"成功袋"分为"理想之路""心灵之声""探索之途""实践之旅""摘星之路"5卷，封面与卷首语都是由校学生会集全体学生的智慧设计完成的。成功袋根据"纪实、写真、集优"三大原则，记录和收纳材料，包括学生综合性成长记录和成功档案。其中，"综合性成长记录"主要记录学生参与校内外各项活动的时间、次数、内容和结果。成功档案则包括观察日志、活动或课题的讨论过程、访谈记录、探究计划与结论以及收集到的资料、艺术作品、科学论文、诗文篇章、手工制作、体育奖项、音像制品、自己的感受体验和别人的评价等多方面的内容。对学生而言，成功袋发挥着记录成长历程、分享成功经验、体验成长喜悦、辨识自身优势、指引前进航标的功能。后来，不仅设立个人成功袋，有些班级还设立班级成功袋。副校长刘福朝、邵清老师专门申请课题《格致中学学生成功袋的设计、实践与评价研究》。研究表明成功袋教育不仅是一项德育形式的创新,还是对学生整体评价形式的创新,是格致学生成长的催化剂,激励格致学生自主管理、自我鞭策。

图 4-3-3　格致中学学生"成功袋"

(四) 关爱学生心理健康,加强学科德育渗透

格致中学历来重视心理健康教育,成立了由德育校长领导,德育处、团委、学生会、专兼职心理教师、班主任、学生心理社团构成的心理健康教育小组,建立了心理专用教室、心理教研办公室、心理咨询室、测量室、活动室,并早在1998年就将心理辅导活动课程排进课表。心理老师周隽则根据不同年龄段的学生心理发展需要安排教学重点,选取自爱心理辅导、积极情绪辅导、学习心理辅导、人际交往辅导等作为教学内容,让学生在宽松的多媒体教室里主要通过讨论、实验、游戏、角色扮演等形式理解、领悟学习内容,大幅度削减老师直接讲解的知识比例,提高课堂实效,受到同学们的欢迎,同学们亲切地称心理课为"心灵的鸡汤",可以在"轻松中获得知识,欢笑中懂得道理"。周隽老师在编写授课讲义的基础上,出版专著《心理游戏》,并参与《中小学心理健康教育　心理高中用书》的编写。除集体授课外,格致中学还建立了心理辅导室,每天中午和下午由心理老师为个别学生提供咨询辅导。针对那些不愿面谈的学生,则专设"心心有约"信箱,给予书面咨询和辅导。学校还为学生建立电子心理档案,借助于心理健康、个性

特点、职业倾向等测试的结果,让学生了解自己的优势与不足,为学生选科、填报高考志愿、抉择发展方向提供参考依据。2005年格致中学被批准为上海市中小学心理辅导协会实验学校。

(五) 鼓励组建社团,打造学生自我教育的基地

格致中学的学生社团是学生生活一道亮丽的风景线。自主创建的社团由学生自己讨论制定社团章程、设计活动方案、进行自主管理和自我评价。每年开学不久,格致中学各个社团在校园里人流涌动的地方张贴富含创意的招新海报、走进各个新生教室激情宣讲社团特色,竞相招纳新生入社。除了各个社团的独自活动外,从2002年开始学校在团委、学生会领导组织下,每年举办格致社团节,集中开展社团活动。以下是主要社团一览表:

表 4-3-1 格致中学学生社团情况统计

序号	社团名称	社团类别	成立时间	人数	指导老师	每学期活动的次数	是否有社团章程
1	邓小平理论读书会	理论学习类	1997年9月	150	沈庆红	8	有
2	党课学习小组	理论学习类	1986年9月	100	杨永武	8	有
3	天文爱好者协会	科技活动类	1985年9月	20	张跃军	15	有
4	信息爱好者协会	科技活动类	2000年9月	30	沈凤	15	有
5	数学爱好者协会	科技活动类	1998年9月	100	李世廷	15	有
6	物理爱好者协会	科技活动类	1998年9月	100	钟浩	15	有
7	化学爱好者协会	科技活动类	1998年9月	100	曹宙峰	15	有
8	OM社团	科技活动类	1994年9月	50	姚畅	15	有
9	格致电视台	科技活动类	1996年9月	30	丁燕	15	有
10	文学社	文学艺术类	1996年9月	30	张高炜	15	有
11	书画社	文学艺术类	1996年9月	25	吴燕	15	有
12	动漫社	艺术类	2002年3月	60	外聘	15	有
13	茶艺社	艺术类	1998年9月	15	郭自作	15	有

续表

序号	社团名称	社团类别	成立时间	人数	指导老师	每学期活动的次数	是否有社团章程
14	昆曲社	艺术类	2001年9月	15	外聘	15	有
15	戏剧社	艺术类	2002年9月	15	外聘	8	有
16	弦乐队	艺术类	1990年9月	40	夏星	15	有
17	民乐队	艺术类	1990年9月	20	外聘	15	有
18	"根与芽"社团	环保类	2000年9月	100	张燕	15	有
19	民族社	综合类	1996年9月	30	丁燕	3—5	有
20	篮球社	体育健身类	2000年9月	20	李文黎	15	有
21	福州路文化小导游	志愿者服务类	2003年9月	54	张燕	20	有

格致中学社团成为学生发展个性、培养兴趣、发挥特长的平台，成为学生自我认识、自我教育的自培基地。下面介绍几个影响广泛的社团(两个明星社团OM社团、格致天文协会在其他章节中介绍)：

1. 格致电视台

格致学生电视台创建于1995年9月，电视台每次制作节目，从策划、拍摄、编辑到播出，都由学生完成。1999年时任市长徐匡迪来格致中学视察科技节活动，接受了格致学生电视台的采访，并题写了"格致电视台"台名。1999年美国依阿华州州长率团来格致中学参观了学生电视台，与小记者用英语进行了交流，对电视台取得的成绩与学生们的良好素质大加赞赏。格致电视台设有《格致新闻》《新闻聚焦》《热门话题》《综艺节目》《科普之窗》等栏目，题材广泛，内容丰富。电视台制作的《一次脱贫之行》获1997年第三届上海市中小学电影节一等奖、短片《心愿》获上海市第四届学生电影节校园优秀电影短片(B组)一等奖。中央电视六台摄制组来校同格致电视台的学生访谈，表示愿和格致电视台保持长期联络。2000年格致学生电视台荣获"上海市中等学校先进班集体"的光荣称号。

图 4-3-4　学生正在拍摄校园电视节目

以下是 2000 年 1 月 13 日《文汇报》对格致学生电视台的报道：

校园荧屏学生舞台——记常办常新的格致中学

每天上午 7 点 35 分至 7 点 55 分，格致中学例行的晨会课与众不同，"格致学生电视台"准时播出的节目在各班教室电视机屏幕上"全线"上演，学生们聚精会神地观看，不时还要议论几句，进行点评，他们盼望这扇校园文化的窗口日日出新。由上海市市长徐匡迪题写台名的该校学生电视台越办越红火。日前该校举行了首届"格致电视节"，成为本市校园电视台中的首创。

这家学生电视台，开设的《格致新闻》《新闻聚焦》《科普 20′》《科学与幻想》《校园花絮》《新海岸》等 10 多个新闻类、科普类和综合类栏目深受学生青睐。学生天天在校园生活，拍摄播放他们的生活还有意思吗？回答是肯定的。《"校服"大家说》，学生七嘴八舌，还真有服装设计师的眼光；《运动会前奏》把各班体育尖子的训练劲用形象展示出来，颇有"人生能有几次搏？"的雄风；《男孩，女孩》针锋相对的有声论辩与形象展示，给同伴许多启示。校园电视台还制作了近 50 个专题电视片，将学生带入广阔的社会生活中去。南京路步行街、陆家嘴中心绿地等成为他们走向社会、增长知识的场所。学生在街上拍摄《广告》专题片，然后进行妙趣横生的点评,让大家分享快乐和知识。《棒棒糖的经济价值》把学生自产与商家的商品进行比较,充满了经济学知识。而上海图书馆新馆的介绍,则把学生引入了课堂之外一个无垠的世界。

学生走出校门拍摄的《一次"脱贫"之行》,真实地记录了电视台成员第一次赴大别山老区考察的行程。调查和拍摄短片时,要住在老乡家里,这对城市学生来说确实是一个考验。白天,他们冒着酷暑顶着烈日,调查访问拍摄采访,晚上即使蚊叮虫咬也要写日记和采编旁白,一天只睡几个小时,但他们把这当作磨炼自己的机会,没有人叫苦喊累。该片获得了上海市第三届学生电影节优秀短片一等奖。在颁奖会上,学生们流下了激动的泪水。一位学生说,通过在农家的生活和劳动,与老乡座谈,使我们对农村的现状有了一些感性了解,从而也加深了对邓小平理论的认识和理解,学到了在课堂上无法学到的知识。许多学生在拍摄贫困孩子渴望学习的镜头时,深受感触,纷纷把平时节省下来的零用钱捐出来资助他们上学,既培养了勤俭节约的习惯,又弘扬了关心他人的精神。每逢暑假,他们都扛着摄像机,到大别山革命老区考察采访,先后制作了《情系大别山》《希望的呼唤》《1+1>2》《大别山手记》等5部专题片。

2. 格致书画社

格致书画社定期在校内举办书画展览会,格致中学的每个楼面都装饰着格致书画社同学的书画作品,整个格致中学校园散发出浓郁的艺术气息。格致学子还在校外一展骄人的才华,1997年6月1日,格致书画社的同学在黄浦公园当场表演书画,吸引了众多游客的目光,中共上海市委常委、宣传部部长金炳华热情观看了表演。在"迎接香港回归,百人泼墨作画"的活动中,格致书画社的同学奋笔挥毫,成为活动主力。格致书画社同学的作品在区、市及全国比赛中屡次获奖,如2002年经中日青少年书法展组委会专家评选,格致中学阮立寅同学的作品荣获"中日青少年书法展"一等奖,并赴北京人民大会堂领奖。

3. 信息爱好者协会

信息爱好者协会支撑起了制作维护格致学生网站的重任,为同学创造了良好的沟通平台,也为老师架起了感知同学的桥梁。从版面设

计到内容更新全部由学生亲力亲为。网站获中小学生作品成果三等奖和"我们的家园"保护环境网页制作比赛的"最佳视觉效果奖"。

4. 格致文学社

文学社以文学创作为中心,以相关能力拓展为宗旨,不定期举办文学采风、文学讲座、有奖征文、演讲、辩论等活动,以丰富同学们的业余文化生活,提高社员观察、分析、表达和解决问题的能力。学生文学社与语文教研组联合主办的语文报刊《格致》,每期发行量达2000—3000份。1997年格致文学社被全国中学文学社团研究会评为优秀文学社团。《格致》语文报也在校园文学社社刊(报)评比中,荣获一等奖。

(六) 精心设计班会课

格致中学的校班会课精心设计、内容丰富、形式多样。有时安排党员教师到各自联系的班级上班会课,进行理论辅导,帮助学生树立正确的世界观、人生观、价值观,有时邀请领导、科学院士、专家教授、社会名流、劳动模范和共建单位代表不定期来校开讲座、做报告,为学生树立学习的榜样或进行安全、法治等专项教育,有时举办新年音乐会,给同学搭建展示艺术才华的舞台,提供艺术熏陶的机会,有时是艺术节、社团节、英语节等各种节日活动的集中展示,将各类节日活动推向高潮,还有的是围绕学校德育处确定的学期德育主题或根据班级实际问题开展各具特色的主题班会教育。总之通过精心设计校班会,学生在丰富的活动中体验、感悟,提升思想品质。

(七) 评选十佳爱生奖

格致中学每年开展"十佳爱生奖"的评选活动。首先由校团委给各班团支书发放表格,由各班团支书组织班级同学把他们心目中好老师的姓名、事迹填入表格,然后汇总,初步遴选后张榜公布、再投票评选。通过这一活动的开展,学生在回顾、反思与交流中学会了感恩。格致中学学生笔下的班主任形象往往从受教育者的角度描写了与之朝夕相处的班主任的细微小事和内心感受,字里行间无不透露出对老师的敬爱、感激之情。

二、建立德育工作的开放格局

(一) 建立德育实践基地,开展社会实践活动

为提高德育工作的有效性,格致中学历来重视开展校外德育活动,着力为学生搭建自我教育、自主发展的舞台。在德育处的组织下,格致中学的社会实践活动开展得有声有色,被评为上海市和黄浦区社会实践先进集体。

1. 大别山革命老区德育基地的考察实践

1997年暑假,格致中学组织了18位师生前往大别山太湖县弥陀镇考察。短短几天内,格致中学师生跋山涉水,走访了6所乡村中小学和许多农民家庭。同学们得知乐安中学的初二学生李小红因半年内父亲、姐姐相继去世濒临失学边缘时,当即捐赠1000元助其完成初中学业。回沪后一经宣传,全校师生踊跃捐款达1.8万元,格致中学师生与贫困学生结对互助互学60人,捐书1700册、练习簿1300本、笔1770支、文具盒290只、书包749个,中秋节时捐赠物资用专车运往了大别山。目睹如此热烈的场面,一位学生干部深有感触地说:"我们彼此曾并不相识,然而是爱国主义教育,是社会实践教育,是希望工程,是强烈的社会责任感把我们紧紧地连在一起。"参加考察的4位师生代表为黄浦区高中党课学习小组400余名成员做"情结大别山"的专场报告。格致学生电视台制作的各20分钟的新闻短片《情结大别山》《希望的呼唤》在黄浦区有线电视台连续播放了4次,《希望的呼唤》还在上海电视台播出,社会反响强烈。专题片《一次脱贫之行》荣获市第三届学生电影节学生自制电视短片一等奖。

基于格致中学师生首进大别山考察掀起的波澜,学校筹划格致中学师生二进大别山的学习考察活动。1998年暑假,格致中学29名邓小平理论读书会成员及老师共40人再次远赴大别山。同学们参观了刘邓大军在刘畈胡氏祠堂召开旅以上干部会议的旧址,了解刘邓大军转战大别山对中国革命所起的战略作用,与农民同吃同住,深入体验农家清苦的生活,考察多所乡村中小学,走访当地有关部门。在多方面多层次调查研究的基础上,格致中学师生与当地有关领导一起召开

了"学习小平理论、了解基本国情、发扬老区精神、明确社会责任"的现场交流会。交流会上同学们结合邓小平理论、联系大别山实际,从山区交通建设、城镇建设、文化宣传、计划生育等7个方面就山区脱贫致富提出了建议,如"城镇建设——农村应该走的一条集中化道路""宣传在弥陀镇经济建设中的重要性""山区交通建设对经济建设的推动""山区计划生育对社会发展的作用""农村教育素质教育的重要性"等,同学们的精彩发言震惊了当地领导。第一次赴大别山的师生资助的李小红同学此时以全镇第二的成绩考入太湖县县中;此后格致中学教师每年捐赠1000元助她完成了学业,考入了安徽师范大学。

1999年7月,柴志洪校长、孙兆桂副校长、刘福朝副校长带领格致中学师生61人第三次远赴大别山。在当地政府和教育部门的配合下,"上海市格致中学大别山革命老区德育基地"正式揭牌。此次大别山之行有20名教师参加了送教下乡活动,语、数、外三科老师杨永武、葛赫、林苹华各开了一节观摩课,向大别山教师展示了上海教改的动向。课后两地教师济济一堂,就如何深化教改、推进素质教育等问题展开了探讨。41名学生带着调查报告展开调查之余,把从上海带去的学习用品和衣物等挨家挨户送到结对的贫困孩子手中。两名《解放日报》记者全程参加了考察活动,并作了专题报道。

图 4-3-5 上海市格致中学大别山革命老区德育基地揭牌仪式

2000年7月,在刘福朝副校长带领下格致中学9名教师、35名学生以及黄浦区一中心的两位教师第四次深入大别山乡村学校考察,向学禹老师和黄浦区一中心的老师分别开设了天文课、语文课和数学课,在当地引起轰动。向学禹、张跃军老师还在弥陀一中、二中开展天文科普夜活动。2001年、2002年赴大别山之前,格致中学100多位学生分成若干小组,拟定20多个研究课题,带着课题进山,开展广泛的社会调查,召开社会调查汇报会,回校后写出高质量的调查报告。上海教育电视台连续2天作了专题报道。沈庆红老师指导的学生会主席林礼同学撰写的《大别山地区集体经济为何不见潮涨的原因》被评为上海市中学生理论学习优秀论文。

图4-3-6　刘福朝副校长(右二)带领师生深入大别山革命老区考察

从1997年至2003年,格致中学师生与大别山贫困孩子结对达120对,每位贫困学生受助不少于420元。每年寒假,都有弥陀镇家境贫寒、品学兼优的学生受邀到上海交流学习,受到上海学生和家长的热情款待,共享改革开放的成果。到过大别山的学生深有感触地说:"我们从大别山同学身上学到艰苦奋斗的精神","大别山之行,使我们知道,热爱祖国、热爱人民不应该是抽象的、空洞的,我们要经常深入社会,了解国情,牢固树立为人民服务的思想和为建设社会主义祖国

贡献力量的志向。"格致中学的"情结大别山"社会考察活动被评为"上海市中学生理论学习优秀活动项目"。

2. 社区居委社会实践基地的服务体验

1998年格致中学与金陵东路街道组建了"共青团金爱心学校"，格致中学团委与金陵街道14个居委党支部举行签约仪式，结对共建精神文明小区。格致学生利用节假日为社区的中小学生补习功课，开展居民喜闻乐见的文体活动，为孤老、残疾人、单亲家庭子女提供服务，担任居委会见习干部，参与街道、居委的卫生、民政、创安工作等等。2001年高二(7)班团支部在南京东路街道的瑞福居委创办的"弄堂英语"深受居民们的欢迎，不仅居委会送来锦旗和表扬信，《新闻晨报》还刊登了他们活动的照片。1997年3月5日，为纪念"向雷锋同志学习"题词发表34周年，格致中学、曹光彪小学联合成立"志愿者社区服务队"，每月到街道里委为残疾人、孤老、军烈属提供服务。以后格致中学各班团支部组织团员定期开展各项志愿者服务。1999年3月8日格致高二(7)班阳光使者服务队被评为黄浦区优秀中学生志愿者服务队。2003年高二英语特色班同学每周六分组到福州路充当"文化小导游"，绘制简易旅游线路图，热情为市民、游客讲解，《新民晚报》曾作报道。2003年格致中学高二部分学生参加黄浦区规范使用语言文字的专项检查"啄木鸟行动"，7次到南京路查找广告牌上的错字、别字，与近100家单位取得联系，督促75家单位整改。2007届4班团支部组织同学到外滩向游客介绍外滩万国建筑群、浦东陆家嘴金融贸易区。总之，在社区文化建设中活跃着格致中学的"小导游"，在社区慈善活动中穿梭着格致中学的"小天使"，在社区教育工作中耕耘着格致中学的"小园丁"，在社区民政建设中忙碌着格致中学的"小干部"……

3. 军政训练基地与学农基地

格致中学对高一新生进行军政训练由来已久。起初军训在学校举行，由格致中学的联谊单位南京路上好八连和学校体育老师共同指导学生进行队列训练。同学们自带草席，睡在用课桌拼搭起来的统铺上。后来，根据《上海市教育委员会关于组织中小学生参加上海市青少年校外活动营地活动的意见》，从2002年开始，格致中学高一学生军训实施"7+3"模式，3天前往上海市青少年校外活动营地——东方绿舟集中军训,7天由学校另行安排军训。

为帮助学生体验农村生活,学校每年组织高二同学利用假期参加农村社会实践。1999年高二学农和高一学军的活动都是在奉贤星火农场德育基地举行。2001年学校组织高二8个班级学生赴宝山月浦进行为期7天的农村社会实践,学生们参加农业劳动,广泛进行社会调查,写下近100篇有质量的调查报告。2004年高二的农村社会实践考察在上海申隆生态园学农基地举行,这次学农以"农业与科技"为主题,让学生了解了以科技为后盾的现代农业。

(二) 汇聚育人合力,构建学校、社会、家庭"三位一体"的德育教育格局

格致中学与家长签订"学习型家庭协议书",通过教师家访、家长学校、家长教育委员会、校园网等多种途径与家长交流沟通,形成育人合力。

学校为家长开设家庭教育系列讲座,包括亲子沟通、考前心理辅导、文理分科和职业生涯规划等内容,家长们听后很受启发。2004年10月格致中学德育处推出了"'阳光通道'——家校互动平台"网站,让家长更直接、更便捷地了解学校开展的各项活动及教育信息,学校也借助于该网站向家长进行家庭教育和心理教育的指导。学校各年级都通过民主推荐,组建了家长委员会,家长代表们定期到校开会交流,互通信息。会上家长们交流学生在家学习、生活状况,对学校办学、校服、食堂等服务项目提出建议;与会老师、领导向家长介绍学校办学目标、教学理念、文理分科、志愿选择、重大举措、发展现状等资讯,为家长们答疑解惑。学校还规定了较严格的教师家访制度,要求班主任家访率必须达到一定比例,以获取学生、家长最直接的信息。

学校还借助于博物馆平台进行传统文化教育。2002年12月"充满趣味的钱币世界"互动式主题展览揭幕仪式在格致中学举行,学校领导和上海博物馆领导为展览揭幕。2004年在历史组赵冰清老师带领下,高一年级近50位同学参加了上海博物馆举办的"5·18"国际博物馆日的活动,主题为"博物馆与无形遗产"。在博物馆老师的指导下,一些学生还亲手制作了绚丽斑斓的丝巾,体验了传统工艺扎染的

魅力。"走进博物馆,走近中国传统文化",是上海博物馆与格致中学历史组举办这次活动的宗旨。历史组陶世华老师创立了文博社,文博社的学生不仅经常到博物馆参观日常展品、流动特展,聆听博物馆开设的讲座,还当志愿者为参观人员进行义务讲解。

总之除课堂教学外,格致中学采取各项措施为学生的健康成长搭建了舞台,铺设了道路。

三、杨福家校友设立"爱国奖"

(一)爱国奖学金的创设

1997年,格致中学1954届校友杨福家院士个人出资设立"格致中学爱国奖",激励格致中学毕业班学生全面发展、勇攀高峰,以优异成绩报效祖国。此后,杨福家院士坚持百忙中抽出时间,每年回一次母校为获奖学生颁奖,举办科普报告,讲解世界科技发展成果。

图 4-3-7 1997 年首届"爱国奖学金"颁奖大会

杨院士的每一次报告都使格致师生获益匪浅。例如2004年唐振尧同学发言时就说道:"我要感谢爱国科学家杨福家院士,是您给了我这个机会。也给了我这项荣誉。从那时起,我就很向往能像他那样,今天能够有幸获得这个奖……我们一定不会辜负杨院士的殷切希望,会更加努力地学习,奋斗,并以杨院士的爱国精神为榜样,将自己的光和热奉献给祖国,为祖国建设添砖加瓦。"

(二)名誉校长高润华在颁奖典礼上的发言

颁奖仪式上名誉校长高润华老师的发言同样让所有在场者接受一次灵魂的洗礼。在第五届爱国奖颁奖大会上,高润华校长回忆了当初设立奖学金时的一些感人的细节,她说:"那时科学家个人出资在中学设立奖学金,不仅在学校校史上是个创举,而且在全国也可以说是首创。我清楚地记得当时我们曾建议把这项奖学金命名为'杨福家物理奖学金',但他坚持不同意;我们也曾想把这项创举通过媒体广为宣传,但他仍没有答应!"杨福家曾说:"培养接班人是为了祖国,为了事业,而不是为了个人出名!"

1996年以来,杨福家在复旦大学任校长期间每年不忘来颁发爱国奖;即便远在英国诺丁汉大学任校长,仍按时来格致中学颁发爱国奖。

表4-3-2 爱国奖学金获奖者名单

颁发年份、届次	高中毕业届次	姓 名	就读复旦院系
1997年首届	1997届	徐端详	化学系
		金正宇	物理系
1998年第二届	1998届	周佳琪	外语学院
		汪 凌	复旦生命科学系
1999年第三届	1999届	陈铭智	物理系
		王云帆	物理系
2000年第四届	2000届	吕秋捷	物理系
		朱桂平	法律系
2001年第五届	2001届	肖顺豪	物理系
		陶 机	生命科学院
2002年第六届	2002届	施甫旻	生命科学院
		濮志超	生命科学院

续表

颁发年份、届次	高中毕业届次	姓　名	就读复旦院系
2004年2月第七届	2003届	王韧诚	生命科学院
		殷文雄	物理系
2004年第八届	2004届	唐振尧	材料科学系
		杨　奕	物理系
2005年12月第九届	2005届	吴　炜	数学科学院
		马　丁	物理系
2007年2月第十届	2006届	武亦文	经营类专业
		刘枭烨	数学科学学院
2008年1月第十一届	2007届	李易丰	法学系
		沈　怡	数学科学学院
2009年1月第十二届	2008届	王　懿	政治学系
		张逸隽	经济学院
2010年3月第十三届	2009届	张驰成	经济学院
		邓凝旖	计算机系
2011年1月第十四届	2010届	胡逸然	物理系
		龚　赋	物理系
2012年1月第十五届	2011届	刘文哲	物理系
		蓝　青	化学系
2013年3月第十六届	2012届	谭海韵	民　乐
2014年5月第十七届	2013届	陈慈钰	国际政治和会计学专业
		周百会	微电子专业
2015年6月第十八届	2014届	邢晓渝	软件工程专业
		杨旻婕	数学类
2016年4月第十九届	2015届	张馨缘	自然科学试验班
		顾　恺	自然科学试验班

第四章

推进课程与教学改革

一、三类课程校本化实施

2001年6月,教育部颁布的《基础教育课程改革纲要(试行)》(以下简称《纲要》),明文规定了三级课程管理制度:"为保障和促进课程对不同地区、学校、学生的要求,实行国家、地方和学校三级课程管理。"格致中学依据《纲要》,在执行国家课程和地方课程的同时,结合自身传统和优势,开发了以满足格致学生兴趣和发展需要为目标的校本课程,逐步建立起符合素质教育要求的格致中学课程体系。

(一)格致中学课程设置的指导思想

格致中学的课程设置根植于"以学生发展为本"的素质教育的课程理念,以发扬办学特色、整合课程资源、促进个性发展为重点,构建具有学校特色的课程体系。努力满足以下5个"需要":继承和发展格致"热爱祖国,崇尚科学"办学传统的需要;发展学生基础性学力、发展性学力、创造性学力的需要;实现格致"基础厚、能力强、身心健、有特长"的育人目标的需要;适应时代对人才素质全面发展,特别是"科学素质与人文素养相整合"的需要;培养和发展学生"和谐发展,理科见长"等各种个性特长的需要。

(二) 格致中学课程设置的框架

1. 格致课程的内容

格致设置的课程分为国家课程和学校自编课程。国家课程主要有：政治、语文、外语、数学、物理、化学、生物、地理、历史、体育、艺术、劳技、社会实践。

学校自编课程则在改革实践中不断充实、完善,到1999年9月—2002年9月格致中学建设实验性示范性高级中学办学规划完成时,根据德、智、体、美、劳全面发展的目标,学校主要开发了以下自编课程:德育课程——心理健康、学生学习规范、时政课,文科课程——《格致中学人文读本》选读、古代诗歌赏析、现代交际语言及运用、影视评论、昆曲欣赏、《格致校史》、科海名家,理科课程——天文、环保、信息技术、数字地球、生命科学、图形计算器应用、数理化生的精英课程、计算机、科技英语,综合课程——综合文科、综合理科,双语课程——数学、物理、化学、生物、旅游地理,第二外语课程——法语、日语,社会实践课程——大别山考察、市民学校、社区服务,艺术课程——弦乐、民乐、声乐、舞蹈、图画、书法、计算机美术,体育课程——男篮、女排、棋类、游泳、跳绳、踢毽,劳技课程——机器人制作、OM活动、电子技术、金工制作。

在第二轮即2002年9月—2005年9月第二轮办学规划实施时,格致中学老师在华东师大课程专家的指导下,新近独立开发的课程达30多门,建成完整的格致新课程体系,被命名为"格致课艺新编"。格致新课程体系主要分为八个科目:语言文学类——科技英语、海外推理、电影赏析;数学类——数学问题欣赏、数学思想训练;自然科学类——身边的科学(双语课程)、天文研究实践、趣味物理实验;社会科学类——邓小平理论读书会、名人与名人治学;技术类——数码摄影、室内平面设计初步;艺术类——昆曲欣赏;体育与健身类——国际象棋;综合实践类——创新学(实验与制作)、茶艺。

2. 格致课程的类型

格致中学设置的课程分为基础型课程、拓展型课程、研究型课程。基础型课程是指授给学生可再生长的基本知识和可再发展的基本技能的课程。它和国家课程、上海地方课程的范围大体一致。课程设置面向全体学生,重点传授结构性学科基础知识和基本原理,帮助学生构建基本的学科知识结构,培养学科思维能力。拓展型课程是指丰富学生生活、促进学生全面发展、提高学生综合素质和生活质量的课程。"拓展"一般包括学科知识拓展、学习领域拓展、个性特长拓展,以满足各类型、各层次的学生选择学习、个性发展的需要。研究型课程是以探究性学习和开放式学习为主,以培养研究性、创造性人才为目的,具有专题性、综合性、开放性的特点。课程以学生自主设计、自行修习为主,培养学生的创新精神、创造能力、实践能力、团队精神和合作学习的态度,强调过程评价。

表 4-4-1 "格致课艺新编"体系结构一览表

	基础型课程	拓展型课程(所列课程仅仅是举例)			研究型课程
		学科拓展	领域拓展	特长拓展	
语言文学	语文	阅读与写作	文学社	作文竞赛	必修课或基础型课程要体现研究性学习的理念;史、地、生等课程继续实施每学期腾出一至两周课时用于研究性学习的做法。同时开好每周2个课时的研究型课程
	英语	英语听读写	科技英语	英语演讲	
数学	数学	数学思维法	应用数学	竞赛辅导	
自然科学	物理	物理、化学等自选课程	趣味物理实验、创新学(实验与制作)、天文	物理、化学、生物等学科竞赛辅导	
	化学				
	生物				
	地理				
社会科学	政治	历史、政治等自选课程	邓小平理论"黄浦风云"	乡土知识竞赛、辩论赛	
	历史				
技术	劳技	计算机应用技术	数码摄影电脑应用	OM竞赛、机器人制作	
	计算机				
艺术	音乐	音乐欣赏书画鉴赏	书画社、民乐队、弦乐队	器乐演奏、舞蹈、昆曲	
	美术				
体育与健身	体育	形体健美与健美操	围棋、国际象棋	运动队、竞技项目	
综合实践	军训、学农等社会实践课程,每学年各集中两周时间完成				

格致中学课程的教材:格致中学设置的课程所使用的教材主要分为两类:国家统一课程教材和学校自编课程教材。学校自编课程教材

主要用于拓展型课程,至1999—2002年第一轮办学规划完成时,学校形成了一批校本教材,例如:"综合理科讲义""OM头脑奥林匹克教材""形体健美与健美操教材""'黄浦风云'自编教材"等。到2002—2005年办学规划完成时,学校自编教材更加完备,学校还把"格致学""经典哲学""创造学""环境保护""英语写作""才艺素养拓展"等课程作为限定性拓展型课程列入正式课表。

从学生对课程的自主选择看,根据"以学生发展为本"的办学理念,学校允许学生对课程作个性化选择,主要有三类:对基础型(必修)课程的选择,主要是少数学有所长的智优生可按自身程度自主选择上课班级,如个别高一数学特长生经教导处同意可到高二教室上高二年级的数学课,个别特长生经学生、家长、教导处同意可在重大竞赛前的一段时间里免修、免考某些基础型科目,竞赛结束后通过自学或教师辅导完成相关科目的学习。2002年第一学期期末高二(5)班金立宇同学就允许化学免试。对拓展型(选修)课程的选择,格致中学所有学生均可按兴趣、能力选择所学科目,采取走班级上课的形式。对研究型(必修和选修结合)课程的选择,自二期课改后,格致中学所有学生均可自主选择研究内容或课题,在学习形式上,学生可选择"个人研究"、亦可选择"群体合作"的学习方式。此外,学生还可以根据发展需求,要求学校开发新课程。

(三) 格致中学课程设置的目标

在办学规划中,格致中学课程改革对基础型、拓展型、研究型3个类型的课程都确立了明确的目标。首先,将基础型课程的目标定为全面优化基础型课程——夯实基础,文理并重,融会贯通。即保持、发扬格致中学基础教学高质量的传统,关注基础知识、基本能力的培养,文理并重。其次,将拓展型课程的目标定为不断充实拓展型课程——拓宽知识,培养兴趣,主动发展。格致中学的拓展型课程致力于学生的"实践体验,潜能开发,特长发展",在人文科学、理科科学、技术技能、体育艺术、综合实践和社会体验等五大领域基础上,进一步加强跨学科的专题性新课程的开发和建设。第三,将研究型课程的目标定为发展多元研究型课程——专题研究,注重合作,开拓创新。格致中学的研究型课程建设主要体现专题性、综合性、开放性特点,注重学生的自主意识、创新意识、实践能力、合作精神的培养,重点关注学生对研究性实践活动的设计与执行过程,强调对学生活动的过程指导与多维度评价。

2004年,学校进一步提出课程改革的目标:(1)突出基础性,体现多样性,增强选择性,做到主体性与差异性、基础性与发展性的协调一致。(2)体现新的课改走向,做到基础性课程、拓展性课程与研究性课程的有机衔接,科学精神与人文素养的并重,理论性与实践性的整合。(3)围绕科学、人文、社会等方面,系统规划并精心设计核心课程、概论课程和问题课程。(4)建立基于社会问题研究和体验的实践课程。

(四)格致中学课程的实施

格致中学在课程改革实施中注重抓好两条:一是转变师生课程观,二是创建学习型学校。格致的课程改革走上了持续良性发展的轨道,在实践中摸索出了课程实施的基本策略:"实践—体验—感悟"。具体措施如下:

第一,以教育科研为先导,制订《〈格致课艺新编〉编制纲要》,组建课程建设专家指导委员会,推进课程改革。课程的开发需要秉持积极又谨慎的态度,以确保课程建设的科学性与实效性。格致中学课程建设既要依靠格致中学师生的努力,又要仰仗校外专家的指路引导;既要基于教育教学实践经验的积累,又要进一步开展科学的探究。格致中学在办学规划中确立了课题"格致中学学校课程开发研究",将其纳入学校科研项目管理体系,组建由分管校长领导,以校教导处、科研室及资深教师为主体,有课程理论专家、学科教学专家参与的研究核心小组。2003年,学校制订了《〈格致课艺新编〉编制纲要(讨论稿)》,指出了课程改革的背景、发展趋势,格致中学课程建设的理念、策略、目标、流程、设计框架和评价方案。2004年3月,格致中学课程建设研讨会召开,参加会议的有学校领导、专家视导室成员、教研组长和教师代表共40多人。华东师大丁钢教授、市教科院朱怡华研究员等来自市里的8位学者,以及黄浦区教师进修学院副院长潘裕民等专家到会指导。黄浦区教育局王伟鸣副局长、区督导室李聿华主任、中教科陈亮科长

也出席了会议。张志敏校长介绍了《〈格致课艺新编〉编制纲要》。丁钢教授、朱怡华研究员代表专家提出学校要进一步树立教育是"服务"的意识,认真培育有格致特色的精品课程的理念。会上,"格致中学学校课程建设专家指导委员会"正式成立,学校特聘丁钢教授为总顾问,第一批专家共有17名。研讨会后,专家分组与相关教师建立了联系。2004年8月,格致中学召开"深化课程和课堂教学研讨会"。会议围绕格致课程体系的构建方略、促进学生主动学习的课堂教学方法以及落实上述任务的管理机制等问题进行了研讨。格致中学新一轮学校课程建设迈出了坚实的一步。

第二,从课程的内容、方法和资源等方面优化基础型课程。语文学科开设阅读课,拟定"格致中学学生课外阅读书籍推荐目录",让学生自主地、有计划地完成阅读任务,有效利用《当代学生》《文言文助读》等杂志、书籍,夯实学生文化底蕴。数学学科引入美国德州仪器公司的TI图形计算器教学、部分班级使用项武义教材,培养学生创造性思维,构建生活与数学的联系。2001年格致中学成为上海市TI数理教学技术实验学校。英语学科全面采用"牛津英语"作为正式教材,以《二十一世纪报》作为泛读的突破口,让学生学习最新、最鲜活的英语,体验学习语言的乐趣,增加新概念英语等阅读内容,编写与各年级牛津教材配套的补充阅读材料,每个单元4—5篇;听说课采用小班化教学,将1个教学班分成两个小班,提高课堂效率;为语音室购买、安装浪劲公司开发的听说软件,以节省口试训练花费的时间;高一年级开始就开设写作课,培养学生英语听、说、读、写的技能,涵养多元文化。物理、化学学科改造实验室,添加新设备、新装置,强化实验教学。化学实验室李厚平老师,为了提高学生在实验中的直观性,自行设计制作多个新仪器。格致中学以历史、地理、生物、音乐、体育、美术、劳技等基础性课程的优化作为整体课程优化的切入口,加大投入,优化资源,到2003年新建起一批专用教室:历史学科新建互动合作网络化专用教室,地理学科新建数字化地理学习室,生物学科新建网络化生命科学实验室,音乐学科新建一流的视听教室,体育学科新建设备齐全的健身房。学校实行"走教室"上课制度,教师确定与新的资源、设备相适应的教学内容、教学方法和教学手段,提高教学效益。

第三,发展拓展型课程。格致中学"以学生发展为本"建设拓展型课程,完善拓展型课程框架,包括学科竞赛类课程、信息技术和科技技能类课程、第二外语课程、人文修养类课程、艺术体育活动课程等,每一类课程根据学生多元发展的需要开发并设置科目群。经过师生共同努力,并借助于校外资源,每学期格致中学选修课中开设的拓展型课程有70多种,要求每位学生在高一、高二阶段每学期选修1—2门拓展型课程,为引导学生选择拓展型课程时能考虑全面均衡发展,在学校开设的社会科学类、自然科学类及综合类科目中,在高中阶段均不少于两门。拓展型课程采取学分制管理。学校还通过英语节、科技节、体育节等开展丰富多彩的主题活动,搭建学生主动学习、参与、展示的平台,发展学生个性特长。

格致中学课程建设的流程:(1)组织动员,建立全员课程意识;(2)总体规划,编制课程发展纲要;(3)选定科目,学生选择问卷调查;(4)课程挂牌,提供学生充分选择;(5)学分管理,实施综合评价机制;(6)滚动开发,保障开发经费投入。

表4-4-2 2003学年第一学期选修课、活动课科目表(高二年级)

	课程名称	执教老师	上课地点	课程名称	执教老师	上课地点
周一	民乐队	夏 星	老大楼3楼	生物竞赛辅导	刘 骏	生物实验室
周二	室内平面设计初步	李 玲	610	数学A	李世廷/李 勤	203
	OM	姚 畅	劳技教室	机器人JC	李 军	劳技教室
	结构	周一新	劳技教室	茶艺	郭自作	老大楼34室
	应用数学	羊 光	702	排球(男、女)	水 凌	操场
周三	化学A	娄 华	化学实验室			
	物理A	方教授	物理实验室			
周四	科技英语竞赛辅导	顾汉章	高二(11)教室	文学社	张高炜	302
	乐高	姚 畅	劳技教室	单片机	李 军	劳技教室

续表

	课程名称	执教老师	上课地点	课程名称	执教老师	上课地点
周四	物理思维和方法研修班	方梦非	物理实验室	乒乓	邵 伟	乒乓房
	天文实践	向学禹/张跃军	天象厅	数码摄影	黄传霖	803
	电脑实用技术	倪慧俊	609	篮球(男)	李文黎	操场
	国际象棋	外聘指导教师	餐厅	心理学	周 隽	702
	历史系列讲座	陶世华	5楼历史教室	化学A	娄 华	化学实验室
	化学B	张万里	204	化学C	陆 静	305
	化学D	王政华	205			
周五	邓小平理论读书会	杨 娟	803(单周)	党课	杨永武	803(双周)
	第二外语：日语	外聘老师/沈雪敏	508	昆曲欣赏	上海昆剧团张洵澎/许琳/王晓华	舞蹈房
	弦乐队	林友声/夏 星	老大楼3楼	创新学(实验与制作)	黄增新(外聘)席海燕	物理实验室
	计算机应用技术与趣味物理实验	蒋冀伟(外聘)	物理实验室	生物竞赛辅导	刘 骏	生物实验室

表4-4-3　2003学年第二学期选修课、活动课科目表(高一年级)

	课程名称	执教老师	上课地点	课程名称	执教老师	上课地点
周一	民乐队	夏 星	老大楼3楼			
周二	数学A	林星芳	601	天文学基础	向学禹/张跃军	202
	结构	周一新	劳技教室	OM	姚 畅	劳技教室
	Flash	陆幸丽	610	女篮	邵 伟	操场
	茶艺	郭自作	老大楼34室	围棋	外聘指导教师	餐厅

续表

	课程名称	执教老师	上课地点	课程名称	执教老师	上课地点
周二	科技英语竞赛辅导	方立平	509	生物竞赛辅导	鲍晓云	生物实验室
	化学A	张燕	实验室			
周三	物理A	方教授	物理实验室			
周四	数字地球	吴照	202	文学社	张高炜	302
	单片机	李军	劳技教室	篮球(男)	李文黎	操场
	生物竞赛辅导	鲍晓云	生物实验室	物理A	钟浩	物理实验室
	数学B	葛赫	603	网站设计艺术	孙凤	609
	电视制作	丁燕	808	数码摄影	黄传霖	803
	海文杯英文辅导	詹玲	509	乒乓	邵伟	乒乓房
	乐高	姚畅	劳技教室	化学A	张燕	实验室
周五	邓小平理论读书会	何平	大会议室(单周)	党课	杨永武	803(双周)
	弦乐队	林友声/夏星	老大楼3楼	第二外语:日语	外聘老师	508/706
	昆曲欣赏	上海昆剧团张洵澎/许琳/肖磊	舞蹈房	创新学(试验和制作)	黄增新(外聘)/席海燕	物理实验室
	计算机应用技术与趣味物理实验	蒋冀伟/席海燕	物理实验室	机械机器人	姚畅	劳技教室
	法语	外聘老师	507			

第四,落实研究型课程。1999年下半年起,格致中学就在校本课程的教学中提出了研究性学习的理念,并把研究性学习引入历史、地理、生物等3门必修课,要求每学期腾出3—4周,围绕校本教材开展研究性学习。

2000年格致中学科研室根据国家教育部和上海市教委关于研究

性学习的指导意见,制定了《上海市格致中学推进"研究性学习"工作条例》和《格致中学研究性学习课程实施管理系列安排》,该《条例》规定了格致开展研究性学习的3种做法,形成了格致研究性学习的特色:

一是开好以课题研究为主的研究型课程,每个学生必须参加并完成一个全开放的研究课题。高一年级完成研究型课程"学习包"的教学任务;高二年级学生完成研究课题的开题、结题工作,组织优秀课题的评选,推荐优秀课题参加市、区各类评比交流活动。二是在历史、地理、生物等学科中深化研究性学习活动,每个学生必须参加并完成一个与本学科相关的半开放课题研究。比如,地理组开发了天文学的研究型学习课程,生物组开发了有关探索性实验的研究型学习课程,历史组开发了上海近代文化史、黄浦地区史、世界科学史等课程。又如,地理组开发的以"苏州河综合整治"为专题的研究性学习,开创了以地理学科为主,整合化学、生物等多学科相关知识的研究性学习模式,把理论、实践、实验相结合;生物组开发的研究性课题"盆栽植物监测大气污染",鼓励学生综合运用不同学科的知识,采用各种不同的方法,设计监测方案,学生的创造力得到激发;政治组将"社会调查"作为政治学科的研究型课程,面向全体学生,每学期精心组织一次,增强学生的社会责任感;化学组雷红星老师在化学课上组织开展研究性学习。

(五) 格致中学课程实施的效果

伴随格致中学三类课程的有效实施,格致中学的素质教育有序推进。2001年全市学生研究型课程成果评比,格致学生的"钼对雄性小白鼠生殖系统的影响"等3个课题在上海市中学生科技论坛评比中分获一、二、三等奖。中央电视十台《异想天开》栏目在2001年11月15日播出专题片,介绍格致中学学生用植物检测空气污染的3个研究课题。学生的课题研究成果在上海市英特尔科技论坛中获市级一等奖5项。2001年、2002年,格致中学学生两次参加市教委、上海教育报刊总社与上海图书馆联合举办的上海中学生"世纪论坛"活动,展示研究性学习成果,吴昊、张蓓蓓、林礼、梁敏等学生以"诚信的天空"和"青春、热血融入三个代表"为主题作讲演,受到好评,多家媒体予以报道。特级教师向学禹在全国教学研讨会上专题介绍格致中学学生研究性学习的成果。学校将收到的学生课题研究成果编印成《格致中学学生课题研究成果》《格致中学学生研究性学习成果》。

图 4-4-1　中央电视台《异想天开》栏目现场拍摄格致中学学生课题研究

拓展型课程,尤其是智优生培养方面,继续彰显了格致中学"理科见长"的传统,培养出一大批特长生。例如,1997年格致中学学生参加市级以上各类竞赛共有343人次获等第奖,其中获国际及全国奖的有30人次;2001—2003年格致中学学生在数学、物理、化学、生物全国竞赛中荣获市级一等奖以上共37人,其中有10位学生参加全国冬令营决赛。此外,科技类、艺术类、体育类竞赛中选手们也多有载誉而归。(详见本篇附录)

(六) 素质教育背景下的课堂教学

2004年,在学校专家视导室、教导处和教科研室等部门召开的研讨会上,提出了"聚焦课堂"的理念,并提出了提高学校课堂教学效益的8项建议:(1)教学宣传理念与课程改革标准相结合,课堂要体现"精、实、活";(2)开展一堂好课的标准是什么的大讨论,一堂好课应该是发展的;(3)切实探索课改精神,建立符合课改精神的发展性的评课体系;(4)树立课堂改革的典型、培养课改后备人才;(5)发动学生评选

印象最深的一堂课;(6)倡导评课返璞归真,促进教育反思;(7)加强备课组老师互相听课,坚持严格要求标准;(8)加强教学基本功训练。

学校教育的主阵地在课堂,教师风采展现的最佳场所也在课堂。为引导教师积极参与课堂教学改革,自觉落实教改精神,提高课堂教学质量,规范课堂教学行为,方便听课评课活动的开展,格致中学制定了《课堂教学评价导向》。

课堂教学评价导向

1. 教学目标

(1)全面关注知识与技能,过程与方法,情感、态度、价值观这三个维度。(2)教学目标具体明确,符合大纲要求与学生特点,并能体现于教学过程。

2. 教学内容

(1)内容正确充实,贴近生活实际。(2)内容安排突出重点,做好铺垫,突破难点。(3)面向全体,顾及差异,因材施教。(4)教与学中知识传授的量和能力训练的度适宜。(5)体现知识生成过程,有利于学生的自悟与探究。

3. 教学设计

(1)教学思路、脉络符合教学内容与学生认知水平。(2)教学环节紧扣,时间分配合理,形式多样,师生互动。(3)精心创设教学情景,精心设计板书,精心设计提问,有利于提高学生学习的主动性和积极性。

4. 教学方法

(1)课堂讲授逻辑性强,易被学生接受与理解,活动安排适合学生学习的实际需求。(2)教师主导,学生主动,精讲精练,及时反馈。(3)倡导启发式教学,激发学生学习兴趣,促进学生积极思维,提高学生学习能力。(4)关注学生学习过程,激励学生质疑、探究、合作、创新和实践。(5)努力采用多样化教学方法,恰当运用现代化教学手段。

5. 情感教育

(1)教学民主,师生融洽,全身心投入教与学。(2)发挥学科的育德功能,注重学生的学习动机、习惯、信心等非智力因素的培养。

6. 教学效果

(1)教学目标达成度高。(2)学生积极参与,师生融洽互动。(3)发展水平不一的学生各有所得,学习能力有所提高。

7. 教学基本功

(1)教态亲切,自然,端庄,大方。(2)语言规范,简洁,抑扬顿挫,生动形象。(3)板书工整美观,言简意赅,层次清楚。(4)能熟练使用各种现代教学技术。(5)掌握学生心理特点,应变、调控课堂能力强。(6)学科专业知识技能扎实。

8. 教学个性

(1)教学有特长。(2)教师形成有个性的教学风格。

表 4-4-4　公开教学举例

	科目	概　况	
独立展示	政治	1998年区兄弟学校老师来校听姚卓匀老师执教的"我国政党制度"一课	1999年周健向全区教师开设政治课"自由"
		2000年周隽执教政治公开课"走进老师",市区领导和兄弟学校来格致指导	2002年印云亮参加区教科所举办的政治课青年教师大奖赛,开课题目为"提高经济效益"
	心理	1999年6月2日黄浦区教育学院领导及兄弟学校心理辅导老师来格致中学指导,周隽开设公开课,题为"人际交往PAC"	
	英语	1999年11月2日黄浦区兄弟学校教师来校听英语老师潘庆生和钟维尧的公开课	2002年11月27日潘庆生在803电化教室为华东师大英语硕士研究生班开设"信息技术与英语教学"
	历史	1999年10月21日金国强向全区开设公开课"太平天国和第二次鸦片战争"	1999年11月25日邵清上"甲午战争——洋务运动试金石",对兄弟学校开放
	数学	1999年4月13日黄浦区中小学素质教育研究展示:孙兆桂开设公开课"开根题的讨论"	1999年11月3日李幸在8楼电化教室上公开课"一元二次不等式的解法",区教育学院领导来校听课
		2001年3月22日杨建华向全区开设"中学数学实验教材"研究课,题为"倍角公式"	2001年4月4日李幸开设公开课"轨迹的探求",华东师大数学系中学骨干教师培训班老师来校听课
	地理	1999年5月13日张跃军在8楼电化教室执教"恒星的变化",区教育学院领导及兄弟学校教师来校听课	

续表

	科目	概　　况	
独立展示	化学	1999年11月4日戴露茜对兄弟学校开设公开课"有机物中的碳分子"	
	体育	1999年11月17日黄浦区中心组、兄弟学校老师来校听李芳芳、顾英芳的体育课	2000年10月25日区教科所中心组成员及各校体育教研组长听顾英芳的公开课"柔韧与武术"
	语文	2000年9月14日华东师大中文系进修班老师来校指导,张正康执教"唐诗"、孙苏执教"我的空中楼阁"	
	物理	1998年9月7日俞一辛在7楼物理实验室开"多媒体在物理课堂教学中的应用"展示课,题为"蒸发"	2002年9月16日万立荣参加市青年教师物理教学大奖赛,上"电阻定律"
	劳技	2002年12月5日"上师大科教版"高二年级劳技新教材市级教学研讨课听课交流活动在格致中学举行,李军开课题目为"光电小车的测试——红外传感器的应用",市教研室领导、各区县劳技教研员、各区县劳技中心主任来校听课	
集中展示	1999年5月18日格致中学举办"以学为本,求实求新"教学研讨活动展示课		
	2000年11月28日以《面向新世纪》为主题的黄浦理科教学专题报告会在格致中学召开,庄起黎、张志斌、李幸分别开设公开课"物理与综合学科""高中地理研究型课程初探"和"TI技术在数理教学中的应用"		
	2000年11月25日—12月5日为了构建以学生发展为本的课堂教学模式,进一步提高教学质量,全面推进素质教育的落实,举办青年骨干教师教学展示活动		
	2001年6月4日—8日格致中学"以新理念开创教学新格局"展示周		
	2002年10月21日—25日格致中学青年教师教学展示周 语文:孙苏"居里夫人评传两篇" 阮晓岚"石钟山记" 数学:俞志钢"立几中探索·开放题的讨论" 羊光"不等式的应用" 英语:江柳 Places of Interest 　　朱跃隽 Care For Your Hair 　　方立平 Vocabulary Revision	物理:李耀华"测电池的电动势和内阻" 　　黄薇"摩擦力" 化学:徐晓宏"铁及其化合物" 政治:潘燕雯"上海申博"(时政课) 历史:邵清"拿破仑帝国的兴亡" 地理:张跃军"大气运动"(行星风系) 　　吴照"大气运动"(季风环流) 生物:刘骏"植物细胞的有丝分裂" 劳技:李军"门电路的实践与应用" 心理:周隽"情绪ABC"	

二、教育科研实证研究

1995年格致中学成立教科研室,1998年首次获得"上海市教育科研工作先进集体"称号。学校积极创设各种条件,组织教师们投入各项课题研究,提高学校的教科研水平,推动学校各项工作的开展。

(一)格致教科研制度建设

1. 建立教科研导向机制,确保素质教育的方向

格致中学制定《科研室职员职责》《课题组负责人职责》,邀请市教

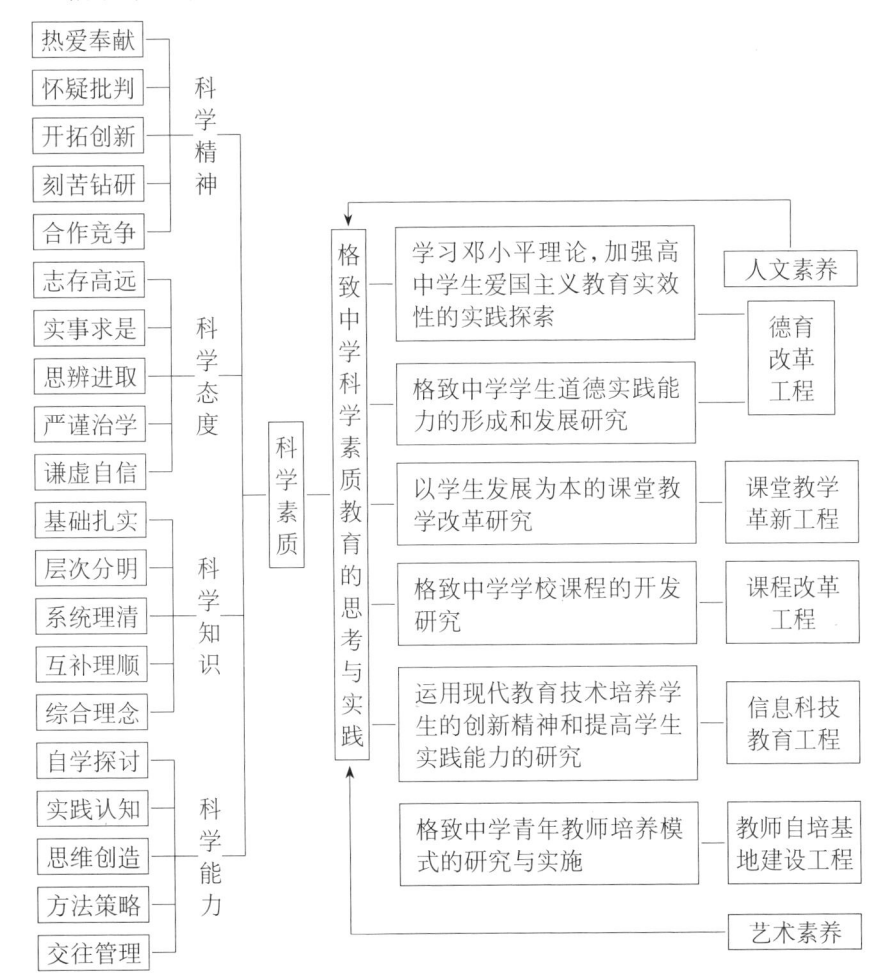

图 4-4-2　格致中学素质教育研究课题体系

科所副所长顾志跃等专家给老师们做教科研辅导报告,确保学校素质教育的科研方向,促进素质教育的不断深化。学校还首先拟定龙头课题,然后分解出若干子课题,供各处室、教研组老师选择、开展研究,引导老师准确把握素质教育的研究方向。例如第一轮三年规划中格致中学形成了以市级课题"格致中学科学素质教育的理论与实践探索"为龙头,以区级课题"部分学科教学艺术分类研究的集中展现(音像制品)""适应一流教育的青年师资队伍建设模式的探索""中学物理教学中培养学生思维品质的研究"等为龙身的系列课题研究规模。学校第二轮三年规划则以"格致中学科学素质与人文素养整合的实践研究"为核心课题,衍生出11个子课题,形成课题体系,引领学校素质教育的研究方向。

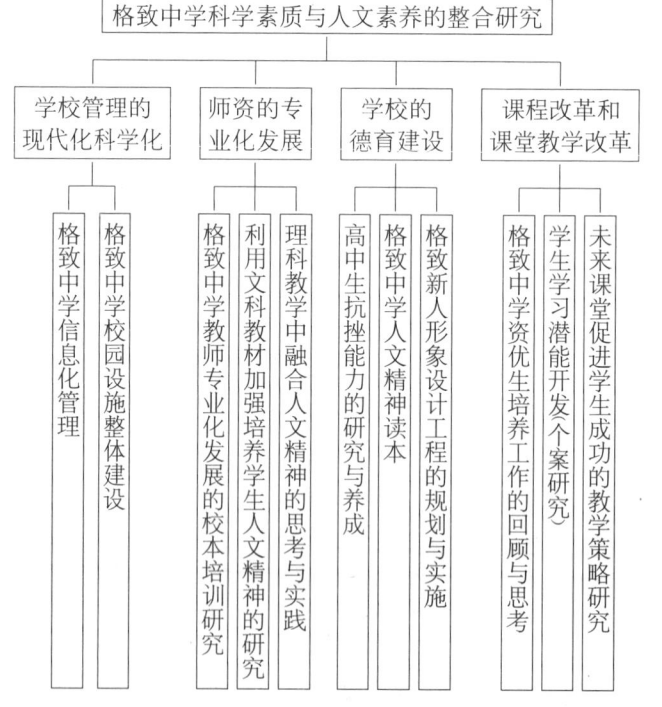

```
格致中学科学素质与人文素养的整合研究
├── 学校管理的现代化科学化
│   ├── 格致中学信息化管理
│   └── 格致中学校园设施整体建设
├── 师资的专业化发展
│   ├── 格致中学教师专业化发展的校本培训研究
│   ├── 利用文科教材加强培养学生人文精神的研究
│   └── 理科教学中融合人文精神的思考与实践
├── 学校的德育建设
│   ├── 高中生抗挫能力的研究
│   ├── 格致中学人文精神读本
│   └── 格致新人形象设计工程的规划与实施
└── 课程改革和课堂教学改革
    ├── 格致中学资优生培养工作的回顾与思考
    ├── 学生学习潜能开发个案研究
    └── 未来课堂促进学生成功的教学策略研究
```

图 4-4-3　格致中学科学素质与人文素养整合研究体系

2. 建立教科研激励机制,确保教育科研的广泛参与性

学校教育科研工作由校长亲自分管,建立了教科研专门基金推进学校的教科研工作。学校制定《学校科研评比管理常规》，成立学校教科研成果评审组，每年评选一次学校先进科研工作者，颁发相应额度的奖金。例如1999年获得校科研先进称号的老师为邵清、何平、张正康、方红萱、黄传霖。每年评选一次学校科研成果奖，评比项目从教科研论文奖扩充至音像制品奖、多媒体课件奖、自编教材奖与自制教具奖诸方面。例如1999年获奖科研论文87篇，一等奖获得者为张志敏、邵清、张庆涛。教科研室每年编印一本《格致中学教育、教学管理文选》。学校还发放教师个人与教研组集体课题的启动费、中期成果奖励费及结题评审奖励费。学校贯彻市区教育工作精神，将是否拥有教科研成果作为教师晋级、评优、年度考核的重要指标之一。每次的高级职称、区骨干教师、学科带头人、特级教师的评选都要审核参评教师的教科研成果，评估老师的教科研能力。

3. 建立科研成果展示、推广机制，确保教科研效益的充分发挥

几年来，格致中学教育科研取得累累硕果，虽然形式各异、类型有别、角度不一，但是，衡量教育科研成果是否实现了社会化是一个关键性指标，主要看它是否在较大范围内应用。格致中学采取多种形式，

图 4-4-4　格致中学教师科研成果论文选

开通多条渠道展示、推广教科研成果。格致中学教研室收集教师个人撰写的论文、典型教案汇编成《格致中学教育教学管理文选》(该书从1995年至2001年已刊出了6本)、《1999教师论文选》、《格致教案选》两册(2002年)、《议教论道》等。从1999年至2005年格致中学举办了27期"格致论坛",通过论坛传播先进的教育理念和成功的教改实践案例,共有60多位教师登台交流学术成果,还编纂《格致论坛报告集》。格致中学老师从事的科研很多采取行动研究法,学校组织教学展示周,鼓励教师开设校级、区级、市级各个级别的观摩课、示范课,展示推广科研成果。格致中学还为老师录制公开课,制作多媒体光盘,供老师们研究、效仿、反思。格致中学还牵线搭桥,组织老师走出校园,到外省市开设讲座、公开课,展示、推广教科研成果。

(二) 格致教科研述要

1. 教学模式、方法的研究

在应试教育向素质教育转轨的过程中,格致中学老师积极探索新的教学方法和教学模式。教师们从教学的目标、结构、策略、评价、立意等各个方面结合校情学情,改进课堂教学,探索教学模式,开展课题研究。如数学组的"思维能力培养"、语文组的"长文短教"、化学组的"边讲边实验"、外语组的"听、说、读、写教学研究"等都收到了明显效果。教科研推动了格致中学教师教学方法的革新与多样化。虽说教无定法各不相同,但归纳起来大致有三个共同特点:(1)以学生的"学"为重点、促进学生知识体系的自我构建为目的;(2)教师角色转换,从知识、信息的提供者,转变为学习的指导者、推动者;(3)教学手段多样化,教学方法灵活化,教学效果显著化。

2. 信息技术与学科教学高效整合的方法研究

历史的车轮驶入21世纪,学生有限的学习时间和人类知识的无限增长之间的矛盾愈来愈突出,实现教育的现代化、探索信息技术与学科教学高效整合的方法是化解这一矛盾的有效途径之一。1997年11月"全国中小学实践教学与应用教育技术现场会"在上海召开,格致中学作为现场会黄浦区的主要展示点安排了系列活动,局长姚仲明在会上首先作了汇报,随后副校长孙兆桂作了《全面推进素质教育、培养跨世纪人才》的报告,报告回顾了格致中学教育手段现代化的发展历程,简要介绍了格致中学全面提高学生素质的各种教育实践。在多媒体课件展示环节中,学校吴关宝老师制作的"二元一次不等式和平面区域"、张宇阳老师的"中国旅游资源"、李燕老师的"鸟类王国"参加了展示,向学禹老师则带领代表参观了格致中学天象厅,播放了多媒体软件"美丽的星空";代表们还参观了学校诸多专用教室。格致中学的软硬件建设给与会代表留下了深刻的印象。1998年格致中学被批准为国家教育部首批"现代教育技术实验学校",同时挂上"上海市创造协会创造教育实验基地"铜牌,成为全国教育科学"十五"规划重点课题"资源库的建设及其在信息技术与课程整合中的应用研究"的上海十所课题实验学校之一。"信息技术与学科教学整合的方法研究"成为格致中学办好现代教育技术实验学校的主课题。

通过教学实践,格致中学现代化教育技术和学科教学的整合研究,总体上形成了如下4个层面:

(1) 多媒体作为一种教学工具,比较快捷地代替板书、图示

例如高一化学教师设计的多媒体教学软件"大气的污染与防治",利用10多个画面,分成4个专题,即臭氧层的形成、作用、破坏、保护,完整地介绍了"臭氧层的破坏"这一节知识。有了这一知识铺垫,学生进一步讨论保护臭氧层的措施时,就能全面地考虑对策。这一层面的技术运用提高了课堂效率,有助于培养学生全面分析问题、解决问题的能力。

(2) 使用电化手段展现教学中必须出现的思维过程,或图像整合等动态内容

例如孙晔老师针对数学上的"轨迹问题",一改抽象地求出轨迹方程的传统教学方法,应用TI-92图形计算器辅助教学,直观、动态地呈现整个轨迹的变化过程,化解了教学难点,为学生自主思考提供了便利。这一层面技术的运用有助于化抽象为形象、化静态为动态,突破教学难点,培养学生思维的完整性,激发学习的兴趣。

(3) 师生互动,利用网络资源上课。例如高中历史课《欧战爆发后的中国》,邵清老师设计多媒体辅助教学软件:①运用多媒体技术的声、色多功能的显示作用,在课堂上为学生再现历史,创设情景。

②运用多媒体技术大容量的储存、记忆作用,预先在电脑中储存大量的史料,供教师、学生在课堂上选取。③在课堂上除教师使用的电脑外,另外安放12台电脑,在其中储存有关历史资料,供学生在课堂上分组活动中选取。这一层面技术的应用突出了学生主体、教师主导、合作学习的教学理念,有助于开阔学生的视野、培养发散性思维和合作意识。

(4)学生自主收集信息、筛选信息,自行设计、制作软件在课堂上交流、研讨

格致中学把地理、生物、历史学科作为信息技术与学科教学高效整合的实施重点,为这三门学科各配备了一流专用教室,为整合创造良好的条件。其中地理组经过全国调研,与华东师大地理系一起研究,投入巨额资金建立了数字化地理学习室,引用局域网技术,构建数字化地理学习环境。地理组老师除了完成高二年级地理基础型课程所有数字化演示教学软件(近70课时)的制作,还开发了其他15个教学情境软件,建立了4个专题教学网站、1个研究性学习网站;另外收集整理了近200张光盘的数字化教学素材和教学软件,还研发出"格致中学地理智能测试评价系统"。丰富的数字化地理学习资源为数字化地理教与学提供了资源保障。

学校硬件条件逐步完善,为每位老师配备了Dell电脑,各个教室均安装了多媒体投影设备,教师运用现代技术的兴趣逐步被激发,应用现代教学技术与学科教学整合,逐渐成了教师日常备课和教学的常规操作,一大批优质课件被研制推广。现代化教育手段与课堂教育的整合在格致中学实现了跨越式发展。

在教学实践的基础上,学校制定了《格致中学建设"未来课堂"的基本要求》,明确了格致中学"未来课堂"的基本理念、教学原则、教学目的、突破口、反馈形式、现代教育手段、适用范围、基本要求,特别强调"未来课堂"教师要教得"精、活、实",学生要学得"乐、快、好"。经过数年的"未来课堂"探索,格致中学教师逐步将以往重点"备教材"的做法,改为重点"备学生"的学情,确立了"学生主体、教师主导、教学互动"的教学范式。格致中学课堂教学的模式从传统型向传统与创新结合型跨出了坚实的一步。

3. 双语教学探究

格致中学被评为上海市首批"双语"实验学校。从2001年起,为提高学生对多元文化的理解和借鉴能力,培养能与世界直接对话的新型人才,格致中学在高一高二必修课中,增设数学、物理、化学、地理、生物等双语课程,每周一节。同时在高一、高二两个年级开设地理、心理学双语选修课。科技英语选修课采取英语教师和理科教师结合的办法上课。双语课程对于中学教师而言是全新的课程,没有现成的教材,需要老师自己探索。生物老师鲍晓云收集当时电视上热播的英文生物节目,以专题的形式播放给同学观看,播放完毕后,除选出专业词汇进行讲解、帮助学生理解外,还请同学述说观看短片的感触,甚至让学生设计、表演英文小品。化学组徐烂老师自主开发了双语教材 Chemistry Around Us。格致中学还通过香港和澳大利亚的姊妹学校,引进相关原版教材,供老师参考、编写讲义。

为推进双语教学,格致中学成立了双语教研组,以化学组的徐烂老师为组长,定期召集双语组老师交流研讨。格致中学还为教师创造出国培训交流的机会,与澳大利亚PLC学校每年互派教师交流学习,通过网络建立双语教学的协作关系。

双语教学使同学们初步接触了原汁原味的科学概念、科学知识,领略了西方人的思维方式,为进一步深造奠定基础。

(三)格致中学教科研的成果与意义

格致中学老师们的教科研实践促进了学校教研组活动的开展,加速了老师们的成长、成熟,丰硕的教科研成果为老师们事业上的成功添上了浓墨重彩的一笔。1998年格致中学老师的教科研论文有15篇获区以上等第奖。2001年后,送全区评比的7个课题,1个获得一等奖、3个获二等奖、3个获三等奖,其中《格致中学科学素质教育的思考与实践》获市教科院2002年市科研成果二等奖。2001年,张志敏书记的《思想政治工作的机遇性》获市教育系统党建论文一等奖。2005年完成的市级课题"确立校本发展意识,促进教师专业发展"获市教科院等第奖。

2002年在全国地理教学研究会第三届信息技术地理教育应用研

讨会上，向学禹老师和吴照老师应邀分别做了"数字化地理专用教室的建设和功能分析"和"基于演示与网络相结合的计算机辅助地理教学"的专题报告，获得来自全国各地的高校地理教学专家和中学地理老师的好评。至 2005 年地理组老师在国家级刊物上发表论文近 20 篇，承担或参与多个市级和国家级课题，包括："上海市中学天文教育及其资源利用的调查和研究""基于演示与网络相结合的计算机辅助地理教学（CAIG）研究""基础教育地理课程资源建设与开发指导纲要"等。

语文组钱伟康、柳泽泉老师分别出版专著《教海浅涉》《教坛履痕》。王淑英老师撰写的《现当代著名教育家阅读学习指导》获"全国语文学习素质培养模式"论文大赛二等奖；《语文味呼唤语文教师的学者化》等 3 篇文章，收录在《黄浦区教育系统名师工作室成果集》；教学案例《感悟生命，感念母爱》，获中央教科所"求是杯"一等奖，被收入《中华素质教育理论与实践新探》一书；参与国家"十一五"重点课题"传统文化语文教学"的实践研究，论文《关于"深度预习"的思考与实践》获课题成果二等奖。

物理组老师积极参加教学大奖赛、开展教育教学科研。青年教师俞一幸、黄薇、万立荣参加教学大奖赛，相继获得了全国、全市一等奖、二等奖的好成绩。物理特级教师庄起黎和组内 8 位老师编写了《高中物理学习方略》一书；庄起黎还担任二期课改《科学》七年级教材的执行主编，完成了"实验本"的编写。

生物组李艳、刘骏、鲍晓云老师发挥个人特长优势，编写多本特色校本教材：《生命教育》《生命的理性》《生物奥赛培训材料》《生物双语》。鲍晓云老师在校内开设必修选修课"生命教育"和"生物双语"，成为上海市首批实施并推广的选修课课程。李艳老师《信息技术与生物教学整合实践的思考》获"2004 全球华人生物科学家大会——21 世纪中国中学生物教育创新研究"征文活动优秀论文二等奖。鲍晓云老师的《开展生物课题研究培养学生综合能力》获全国中学生物教学论文评比活动一等奖；刘骏老师的《与学生共同体验研究性学习的乐趣》获黄浦区中学拓展性课程、研究性课程优秀教学论文一等奖。

历史组邵清老师致力于教育理论的学习，积极开展各类课题研究，探索历史教学新途径,与教研组老师一起设计历史多媒体合作教室。申报的"在学科教学中培养中学生心理素质的研究"被教育部"十五"重点课题"教育与发展"总课题组列为子课题。闵红老师申报的市级课题"探究式教学与培养学生历史思维能力的研究"荣获市青年教师教育教学研究课题成果鉴定三等奖;《浅谈高三历史教学中的研究性学习》一文,在中华教育教学优秀论文评奖活动中荣获一等奖,并入选中华教育书库系列丛书《中华教育改革文论》第二卷。"高中历史教学中应用信息技术对徐光启的整合研究"在全国教育科学"十五"规划重点课题"信息化进程中的教育技术发展研究"国家级教育资源库建设研究项目中获二等奖。陶世华老师撰写的论文《"第二次科技革命及其影响"的3种教学设计的比较研究》获全国教育理论研究成果一等奖,在全国"素质教育实验研究"电化教育实验课评比中,"英法绥靖政策与欧洲战争的危机"课例获三等奖,此外她还参与了《格致校史稿》(第一卷)的编写。

政治组何平、沈庆红等老师开展邓小平理论进课堂的课程改革,立项的市级课题"学习邓小平理论,加强高中学生爱国主义教育实效性的实践探索"获得了上海市教育系统科研成果评比二等奖。李裕中老师的论文《当前中学生思想道德状况分析及对策思考》获第六届国际华文教育论坛暨华人教育家成就颁奖大会交流论文评比特等奖,同时获教育科研奖。

心理辅导教师周隽为《学生导报》《中学生报》和《家庭教育时报》撰写多篇稿件,出版了专著《心理游戏》,在全国非智力因素专业委员会第四届学术论文评选中获得著作类二等奖,还参与了4本书的编译,并应东方电视台邀请,为高三学生做考前心理辅导。曾获黄浦区高中心理辅导活动课程教学大奖赛第一名、上海市心理健康教育新秀奖。

劳技组组长姚畅老师擅长动手、动脑。应"上海市头脑奥林匹克协会"教材编写组之约,担任《头脑奥林匹克(中学版)》教材副主编,完成了教材的编写任务。

化学组方红萱老师的论文《化学科技实践活动教学策略设计与实施探索》在中国青年教育学会化学教学专业委员会第九次学术年会上

交流,被评为一等奖。张燕老师的论文《化学教材中环境课题章的教学方法初探》获上海市中小学环境教育教学论文一等奖。娄华老师的《展现科学的魅力——在高中化学中培养学生科学态度的策略研究》被评为黄浦区第八届教育科学研究成果二等奖。张万里、张燕老师编写了《综合理科》(2001年)、《理科综合》(2002年),张万里、张燕、方红萱、陆静老师编写了《千禧状元丛书——高考理科冲刺》,化学组戴路茜老师撰写了《CAI在烃分子教学上的应用》《在自主学习中培养学生学习和研究能力》,先后发表于《化学教学》杂志上。

英语组潘庆生老师论文《论第二语言学生在ESL语言环境中的语段感》,在世界华人交流协会、世界文化艺术研究中心国际交流评比活动中荣获国际优秀文化奖。

数学组老师写的"关于数学思维方法训练序的研究"获全国和市的课题研究一等奖,《从数学抽象思维的四种状态谈教师的主导作用》《高中数学教学中的心理研究》《非智力因素在初中数学学习中的作用》《中学智优生的思维品质特点》等论文分别在市、区获奖或入选论文集。

体育组邵伟、虞咸康老师在中学职校体育科研论文评选中获一等奖。

总之,格致中学教科研的开展,推动了格致中学教师教学观念的转变,促进了格致中学教师教学方法和模式的多样化、教育手段的现代化、课程设置的多元化、教育评价的综合化发展,为学校培养了一大批教科研骨干。

三、教师专业发展全面推进

1996年格致中学正式启动面向全体青年教师整体性提高的"希望之光"研修计划。1999年格致中学提出了"创建学习型学校,培养研究型教师"的教师专业发展目标,引进"工作即学习"的观念,构建教师的继续教育体系,指明了"研究型教师"的发展方向。2003年学校制定《格致中学教师专业化发展纲要》,对教师的专业化发展提出5个方面的要求。

（一）1998 年格致中学的师资状况

表 4-4-5　1998 年格致中学教师学历、职称、年龄、性别构成及比例

项　目	人　数		所占比例
学历层次	硕士研究生	2	1.5%
	大　本	102	78.5%
	大　专	24	18.5%
	其　他	2	1.5%
职称系列	高级教师	44	33.85%
	一级教师	55	42.31%
	二级教师	23	17.69%
	见习期教师	8	6.15%
年龄层次	35 岁以下	50	38.46%
	35—50 岁	30	23.08%
	50 岁以上	50	38.46%
性　别	男	68	52.3%
	女	62	47.7%

1998 年格致中学有特级教师 7 人、区学科带头人 4 人。除教师职称系列外，其他系列有中级职称 11 人、初级职称 14 人。离退休教职工有 82 人。

（二）明确教师的专业素养要求

格致中学在实施第一轮三年规划的过程中，逐步明确了格致中学教师专业素养要求：

（1）教书育人、为人师表，树立新时代教师的师表形象。在继承发扬格致优良教风的基础上，注入新的时代精神——具有对学生、对人类充满关爱的国际胸怀和人文精神；具有遵循规律、追求卓越的敬业精神；具有不迷信权威、追求真理的科学精神；具有终身学习的理念和不断进取的拼搏精神。

（2）自觉学习教育教学理论，知识广博，厚积薄发。有扎实的学科教学功底和相关学科的整合能力。深刻理解本学科所体现的人文精

神,并注重培养学生的世界观、人生观和价值观。

(3) 在教育教学实践中勤于反思,精于研究,善于总结,不断调整教学策略,改进教学方法,提高教学效能。能根据社会和教育的发展要求,不断更新教育理念,提高教科研水平,有新的研究成果。

(4) 学习并掌握现代教育信息的理论和技术,熟练运用计算机和网络技术来整合学科教学,积极开展基于现代信息技术的课堂教学改革。

(5) 有专业追求和专业发展目标,并能有计划、有步骤地实施。要以学科专家或教育专家为典范,争取成为在区、市、全国有一定影响的名师。

为此,学校由党总支牵头,组建了"格致中学教师专业化发展的校本培训研究"课题小组,2003年11月制定了《格致中学教师专业化发展纲要》,提出格致中学教师专业发展的目标是继承优秀传统,赋予时代精神,培养师德高尚、业务精湛、人格独立、诚信关爱、富有进取精神和国际胸怀的研究型教师。

2004年,张志敏校长在第十届海峡两岸暨港澳地区学术研讨会上做了"培养研究型教师,促进教师专业发展"的报告,从教师专业发展的背景思考、校本目标、内涵理解、实现方式等4个方面全面阐述了格致中学在教师专业发展方面所进行的探索。报告指出,当社会步入信息时代,教师若要组织高质量的教育活动,需要研究传统教育、未来教育、施教群体的变化。教师的专业发展要贯穿于教师职业生涯的始终,促使教师成为一名研究者,是提升教师专业水平的关键因素。对于"研究型教师"的概念内涵,张校长在报告中深入地进行了阐发:(1)研究型教师首先是学习型教师。要自觉地、自主地不断学习先进的教育理论,不断发展的学科知识,不断出现的新技术手段,要具备可持续发展的学习能力,并且将它们运用于指导自己的教育教学实践。要树立现代教育价值观、现代人才质量观、新型师生关系观,要有较强的科研意识和科研能力。(2)研究型教师必须是复合型教师。教师不单是本学科的专业教师,还应当学习和掌握相关学科和新兴学科的知识,构建更有广泛性、相关性、多元性的知识结构。要突出3种整合能力:一是善于把当代科学发展的前沿信息与所任学科的教学有机整合;二是善于把学科所蕴含的科学精神、科学态度和科学方法与提高学生的人文素养有机整合;三是善于把现代教育技术与学科教学内容有机整合。(3)研究型教师必须是创新型教师。要对自己学科知识体系有独到的见解,善于重构知识体系,及时地将新的知识补充到自己的教学活动之中,有自己建立在科学批判精神基础上的教学理念、独特的教学风格。能鼓励学生的发散性思维,掌握熟练驾驭完成教学目标的教学手法和技术手段。(4)研究型教师必须是反思型教师。报告认为一个成功的教师会尝试各种方法的教学效果,每一次的尝试都会引发一次反思。如此循环反复,不断实践,不断反思,才能积累丰富的教学经验。报告还介绍了格致中学实现教师专业发展的校本行动——"转变观念、创设条件、完善机制"3个方面的探索。

(三)教师专业化发展实施路径

1. 安排、鼓励老师参加市、区组织的各级各类培训、进修

"九五"期间格致中学面临退休高峰,格致中学20世纪60年代的教育教学骨干将陆续离开教学第一线,35—45岁年龄段的教师1997年只有7人,为弥补断层,组建年龄结构合理、业务精良的高素质教师队伍,学校除重点引进这一年龄段的教师外,积极组织教师参加培训、加速青年教师成长成为可行措施之一。如1997年上半年学校安排了61位教师参加市、区组织的各级各类培训,具体有:"540"职务培训5人,"240"职务培训20人,区干部培训班3人,青年骨干教师培训班7人,区新教师上岗培训9人,区班主任培训2人,学历进修13人,其中硕士研究生1人,研究生课程班6人,专升本7人,学历培训1人。学校对学历进修尤为重视,规定参加高一层次学历进修的老师,若完成学业,学校将给予学费的全额奖励。政策的鼓励和老师们的进取结出了硕果,在1999—2003年的短短4年之中,格致就有5位教师报考了教育学硕士,有近30位教师完成了硕士课程班的进修。

格致中学还选送优秀教师参加市、区骨干教师培训班,进一步提升水平,打造人才。例如,1997年3月5日,在格致中学举行的黄浦区青年骨干教师导师团成立暨研修班开学典礼上,学校推送了蔡蓉、孙晔、蔡青、马莹、陈国延、陆静、李文黎等7位教师参加研修班学习;1999年

马莹、蔡青老师被推荐为新一轮市级骨干青年教师,进入上海市骨干教师培训班深造;2000年娄华老师参加跨世纪园丁工程中小学骨干教师国家级培训。

2. 推选优秀教师赴先进国家和地区学习、深造

为打造尖端教师队伍,学校加大投入,推选优秀教师到先进国家和地区学习深造。从1999年至2003年,学校共选派了34位教师到国外进修访问。到2005年有50多位教师出国出境参加培训、访问和讲学。到2003年学校选送了8名教师到数学、物理、化学、生物全国冬令营参加对集训学生的指导工作。

3. 创设"格致论坛",转变教育观念

1999年格致中学提出"创建学习型学校,培养研究型教师"的目标后,组织了全校性的各种学习研究活动,"格致论坛"的创设和持续开展,就是其中一项重要举措。"格致论坛"旨在传播先进的教育理念和成功的教育实践案例,形成全体教师共同的价值取向——发展素质教育。"格致论坛"先后以"读现代教育理论""听现代教育报告""看现代教育活动"等为专题,邀请专家学者以及获得成功体验的老师登台讲学,收获了良好的效果——校外专家的报告为教师的行动研究传递了崭新的教育信息,本校教师的实践成果为教师提供了鲜活的教改范例。从1999年至2003年,学校举办了23期"格致论坛",共计有60多位教师登台交流了学术成果。

表4-4-6 "格致论坛"开展情况一览表

期 数	时 间	主 题
第1期	1999年11月5—6日	格致"希望之光"青年教师自培基地的建设及培训策略
第2期	2000年6月3日	格致中学科学素质教育的思考与实践
第3期	2000年11月18日	以学生发展为本的教学改革
第4期	2001年6月15日	争当研究型教师中青年教师报告会
第5期	2001年7月	学生创新精神与实践能力发展与学校课程改革
第6期	2001年7月2日	更新教育理念,创建示范学校
第7期	2001年7月5日	关于"研究性学习"若干问题的思考

续表

期　数	时　间	主　题
第8期	2001年9月	培养科学素质　造就一代新人——格致中学科学素质教育报告会
第9期	2002年2月7日	教师自培与教师终身教育——格致的传统与开拓
第10期	2002年4月24日	"希望之光"格致中学青年教师培养工作专题论坛
第11期	2002年7月5日	承百年文化积淀,创世界文化名校
第12期	2002年7月11日	人文素养与中学教育
第13期	2002年7月11日	格致中学科学素质与人文素养整合的实践研究
第14期	2002年7月12日	科学素质与人文素养整合
第15期	2002年8月29日	科学思维与多元智能
第16期	2002年9月14日	"新一轮办学发展规划"介绍
第17期	2002年10月19日	"新一轮办学发展规划"研讨
第18期	2002年10月28日	借鉴与创新
第19期	2003年1月10日	借鉴与创新
第20期	2003年1月14日	未来课堂帮助学生成功的策略研究
第21期	2003年2月27日	学习借鉴　转变观念
第22期	2003年6月18日	格致中学教工城市精神大讨论
第23期	2003年10月17日	教师专业化

图 4-4-5　"格致论坛"已先后举办了52期

4. 建立、健全师资自培基地，形成师资校本培训课程

学校自 1998 年建立师资自培基地后，选择开设了计算机基本操作能力、网络应用、多媒体课件制作等 5 门课程，到 2003 年格致中学有 400 多人次参加了校本培训，且全部通过了区教师进修学院组织的计算机考核。2000 年格致中学成为 Intel"未来教育"的培训点后，上海师资培训中心有关领导来格致中学指导"Intel 未来教育"培训项目。2001 年，学校邀请软件公司人员来校为老师进行中教育星、清华同方资源库使用等多种信息处理技术的培训，使很多教师较快地学会使用资料库信息的技术。2002 年学校除开设 Authouware 多媒体课件制作、Photoshop 图像处理、Powerpoint 课件制作、Flash 动画制作等课程外，还增加了英语口语训练，供教师选择参加学习，通过的老师可获 4 个学分。

2001 年学校还举办了一期特别的学习班，专门学习格致中学教育常规和教学传统，学员以青年教师为主，吸收调入格致中学时间较短的其他年龄层次的部分教师参加。学习班以《格致中学教学常规管理录》为教材，利用晚上时间学习，每周一次。学习班的开设对于青年教师尽快熟悉格致的传统和常规，进一步开拓创新，起到了很好的促进作用。

5. 任务驱动，让教师在教育实践与反思中成长

学校鼓励老师参加各级各类评比活动，让老师在实践中提高，在反思中成长。例如，在 2004 年举行的"上海市中青年教师地理教学评比"活动中，吴照、何刚两位老师经过教学设计、课堂教学、课后答辩及综合能力考评等三轮评比，从 19 个区县选派的 38 名参赛教师中脱颖而出，同获"一等奖"。其中何刚老师以"看图行天下"教学模式进行初中区域地理的教学尝试，获得了市教研员首肯，被录制为二期课改初中地理示范课。

格致中学每学期还举办为期一周的公开教学研究展示周，将学校老师推到全区老师面前说课、授课，接受点评，进行反思，以此加速老师成长。如 2004 年 4 月举办了以"导学艺术的探索"为主题的教学展示周，学校政治、生物等学科的青年教师怀着极大的热情从"导"字上下功夫，为"学"创设台阶，放手让学生在课堂上思考、讨论、交流，来达成知识、能力、情感等目标。前来听课的市、区学科专家们不仅对老师们在导学艺术上的探索给予了充分肯定,还中肯地点出了有待改进的环节,给任教老师以很大的启发。在经历备课、试讲、开课、评课这一连串的"折磨"后,老师们在反思中都表达了一路的艰辛和收获的喜悦,道出了成长的体验和集体的温暖。

此外,学校还不定期举行各种教学评比,如教案设计比赛、板书比赛、普通话测试、主题班会评比等,加强教师的基本功训练。2004学年度第一学期学校举办了青年教师课堂教学艺术评比、板书竞赛、口头语言表达(即辩论赛)等系列赛事。除课堂教学外,学校将竞赛辅导、课题研究、班级管理、社团指导、课程开发等各项任务都通过双向选择的方式让老师们承担起来。老师们被推到教改前沿,开展教改实验,在实践中锻炼自己的能力,提升自己的水平,当一项项教育成果被推出亮相之时,一个个格致中学教师也破茧而出,蜕变为学校骨干,承担起教育教学的重任。如语文组孙苏老师积极改革课堂教学,在提高学生阅读能力和语言交际能力方面做了大量探索,获得上海市中青年教师大奖赛一等奖;2003年《"导学—互学"阅读指导模式》论文在区二期课程改革经验大会上进行交流。数学组俞志钢老师进校5年来不断学习,钻研业务,基础型课程、拓展型课程、研究型课程和班主任工作一肩挑,辅导学生参加2003年全国数学竞赛获一等奖1名、二等奖4名、三等奖6名的好成绩。化学组青年教师徐烂在完成化学教学的同时,积极探索双语教学,编写化学双语教材,担任双语教学教研组长,被评为上海市优秀双语教师。青年音乐教师夏星担任学校乐队指导,虚心向音乐名家学习,大胆实践,带出了一支高水准的学生乐队。

6. 以目标定方向,以分层带整体

学校对不同年龄、不同职级的教师提出不同的要求,确定了不同的达成目标,制定了以分层培养为特征的培养机制。格致中学成立了专家视导室,由特级教师柴志洪、向学禹、钱伟康、庄起黎等组成,定期对学校教学活动进行评估。对高级教师,格致中学实行了首席教师聘任制,旨在通过"首席教师"的评选,达到"不须扬鞭自奋蹄"的目的。2000年学校起草了《关于评选格致中学"首席教师"的试行意见》《关于"格致中学首席教师职责"的意见》,在听取教代会主席团的意见、群众

推荐后，评出首批"首席教师"10名——语文组：张正康、孙春梅，数学组：皮忍安、陈绍实，外语组：林立勋、张秀霞，物理组：庄起黎，化学组：张万里，地理组：张志斌，音体美组：徐翔舟。特级教师柴志洪、向学禹、钱伟康、刘汉标，则为当然"首席教师"。"首席教师"是学校教改的领头羊，由学科带头人组成，他们和专家视导室的老师一起都是研究型教师的典范，发挥着学科把关、教育科研、教学改革和培养青年教师的带头人的作用。学校还实行中青年骨干教师评选制，以充分调动他们在教学中的示范带头作用。2000年召开中青年教师培养工作会议，学校评出了22名校骨干教师，其中高级6名、中级12名，陆幸丽、钟浩作为青年教师代表发言。2005年5月学校以民主推荐的方式评选出了"区学科带头人""区骨干教师"。学校对特级教师、"首席教师"和高级教师提出了"出思路、出人才、出成果"的要求。

针对格致中学青年教师逐年增多的情况，学校举办"希望之光"研修班，根据他们任教年限的长短，分为适应期、成熟期和提高期，从5个方面（道德修养、教学能力、德育能力、科研能力、学识水平）制订培养计划。通过举办演讲、报告、命题、教学大奖赛、主题班会展示、自制多媒体课件和科研论文评比等活动，促进青年教师的成熟和发展。1998年叶瑛、孙晔、邵清、姚卓匀、雷红星等5名青年教师荣获黄浦区"希望之星"的光荣称号。学校对新教师采用双带教的方式，为其选派1名班主任带教教师和1名学科带教教师，使新教师能够全面发展。对有一定教学经验的优秀青年教师，学校实行第二次带教。聘请校外名师对本校中青年骨干教师进行带教，使他们尽快成为市、区知名教师。学校以培养研究型教师为目标，于1999年召开中青年骨干教师的培训工作专题研讨会，制定了培训目标、要求和申报办法，2000年遴选出22名"教有所长、学有所优"的校级骨干教师后，举办了专题培训班，提高他们的研究能力，同时从中选拔优秀教师送往市骨干教师培训班深造。到2001年格致中学有全国骨干教师1名、市级骨干教师2名、区级骨干教师5名、校级骨干教师22名。

（四）教师专业化发展成果

经过几年的努力，格致中学的教师专业化发展成效显著，涌现出一批区级学科带头人,先后有5名教师获得全市中青年教师教学大奖赛的一等奖。只有两年教龄的俞一辛老师获得全国第三届青年教师物理教学大奖赛一等奖,葛赪老师在学法指导全国比赛中获优秀课例奖。格致中学45位名师,承担起黄浦区金陵中学、应昌期围棋学校青年教师的带教任务。学校先后有8名青年教师参加区青年教师管理专业的培训,输送12位教师到区政府有关部局和各兄弟学校担任领导。完成了区级重点课题"适应一流教育的青年师资队伍建设模式的探索"。地理特级教师向学禹和地理教研组长吴照分别被中国地理学会评为第一届和第二届"全国优秀中学地理教育工作者"。

第五章

学校设施现代化与资源共享

一、二期改扩建工程全面启动

2001年格致中学顺利通过了争创实验性示范性高级中学三年规划的中期评审。随着教育改革的不断深入,学校的教育设施和场地已经不能适应发展的需要,制约了格致中学在黄浦区创办"精、特、优"为特征的精品教育中发挥示范和带头作用。2001年黄浦区委区政府决定依托旧城区改造建设,对格致中学进行改扩建。

(一)居民动拆迁与建筑方案设计

1998年,学校开始筹备二期工程。2001年,黄浦区共斥资1.2亿元完成了格致东南侧的294户居民、34家单位的动迁工作。随后学校开始规划新校舍的蓝图,拆平后的4200平方米计划用于扩建操场、教学楼、体育馆等教育设施。

2003年,黄浦区教育局就"格致中学改扩建工程的建筑方案设计及其总体概念设计"举行了公开招标,提出了"设计原则""规划设计"要求和"建筑设计"要求。其中"设计原则"是:要以品位高雅的现代化的教育环境为主题,力求各个方面突出现代化教育建筑的高水准与高品位,借鉴国外现代化教育的成功经验;要注重空间的人性化氛围,建筑与人的融合沟通,充分重视人的心理体验,体现现代教育的人性化取向;在有限的基地范围内创造垂直方向的丰富空间和高品位的建筑形象。在"整体规划"上,提出总体布局要充分考虑到本基地占地面积的局限性,将建筑设计成一体化校园,形体整合,空间紧凑。黄浦区教育局决定继续委托同济大学建筑设计院进行设计。

图 4-5-1　二期改扩建工程效果图

(二) 校友的老大楼情结

部分校友在得知二期工程要拆除老大楼的消息后,通过网站、写信等方式向市、区领导表达意见,引起领导的重视和格致校友的热议。2002年10月,黄浦区四套班子领导、区教育局党政班子、格致中学党政领导就学校二期扩建方案召开座谈会,就老大楼拆除与否达成共识;格致中学老大楼始建于20世纪20年代,建筑面积少,教室实用面积小,功能单调,房屋陈旧,防潮层严重损伤,每年要花费大量维修费依然效果不佳,老大楼拆除是大势所趋。且老大楼已非始建时的原貌,其存在不利于二期工程的布局,但最好能有部分有特色的建筑保留,以体现学校的历史内涵。随后数月,学校与有关设计专家多次商谈,形成了"关于格致中学二期改扩建工程中保留历史风貌的8点构

想"：(1)恢复格致中学老校门、老校址,即广西北路66号。(2)老大楼的西门和南门具有格致历史的标志性,拟截取老楼西门的立面实体、将其镶设在新校园显著位置;老楼南门门厅嵌入新楼门厅,并在新楼门厅中保留老楼的某些建筑风格。(3)完成创始人徐寿先生亲自设计的"铁嵌玻璃房"(科技展览馆的钟楼),使其成为格致又一标志性建筑。(4)原大礼堂的局部风貌体现在新建的大礼堂和演讲厅中。(5)在拆除老大楼时,尽量收集其有保留意义的实物,在规划的校史陈列室中展示,如老大楼整体模型、办公用具、教学用具、某个教室缩影以及格致不同时期的校徽、毕业文凭等实物。(6)在新建实验楼的设计、布置中,体现出办学历史上特别注重自然科学教学的传统。(7)改扩建以后,4栋建筑物(教学大楼、实验大楼、学术交流中心和艺术体育活动楼),分别以体现"格物致知"为主题的专用词汇来命名。(8)在新校园的合适部位,安放徐寿、华蘅芳、王韬等学校创始人的塑像。在学校对老校友为保护老大楼而写的信函、邮件一一作答,出示保留历史风貌的8点构想,讲明具体扩建方案的意图后,校友大多表示理解。

(三) 工程施工

2004年8月11日,格致中学二期改扩建工程正式开工。经过两个月左右的紧张施工,基础打桩工程全部完成,2004年10月14日,改扩建工程正式进入开挖阶段。又经过整整20天的施工,基础开挖结束,转入基础结构施工阶段。工程施工,一直受到区委、区政府、区教育局领导的重视和关心。2005年,区委书记钱景林、区长陆晓春、副区长沈晓初、副区长沈祖炜、区教育局党工委书记陈伟忠和局长姚仲明先后来到工地,视察工程进展情况,强调优质按时完成建设工程。8月钱景林书记看到竣工在即的工程,听到校领导介绍学校的发展策略、办学成果、新校区背景下的发展思考及格致中学第一阶段先进性教育的情况和初步成果后,指出要把格致中学二期改扩建工程作为黄浦区委、区政府落实科学发展观、推进经济社会和谐发展的重点项目,使它成为黄浦教育"精、特、优"的标志之一。

图 4-5-2　2004 年 8 月，学校二期改扩建工程正式开工

二、建立智能化校园网络和设施

为了紧跟信息社会的发展潮流，提高学生的信息素养，培养适应信息社会的人才，格致中学先后启动两期校园网工程建设，不断推进电教设施、设备的数字化建设。

（一）校园网建设成效显著

格致中学校园网第一期工程从 1998 年 2 月开始筹建，并于同年 9 月 1 日与复旦大学网络与信息工程中心签约正式启动建设。1999 年 10 月格致中学成为上海市 IP 宽带网与上海市中小学教育信息网首批联网接入单位。

1 年多时间里，经过与复旦大学网络与信息工程中心密切配合共同努力，基本完成校园网的网络基础设施建设，形成开放式、标准化的校园 Intranet 基本构架。其中主干网采用交换式快速以太网（100M）技术，可以满足对大量信息上的要求，分支网采用快速以太网（100M）和交换式以太网技术，以适应普通应用需求。校内大楼之间采用光纤连接，保证信息传输的速率与质量。建成后，全校各办公室与教室全部

图 4-5-3　格致中学校园网和应用系统合同签约仪式

联网,原有计算机教室也通过改建、更新并与校园网联网,适应了学生学习信息科技的需要。

格致中学校园网第一期工程主要功能如下:

(1) 实现学校教育教学管理现代化与网络化。由复旦大学网络与信息工程中心根据格致中学教育教学管理特点和模式专门开发的"格致中学教育教学管理和信息系统"基本完成,学校实现了教育教学管理网络化,不仅提高了全校管理的科学化水平,而且为学生的综合素质进行电脑化评估创造了有利的条件。

(2) 初步建立教学资料库和教师多媒体制作室。利用光盘塔放置"智能组卷""科利华多媒体教学"等教育教学光盘,方便老师备课、组卷等辅助教学应用。建成教师多媒体制作室,供教师学习和制作多媒体课件等用途。

(3) 完成格致主页。以介绍格致中学悠久历史、基本概况以及教育教学成果的主页成功上网,展示了格致的名校风采,扩大了格致的名牌效应。

(4) 校内 E-mail。通过校内 E-mail,格致中学教师之间可进行网上联系。

(5) Web 查询。通过 Web 查询系统,格致中学学生家长可在网上了解和查询学校的课程安排、作息时间、班级概况、任课教师、学生成绩等基本情况。

(6) 网上报名。格致中学教师可在网上根据自己的情况选择不同的日期、时间、场次报名参加各类培训班,方便、简单。

(7) 电子公告。通过网络可及时发布各种消息、通知、公告。

(8) 实时上网。格致中学校园网实现了和全区光缆联网,为格致中学广大师生实时上网提供了极大的方便。

2005年,伴随格致中学改扩建二期工程的完工,格致校园网的二期工程也正式启动。校园网二期工程拥有以下功能:

(1) 图书馆管理系统。根据中学图书馆的需求,同时基于在网上运行的图书馆系统需要具备常规的图书管理功能,如采购、编目、储藏、流通等,格致中学图书馆管理系统采用 Web 技术,前台用 IE 浏览器,后台为 SQL 数据库,ASP 作为中间层,把客户端与数据库完全隔离开来,以保证系统的安全。格致校园网图书管理系统分为 6 个功能模块:采购、编目、流通、查询、期刊管理和系统管理。

(2) 建设网上学校。格致中学网上学校的整个系统是由学习环境、管理系统、课程内容制作及管理系统等 3 个部分组成的。学习环境部分,校园网系统主要为学生提供个性化学习空间,提供学习和测试的服务、师生间各种交流手段等。网上视频系统可进行网上直播、点播和交互式的上课方式。管理系统则分为系统管理和学习管理两类,主要负责对系统的各个参数、文件、用户等的管理和多个虚拟的学习环境、学习科目、学习内容的管理。课程内容制作及管理系统则提供统一的平台来供教师构造课程内容,支持用创作工具编写课程内容、试题、多媒体课件等;并能实现对课程创建的维护,课件、内容的管理,师生的虚拟交流管理等。

(3) 建立学生网站。学生是学校的主人,通过计算机必修课、选修课的学习,他们已掌握了一定的信息技术的知识。为发挥学生的主体作用,同时满足学生信息科技教育的需要,学校也让部分学生参与到格致中学校园网的管理和维护中,培养学生自立自主的能力,建立学生自己的网站。

(4) VOD 点播。VOD 作为一项综合性技术，主要包括多媒体数据压缩、多媒体网络传输和多媒体数据库技术。本系统能将多媒体课件和视频节目储存在服务器中，以供学生学习点播之用。

(5) 教室多媒体化。为了实现多媒体技术普及化，学校将电脑装进教室，使用数字式电视机，同时加装液晶投影仪，使计算机图像通过投影大屏幕或电视机展示出来，并能随时利用网上内容用于教学。

(6) 改建、增建计算机教室、语音实验室。针对全校计算机教室供不应求的状况，格致校园网二期改扩建工程增加了几个计算机教室作为专用教室。另外，根据外语教学必须加强口语及多媒体教学的需要，原有语音室设备无法进行多媒体教学和上网需要，新增了多媒体语音实验室。

(7) 校园实行 IC 卡管理。随着格致校园网的建成和实现学校教育教学管理网络化的需要，学生实行了 IC 卡管理。学生通过使用 IC 卡可以实现计算机上网管理、图书馆借阅图书等功能。

(8) 大厅的触摸屏电脑与大屏幕电子显示屏。为了提高格致中学现代化设施的水平，方便外来参观人员查询，了解格致中学历史和现在教育教学基本概貌，借助于格致校园网，在大厅设立了触摸屏电脑与大屏幕电子显示屏。

(9) 完善网络安全机制。为了加强网络安全，防止数据内容的破坏和对学生使用网络进行有效控制和过滤，格致校园网二期改扩建工程增加了网络安全的机制和措施。

(10) 建立完善的资料库系统。校园网建立之初，除发动格致中学老师摄制、开发了一批课件、资料库外，学校还从清华同方等计算机公司引进了教育资源库。但由于不同教育公司使用的软件平台不统一，给教师带来信息分类、查找、处理等方面的困难。格致中学校园网二期改扩建工程建立了一个应用级的数据共享平台，把各类数字化信息统一在一个界面上，实现完整的教育信息积累、管理和优化，通过该平台，老师可以将需要的信息导入相关的资源库中，搜索引擎的强大功能帮助迅速、全面地得到所需要的信息，还可以实现和互联网相关站点的链接。

学校数据共享平台包括学科教育信息资料库、教师个人资料库、多媒体课件库等。

（1）建立学科教育信息资料库。利用各种先进的输入设备，将通过图书馆、资料室、因特网、书店等各种手段收集的大量教学素材，如照片、音带、录像带、VCD、书刊、挂图以及教师自制的教具等进行技术处理，使之成为数字化的教学素材，放入平台中对应的学科教育信息资料库，作为校本教学资源供师生在网上调用。也可购置教学素材光盘、资料库等，导入学科教育信息资料库。教师方便地利用这个资料库进行备课，制作电子教案和多媒体课件，直接为课堂教学服务。

（2）建立教师个人资料库。每位教师在格致校园网上都拥有自己的电子工作室，包括：个人的日程安排、课表、会议、备课手册、论文、记分册、总结等等，可以方便有序地工作。教师都有自己的邮箱，可以及时地进行师生交流。

（3）建立多媒体课件库。多媒体教学软件的形象性、直观性，决定了它在教学过程中的作用。教师可以将自制的多媒体课件导入库中，也可以对库中的多媒体课件进行编辑修改，使其成为适合自己的课件。对优秀的教学公开课，学校在进行实时网络转播的同时，录制成视频文件放入多媒体课件库。学生可以在校园网的电脑终端上，根据自己的需要调用多媒体课件库，进行自主地学习，突破了教学在时间、地点和媒体信息上的限制。

（二）电教设备不断升级

1978年格致中学建成了第一间电化教室。1995年随着学校新教学大楼落成，学校设备更趋现代化：36个标准教室都配备了29英寸彩电、录像机和录音机，并建立了计算机中心、语言实验中心、电教中心、多媒体教室、天象馆、图书中心、艺教中心、科技中心。到1997年学校拥有教学幻灯片123套，其中自制的有14套；存有录像软件476盒。2001年学校推进电化教学，为每位教师配备了一台有液晶显示屏的工作电脑，把多媒体教室增加到9个，由于老师们运用多媒体技术教学的热情高涨，多媒体教室使用依然应接不暇。2004年下半年度，学校分

期分批为教师配备笔记本电脑,并在高一、高二年级各教室安装了多媒体讲台和设备,为广大教师在教育与教学中应用信息技术创造了良好的信息化环境。

(三) 数字化地理学习室与网络化生命科学实验室

2001年,学校投资70多万元,建成了上海市乃至全国同类学校中都堪称一流的数字化地理学习室。地理学习室建成后,高二年级的地理课、地理类选修课、地理研究性学习活动都能在数字化地理学习室进行,实现了信息技术与地理学科整合的日常化。2005年暑假,经过精心设计,具有环境创意的格致中学数字化环境教育专用教室建成。这是一个高科技化的教室,里面引进了美国中学生研究性学习活动中常用的PASCO数字化环境监测、检测设备,为环保课题研究的开展提供了强有力的技术保障。

图 4-5-4　格致中学数字化地理学习室

2001年生物组与市教研室教研员一起设计方案,投资30余万元,在格致中学建立了"网络化生命科学实验室",实验室内拥有视频展示仪、显微投影仪等现代化设备,使格致中学生物学科课堂教学改革成为上海市的示范点。生物多媒体视频网络实验室的网络系统,硬件方面可支持8个教学单元,每个教学单元均配备2台展示仪、2台监视器、1台联网电脑和多台显微镜,全部接受老师中央电脑控制,学生在各自的教学单元中承担着不同的角色,并可在课堂教学中调换角色。软件方面,在教学中,教师可充分利用各类教学素材进行课堂教学和实验教学,教师能够通过中控电脑随时读取学生的相关信息,实现双向互动。实验结果可借助于FLYVIDEO进行存储供集体讨论或教师调用,学生可随时借助于局域网和因特网查找相关信息,并进行加工处理,支持各种方式的自主学习、合作学习、探究性学习。

图 4-5-5　格致中学网络化生命科学实验室

数字化地理学习室、网络化生命科学实验室和格致天象厅建成后,接纳了上百批海内外来访者,并成为地理、生物学科市、区教研活动的示范场所。借助于多媒体视频网络系统,格致中学进行了一系列的教学尝试,在教育教学中取得了显著的成绩。例如,李艳老师在2002年由中国教育学会举办的"中学生物教育中的探究性学习"教学案例展示评比活动中获一等奖,同时又获"全国中小学基于网络环境的教学研究性学习"一等奖。

三、创办东格致中学

为了深化教育管理体制改革,搞活办学机制,探索多元化办学体制的新路,根据市教委《关于加强市公立中小学和幼儿园转制试点工作的若干意见》的精神,经市教委批准,黄浦区教育局于1996年将浦明师范学校改为"格致中学浦东校区",发挥格致中学名校效应,进行公立普通完全中学的"转制"试点,命名为"上海市东格致中学"。东格致中学由格致中学副校长傅锦疆任校长。在格致中学122周年的校庆典礼上,全国政协副主席吴学谦校友和上海市政协副主席谢丽娟校友为"上海市东格致中学"揭牌。

图 4-5-6　吴学谦(右一)、谢丽娟(左二)、傅锦疆(左一)
为上海市东格致中学揭牌

办学之初,东格致中学不仅在学校的多项制度建设上借鉴格致中学,利用"格致"品牌招收优秀学生,还借助于格致师资的优势加速东格致中学教师的培养。格致中学派出张婉宜、孙晓峰等6名有经验的教师到东格致中学兼课指导,东格致中学派出7名教研组长、教学骨干到格致中学进行为期1个学年的代课对口学习。1997年4月10日格致中学与东格致中学语文教研组在东格致中学签订了共建协议,同时两校的青年教师沈岚、曹李敏、肖磊、关蔚波等与特级教师高润华、钱伟康建立了师徒关系。东格致中学的曹李敏老师几乎每周一次到格致中学听课学习。2000年4月格致中学"希望之光"研修班学员前往东格致中学,与东格致中学的青年教师进行教学交流。

东格致中学作为试点完中,根据学校办学章程,可跨区招生。开办时招生对象初中以黄浦区和浦东新区学生为主,高中全市招生。全校班额总数约为36个班级,以初中生为主。根据市教委要求,东格致中学2004年开始停止招生。2004年东格致中学的高中学生全部转入黄浦区其他区重点高中。2009年东格致中学正式撤销建制。东格致中学的老师则分配到黄浦区初、高中学校,主要进入大同初级中学、格致初级中学、市十中学等。部分老师进入格致中学、敬业中学、市八中学等。

四、面向外省市招收全国班学生

根据上海市教委关于有条件的市重点高中可以招收外省市学生的精神,格致中学于2003年7月起在黄浦区教育局的支持下着手兴建学生公寓。2003年学生公寓修缮完成,可住宿140名学生,宿舍空间大、采光好、设施齐全。公寓还配备了自修教室、阅览室、卫生室等。学校德育处专门制定《上海市格致中学寄宿生管理条例》,教导处制定了《格致中学外省市学生的招生办法》。

外地学生的招收工作2003年、2004年采取两种方式进行,一种是教导处蔡青老师跟随市教委老师到东北、河南、山东等省,参加市教委组织的统一报名、阅卷、录取与分配;另一种是格致中学通过格致校园网公布招生信息,自行组织网上报名的外地学生到格致中学考试、录取。2003年、2004年通过市教委统一招生招得的学生都是5人,格致中学自行招收的学生分别为35人、42人,自行组织的考试安排了2个时间,分别为7月2日—3日和7月23日—24日。2005年的招生方式只有一种,全部通过学校自行组织的考试录取学生。2003年、2004年、2005年格致招收的外省市学生分别为40人、47人、46人,主要来

自浙江、山东、河南、江苏四省。

表 4-5-1 格致中学招收的外地生户口所在省份统计表

省 份	山东	河南	黑龙江	辽宁	吉林	山西	湖北	浙江	河北	江苏	安徽	贵州
2003年人数	7	7	3	7	2	2	1	7	1	2	1	\
2004年人数	11	9	1	1	\	1	\	14	\	10	\	\
2005年人数	3	3	\	1	\	\	\	33	\	3	1	1
2006年人数												

格致中学招收的外地学生虽然师生习惯称其为全国班学生，实际上并没有独立成班，而是分散到各个班级里和上海学生一起学习。因上海学生在进班前需参加分班考，根据考试成绩决定进入理科班、平行班还是英语特色班。为公平起见，学校也给予全国班学生分班考的机会，只是时间略有不同，上海考生在暑假期间进行，全国班学生在暑假接近尾声即将到校报名时进行，2003年就有10名学生考入了理科班。

附录4-1　1997—2004年历任校级领导

1997—2004年历任校领导一览

任职时间	校　长	书　记	副校长	副书记
1997—2004	柴志洪	张志敏	孙兆桂 柳泽泉 庄起黎 刘福朝	袁行吾 蔡　蓉 邵　清

附录4-2　柴志洪特级校长简介

柴志洪校长，1984年起在光明中学任校长13年，1993年起兼任光明中学党支部书记。1994年被授予中学数学特级教师称号。1997年11月—2004年1月任格致中学校长。2000年被评为上海市中学特级校长。曾兼任上海市人民政府教育督学，教育部中学校长培训中心兼职教授，黄浦区政协委员、政协教科文委副主任，上海市教育学会中学数学专业委员会副秘书长，上海市科技教育特色学校校长联谊会会长，黄浦区理科学会副会长。

附录4-3 柴志洪特级教师简介

柴志洪老师,1961年考入北京大学数学力学系数学专业。1994年被评为特级教师。1997年11月—2004年1月任格致中学校长。2000年被评为特级校长。

柴志洪老师在数学教学中形成"坚持一个领先、落实二个基本、抓好三个环节、培养四个能力"的特色。曾参加上海市高中数学教材《数学》《上海市高中数学课本》的编写,参与撰写《高中代数标准化目标测试》《高中数学自测训练》《高中数学综合训练》《初二数学练习》等4本中学数学课外读物,发表10余篇关于数学教学的文章。

柴志洪老师

附录4-4　柳泽泉特级教师简介

柳泽泉老师1968年毕业于上海师范学院中文系。1996年调任格致中学副校长。1999年被评为特级教师。曾为上海市语文学会、上海市教师写作协会、上海教师学研究会会员、上海市陶行知研究会常务理事。

在教学方面,柳泽泉语文教学基本功扎实,对字、词、句、篇、语法、修辞、逻辑、文学知识根底较深,课堂教学目标明晰,容量大,重视引导学生积极思考。作文教学,尤见功力。

他发表语文教学文章100余篇,主编、参编著作30余本,正式发表、出版的作品累计达200多万字。

柳泽泉老师

附录 4-5　庄起黎特级教师简介

庄起黎老师 1969 年毕业于上海交通大学。1993 年调入格致中学，1999 年担任分管教学及科研的副校长，2002 年被评为特级教师。曾获得上海市园丁奖、上海市教科研先进个人等荣誉。兼任上海市第一、第二届物理名师后备基地主持人，中国物理学会物理教学委员会委员。

庄起黎老师坚守教学第一线，形成了自名为"中学物理思维引导课堂教学模式"的教学方法。指导学生在 1998 年全国中学生第 15 届物理竞赛中，斩获 5 个市级一等奖（市级一等奖共 13 名，格致学生获第 1、3、5、9、12 名）。

庄起黎 1988 年起参加《上海市中学物理教学大纲调整意见》《上海市中学物理会考考纲》的讨论与编写工作，主持、参与 32 本教学用书的编写工作，在报纸杂志上发表文章 50 余篇。

庄起黎老师

附录4-6　格致中学办学章程

格致中学办学章程
第一章　总　则

第一条　实行依法治校,建立可持续发展的运行机制,根据《中华人民共和国教育法》等教育法律法规,特制定本章程。

第二条　学校校名为上海市格致中学,校址:广东路615号。

第三条　学校是上海市重点中学,高级中学建制,学制为三年。

第四条　学校的办学目标:以邓小平理论为指导,围绕"科教兴国"战略目标,继承"科学""爱国"传统,发扬开拓创新精神,全面贯彻教育方针,全面推进素质教育,把学校建成一所具有一流师资、一流设施、一流质量的大都市中心城区的示范性高级中学。

第五条　学校的校训、校风、学风和教风。

校训:格物致知,求实求是。校风:尊师守纪,勤奋学习,艰苦朴实。

学风:勤奋踏实,进取创新。教风:热爱学生,教学严谨,勇于探索,言传身教。

第二章　学校的管理和监督

第六条　学校属黄浦区教育局直接领导,校长、书记由区教育局任命。

第七条　学校是法人单位,校长是学校的法人代表。学校实行校长负责制,校长依据"上海市中小学校长工作规定"对学校行政工作全面负责。

第八条　学校建立由正副校长、正副书记、工会主席参加的校务会议,对学校重大问题进行决策。

第九条　学校的日常工作由行政会议讨论实施。

第十条　学校党总支发挥政治核心作用,保证监督学校工作的开展,负责对学校党员干部和教职工的教育、培养、管理和监督,并领导学校的工会、共青团开展工作。

第十一条　在党总支领导下,学校定期召开教代会,讨论审议学校的重大事项,让全校教职员工更好地参加学校的民主管理。

第十二条　工会应积极配合学校的中心工作,关心、维护教职工的合法权益,广泛听取教职工的建议、意见,及时向党总支、校行政反馈,并配合学校认真做好教职工的思想工作。

第十三条　学校接受上级教育行政、监督部门的督导评估,接受审计、物价、纪检、监察、卫生等部门的监督。

第三章　教育教学管理

第十四条　学校的教育教学工作,贯彻以学生为本的指导思想。

第十五条　学校的教育工作以"立志成才,报效祖国"为主线,强化日常行为规范和心理健康教育,培养学生的自理自律能力。

第十六条　学校成立德育工作领导小组,全面规划、领导学校的德育工作。日常的德育工作由德育处负责。

第十七条　学校设立家长委员会,成立格致家长顾问团。加强社会实践和德育活动基地建设,做到学校、家庭、社会三结合。

第十八条　学校的教学工作实施以培养学生的创新精神和实践能力为核心的素质教育,激发学习情感,培养学生终身学习的能力。

第十九条　学校课程设置中,必修课教材以国家统编教材为主,选修课教材应体现学校办学特色,建设相应的校本课程。

第二十条　学校制定教学常规管理制度,由教导处严格执行。

第二十一条　科研开道,提高教育教学工作效益。学校成立教科研处,领导学校教科研工作。学校以"学生学习指导"和"学生科学素质的培养"为总课题加强教育科学研究,定期组织专题研讨活动。

第二十二条　学校大力倡导和推广应用现代教育技术,并设立"现代教育技术中心",具体负责指导和开展学校现代教育技术工作。

第二十三条　学校加强体育工作,增强学生体质,排球是学校体育传统项目。

第二十四条　学校加强艺术教育,引导学生积极参与各种艺术活

动,提高审美能力,培养高尚情操。

第二十五条　学校推广使用全国通用的普通话和规范汉字。教师坚持用普通话、规范汉字进行教学。

第四章　总务管理

第二十六条　学校总务工作的指导思想是为全校师生服务,为教育教学第一线服务。

第二十七条　总务处对学校的校舍、教育教学设施进行全面规划、建设和管理,建立相应的规章制度。

第二十八条　学校是公办学校,主要靠国家财政拨款,依法做好预、决算工作,合理使用经费,依法向社会募集办学资金,接受社会、个人的捐赠,根据上级教育行政部门、财政管理部门的有关规定实施财务管理。

第二十九条　学校财务工作由校长统管,总务主任贯彻执行,各部门实施落实。

第三十条　学校设主管会计、会计、出纳及财产保管等岗位,明确职责并建立预、决算审核,经费使用,购物申请,报销,财物使用管理、报损等制度。

第三十一条　学校按财政局发放的收费许可证所列收费项目及收费标准收费,并按规定开具规范的发票或收据,收费工作按上级有关部门规定执行,收入的现金当天解入学校开户银行。

第三十二条　学校设立食堂,由一名总务主任分管,为教职工及部分学生提供搭伙;学校食堂设食堂管理员,负责食堂具体工作。食堂管理员严格执行《食品卫生法》,确保师生科学、安全用餐,由于食堂容量不够,部分学生由领导部门推荐的单位供应营养午餐。

第三十三条　依法开展勤工俭学活动,办好校办企业,多渠道创收,努力改善师生的工作、生活、学习条件。

第五章　教职工、人事管理

第三十四条　学校的教职工享有《中华人民共和国教师法》和其他政府法规所规定的权利,履行相应的义务。

第三十五条　学校的教职工要热爱学校,敬业爱生,认真完成岗位职责,工作主动,有创新意识,努力提高工作质量和效益。

第三十六条　学校按发展的需要和可能设置岗位配备人员,实行全员合同聘用制和岗位责任制。

第三十七条　学校的教职工应具有市、区有关任职资格的规定条件,职务评审按上级有关规定执行。

第三十八条　学校实行国家规定工资和校内结构工资相结合的分配制度,体现按劳分配的原则。

第三十九条　学校建立教职工考核及奖惩制度。学校对教书育人、管理育人有显著成绩者,实行奖励;对犯有错误的教职工进行教育帮助,必要时给予一定的处分。凡教职工对校方处理不服,可提出申诉,由工会出面加以调解。如调解不成,可向上级行政部门申诉。

第四十条　学校组织教职工参加各类进修活动,努力提高教职工的素质。

第六章　学　生

第四十一条　学校面向全市招生,努力创设条件招收各类优秀学生入学。

第四十二条　学校全面贯彻教育方针,全面实施素质教育,努力培养学生成为"全面发展,学有所长"的高素质人才。

第四十三条　学校履行《中华人民共和国教育法》《中华人民共和国未成年人保护法》和《上海市青少年保护条例》等法律、法规所规定的学校对学生的培养、教育和保护责任。

第四十四条　在党总支领导下,学校建立学生团委。学生在校内可组织学生会及各种有利于学生健康成长的社团组织,以提高学生的自律、自治、自理能力。

第四十五条　学生在校享有有关法律、法规所规定的权利和履行其义务,对各类优秀学生给予表彰和发扬,违反校纪校规应及时给予教育帮助。

第七章　附　则

第四十六条　本章程的解释权在校长室。

第四十七条　本章程经教代会讨论通过,并报区教育局审核批准后生效,自颁布之日起实施。

附录4-7　领导贺信、视察、调研摘选

时　间	级别	概　况
1997年2月17日	区级	区委副书记杨奇庆、区教育局局长张俊明来校视察开学工作
1998年2月16日	区级	区委副书记李俊民、教育局局长张俊明、党委副书记张长华来校参加开学典礼
1999年1月21日	局级	区教育局来校检查总务处、财务管理、校舍管理工作
1999年4月	国家级	中共中央政治局委员、上海市委书记黄菊　给格致中学全体师生发来贺信 格致中学全体师生： 　　值此格致中学建校一百二十五周年之际，谨向全校师生员工致以热烈的祝贺。 　　格致中学是一所有优秀历史的学校，具有"爱国科学"的光荣传统。改革开放以来，高举邓小平理论伟大旗帜，认真贯彻党的教育方针，积极开展以培养学生创新精神和实践能力为核心的素质教育，取得了可喜的成绩。 　　希望格致中学按照邓小平同志关于"教育要面向现代化，面向世界，面向未来"的指示，坚持"全面发展，学有所长"的育人目标，发挥百年名校的优势，加强师资队伍建设，加快学校的现代化建设，为上海的教育事业作出更大贡献。 　　　　　　　　　　　　　　　　　　　　黄　菊 　　　　　　　　　　　　　　　　　　1999年4月
1999年5月	国家级	全国人大常委会副委员长钱伟长给格致中学125周年校庆题词：格物致知　乐育英才
1999年5月10日	国家级	全国政协副主席、全国工商联主席经叔平给格致中学125周年校庆题词：培育科技　兴邦人才

续表

时间	级别	概况
1999年5月26日	国家级	贺　信 上海市格致中学： 　　值你校建校125周年之际，谨向你们表示热烈祝贺，并向全校师生员工致以亲切的问候。 　　上海市格致中学是一所具有光荣革命传统的学校。125年来，特别是新中国成立以来，为当地和国家的建设事业以及各类高等学校培养和输送了大批人才，为国家和本地教育事业的发展做出了重要的贡献。 　　希望你们认真贯彻执行《教育法》和《面向二十一世纪教育振兴行动计划》，在党的十五大精神指引下，开拓进取，坚持改革，进一步提高教育质量，为上海市乃至全国教育事业的发展做出新的贡献。 　　　　　　　　　中华人民共和国教育部部长 　　　　　　　　　陈至立 　　　　　　　　　一九九九年五月二十六日
1999年5月19日	市级	徐匡迪市长来格致中学视察格致科技节活动，为格致电视台题词，接受同学采访，亲自操作同学们发明的机器人
1999年6月	市级	上海市政协副主席谢丽娟、副市长周慕尧为徐寿铜像揭幕
2000年2月14日	区级	开学第一天，区委书记李俊明与教育局领导来格致中学视察
2000年6月16日	国家级	全国人大常委会副委员长、中国红十字会会长彭佩云来校视察，并题词"红十字青少年活动是学校加强素质教育的重要组成部分"
2000年6月19日	区级	新任区委书记钱景林来格致视察。
2000年	区级	新黄浦区中教科科长陈亮、区教育教学研究所、区研究性课程开发负责人吴峥、冯大雄、李申培来格致中学，就格致中学"研究性课程开发"听取报告并做指导
2000年9月1日	区级	新区长徐建国视察格致中学开学典礼并作重要发言
2002年9月18日	区级	副区长沈祖炜来格致中学与校领导商谈有关二期规划工程事宜，在肯定了格致的初步规划设想方案后，提出尽早实施的建议
2002年10月19日	国家级	参加全国"四进社区"文艺展演的代表来格致中学视察金陵社区市民学校开展情况，参加的领导有中央文明办协调组组长助理涂更新、中央文明办副处长赵树杰、文化部社图司民文处调研员王勇才、文化部社图司群文处阎晓东、上海市文广局党委副书记刘建、上海市文明办副主任陈振民，以及陕西、黑龙江、云南、内蒙古、福建、安徽、新疆、广东、贵州、天津、山东、浙江、甘肃等省、市、自治区文明办、文化厅（局）负责人

续表

时间	级别	概况
2002年10月11日	区级	格致中学二期工程扩建座谈会在小会议室召开,区委、区政府、区政协领导来校,听取有关实施方案的汇报,并做出"拆除格致老大楼,合理布局二栋新楼"的决定,明确了工程的时间节点,年底完成方案设计,区人代会前动工,130周年校庆时竣工。出席会议的有黄浦区区委副书记李俊民、人大副主任王启民、黄浦区副区长沈祖炜、区教育局局长姚仲明、区教育局副书记毕玲、区教育局副局长徐瑞平、格致校长柴志洪、书记张志敏、副校长刘福朝和庄起黎、副书记邵清及孙兆桂、林立勋、张正康、王慈祥、陈梛明也参加了会议
2002年10月12日	区级	由黄浦区体育局、上海市象棋协会承办,上海市格致中学、恒源祥集团公司协办的"深发展杯"上海市第十二届运动会"恒源祥杯"国际象棋比赛在格致中学举办,校长柴志洪、上海棋院院长胡荣华、恒源祥集团公司总经理刘瑞琪分别致辞,出席会议的领导还有:区教育局局长姚仲明、区体育局副局长谭妙全
2002年10月22日	区级	中共黄浦区委副书记李俊民为格致中学"学生邓小平理论读书会"的刊物《求实》写来名为"希望寄托在你们身上"的信,鼓励同学继续努力,再接再厉,为实现中华民族的伟大复兴,再创辉煌
2002年11月18日	市级	由市教委副主任、市教委中小学图书委主任张民生,市教委基教处处长余丽惠担任正副组长的市中小学图书馆检查领导小组、工作小组,到格致中学检查图书馆工作一天,听取柴校长汇报、馆长自查报告,实地调研,召开师生问卷及座谈会,收取自查报告、自查评分表等
2004年	区级	陆晓春区长、沈祖炜副区长率区府办、计委、教育局领导深入格致中学调研。张志敏校长围绕格致中学历史传统与特色发展、综合竞争力与内涵发展、国际化视野与持续发展进行的综合性汇报得到陆区长的充分肯定,陆区长针对如何提高德育的实效性、发掘利用130年的人文资源、科学处理学科成绩与社会责任的关系、拓展国际化办学的思想与措施、教师对收入的感受与要求等问题与大家交换了看法,提出了希望

附录4-8 格致中学与国际、港台学校的交流与合作摘选

国家、地区等	交流内容
澳大利亚	1997年11月4日澳大利亚高级中学校长来校访问,签名留念
	1998年2月17日澳大利亚教育代表团来校参观天象厅
	1998年11月30日澳大利亚师生来校参观
	1999年9月14日澳大利亚Prebyterian Ladies' college校长来校访问,交流双向合作事宜
	2000年4月1日澳大利亚PLC女子中学四名教师抵沪逗留两周,格致中学对他们的考察、访问及旅游作了周密的安排
	2000年澳大利亚"圣保罗中学"校长来格致参观
	2001年2月4日—17日格致中学副校长刘福朝、办公室主任马雅贞、外语教研组正副组长张秀霞、郑爱群回访澳大利亚PLC女子学校
	2001年4月1日—14日澳大利亚PLC女子学校4位教师来校作为期两周的访问
	2002年9月15日澳大利亚PLC女子学校中的4位教师来校,作为期两周的教学交流。9月16日参加升旗仪式,参观学校天象厅、电视台等设施。17日与政治数学英语学科教师座谈,游览豫园。18日听课、参观博物馆。19日听课、与访问PLC女子学校的学生座谈。16日行政会议商讨与PLC女子学校合作办学事宜
	2002年11月25日澳大利亚PLC女子中学副校长亨特女士带领该校6名学生到格致中学进行为期两周的访问:11月25日参观格致中学校园及各专用教室;11月26日体验格致中学校园生活、茶文化活动、书法展示;11月27日上课,会见格致中学外籍教师;11月28日上课,Flash展览,英语会话;11月29日参观城市规划展,英语角活动,社团节活动;12月2日参观上海博物馆,英语节艺术专场;12月3日英语角活动,参观豫园;12月4日游览苏州;12月5日游览朱家角;12月6日游览东方明珠电视台,第一届英语节闭幕式

续表

国家、地区等	交流内容
澳大利亚	2004年9月11日—24日澳大利亚墨尔本PLC 4位老师来校友好访问。双方老师举行座谈、共同开课观摩、互赠教学软件和实验器材
	2004年11月22日澳大利亚PLC学校一行18名师生抵达上海后,与Homestay的同学会面、收看格致中学2004年英语节开幕式暨英语歌曲大赛决赛电视转播;11月23日欣赏茶艺社同学举行的茶艺表演;11月25日观摩英语演讲比赛
美国	1997年6月30日美国波士顿学生来校参观
	1997年10月29日美国天文教育代表团来访
	1998年5月美国项武义教授来校讲学
	1999年6月8日美国卡内基基金代表团来校做数学学术交流,格致杨建华老师开公开课。
	1999年9月21日美国依阿华州长带领代表团来校参观访问
	2005年1月11日全球SAGE创始人Curtis L.DeBerg教授和中国区协调人瞿莉莉来格致中学向学生介绍SAGE项目,SAGE是Students for the Advancement of Global Entrepreneurship(高中生全球创业发展)的简称,是面向高中学生的创新教育的实践项目,该项目由美国加州州立大学发起,以中学生团队为组织方式,鼓励高中学生走出课堂、走进社区,寻找问题、分析问题、解决问题,开展创新的、有成效的经济和社区活动,为改善社区贡献自己的力量。从2003年开始,SAGE已发展成为全球具有广泛参与性的项目
北美	2005年4月20日北美华文教育代表团来校访问
联合国	2002年11月27日联合国和平使者、面向全球青少年关于环境保护与人道主义的项目"根与芽"社团的创办者、英国人"珍古道尔"来校参观访问
英国	1999年11月22日英国皇家督学代表一行三人在上海市教委督导办公室同志陪伴下,来格致中学考察访问。来沪目的是为了教育督导改革研究和推动学校办学规划的制定和落实。全市共有16所学校作为试点实验单位,其中市级重点有格致中学和进才中学两所
	2000年3月13日英国贵宾威廉·里斯——莫格勋爵(Lord William Rees-Mogg)及其夫人、资深议员吉莲·里斯(Lady Gillian Rees_Mogg)访问格致中学

续表

国家、地区等	交流内容
英国	2004年3月26日英国领事馆文化教育处在格致中学邀请了英国课程方面的专家 Keith Kelly 来校做了课题为"Creating Links between China and UK Schools"的学习讲座，他提出科技双语教育是跨国际的，中国教师和学生可以以此为契机和英国教师和学生互相交流。英国专家还带来了很多有趣的教育课题，与上海部分中学的双语教师进行了热烈的探讨，并且提供了不少科技网站让师生浏览
法国	2004年10月28日法国 Louis le Grand 和 Le Parc 两校的校长来格致交流访问，法国校长表达了希望同格致中学的师生进一步交流的意向
德国	1997年3月18日德国学生来校观看 OM 小组活动、欣赏学生书画表演、参观天象厅、校史室，与格致学生互赠礼品
日本	2003年3月7日日本教育代表团来校参观访问
马来西亚	1997年11月25日马来西亚滨华中学许秀华校长率团来校进行教学交流活动
香港	1998年4月3日香港教育专家香港裘锦秋学校校长夫人罗赐珍女士来校考察
	1998年10月19日香港中华基督教青年会女子排球队来格致进行友谊赛
	2000年4月24日—28日，香港保良局百周年李兆忠纪念中学辅导主任、香港大学教育学院博士研究生罗赐珍小姐一行三人来格致中学参观访问并作学术交流
	2002年12月18日香港地区督学访沪团来格致中学访问，参观校园及专用教室，并听了孙苏、闵红、江柳、周文婕、陈椰明、马莹老师上的课
	2004年格致高中同学携手格致初级、明珠中学20余名学生赴港参加由香港保良局颜宝龄书院举办的"新、沪、港"三地学生为期一周的文化交流活动

附录 4-9　教师获各类荣誉称号部分记录

1997年	向学禹荣获上海市园丁奖、黄浦区先进工作者称号	高润华被评为上海市教育系统关心下一代先进个人
	张秀霞、李世廷、庄起黎、何平、干国英荣获黄浦区园丁奖	水凌、张小薇、奚雅婷荣获黄浦区先进工会积极分子称号
	常途、周隽获黄浦区新长征突击手称号	肖磊荣获黄浦区"希望之星"称号
1998年	向学禹荣获"上海市劳模"称号	张志敏被评为"上海市普教系统优秀党务工作者"
	庄起黎获黄浦区"三十佳教改先进"称号	刘汉标荣获黄浦区"三十佳好老师"称号
	孙兆桂荣获黄浦区"三十佳先进好干部"称号	黄传霖、钱伟康被评为黄浦区教育系统优秀党员
	叶瑛、孙晔、邵清、姚卓匀、雷红星荣获黄浦区"希望之星"称号	周隽荣获黄浦区好团干称号
1999年	庄起黎荣获上海市园丁奖和黄浦区有突出贡献专业人员称号	杨永武、姚晴、毛羽美、白迪之、张志斌、刘国祥荣获黄浦区园丁奖
	向学禹等获第二届胡楚南优秀教师杰出奖	姚畅荣获黄浦区优秀科普传播志愿者称号
	俞一辛、肖磊获黄浦区新长征突击手称号	邵清被评为黄浦区十佳青年标兵
	蔡青、伊燕龄被评为黄浦区"三八"红旗手	姚晴被评为"黄浦区先进工作者"
	皮忍安被评为"黄浦区五好家庭"	方立平被评为黄浦区教育局五好家庭

续表

年份		
2000年	李幸被评为黄浦区新长征突击手	黄薇获黄浦区"希望之星"光荣称号
	雷红星获为"黄浦增辉"十佳个人	姚晴被评为黄浦区先进个人
2001年	向学禹被评为全国师德先进个人	张志敏书记被聘为上海市精神文明建设优秀组织者
	张正康获上海市优秀教育工作者称号	庄起黎被评为黄浦区先进工作者
	郑爱群被评为黄浦区"三八"红旗手	杨永武获黄浦区新长征突击手称号
	李世廷、李耀华被评为区优秀党员	有6位老师获黄浦区园丁奖
	干国英被评为黄浦区残疾人"自学成才"十佳个人	
2002年	柴志洪校长被评为上海市员工信赖的好校长、黄浦区"勤政廉政好干部"	李耀华荣获第五届上海市"金爱心"一等奖
	伊燕龄荣获黄浦区十佳教师称号	
2003年	何平被评为黄浦区十佳师德标兵	
2004年	杨永武、刘国祥荣获上海市园丁奖	晋春荣获上海市金爱心一等奖
	马莹、夏星、张益利、王国伟、孙苏荣获黄浦区园丁奖	张正康被评为黄浦区师德标兵
	周树发获黄浦区第一届专业技术拔尖人才称号	

附录 4-10　教师各类评比荣获一等奖统计（部分）

奖项名称	时间	教师姓名	奖项
全国第三届青年教师教学大奖赛	1998	俞一辛	一等奖
上海市首届中学语文教学征文评选《朗读教学与语言》	1999	张高炜	一等奖
中学职校"创新杯"体育教学比赛	1999	李芳芳	一等奖
中学职校体育科研论文评选	1999	邵　伟　虞咸康	一等奖
上海市少儿茶艺系列会赛	1999	郭自作	优秀指导奖
《黄浦区教工谈创新》	1999	姚　畅	一等奖
中国教育学会中语会课堂教学研究中心第16届年会语文教学科研优秀论文《送你一把提高语言听说读写能力的金钥匙》	2000	张高炜	一等奖
全国文学社团优秀指导教师	2000	张高炜	优秀指导教师
市"十佳"耕耘奖	2000	郭自作	
2000年度头脑奥林匹克活动论文评比《在OM活动课中培养学生创新精神》	2000	姚　畅	优秀教练员
上海市第十四届初中物理竞赛（上科杯）	2000	张庆涛	优秀指导教师奖
上海市"红字会"个人先进	2000	徐金云	先进个人
2000年黄浦区部分学科中青教师教学全能评比赛语文学科	2000	孙　苏	一等奖
1999年黄浦区新教师教学培训班教学评比	2000	李芳芳	一等奖
黄浦区"唱支山歌给党听"双语朗诵比赛	2001	詹　玲	一等奖
上海市第三届中学地理教学软件评比《水资源》	2002	吴　照	一等奖

续表

奖项名称	时间	教师姓名	奖项
上海市第九届高一物理基础知识竞赛(TI杯)	2002	李耀华	优秀指导教师奖
全国中学生生物学联赛	2002	鲍晓云	指导教师一等奖
全国第五届中学生物理青年教师教学比赛上海赛区(高中组)	2002	万立荣	一等奖
上海市中等学校第四届"大同杯"征文比赛	2003	张高炜	优秀指导教师奖
黄浦区中学物理说课评比	2003	黄薇	一等奖
2004年黄浦区中青年体育教师教学评比	2004	顾英芳	一等奖
2004年全国中学生排球锦标赛	2004	水凌	优秀教练员
第五届黄浦区学生电影节影视比赛活动	2004	丁燕	优秀指导奖
2004年上海市青少年"百评电子"竞赛	2004	黄传霖	优秀指导教师奖
上海市"钙易达杯"第二届中学生时政知识大奖赛(高中赛)	2005	潘燕雯 何平 杨娟	优秀指导老师

附录4-11 学生数学、物理、化学、生物、信息竞赛获一等奖统计

	奖项名称	时间	获奖学生姓名	指导老师
数学	黄浦区初中数学竞赛	1999	沈旻冲 刘俊杰	/
	黄浦区精品杯数学竞赛 初三年级	1999	陈耀庭 殷文雄 沈昊冲 王佳奇 张衍庆	李世廷
	黄浦区精品杯数学竞赛 高一年级	1999	吴峥 龚祖光	李 幸
	黄浦区精品杯数学竞赛 高二年级	1999	殷隽 孔亮 宋治平 冯赟	陈绍实等
	2000年全国初中数学竞赛	2000	殷文雄	李世廷
	2000全国高中数学联赛(上海赛区)	2000	蒋志豪 石一鸣	李世廷等
	第11届"希望杯"全国数学邀请赛(上海赛区)金牌	2000	石一鸣	黄宣国
	第12届全国中学生数学竞赛(希望杯)一等奖 满分	2001	石一鸣	李 幸
	2001上海市高中数学竞赛(泓晟杯)	2001	石一鸣	李 幸
	2002年上海市高中数学竞赛	2002	邓 颖	李 幸
	2002年全国高中数学联赛	2002	殷文雄 蒋志豪	杨建华
	2005年上海市高中数学竞赛(CASIO)杯	2005	马 丁	李世廷 李 勤
物理	第16届全国物理竞赛(上海赛区)	1999	吕秋捷	/
	黄浦区初三物理竞赛	1999	殷文雄 蒋志豪	/
	上海市第7届高中基础物理知识竞赛(交中——Campus ALL杯)	2000	何智淳	/

续表

	奖项名称	时间	获奖学生姓名	指导老师
物理	高一物理竞赛	2000	王智淳	/
	上海市第14届初中物理竞赛(上科杯)	2000	陈耀庭 蒋志豪 居贤春	张庆涛
	上海市第14届初中物理竞赛(初赛)暨黄浦区第14届初中物理竞赛	2000	虞 成 殷文雄 居贤春 陈耀庭 高 吉 徐思捷 宋天婵 周志铭 杨 昀 王韧诚 兰 天	张庆涛
	第17届中学生物理竞赛(上海赛区)	1999	肖顺豪	
	第18届全国中学生物理竞赛(上海赛区)	2000	王智淳 何欣蔚 刘 炜 陈少文	庄起黎
	上海市第8届高二物理竞赛(市重点组)	2001	何欣蔚 单元明 刘 炜 何玉麟 王智淳	/
	上海市高一物理第8届竞赛(格致杯)	2001	殷文雄	钟 浩
	上海市高二物理第8届竞赛(杨思杯)	2001	刘 炜 王智淳 何欣蔚 单元明 何玉麟 孔令开	/
	第17届全国物理竞赛(上海赛区)	2001	肖顺豪	李耀华
	上海市第9届高一物理基础知识竞赛(TI杯)	2002	唐振尧	李耀华
	第19届全国中学物理竞赛(上海赛区)	2002	夏达恺 刘涵纯 蒋志豪 周志铭 兰 天	钟 浩
			殷文雄	李耀华
	第20届全国中学生物理竞赛	2003	谢 睿 戴志坚 孙永祺 周益鸣 杨 奕 周 毅 赵宇锴 魏 玮 陈 磊 唐振尧	/
	2004年黄浦区高中物理竞赛	2004	郑天成 冯哲彬 吴 炜 郑早立 浦顺菲 齐晓亮 钟程逾 潘 黎	方梦非

续表

	奖项名称	时间	获奖学生姓名	指导老师
物理	上海市高一物理基础知识竞赛	2004	傅冠健	钟浩
	第10届高二物理竞赛(浦东新区东昌中学杯)	2004	郑早立	方梦非
	第21届全国奥林匹克物理竞赛	2004	郑早立 浦顺菲 余晓 吴炜 齐晓亮 包文琦	方梦非
	2004年上海市"上师杯"实验物理竞赛	2004	包文琦 齐晓亮 朱家玮 李顺超	方梦非
	上海市高一物理竞赛(TI杯)	2005	史美轩 王培俊 房陈岩 史哲雨 任志辰 尹可辰 徐超 俞梦捷 黄轶超	李耀华
化学	1999年上海市高中化学竞赛	1999	盛世彦	张万里
	黄浦区第6届中小学科技节高三化学竞赛	1999	金彦	张万里
			陶杭	曹宙峰
	中国化学会1999年全国高中学生化学竞赛(上海赛区)	1999	盛世彦	张万里
	上海市化学"白猫杯"竞赛 初中	1999	经宁	/
	上海市"东华杯"中学生化学竞赛	2000	金彦 盛世彦	张万里
	陶杭代表上海队进入冬令营	2000	陶杭	曹宙峰
	中国化学会2001全国高中学生化学竞赛	2001	施甫旻	张万里
	上海市"白猫杯"青少年应用化学知识竞赛	2002	王韧诚	方红萱
			全立宇	曹宙峰
	2002全国高中生化学竞赛(上海赛区)	2002	王韧诚 陈全	方红萱
	黄浦区2002年高中化学竞赛	2002	陈全 史燕华 沈昊冲	方红萱
			全立宇	曹宙峰
	2002年上海市"白猫杯"高中应用化学与技能竞赛(初赛)暨黄浦区"白猫杯"高中应用化学与技能竞赛	2002	王韧诚 严密 沈昊冲	方红萱
			全立宇	曹宙峰
	上海市"东华杯"中小学化学竞赛	2003	全立宇	曹宙峰

续表

	奖项名称	时间	获奖学生姓名	指导老师
化学	化学创新与实践能力竞赛	2003	全立宇	曹宙峰
	2003年上海市"白猫杯"高中应用化学与技能竞赛	2003	李月亮 周旻 徐晨 全立宇	娄 华 曹宙峰
	2003年黄浦区"大同杯"高中化学竞赛	2003	全立宇 彭赋纯 陈磊	曹宙峰
			董健雄 顾智超	娄 华
	2004年全国高中学生化学竞赛	2004	李月亮	娄 华
	2004年黄浦区"市十杯"高中化学竞赛	2004	吴嘉琪 董健雄 刘炱烨 邵煜 王圣杰 吉逸峰 李月亮 贾俊彪	娄 华
	黄浦区"白猫杯"青少年应用化学知识与技能竞赛	2004	史哲雨	方红萱
			胡可 邵煜 李月亮 王圣杰 贾俊彪 徐晨 刘璐珈	娄 华
	上海市"东华杯"中学生化学竞赛	2005	邵煜 王圣杰	娄 华
生物	上海市青少年生物和环境科学实践活动课题方案设计	1999	付晔	张之平
			周冬青	吴佩娣
	黄浦区高中生物竞赛(暨生物奥林匹克竞赛赛区赛)	2000	濮志超 周冬青 付晔 顾翰钦	鲍晓云
	青少年生物和环境科学课题方案设计竞赛	2000	周冬青	鲍晓云
	2001年上海市中学生生物学竞赛	2001	濮志超	鲍晓云
	全国高中生物联赛	2001	周冬青	鲍晓云
	全国中学生生物联赛	2002	吴一峰 徐思捷	鲍晓云
	黄浦区2003"教课——大同"杯高中生物竞赛	2003	曹琦 邵琦 陈沛东 顾方为 徐旖炜 周光耀	刘 骏 李 艳
	2003年全国中学生生物学竞赛	2003	曹琦 叶晨 许振 孙明瑞 陈沛东 周光耀	刘 骏 李 艳

续表

	奖项名称	时间	获奖学生姓名	指导老师
生物	2004 年全国中学生生物竞赛	2004	严 聪　郑 璐　袁子寅　叶博闻　胡韵昊	刘 骏
	2004 黄浦区全国中学生生物学竞赛（上海赛区）	2004	陈喆仡　赵世坤　陈 晨	鲍晓芸
			郑 璐　叶博闻　邱晓燕　沈静薇　朱伽圣　严 聪	刘 骏
	2005 上海市中学生生物竞赛（上海赛区）	2005	严 聪　沈静薇　袁子寅　季凯莉	刘 骏
信息	上海市第三届"西部集团杯"青少年计算机应用操作竞赛	2003	张怡帆	陆幸丽
	第 10 届全国青少年信息学奥林匹克联赛（上海赛区）	2004	潘俊峰　童天浩　胡屹峰	谭鑫昌　陆幸丽
	第 6 届上海市中小学电脑设计与制作成果展	2005	沈梦捷　严瑾丽	陆幸丽
	2004 学年度上海市中小学"卡西欧"杯信息科技学科竞赛高三程序设计	2005	袁啸尘	陆幸丽
	第 3 届全国中小学信息技术创新与实践	2005	潘俊峰	陆幸丽

附录4-12 学生科技竞赛获一等奖统计

奖项名称	时间	学生姓名	指导老师
OM竞赛"翻山越岭"高中组	1999	胡佳艳 黄伟杰 陆伟俊 马俊杰 张毅 马云岚 李雅喆	刘和德
"环境的挑战"初中组	1999	高 吉 金孜懿 丁 宁 栾 杰 胡佳晶 钱琳妮	姚 畅
上海市第三届科技节机器人"体能测试"中学组	1999	王张铭 李 捷	白迪之
		余佳妮	刘和德
		李树璋	李 军
上海市第三届科技节机器人展示"皮卡丘"	1999	乐洁毅 郑夸辰	周一新
		严英凯	姚 畅
拖链竞赛初中组	1999	高 吉	姚 畅
拖链赛高中组	1999	王 捷	席海燕
机器人设计 高中组	1999	顾慧琼	姚 畅
普及型机器人接力	1999	高 吉 丁 宁 栾 杰 金孜懿 季林华	姚 畅
电子技术	1999	黄俊浩 胡佳艳 吴卿卿	姚 畅
第三届"CSC"超级联赛	1999	袁 琪	姚 畅
上海市金钥匙竞赛	1999	丁 宁	董 琪
图文小报	1999	王之诤	陆幸丽
		王韧诚	钱颖茹

续表

奖项名称	时间	学生姓名	指导老师
第三届头脑奥林匹克电视擂台赛因果关系赛题金擂主奖	2001	高吉 丁宁	姚畅
		张媛婷	林立勋
黄浦区图书馆网络应用邀请赛	2001	郑明烨	董琦
上海市青少年国际奥林匹克机器人比赛	2002	丁宁 李颖 高吉	姚畅
黄浦区青少年科技论坛《日全食的观测方法的研究》	2002	张培蓓	向学禹
		黄子成	张跃军
		屠明星	倪慧俊
第十六届上海市优秀发明选拔赛	2002	朱哲明	朱纬琦
上海市青少年电子知识学技能比赛"数字电路"(高中组)	2002	张勇 王翊	李军
3M杯中国上海第十六届头脑奥林匹克创新大赛 第一名	2003	林刚磊 黄耀新 张勇 薛侃赟 蔡秋艳 胡悦琳	李军
第十八届英特尔上海市青少年科技创新大赛	2003	李颖	李军
首届"上海市青少年科技创新市长奖"	2003	朱哲明	朱纬琦
上海市青少年"明日科技之星"评选	2003	朱哲明	李军
第五届"动手做"大赛 一等奖	2003	朱哲明	朱纬琦
2003年"博冠杯走近火星"天文竞赛活动	2003	陈翼然	张跃军
上海市青少年"明日科技之星"评选	2004	朱天博	姚畅 朱强
上海市青少年"科技希望之星"评选	2004	林剑青	姚畅
上海市青少年"科技希望之星"评选	2005	张佳璐	李军
全国中小学劳技教育创新作品赛金奖	2005	顾超 沈一鸣 沈赟	黄传霖
第十届上海市青少年创造发明设计竞赛	2005	傅莉	姚畅
上海市头脑奥林匹克万人大挑战	2005	罗维维	周一新

续表

奖项名称	时间	学生姓名	指导老师
第三届黄浦区青少年科技节"火星登录"	2005	顾　超	李　军 白迪之
		徐家军	姚　畅 白迪之
上海市青少年机械奥运比赛"登陆"	2005	徐家军	姚　畅 白迪之
黄浦区第三届青少年科技节"纸结构承重"	2005	刘冰洁	周一新
黄浦区第三届青少年科技节"纸绳拖重"	2005	孟辰莉	周一新
第十届上海市头脑奥林匹克擂台赛获金擂奖	2005	卢　浸	周一新
第十届上海市头脑奥林匹克擂台赛获金擂主奖	2005	傅　莉	周一新
上海市青少年"百拼电子"竞赛高中组"电子作品制作"比赛	2004	张　晨	黄传霖

附录4-13 学生征文、演讲、英语、艺术等类竞赛获一等奖统计

奖项名称	时间	学生姓名	指导老师
征文			
上海市"卢青杯"《我看家庭教育》征文	1999	张弛	/
上海市99NIKE我梦想征文、绘画比赛	1999	俞嘉佳 王瑾瑜	王小欣
国防征文比赛	2000	屠明星	/
少儿茶艺"十岁"系列活动市征文比赛	2000	蒋昇	/
黄浦区作文竞赛	2002	叶文君	沈岚
		赵晟	郭维维
		周密	王晓华
上海市第十五届高中作文竞赛	2002	叶文君	沈岚
"中文自修"杯上海市第十六届中学生作文竞赛	2003	张哲淳 梁敏	/
"爱满天下"杯首届全国中小学生创意作文大赛	2003	忻颖	肖磊
上海市中等学校第四届"大同杯"征文比赛	2003	叶含静	张高炜
黄浦区"科技之光"科普电影"影评征文"	2003	谢昕	/
"黄浦区国防教育影视征文"比赛	2002	车蕾	张高炜
2004年上海市中小学"呼唤诚信"(农工商杯)征文活动	2004	荣浩	孙苏
首届中国中学生作文大赛上海赛区	2004	吴芸	刘强
上海市第十八届中学生作文竞赛	2005	马伶妍	晋春
		张哲淳	孙春梅

续表

奖项名称	时间	学生姓名	指导老师
演 讲			
上海市"新世纪杯"重点中学演讲比赛	1999	李吟涛	/
上海市中等学校"敬业杯"新世纪学子风采演讲比赛	2000	周 元	张高炜
全国迎国庆万校国防教育活动国防演讲比赛	2000	王怡一	/
"人道救助"演讲比赛	2000	李吟涛	/
庄臣绿色行动双语演讲比赛	2004	马颖雯 袁佳稀	徐 烂 吴 照
2000 黄浦区中小学影评演讲比赛	2000	周 元	张高炜
英 语			
科技英语	1999	徐昉晗	/
中央电视台第二届"希望之星"英语风采大赛（上海市赛区决赛） 第一名	2001	王 翔	潘庆生
黄浦区高三学生英语竞赛	2002	陆可炜 许 超 严 密 施华烁 顾文亭	潘庆生
2005 年上海市科普英语竞赛	2005	蔡丹枫	顾汉章
		夏嘉斌	方立平
艺 术			
上海市少儿茶艺系列会赛 茶冲泡	1999	薛 燕 蒋 异 余文祎	郭自作
上海市"十佳"小茶人	2000	蒋 异	郭自作
上海市国际茶文化节茶艺小主持人	2002	金 孜	郭自作
黄浦区"六一"少年儿童画展评选	2000	庄煜华	张石林
第五届全国中小学生绘画书法比赛	2000	于 晶 金洁人	
上海市青少年书法篆刻作品展	2003	张配衍	/
上海市庆六一少儿摄影展	1999	张 猷	/
上海市青少年业余电台竞赛	2000	陈 然	/
"花之星"2000 年中小学生插花艺术展	2000	陆佩琳	/
黄浦区学生艺术节器乐	2001	格致中学	夏 星

续表

奖项名称	时间	学生姓名	指导老师
艺　　术			
中国(上海)国际乐器展"哈佛纳杯"少年儿童小提琴演奏大赛13—16岁年龄组第一名	2002	葛维岳	夏　星
上海市第二届业余大提琴比赛	2005	吴一凡	夏　星
黄浦区第三届学生艺术节	2005	民乐队	夏　星
		合唱队	夏　星 杨　敏
全国艺术大赛金奖	2005	汤康敏	夏　星
上海市艺术大赛一等奖	2005	吴一凡	夏　星
第四届上海市学生电影节音乐比赛	2000	沈宇龙　周晓昕 柯　玮	/
2004年上海市青少年"城市，让生活更美好"环保系列活动摄影比赛黄浦赛区	2004	杨元凯　张　臻 许韫一　童天浩	黄传霖
"第八届中国菊花展览会——千万秋菊落英来"青少年摄影大赛	2004	许韫一	黄传霖
第五届黄浦区学生电影节影视比赛活动	2004	张　凡	丁　燕
2004年黄浦区中小学生新闻摄影比赛	2004	俞一沁	黄传霖
古诗词　国防　时政			
"动感地带"第二届中学生古诗文阅读大赛	2003	孙寅静	何燕玲
国防知识竞赛	2000	钱　峰	/
上海市国防教育法知识竞赛	2002	陈海波	杨永武
		欧阳申	沈庆红
		强达宇	/
上海市"钙易达杯"第二届中学生时政知识大奖赛(高中赛)黄浦区一等奖	2005	施宋晶　刘庞培	何　平 潘燕雯 杨　娟

附录4-14 学生体育竞赛获一等奖（第一名）统计

奖项名称	时间	学生姓名	指导老师
游泳			
上海市青少年游泳精英赛暨全国50米蛙泳100米蛙泳 两项第一名	1999	赵汝杰	/
上海市第13届"中恒"敬业杯中小学游泳比赛200米蛙泳 混合泳两项第一名	2000	张　腾	/
上海市第13届"中恒"敬业杯中小学游泳比赛100米蛙泳	2000	赵汝杰	/
全国救生锦标赛(青年男子组)混合救生接力	2000	赵汝杰　张　腾	/
上海市游泳精英赛50米蛙泳100米蛙泳两项第一名	2000	赵汝杰	李文黎
上海市"敬业杯"游泳比赛50米蛙泳	2001	赵汝杰	/
全国青少年游泳比赛100米蛙泳	2002	莫佳良	李文黎
黄浦区中小学游泳比赛100米自由200米混合泳两项第一名	1999	刘　喆	/
黄浦区中小学游泳比赛50米蝶泳100米蝶泳两项第一名	1999	洪国威	/
黄浦区中小学游泳比赛100米自由泳	1999	胡　晨	/
黄浦区中小学游泳比赛50米仰泳	1999	董李云	/
黄浦区中小学游泳比赛100米仰泳	1999	沈君音	/
黄浦区中小学游泳比赛女50米仰泳100米仰泳两项第一名	1999	孟紫杰	/
黄浦区中小学游泳比赛女50米自由泳100米自由泳两项第一名	1999	刘　忆	/

续表

奖项名称	时间	学生姓名	指导老师
黄浦区中小学游泳比赛女50米蛙泳50米蝶泳两项第一名	1999	吴文婷	/
黄浦区第一届运动会男女高中组100米蛙泳	2001	赵汝杰	/
2005年中学生游泳比赛高中女子50米蛙泳100米蛙泳两项第一名	2005	陈旖妮	罗永雄
田　径			
黄浦区田径运动会跳远	1999	徐樱珠	/
黄浦区田径运动会铅球	1999	苍　翠	/
黄浦区田赛运动会男高1500米	1999	胡　晨	罗永雄
黄浦区田赛运动会男初60米	1999	叶　一	/
跳踢拍			
第十七届黄浦区中小职校跳踢拍比赛　三人轮踢	1999	黄峪海　张斯恭　钱　勤	/
第十七届黄浦区中小职校跳踢拍比赛　拍毽子	1999	钱　勤　黄峪海	/
第十七届黄浦区中小职校跳踢拍比赛　跳短绳	1999	蒋明杰　朱俊麒　吴　珺　蔡　茵	/
第十七届黄浦区中小职校跳踢拍比赛　耐力踢、二人对踢第一	1999	虞　艳　卢明汇	/
黄浦区二跳一踢比赛(高中组)10人集体跳长绳第一、8字型跳长绳第一、跳短绳团体第一、二人转换踢第一、耐力踢第一	2000	格致中学	/
2000年黄浦第十九届中小学跳踢比赛高中短绳(北片)第一、高中长绳(北片)第一、耐力踢(北片)第一、高中长绳(10人跳)(北片)第一、高中对踢(北片)第一	2000	格致中学	/
黄浦区第一届运动会　耐力踢　高中组团体第一	2001	卢明汇　虞　艳	顾英芳
黄浦区第一届运动会　对踢　高中组团体第一	2001	季林华　钱　勤	/
黄浦区中小学、职校跳、踢、拍比赛长绳集体跳团体第一	2002	高一(11)	/
黄浦区中小学、职校跳、踢、拍比赛　耐力踢团体第一	2002	周俊士　严　谨　季林华	顾英芳

续表

奖项名称	时间	学生姓名	指导老师
黄浦区中小学、职校跳、踢、拍比赛 对踢团体第一	2002	周吉严谨 季林华钱勤	/
2004年黄浦区中小学跳踢比赛区长绳A组第一	2005	方玮华等	顾英芳
2004年黄浦区中小学跳踢比赛长绳A组第一	2005	王晓蓉等	顾英芳
2004年黄浦区中小学跳踢比赛对踢团体第一	2005	刘晨龙等	顾英芳
2004年黄浦区中小学跳踢比赛耐力踢团体第一	2005	陈颖愉等	顾英芳

操类 棋类

奖项名称	时间	学生姓名	指导老师
黄浦区软式球操比赛	2001	格致中学	李芳芳 万爱芳
黄浦区第一届运动会广播操比赛	2001	格致中学	李文黎 顾英芳
黄浦区第一届运动会高中男子围棋比赛	2001	黄 超	李文黎
黄浦区第一届运动会高中女子国际象棋比赛	2001	黄 晶	李文黎
上海市中小学国际象棋比赛男子组第一名	2002	周桂珏	李文黎
上海市第十二届运动会航海模型赛F4—B冠军	2002	孙鹤峰	/
"深发展杯"上海市第十二届运动会国际象棋女子组 第一名	2002	周桂珏	/
上海市中小学生国际象棋冠军赛女子组	2003	周桂珏	/
上海市国际象棋比赛男子中学组团体冠军	2005	黄雅克 黄丞鑫 徐 杨	/
上海市围棋比赛男子中学组团体冠军	2005	徐佳敏	李文黎 罗永雄
		张之仪	李文黎 罗永雄
2005年中学生击剑比赛黄浦区队获团体冠军	2005	夏 添	李文黎 罗永雄
		周 南 徐经纬	罗永雄

附录4-15 2005年格致中学第一学期教职工名单

行政	专家视导室	教导处	德育处	科研室	总务处		外语组	
高润华	柴志洪	张志斌	杨永武	张正康	王慈祥	沈万友	顾汉章	曹 薇
张志敏	孙兆桂	蔡 青	张 燕	柯瑞逢	王尔昌	史庆华	叶 瑛	陶 颖
王丽萍	钱伟康	郭自作	何 刚	孙 晔	张福珍	钱蒙恩	潘庆生	江 柳
庄起黎	林立勋	杨庆生	周 玮		陈刘荣	丁宽兰	朱卫平	朱跃隽
费秀壮	向学禹	李晓春			曹正勇	周桂兰	洪钧能	滕永勤
周树发	刘汉标	周文娟			尹永来	王家洪	徐仲达	詹 玲
朱莹毅		庄佳妍			林晓明	朱 峰	奚雅婷	黄 岚
沈庆红		周忠桂			诸世传		钟维尧	宓配云
		朱晓华			王根妹		马 莹	任 云
		徐金云			陆光明		方立平	周春凤
语文组	数学组	物理组	政治组	化学组	体育组	电教组	信息技术组	图书馆
孙 苏	李世廷	方梦非	何 平	曹宙峰	李文黎	黄传霖	陆幸丽	董 琪
张高炜	朱兆和	李耀华	刘国祥	娄 华	邵 伟	张益利	李 玲	张兴惠
沈 岚	吴关宝	钟 浩	潘燕雯	张万里	罗永雄	沈 忆	孙 凤	王敏琦
郭维维	羊 光	童松华	周 隽	徐 烂	水 凌	丁 燕	倪慧俊	王芷鸿
阮晓岚	姚 勤	俞一辛	杨 娟	徐晓宏	万爱芳			
王小欣	王国伟	黄 薇	印云亮	戴路茜	顾英芳			
王赫培	陈 莉	万立荣	周 健	陆 静	李芳芳			

续表

语文组	数学组	物理组	政治组	化学组	体育组	电教组	信息技术组	图书馆
管靖蕾	朱 逸	陈洪涛		方红萱				
周雯婕	俞志钢	席海燕		王政华				
晋 春	胡 平			李厚平				
王淑英	李 勤							
马美玲	葛 赫							
王晓华	林星芳							
刘 强	郑仲义							
张 帆	胡 琼							
历史组	地理组	生物组	艺术组	劳技组				
闵 红	吴 照	刘 骏	夏 星	李 军				
陶世华	张跃军	李 艳	吴 燕	白迪之				
赵冰清		鲍晓云	杨 敏	刘和德				
				周一新				

第五编

21世纪新发展时期的传承与创新

(2005—2019)

引　言

2005年,学校被命名为首批"上海市实验性示范性高中",同时二期改扩建工程竣工,迎来了新的发展机遇。

学校秉持"爱国、科学"优良办学传统,提出"在传承中创新、在创新中发展"的办学方略,对"格致文化"的核心价值和深刻内涵作了系统梳理,对"文化立校"的资源整合与发展路径作了积极探索。

学校完成了全国教育科学"十一五"规划教育部哲学社会科学研究重大课题攻关项目《我国学校教育创新研究》的子课题研究;完成了全国教育科学"十二五"规划教育部2011年重点课题《非物质文化遗产校园传承研究》的子课题研究;正在开展社科基金"十三五"规划国家重点课题《人才培养模式的国际经验及改革研究》的子课题《创客教育生态系统下学生数字能力培养的实践研究》;并以此带动了多年来各级各类课题研究,有效推进了"科研兴校"的战略持续。

学校以"基础型课程校本化、拓展型课程多元化、研究型课程自主化"为指导思想,建成了融三类课程互为一体的"四类、八群、百门"立体课程体系。

2009年起,学校制定《格致中学教师专业发展纲要》,提出"建设学习型学校、培养研究型教师"的目标,着力打造一支"结构合理、师德高尚、业务精良、个性鲜明"的高水平教师队伍。

2014年,学校奉贤校区落成。新校区秉承"格致教育"理念,贯彻

"一体化管理"的模式,在"教育目标、课程安排、师资配备、资优培养、推荐评优、毕业文凭"全方位与本部同步。

2014年5月,与美国麻省理工学院合作的中国FabLab校际联盟在我校成立。2017年11月,中国教育学会科创教育发展中心落户格致中学。这两个项目标志着格致"穷究事理、探求真知"的不懈追求中,又担负起新的历史使命。

第一章

老校新貌，喜迎校庆

一、百年老校旧貌换新颜

2005年8月底，格致中学二期改扩建工程经一年多努力，全面竣工。走过131年历史的百年老校建筑面积扩大了一倍，增至32754.5平方米，占地13139.7平方米，由东面浙江路、南面北海路、西面广西路、北面广东路，四街围住的闹中取静的完整区域。

校内4幢建筑按其功能，从"格物致知"和"意趣远行"古句中，各取对应一字组合，依次冠名为"格意楼"、"物趣楼"、"致远楼"和"知行楼"。

"格意楼"1楼是学生社团活动区和学生事务服务中心，2楼系图书馆，3—8楼做教室与实验室，9楼为教研组，10楼室为行政办公室和会议室。

"物趣楼"底楼挑空，2楼为教工食堂，3楼是劳动技术中心，配有大小不等、功能各异的教学设备和制作空间，4—6楼是教室，7楼是电化教学中心，建有多媒体视频教室、演播厅、导控室、编辑室、网络中心、学生电视台等，8楼是学校档案室、国际交流中心、名师工作室。

"致远楼"的1楼是240座的学术报告厅，2层是575座的大礼堂，4层为屋顶花园。

图 5-1-1　黄浦区长姜亚新(右二)为新校牌揭幕

"知行楼"1楼为游泳池(小池),2楼设有体操房、健身房、茶艺室,3楼音乐视听室、声乐室、管弦乐和民乐排练厅、戏曲排练室、美术欣赏室、棋类馆、乒乓球馆、桌球馆,4楼为室内球类馆。

面向广西北路保留的1927年竣工的学校现存最早建筑,则专辟为校史馆。

黄浦区区委书记钱景林视察学校时指出:"格致中学新校舍是区委、区府贯彻落实科学发展观的重要标志。改扩建后的格致中学要成为黄浦教育精、特、优的重要标志。希望格致中学以新校舍的启用为契机,发挥示范和带动作用,努力做到一流的硬件、一流的管理、培养超一流的人才。"

2005年9月1日,区长姜亚新及部分区人大代表、政协委员出席格致中学开学典礼并为新校牌揭幕。

二、建校131周年校庆系列活动

2005年12月6日起,格致中学纪念建校131周年校庆系列活动,以"寻历史之根、谋发展之道、创时代之先"为主题,拉开帷幕。

2005年12月7日,上海市委、市教委老领导陈铁迪、吕型伟、姚庄行、袁采等为格致中学校史馆剪彩。

《校友风采录》第2集、《"未来课堂"的探索》(上下册)、《学校管理文选》《德育研究文选》《学生习作选》《格致科普》等相关著作面世。

12月9日,格致中学与上海社会科学院联合举办"格物致知与现代教育"格致教育论坛。黄浦区副区长沈祖炜,上海社科院原院长张仲礼、副院长熊月之,华东师范大学教授丁钢、吴刚,美国、英国、澳大利亚、韩国驻上海领事,格致书院创始人徐寿、华蘅芳的后裔,以及国内外诸多兄弟学校代表出席。论坛上,校长张志敏就《继承格致传统,培育格致新人》、史学家熊月之就《格致书院与上海城市特点》、新中国首任校长陈尔寿就《对"格物致知"和现代地理教育的新思维》、美国纳赛尔高级中学校长弗兰克就《中美教育国际化的实践》,作了专题发言。英国驻沪领事也发了言。

图 5-1-2　出席"格物致知与现代教育"论坛贵宾合影

另外,论坛还收到华东师大教授霍益萍的《格致书院对中国学制的影响》、华东师大教授李似珍的《华蘅芳"格致"观中的现代意识》、华蘅芳后裔华丙炎的《华蘅芳先生科学思想的变迁及其对中国科技近代化的贡献》、徐寿后裔徐泓的《徐寿、徐建寅创办江南制造局翻译馆》、1961届校友朱松乔的《上海格致书院之历史地位》、1965届校友姚国侃的《格致教育的寻根与探询》,以及澳大利亚PLC学院交流项目负责人海伦娜的《澳大利亚PLC学院国际化教育》等书面发言。

12月10日,学校举办131年校庆暨新校舍落成庆典。市人大常委会副主任胡炜,市政协副主席谢丽娟,市妇联主席孟燕堃,市教委副

主任瞿钧,黄浦区区委副书记李俊民、副区长沈祖炜、区政协副主席芮爱娣等领导首先为"格致院士廊"落成剪彩,并与原区委书记、格致中学名誉顾问高寿成,中科院院士杨玉良、汪集旸、邹世昌、郑时龄,区教育局党工委书记陈伟忠、区教育局局长姚仲明,老校长陈尔寿,名誉校长高润华等嘉宾及400余名师生一同出席庆典。当天,学校还为历经3年编撰的《格致校史稿》第一卷(1874—1949)举办首发仪式,该书由高润华、陈尔寿、何祚榕担任名誉主编,张志敏、王丽萍联合主编,编委由万廷镫、孙光二、朱松乔、吴绍中、陈智文、姚国侃、冒维本、陶世华、黄兴汉等组成。

第二章

寻历史之根，传格致文化

一、格致文化内涵开掘及其环境设计

"格致"是"格物致知"的缩写，而"格物致知"作为我国一种传统的学术思想，博大精深，凝练厚重，蕴涵着历代先驱对于认识论曲折的探索，是千百年来民族文化的宝贵积淀。

"格致文化"的深刻内涵可以概括为5个方面：传承了中国儒家文化关于"修身养性注重个人品德，进而兼济天下"的传统；体现了中国现代知识分子学习西方先进思想和技术，科学救国的务实探索；崇尚科学和民主精神，体现了实现民族富强的理想；注重科学知识、科学精神培养，形成格物致知、求实求是的学习方式；凸显热爱祖国、教书育人、和谐发展、理科见长的办学特色。

长期以来，格致中学追求"爱国"和"科学"的价值目标，并以此来整合学校的管理文化、教师文化、环境文化。

（一）管理文化

树立正确的育人观，对每个学生的全面和谐发展负责，在德育领先的基础上，注重发现学生的智能优势，开发学生多元潜能，为每个学生的个性化成长创设良好条件。

树立学校的"大课程观",把学校有目的、有计划地为学生提供的一切活动和环境都纳入学校课程范畴,围绕学生发展需要,建设学校课程。树立"以学生发展为本"的教学观,强调在教学全过程中注重培养学生的学习能力和学习品德,在师生互动中发挥学生的学习积极性,促进学生学习方式的优化。

(二) 教师文化

建设学校的教师文化,以学校发展的共同愿景凝聚教师队伍,既鼓励教职工遵循学校的共同价值基础的规范化管理,又非常尊重教职工的个性化选择和创造性表现,不断完善学校的组织和管理。

优化学校的"人际文化环境",尊重人的生存价值,关心人的发展现状,通过丰富多彩的学校活动,形成相互理解、相互尊重、诚信宽容、愉悦宽松的人际关系,提供积极合作、公平竞争的条件。

营造学校的"学术探究环境",倡导以"学习—探究—变革—发展"为特征的学术氛围,并为教师提供学术展示平台,开展学术交流,活跃学术空气,开辟学术通道,促进个性化学术探究的发展。

为此,学校各教研室在长期积累的基础上,提炼、概括、践行了各自的"教研文化"。例如:语文组的"诚意、正心、传道、授业",数学组的"计数辨形、研学悟真",外语组的"融中西文化、行通才教育",物理组的"格物思理、合力超越",化学组的"变化中求发展",生物组的"春风甘雨育万物、格致基因出通才",政治组的"求真求实,真、优、美",历史组的"究天人之际、通古今之变",地理组的"经纬天地、格物文理",信息技术组的"致知于信息、科技中格物",艺术组的"让艺术照亮生活",体育组的"阳光体育、健康第一",劳技组的"劳动技术打基础、科技活动出人才",双语组的"通两语解惑、握未来先机"等。

构建"优势发展"的"评价文化",在教师评价中以教师自我反思、自我评价为核心,辅以教师间、学生、家长、社区等客观他评,并通过切合实际的"扬长性"专业指导,帮助教师客观地认识自我、评价自我、发展自我、实现自我。

学校开展"格致教育论坛""格致中青年教师学术沙龙"等学术提

升活动,还通过工会、教工团支部等组织开展读书活动和其他健康有益的文娱体育活动。

(三) 环境文化

学校的环境建设注重凸显学校特色,提升校园人文景观质量,努力将校园建成一件传承本校文化的精致"作品"。

广西北路学校正门口,一块3米高、2米宽的花岗岩石头上镌刻着毛泽东主席题书的"格致中学"校名。两边翠竹掩映,庄重典雅。整个校园有5栋中西合璧的建筑,让从未易址的百年老校透着传统和现代和谐融合之气韵。

图 5-2-1　校园景观

学校文化追求"精致、别致、雅致"的特质：绿草如茵的中心草坪、枝干遒劲的古木、盆景，格致书院创始人徐寿、傅兰雅栩栩如生的青铜塑像，著名文化大家王元化题写的"格致书馆"，原上海博物馆馆长陈燮君书写的"格物致知诚意正心修身齐家治国平天下"（《礼记·大学》）八目石刻，上海画家创作的"中外董事筹建格致书院"的大幅油画，军旅画家丁设创作的巨幅油画"格致文化印象"，天津画家方舟的孔子像画屏，校友赠送的"格物致知"汉白玉石屏，别具一格、古朴凝重的校史楼，各具神态、意境深远的院士廊，奇幻浩茫、畅想宇宙的天象厅，满目葱茏、春意盎然的空中花园……

这些物质文化的载体将学校100余年的历史风云与历代格致人的不懈追求融入其间，给本来没有生命力的建筑、环境，赋予了精魂、灵气和感染力。其"精致"体现它的精巧和细致，其"别致"，体现它的独特和唯一，其"雅致"，体现它的高雅和古朴。

二、格致校史馆开馆

在学校二期改扩建时，校方特意要求设计方保留了部分老建筑，专辟为校史馆，使之成为继承学校办学传统，传播格致文化的重要窗口。

校史馆共分3层。

第1层，由不同历史时期的校舍照片，勾勒了"格致人"的办学足迹。一幅据史料创作的《筹建书院》巨制油画，点明了晚清西学东渐、中外先贤合作、最早系统传播自然科学的新型学堂之创校背景。

第2层，展示的是1874—1949年，格致书院、格致公学、市立格致中学时期的沿革史料。

格致书院时期的中流砥柱徐寿、傅兰雅、华蘅芳、王韬、伟烈亚力、徐建寅等各领学科风骚，精研机械制造、翻译科技著作、革新考试内容……，奠定了"格致教育"经世致用的实学根基。

格致公学时期，"五卅"血案、"九一八"事变、卢沟桥战火、汪伪逆流等中华劫难，激发了师生的忧国情和报国志。学校汇聚了麦新、经叔平、刘崇本、沈寂、吴学谦、钱春海、钟沛璋等光辉榜样。

第3层则展示了1949年至今,学校继承"爱国科学"优良传统,弘扬"格物致知,求真务实"精神,形成了"全面发展、理科见长"的办学特色,不断提升学生综合素质,为国家培养了大批优秀人才的珍贵史料。

在格致校史馆里,各届新生,走进母校、励志奋发;各地同仁,走近名校、分享资源。

格致校史馆还接待过探究"江南制造局与格致书院的历史贡献"的江南造船厂代表,专程收集晚清化学教育个案的筹建中的中国化工博物馆,拍摄《大上海》和纪念徐寿诞辰200周年专题片的上海电视台,深入采访的中科院数学所《华蘅芳传》课题组,了解戊戌变法前夕谭嗣同两访格致书院细节的湖南电视台,为拍摄《大刀魂》走访麦新母校的常熟电视台,收集格致公学时期学生地下党活动史料的黄浦区党史办,从美国和中国台湾地区等处来寻根祭祖的徐寿后裔,以及海内外的无数历届校友。

中共中央政治局委员、上海市委书记俞正声,教育部副部长陈小娅等领导参观校史馆后,高度评价了格致文化的传承、发展与创新。

三、毛泽东致许志行信函考证

2002年,学校教导主任语文特级教师钱伟康向校方推荐,在一张报纸上面看到关于本校老教师许志行的有关信息,报纸上提及解放初期毛泽东曾给本校许志行老师写过信,但具体情况不甚清楚。

经多方了解,1945—1955年曾在格致公学和格致中学教语文的许志行,已经过世。他有个女儿生活在浙江嘉善,也已退休。学校派专人顺藤摸瓜,终于同来沪照料外孙女的许先生女儿、女婿见了一面。再约时间,校方人员与《新民周刊》主笔沈嘉禄一起驱车赴嘉善,登门拜访。

许先生女儿许定之、女婿陈华宗热情接待了我们,提供了诸多宝贵史料的复印件(原件现存中央档案馆),围绕这些物件,牵出了一段毛泽东与一位普通教师的轶事。

图 5-2-2　毛泽东致许志行信手迹

1949年起,毛泽东给许志行写过5封信,前两封直接寄到格致中学。其中,写于开国大典之后不久的第一封信,弥足珍贵——

志行兄:

六月十日来信收读,甚为喜慰。迟复为歉!

泽民于八年前被国民党杀害。谢觉哉在北平。我身体尚好,勿以为念。

你在上海教书甚好,教书就是为人民服务。为不荒废课业,不要来京。如遇假期,可以来京一游,看一看仍回去教书。关于写有关我的事迹的文章,最好不写,免得引起有些人对你不满。

暇时可来信。敬祝进步!

毛泽东

一九四九年十月二十五日

毛泽东信中提及的大弟毛泽民,既是许志行当年在长沙"成年失学补习班"的同窗,又是1922年,经毛泽东介绍一起加入社会主义青年团的同志,还是1927年国共合作破裂后,许志行曾计划与之共赴苏联的同伴。谢觉哉则是他们的国文老师。毛泽东除了担任湖南省立第一师范学校附属小学主事、从事革命工作、管理"补习班"之外,还兼任了许志行他们的部分教学。

《毛泽东年谱(1939—1976)》收录了1949年10月—1953年12月底,在毛泽东回复亲朋好友的约170封信件中,频频出现"不要来北京",其中包括杨开慧的哥哥杨开智、毛泽东的表兄文凯、毛泽东的故交邓冰等。1954年4月29日,毛泽东致湘乡县石城乡党支部和乡政府的信中,提过此事,"因为我最爱他们,我就希望他们进步,完全和众人一样,不能有任何特殊"。可见许志行亦在其挚爱之列。

2004年9月,学校用"教书就是为人民服务"作主题,隆重纪念教师节。①

2005年9月1日,格致中学开学典礼,学校将毛泽东信函上手书的"格致中学"四个字,拓刻于巨石上,立在校门口,并邀请许定之参与了揭幕仪式。

2005年11月,学校把许定之夫妇捐赠的许志行用毛泽东赠予稿费购置的收音机,陈列在校史馆内。那是许志行为铭记1957年,毛泽东邀其赴京长叙,并专程安排他重访已阔别36载的韶山,而购置的纪念物②。

图 5-2-3 许志行用毛泽东赠予的稿费购买的收音机

---

① 柯瑞逢:《教书就是为人民服务——上海格致中学纪念教师节》,《人民日报》2004年9月7日。
② 柯瑞逢:《毛泽东与格致中学教师的佳话》,《新民晚报》2005年12月27日。

四、追寻麦新校友的革命足迹

2005年6月,学校偶得内蒙古自治区通辽市首发中央党校出版社出版《麦新研究文献集成》的信息,直接致电通辽市委宣传部。据通辽市委宣传部李明副部长介绍,1945—1947年麦新同志在通辽的开鲁县工作,遭土匪袭击,壮烈牺牲。当地人民为了缅怀先烈,专门将麦新的牺牲地改名为麦新镇。

7月,由校长张志敏率队直奔通辽,在李明副部长陪同下,驱车往返200多千米,至开鲁县的麦新纪念馆和烈士陵园瞻仰,告慰本校杰出校友麦新先烈。

现格致中学校史馆内,陈列着选自《麦新研究文献集成》中的一段自述:"五卅时我正十一岁,在上海一家工部局的外国式学校——格致公学读书,亲耳听到南京路上的枪声,亲眼见到罢课罢市等情况,这给予我很大的刺激,使我对帝国主义有愤恨的思想……";还陈列着东北烈士纪念馆提供的国家一级文物——麦新的《大刀进行曲》创作手迹,及其部分照片、日记、撰文等复制件。

麦新原名孙培元,别名孙默心等,1914年出生在上海一个贫苦的家庭,初中二年级即辍学,担当起父亲病逝后的家庭生计。

"九一八"东北沦陷后,满腔爱国热情的麦新先后参加了上海青年会刘良模领导的"民众歌咏会"、吕骥领导的"业余合唱队""歌曲研究会""歌曲作者协会"等救亡团体,逐步从参与民众救亡歌咏活动、提高音乐技术水准,到"天下兴亡,匹夫有责",挺身疾呼:"大家都来学着写吧!"积极投身救亡音乐创作。现有资料中,麦新创作歌曲19首,合作歌曲43首,另有28首存目作品。其中《向前冲》、《大刀进行曲》、《"九一八"纪念歌》(冼星海曲)、《只怕不抵抗》(冼星海曲)、《中国妇女抗敌歌》(郭沫若词)、《行军》(贺敬之词)、《中国空军战歌》(何士德曲)、《八路军新四军战士的歌》(王蓝词)等,无不跳跃着时代的脉动。

1937年7月7日,驻守卢沟桥的二十九军迎头痛击来犯日军,揭开了中国全面抗战的序幕。消息传来,麦新义愤填膺、日以继夜,创作了气吞山河的《大刀进行曲》,将中国军民威武不屈的民族精神,凝聚在不朽的音符上、高扬在雄壮的歌词中："抗战的一天来到了！看准那敌人,把他消灭！"

不久,上海各界在南市文庙集会时,麦新指挥大家首次学唱此歌,反响强烈,站在远处的民众急喊："看不到指挥！"于是麦新站到狭窄的汉白玉围栏上,由周边的人从几处撑住他的腿,继续教唱,因用力过猛,指挥棒被甩断了,他就改用紧握的双拳……从此,这斩钉截铁的旋律,鼓舞着勇往直前的战旗和前赴后继的军民,回荡于大江南北、长城内外！直至把侵略者赶出中国！

音乐家、原中国音协主席吕骥评述：麦新从开始接触音乐到写出《大刀进行曲》,总共才不过两年多一点时间,那个阶段他还只是个职业青年！与其说他具有一般人所不能理解的才气,不如说,他具有许多人所缺乏的强烈的忠于人民的、像火一样的思想感情。他为我们做出了范例,值得我们学习。

麦新的老战友、音乐家孟波回忆：1936年冬,麦新创作了《牺牲已到最后关头》歌词,并要我谱曲,我很快写了个初稿,但觉得不满意。几天后,我们一起参加群众抗日示威游行,与企图阻挡我们前进的警察搏斗。游行结束后,我们走在一条比较僻静的马路上,麦新一面用紧握的拳头打拍子,一面朗诵歌词：

向前走,别退后,
生死已到最后关头！
同胞被屠杀,土地被强占,
我们再也不能忍受！
亡国的条件,我们决不能接受！
中国的领土,一寸也不能失守……

他那激越坚定的声音,像战斗号角,听得我热血沸腾。我们的合作很快就迸出时代火花,作品迅即在社会广为流传。

1945年底,任延安鲁艺音工团研究科副科长、音乐部党支部书记兼鲁艺党总支委员的麦新调至东北阜新地委工作,先后任开鲁县委宣传部长、组织部长等职。1947年6月6日,从县委开会返村途中,突遇大股土匪袭击,麦新命随行通讯员携文件突围,只身挡敌,壮烈牺牲,时年仅33岁。

文艺理论家、中宣部原副部长周扬沉痛地说,我国革命音乐家中,不幸早逝的还有聂耳、冼星海、张曙、任光等同志,但麦新是死得更为悲壮的。他短促的一生,就是一首动人心弦的战歌。

在短暂的生命中,麦新为有效地"把救亡歌声传送到中国每一个角落——街头、农村、工厂、学校、商店、军队里",积极探索因人而异的方式。比如,以教歌为例,麦新总结过《战地音乐工作的经验与教训》——

教军队:教歌者首先自己必须有些最初步的军事常识,不要被士兵看作"老百姓"。要了解士兵生活。不论唱或说话,声音要响亮,态度要严肃而生动,精神要特别高昂,速度要随着他们的步伐而定,当一个歌唱会后,便要他们踏步唱。

教农民:解释歌词要非常详细清楚,讲话要通俗、生动、活泼、故事化、生活化。通过这些给农民以政治教育。指挥方法不适用知识分子中的那一套,它反而会使农民眼睛发花。可以根据歌词的意义,用动作和表情来表现,当然须有节奏、有情感,否则等于双簧的手了。

教儿童:教者自身必须做成一个大孩子一样——态度、说话和动作必须生动有趣,不使孩子们感到枯燥。教会几个歌后,最好想法编成歌剧、游戏或舞蹈,以引起孩子们的兴趣。孩子们的爱国情绪是热烈的,要在教歌中给他们以抗战教育,这很重要。

教广大群众唱歌:在宣传大会、歌咏大会和乡村演唱时,常有教群众唱歌这一节目。如果在城市中,台下群众有五百或一千,那倒没有什么。如果在乡村中只有五十或一百农民,其中又有妇女和老人时,那教歌便成为一件很困难的事。常常教者唱了一句以后,下边笑笑不唱。解决这个困难的最好办法便是:(1)把同志们分到群众间去,让歌声从群众背后出来,使他们自然而然地张口唱起来。(2)把孩子们作中心,要孩子们唱得最响亮,以掩盖住壮丁妇女们怕羞的歌声。(3)能预先印好一些歌曲发给群众最好。农民虽不识字,他们是喜欢有一张纸头的。①

2005年11月25日,格致中学隆重举办"纪念抗战胜利60周年,

---

① 柯瑞逢:《难忘音乐家麦新》,《世纪》2011年第2期,第78—80页。

唱响民族精神教育主旋律——校友麦新作品音乐会"。压轴节目是全场大合唱《大刀进行曲》,应邀出席的麦新生前战友、91岁的音乐家孟波,自告奋勇登台指挥,全场师生群情激昂。

图 5-2-4　麦新生前战友、音乐家孟波指挥师生合唱《大刀进行曲》

2011年5月3日,上海市教卫党委举办"百问先烈——穿越时空的对话"纪念五四运动主题活动,围绕殷夫、麦新等4位烈士故事与其相关母校师生对话。本校虞世航同学声情并茂地叙述了母校设置"麦新班"和"麦新杯"所带来的蓬勃朝气,以及同学中涌现出来的《麦新创作年谱研究》《麦新的儿童歌曲研究》《从〈义勇军进行曲〉到〈大刀进行曲〉》等一批研究性学习成果。

2019年清明节前,新华社记者采访学校:

如今,在上海格致中学,学生们对麦新这位老校友充满敬仰,当《大刀进行曲》的合唱声响彻校园,当年抗日救亡的豪情壮志与新时代年轻人的蓬勃朝气在时空里碰撞。格致中学格致文化研究室主任柯瑞逢告诉记者,学校设有"麦新杯",作为艺术类奖项鼓励学生传承麦新炽热的爱国情怀和坚韧的品格。①

五、发掘院士校友教育资源

吴仲华　1933届校友,中国科学院院士,工程热物理学创始人。

---

①　郭敬丹、吴振东:《麦新:〈大刀进行曲〉的创作者》,新华网2019年4月22日。

他所提出的叶轮机械三元流动理论在国际上被称为"吴氏通用理论"，为航空发动机的发展做出了巨大的贡献。

图 5-2-5　吴仲华校友

方守贤　1948 届校友，中国科学院院士，高能加速器物理学家。在其整个科学生涯中献身粒子加速器的物理与技术，领导团队建立了中国第一个高能加速器——北京正负电子对撞机（BEPC），开启了中国基于粒子加速器的高能物理的实验研究，促进了中国科学研究的现代化。曾获国家科技进步奖特等奖。

邹世昌　1949 届校友，中国科学院院士，材料科学家。独创用二氧化碳激光背面辐照获得了离子注入损伤的增强退火效应。用全离子注入技术研制成中国第一块 120 门砷化镓门阵列电路，用反应离子束加工成中国第一批闪光全息光栅。

图 5-2-6　方守贤校友　　　　　　图 5-2-7　邹世昌校友

王正敏 1949届校友,中国科学院院士,耳鼻咽喉头颈外科学家。我国听觉医学和耳神经—颅底显微外科领域的主要开拓者和国际颅底外科学会创始人之一。创建了卫生部听觉医学重点实验室,在保护和重建神经功能的耳外科、颅底神经血管区显微外科、自主创新的人工耳蜗和内耳细胞损伤修复机制等方面作出了突出贡献。

图 5-2-8 王正敏校友

图 5-2-9 汪集旸校友

汪集旸 1949届校友,中国科学院院士,地热学家,长期从事地热理论和应用研究,在大地热流、深部地热、地热资源以及油田—矿山地热等方面作出系统突出贡献。

李庆忠 1949届校友,中国工程院院士,物探专家。我国物理地震学的奠基人,最早提出"积分法绕射扫描迭加"偏移归位的方法,推

图 5-2-10 李庆忠校友

图 5-2-11 陈联寿校友

广应用后获得了重大经济效益。在国际上首次提出了"三维地震勘探"的方法原理。在国际上首创使用"两步法"实现了三维偏移成像，当时其效率比国际上"一步法"高数百倍。

陈联寿　1952届校友，中国工程院院士，大气科学家。长期从事和负责全国范围灾害性天气预报和警报的制作和发布，并主持、设计和实施了电视天气预报动态显示业务系统，对减轻国家台风、暴雨、寒潮等自然灾害和森林火灾做出了重要贡献。

张祖培　1952届校友，俄罗斯自然科学院外籍院士。长期从事勘察工程学的教学和科研，在金刚石钻进技术方面有较深的造诣。

图5-2-12　张祖培校友　　　　图5-2-13　汪品先校友

汪品先　1953届校友，中国科学院院士，海洋地质与微体古生物学家。长期从事海洋地质、古海洋学、海洋微体古生物及第四纪古环境研究，在我国率先开展微体化石定量古生态学和微体化石埋葬学的研究。他开创了中国的古海洋学研究，在南海主持实施了中国海首次国际大洋钻探，推动了我国的深海研究，使我国进入深海基础研究的国际前沿。

杨福家　1954届校友，中国科学院院士，核物理学家。领导、组织并基本建成了"基于加速器的原子、原子核物理实验室"。给出复杂能级的衰变公式，概括了国内外已知的各种公式，用于放射性厂矿企业，推广至核能级寿命测量，给出图心法测量核寿命的普适公式；领导实验组用γ共振吸收法发现了国际上用此法找到的最窄的双重态。在国内开创离子束分析研究领域。

图 5-2-14　杨福家校友

图 5-2-15　李家春校友

　　李家春　1957届校友,中国科学院院士,力学家,长期从事流体力学研究,在流动的非线性问题和力学中数学方法领域做出了理论成果。提出了摄动级数多对复奇点的判别准则;最早用剪切解释风浪频谱下移机理,并且得到弱风时不稳定加强,强风时不稳定抑制的新结论;对自然环境中的波、流、涡、湍流进行了深入研究,解决了与流体力学有关的诸如陆面过程、海气相互作用、台风异常路径和土壤侵蚀等环境科学问题。

　　杨玉良　1968届校友,中国科学院院士,高分子凝聚态物理学家,在高分子化学和物理等多个领域都取得了重大成果。主要从事高分子凝聚态物理研究,建立了研究高分子固体结构、取向和分子间运动相关性的3项新的实验研究方法,迄今,该方法仍是获得高分子固体材料内部的链结构、凝聚态结构和动力学信息及

图 5-2-16　杨玉良校友

其相关性的唯一磁共振实验方法;运用自洽场理论及时间分辨的Ginzberg-Landau方程研究了高分子共混体系、复杂链拓扑结构的嵌段

高分子、液晶及囊泡等软物质的斑图生成、选择及其临界动力学领域的诸多悬而未决的问题；发展了高分子薄膜拉伸流动的稳定性理论，并借此指导和解决了双轴拉伸聚丙烯（BOPP）薄膜生产中长期困扰产量和质量的破膜问题，为国家创造了巨大的经济效益。

图 5-2-17　金力校友

金力　1981届校友，中国科学院院士，生命遗传学家，主要研究方向为医学遗传学及遗传流行病学、人类群体遗传学和计算生物学。承担了国家自然科学基金委重大项目"中华民族基因组结构与功能研究"、国家重点基础研究发展规划项目（973）"环境化学污染物致机体损伤及其防御的基础研究"、国家高技术研究发展计划（863）"中国人基因组SNP单倍型图谱构建及其开发应用"以及上海市科学技术委员会"原发性高血压相关基因的结构与功能的研究""心血管等重大疾病的生物系统网络及动力学研究"等重大课题。

2007年，《光明日报》"母校礼赞"来校组稿，发表杨福家院士所撰文章《点燃心中的火种》，表白了自己对中学母校格致的满腔激情。

附原文：**点燃心中的火种——杨福家谈母校格致中学**

2001年，我担任了英国诺丁汉大学的第一位华裔校长。有一天，一位在当地生活了五十多年的华侨协会会长对我说，过去，因为清政府腐败，英国人就叫我们"清人"。但是没有想到，现在这所有名的大学里面唯一的一顶金边帽，戴在了真正的华人头上。

他流着泪对我说这番话,我听了非常感动,确确实实我们中国是在世界上站立起来了。

从1951年到1954年,我就读于上海市格致中学。格致中学前身为格致书院,由清朝李鸿章发起倡办,并亲自题写校匾,再由中国近代著名化学家徐寿、数学家华蘅芳、英国人傅兰雅等中外绅商学士共同创建于1874年。格致的先驱取《礼记·大学》"格物、致知、诚意、正心、修身、齐家、治国、平天下"中的"格致"二字为书院命名,建立了我国近代最早系统传授自然科学知识,培养科技人才的新型学堂。所以,"格致书院"的倡办体现了中国近代进步知识分子"修齐治平"的理想,也是"科学救国""科学兴国"思想的伟大实践。

经常有人会问我:为什么会对格致中学有如此深厚的感情?我总觉得其主要原因就是母校指导我确立了正确的人生观和价值观。56年前,当自己刚进格致时,从没考虑过这些问题,心里糊里糊涂的。当时班主任项秀荣老师带领同学们阅读《钢铁是怎样炼成的》,使我逐渐领悟到:人生是很短暂的,应当在短暂的人生中,对社会有所贡献。正是格致的教育氛围,让我逐步懂得了人活着是要有理想的;有了理想才会有长足的进步。还让我懂得,单有理想还不够,还要艰苦奋斗,还要有机会并善于抓住机会。

我感谢格致的第二个原因是,母校的老师使我对学习产生了浓厚的兴趣。因为兴趣的有无,好奇心的有无,会影响到一个人的一生。

我清晰地记得,数学教师常会在课上留出20分钟让大家动脑筋做习题,他则来回巡视检查、答疑或启发问题的思路,重点检查和辅导后进的学生。有时,还会穿插一些趣味题以提高同学们的兴趣。即使到高三总复习,每周发约200道习题,也只规定同学们仔细阅读,对熟悉已掌握的题型一览而过,对不太熟练的题型详细复习归纳总结,并选几题演算到正确无误,对陌生的题型要仔细研究分析,实在"无门"时与同学讨论或请老师答疑。这种"题海战役",绝不是死做、死记、耗时、费力的笨办法,而是重在提高学生的学习兴趣。

我清晰地记得格致老师常说："红木的料不能当柴烧"。不管原来基础怎样的学生,课堂提问答对了,他们都喜形于色,念念道:"好的呀!聪明的呀!"很多学生就是因为牢记亲身感受的这些循循善诱的话语,而被老师不知不觉地引进了学习的圣殿。

当时学校演出过一场很轰动的朗诵剧《卓雅》,是由同学们自己根据《卓雅和舒拉的故事》改编的朗诵词;根据发型的需要,选了一位同学扮演卓雅造型,由普通话好的同学来朗诵;还凭学校介绍信,到远在郊外的上海戏剧学院免费观摩垫高鼻子的化妆技术,外语老师则将自己的俄式小红花布拉吉借给学生……

还记得学校当时采用"荣誉考试",老师来教室发完考卷就离场,不设监考,整个考场自始至终都非常安静。同学们由此而树立了自尊、自爱、自强的进取精神,终生受益。

我衷心希望母校的老师,点燃同学们心中求知的火种,使他们能在非常生动、活泼的环境下学习、生活,使每个人都具有过硬的本领和高尚的道德情操。也对当代青年学生提三点建议:首先要在生活和学术上求真求实;其次是努力做到基础厚、能力强、身心健、有特长;再次要时刻牢记我们是炎黄子孙,是具有五千年文明史的光荣的中国人。

2007 年 12 月 14 日《光明日报》

2005 年,格致中学举办"与大师对话、让思想碰撞"为主题的系列教育活动,中科院院士陈联寿、李家春、杨福家、汪集旸先后回母校做专场报告。后来,汪品先、王正敏、杨玉良、金力等院士校友也在不同时段回校做过学术报告。

校友汪品先院士自 2011 年起,担任中国"南海深部计划"指导专家组组长。2018 年,82 岁高龄的汪品先院士乘坐"深海勇士"号,3 次下潜到南海 1400 米水深以下,每次下潜观测采用时间都在 8 小时以上。

他说:"三次下潜深度都是 1400 米,在西沙的同一个海区,因为我要追一个海底的生物群。原来以为深海的海底,裸露的岩石上面没有什么生物。结果我们这次下去,头一次就碰到'冷水珊瑚林',真是像个树林一样。""冷水珊瑚林"正是汪品先起的名字。对于为什么要亲自下潜这个问题,汪品先回答道:"很多人当了学科带头人以后就不干第一线了,让学生去干。比如现在很多到深海去采样的工作,都是打发学生去的,科学家就坐在办公室里。对于培养年轻人,我想用行动影响一些人。"①

2017年和2018年,学校在承办"中国教育学会科创教育发展中心签约仪式"和"中国好问题征评启动仪式"上,邹世昌院士都欣然应邀出任嘉宾。他的热情从当年高中毕业时的同窗寄语中,似乎就早有端倪:"科学的时代,科学的头脑;声光理化盘踞了你的脑袋,却并没有妨碍你恳切流露之情!这样称你:一颗庞大的智星!"也难怪邹院士2015年获得了"上海科普教育创新奖"。

图 5-2-18　1949 届校友邹世昌毕业时的同学寄语

六、格致文化的梳理与传播

为落实学校提出"文化立校"的理念,在成功编印格致《校友风采

---

① 王俊、倪伟:《汪品先　82 岁高龄的"深海勇士"》,《新京报》2018 年 5 月 28 日。

录》第一集的基础上，由学校校友理事会牵头，分别于2005年12月、2009年10月、2014年，组稿编印了第二、三、四集，使之成为格致文化的资源宝库，以及学校联系和沟通校友的重要纽带。第五集亦已完成组稿编辑工作，即将付印成书，作为一份礼物献给145周年校庆。

在《格致校史稿》（第一卷）面世之后，为深入普及校史宣传，由学校格致文化研究室牵头，于2007年8月编印了第一集《格致掌故》《百年经典》，之后，又编印了第二集《风云岁月》。

2007年9月，中国教育学会高中教育专业委员会和全国教师教育学会联合发起，组织编辑《中国名校优良传统丛书》，旨在整理、宣传、推广那些名师荟萃、文化积淀丰厚的名校，在长期发展过程中所形成和传承的各有特点的好思想、好作风、好习俗、好制度等在内的优良传统。格致中学是全国重点征集的对象之一。

经多方努力，2010年12月《中国名校优良传统丛书·上海市格致中学分册》由中国大百科全书出版社出版，全书41万字，分"格物致知、厚德博艺、好学敏求"三部分，概括了学校的"治学之策、为师之道、成才之蹊"。

2014年7月，现代教育出版社出版了《中国百年老校》（一），其中收有本校撰写的《格致教育的三座考试丰碑》，以"晚清图强之破冰考课、新中国待兴之荣誉考试、新世纪腾飞之跨级考试"3个实例，阐述了不同历史时期殊途同归的格致育才之道。

第三章

谋发展之道,创时代之先

一、格致文化的传承与创新

2008年初,由北京师范大学资深教授裴娣娜主持的全国教育科学"十一五"规划教育部哲学社会科学研究重大课题攻关项目《我国学校教育创新研究》正式启动,旨在探索如何变革学校教育观念,培养具有创新精神和实践能力的高素质人才。

学校积极参与了该课题成果"'守望者的凝思:读懂学校、读懂校长'系列论丛"的子课题"格致文化的传承与创新——上海市格致中学教育创新研究"研究项目。该项目从学校发展历史及传承文化传统的高度进行审视;以学校教育创新力指标为依据,对学校办学的目标与价值系统、育人模式系统、制度与管理系统以及校长领导力几个方面的改革创新进行全面系统总结;并从学校未来设想的3个视角开展了深入研究。

学校通过广泛探索格致传统的传承与创新,探索格致课程的构建与实施,探索格致德育的实践与特色,探索格致教学的智慧与个性,以格致文化的传承与创新为办学灵魂,努力实践"在传承中创新,在创新中发展",并从时代所需的认知方式和实践价值等方面予"格物致知"以发展性的诠释,给传统的"格致教育"模式注入新的内涵,更好地把

古今中外先进的办学理念落实到当今教育教学实践中去。

2010年11月,《格致文化的传承与创新》由教育科学出版社出版。

图5-3-1 格致文化相关图书

二、非物质文化遗产的校园传承

2011年11月4日,全国教育科学"十二五"规划教育部2011年重点课题"非物质文化遗产校园传承研究"开题会,在北京人民大会堂隆重召开。全国人大副委员长周铁农、全国政协教科文委副主任胡汉民、文化部非遗司司长马文辉、教育部前部长柳斌等领导出席。

作为课题组的核心单位,学校承接的子课题"续沪声越曲,承水乡雅韵——上海市格致中学推广地方戏曲文化探究"备受关注。上海市格致中学、北京师范大学附属实验中学,以及梅兰芳先生母校江苏省泰兴镇中心小学3所学校在开题会上作了专题发言。

学校非常重视这项研究,将本课题作为进一步推进学校文化建设和课程建设的重要路径。通过合理布局、规划和实施,将本课题研究作为培养学生综合才艺和审美素养的载体,推动学生了解我国传统戏曲文化和地方戏曲内涵、感受戏曲的韵致,唤起学生对沪声越曲的兴趣与激情,使之发展成为学校新增的艺术特色。

自课题开展以来,学校编印了《戏剧传情,演绎人生》(基础课用)、《古风雅韵名段》(社团使用)的电子版和纸质版校本教材;持续举办越剧教学展示课、比赛课,其中《古风雅韵品戏曲,十八相送忆梁祝》获2013年黄浦区中小学教师教学评选中学艺术(音乐)一等奖,《站在百年门槛上的越剧》获2014年上海市中青年教师教学评选二等奖。另外拍摄了许多传统戏曲传承的微电影,持续提高学生对非物质文化遗产的关注度。学校还先后开展了多场"非遗"进校园活动,邀请国家一级演员、上海市非物质文化遗产独角戏传承人姚祺儿,上海市非物质文化遗产绒绣代表性传承人李蔷,上海市非物质文化遗产滑稽戏代表性传承人钱程等名家来学校做专题讲座。学生还利用课余时间组成"非遗"课题小组,赴上海师范大学采访"非遗"研究中心主任陆建非教授,并将采访心得编制成宣传刊物在校内发行。

图 5-3-2　部分戏曲才艺校本教材

　　相关论文《"站在百年门槛上的越剧"教学设计说明》2014年12月刊于《传承与浸润——黄浦区中小学中华传统优秀文化教育实践探索》,《戏曲艺术,课程引领,活动缤纷,美育无痕》2015年6月获"2015年黄浦区音体美教师论文评选"一等奖,《艺术教育助推校园戏曲的传承与创新》2015年9月刊于《现代教学》。

　　2016年10月,该项目圆满结题。同年,学校被评为首批"上海市戏剧特色学校"。

三、教育信息技术的全面应用

学校历来重视教育信息化基础建设,注重教师信息技术能力提升,关注课堂教学方式转型,分层推进学校教育信息化水平的不断提高。

学校2012年度承担了上海市教育信息技术应用研究重点项目"基于'多点触控'技术背景下高中互动课程的开发与实践应用",通过搭建全校教育信息化硬件装备、开展全体教师现代教育技术应用培训、"格致互动课堂"管理平台上线、在课堂教学实践中积累经验、拓展多学科领域学习资源5个阶段,逐步将基于"多点触控"技术的课堂教学常态化。2012年11月,格致中学被教育部评为第一批教育信息化试点单位,同年被中央电教馆确认为全国首批100所数字校园示范校。

学校2013年度承担的上海市教育信息技术应用项目"基于iBooks Author的高中地理电子书制作及实践应用研究",是对"多点触控"技术在课堂教学中实践应用的进一步探索,项目以高中地理学科为背景,借助于iBooks Author软件开发系列交互式电子书,在课堂教学中取得了良好的教学成效。

学校2014年度承担的上海市教育信息技术应用重点项目"以校为本的学生综合素质成长数字化档案建设",聚焦基于Web与数据库的学生综合素质评价系统的开发与实践应用。通过对学生综合素质评价的多轮实践,注重学生"五能"全面发展的学生综合素质评价,已成为学校具有广泛辐射影响的示范性实验项目。

学校2015年度承担的上海市教育信息技术应用重点项目"基于FabLab创智空间的学生信息素养课程整合的实践研究",在奉贤校区开展项目实践。项目围绕FabLab创智空间,通过三位一体的格致创意课程的开发与实践,探索学生信息素养的培育,积累了丰富的学生作品和教学实践案例。

学校传承理科见长的办学传统,先后建成了物理、化学、生物、地理等学科的创新实验室,以及机器人、FabLab创智空间等一批跨学科融合的创新实验室。奉贤校区启用后,物理创新实验室、生物数字创新实验室、地理天文实验室、FabLab创智空间等也都陆续按相同标准装备。

学校还重视创新实验室教学应用的案例积累,多次参与上海市教育技术装备中心组织的创新实验室案例征集。《我的梦想我创造》《基于Fablab创智空间的格致创意课程开发与实践》《格致中学生物创新实验室实践案例》,在上海市中小学创新实验室建设案例评选中分获一、二、三等奖。

四、中小学"生命教育"的实践

2005年,上海市教委命名格致中学为"生命教育试点学校",学校整合生物和心理学科、制订"生命教育"计划、开设"生命教育"课程,并编写相应校本教材,先行先试。

2006年5月,市教委召开"上海市格致中学生命教育教学研讨会",充分肯定了本校坚持科研引领、课程支持、学科渗透、社团配合的积极探索。

图 5-3-3　上海市格致中学生命教育研讨会会场

学校用区级重点课题"高中学生的生命观教育——生物校本课程开发与实施研究",来引领生命教育的可持续发展,同时,又将生命教育与课程教材改革有机结合。比如心理学科的"生命的理性",由于任课教师经历了课程编撰过程的深思熟虑和案例推敲,所以在其节选出

来的"如果爱"与"青少年和酒"课中,均足见其游刃有余,另外,也为顺利通过区、市两级"绿色学校"的评审奠定了坚实的基础。

生命教育的难点是学科渗透。比如数学,大家都公认是远离生命教育的边缘学科,但学校匠心独运,在传授数学技能的同时,照样令人信服地将之纳入人类生存的思考,一堂"生活中的数列",让人折服不已。

有些学科,虽然不甚"边缘",但要做到渗透贴切,亦非易事。比如,从语文教材《〈呐喊〉自序》中提炼出"生命的抗争",就更本质地理解了文中"荒原""铁屋子"等比喻,更科学地领悟鲁迅不愧是一位精神的伟人。紧紧抓住生命的启迪和生命的抗争等深层意蕴,促进了学生积极发掘文章固有的内涵。

又如,在时事政治拓展课上,用《丛飞生命观的启示》,启发学生关注和思考:同样面对生命的消亡,丛飞现象和巴勒斯坦人体炸弹现象折射出的是不同的生命价值观。其间既有师生共鸣的火花,更有商榷的智慧。恰如其分地调度、启发学生思想的碰撞,堪称连贯一气的大手笔。

就全校而言,如果将科研引领、课程支持、学科渗透视作生命教育"点"和"线"上收获的话,那么,多年来百花齐放的学生社团活动则是其"面"上的丰收。

比如,学校连续10年对大别山教育基地的考察与互动,使一届又一届的学生通过对革命老区历史与现状的调查,对同龄人生存环境的了解,对山区脱贫致富途径的思考等,引发了对中国国情的关注,提升他们对生命、生存和生活的思辨水平。

又如,持续5年经久不衰的"根与芽"社团活动,始终促使学生自我奉献、严于律己、兢兢业业保护好人类家园的环境,以致许许多多毕业生感叹:终生得益于在母校的这段难忘的人生经历。

还有,学生社团通过参与对社区残障人员的生活资助、学习辅导、精神陶冶等活动,在优化对方生活质量的同时,也净化了自己的心灵,双方的生命价值都被最大化、最优化地充分体现出来。显然,这正是学校开展生命教育的本质意义所在。

2006年7月,全国中文核心期刊《新德育——思想理论教育》开辟《创新——生命教育》专栏,介绍了本校费秀壮《学校教育要直面人的生命》、周隽《生命的灵动》、李艳《生命教育——让教育回家》、刘强《春风化雨,润物无声》、俞志钢《让数学教学散发生命教育的魅力》、黄传霖《让学生在潜移默化中接受生命教育的观念》、柯瑞逢《润者无声,智者无痕》等多视角系列论文。

五、创新实验室的自主建设

学校传承理科见长的办学传统,历来重视发挥实验在理科教学中的作用,积极搭建适合学生开展创新实践与学习探究的实验环境。

学校2005年建成DIS实验室和物理创新实验室,2010年建成底楼格物苑,与地下室打通构成学生物理创新活动平台,长期以来,对学校物理创新人才培养,起到了不可替代的作用。这里既有对参加物理奥赛学生进行实验技能的培养,又为参与物理学术竞赛及物理课题探究的学生提供研究工具和研究场地,同时还为格物学社的社团活动提供场地,格物学社目前主要以基于物理学术竞赛(IYPT)的物理课题研究为主要活动。在学生参与物理学术竞赛的准备阶段,需要对给定的物理课题进行研究,往往需要查询文献资料,或是自己动手制作或搭建实验装置,或是利用现代化测量仪器进行精准的测量,并利用计算机软件进行数据分析。

据2014—2017年统计,该实验室已培养本校学生荣获:全国中学生物理竞赛银牌1次、铜牌1次、省市一等奖10人次,上海市青少年物理实验竞赛一等奖7人次、二等奖13人次、三等奖3人次,本校学生代表黄浦区参加第一至第三届上海市中学生物理学术竞赛时,均获得团体二等奖,获奖学生8人次。

2015年学校建成化学创新实验室,有力推进了现代实验技术在高中化学教学中的应用研究,改进了常规化学实验,开拓了"魅力化学"系列实验。其中化学创新实验"自动化配置一定pH配制的酸溶液",获得了2018年上海市实验创新大赛一等奖;常规化学实验的"简易电解槽的制作及应用之氯水的制取",获得2016年上海市实验创新大赛一等奖;"气体摩尔体积的测定",获得2018年上海市实验创新大赛一等奖。其他化学先修技能、化学技术在生活中的应用,魅力化学实验

等项目也都有大范围的佳绩收获。

学校生物创新实验室长期为高一、高二年级生物竞赛的学生提供实验环境。同时,也向有志于参加生物学课题研究的同学开放,开展创新实验。此外,生物创新实验室还面向格致集团生物实验共享课程的选修学生——格致初级中学初一年级全体学生,为他们开设生物课程。因此,在每年上海市生物竞赛、全国联赛以及全国奥赛中,均有学生获奖。还有学生论文获"上海市第九届'宝山杯'青少年生物与环境科学小论文评比"高中组一等奖和三等奖。

另外,通过实验室配套课程,培养了格致初中等"格致教育集团"学生的兴趣爱好,吸引更多同学参加生物竞赛和学生研究课题。

学校天文创新实验室是学生开展拓展型课程的活动场所,格致天文社成员借助于天文专业器材,积累了特殊天象观测成果。同时它也是格致初中"天文共享课程"、曹光彪小学全体4年级学生接受天文科普教育和"走进博物馆"的学习基地。

六、持续开展环境教育

学校早在20世纪70年代就在向学禹老师带领下开创了30多年的气象观测和自然环境教育。自2006年起,学校又持续拓展环境教育,通过10余年来的不断发展,从环境课程建设、环保社团建设、环境课题研究等方面有序推进学校环境教育及生态教育工作。

多年来,学校积极培养环保爱好者,比如:荣获上海市中学生明星社团的"根与芽"社团;获得黄浦区中学生社团文化巡礼现场"最具人气奖"的"惜源联盟"社团;坚持研究世博气象专项(关于热岛效应、大气湿沉降、霾等方向),节能减排专项(垃圾分类、回收及各小类主题的研究),水专项(河流水质、饮用水水质方向)等课题的"绿缘"社团。

2009年,经多方考察和论证,学校克服了校园场地有限的困难,专设气象与气候变化观测台,延续了30年前的气象特色。

2010年,格致地质馆成立。地质馆分为岩浆岩、沉积岩、变质岩、土壤、金属矿物、非金属矿物、动物化石和植物化石等八大类展示区,共计430余种地质标本。格致1953届校友、地质学家汪品先院士亲笔为地质馆题名。地质馆的建立,有利于让生活在城市中的孩子更多的了解自然,激发热爱自然的情感。

学校还通过借助于国际环境项目平台,加强学校的环境教育,并与国际接轨,提高学生的全球意识,学习先进的环保理念。例如,2009年开展的环境小硕士项目,2010年开展的环境小记者项目。

学校现有环境教室及仪器设备、气象室与观测场及设备、创新实验室(工作坊)、地理教室、天象厅等。

学校2005年荣获"上海市绿色学校";2010年被国家环保部授予了"上海市第一批国际生态学校"绿旗荣誉;2013年、2014年、2018年被评为"全国环境教育示范校"和"全国生态文明示范校"。据初步统计,学校教师著有《饮用水硝酸盐含量测定及时间与地区分异》(2016年刊于《地理教学》)、《格致中学:上海绿缘》(华东师范大学出版社2013年版)、《高中环保社团的组织与指导》(上海教育出版社2011年版)等著述13种,各类市级以上相关活动获奖11项,其中两位教师获上海市首届环境教育拓展型课程教材评比活动一等奖。

图5-3-4　2018年全国生态文明教育特色学校铭牌

七、深化国际教育交流与合作

多年来,学校坚持"民族情怀、科学精神、国际视野、创新素养"育

人目标,成立了"国际教育与交流中心",并通过筑高国际交流平台、拓宽境外校际交流、常态师生研修研习、探索国际教育课程等多元渠道,有效提升了国际教育交流的广度和深度。

依据《格致中学实施国际化教育计划》《格致中学教育国际化发展项目方案》精神,学校先后与韩国、法国、美国、英国等驻沪领事馆建立了教育交流与合作机制。并与上述四国,以及澳大利亚、德国、日本和中国的港、澳、台地区的诸多名校结对互访,长期沟通。

依托这些平台,学校频频迎来诺贝尔化学奖得主、哈佛大学 E.J. Corney 教授,麻省理工大学 FabLab 创始人尼尔教授的亲自造访和现场指导;得以承办"2007 年首届中国高中生创新英才特训营",使学生有机会与哈佛大学、剑桥大学等 16 所世界著名大学的高端学者和名师面对面对话;组织了来自欧美各国优秀高中生参加的"中国视野——2010 中国文化和社区服务普通话学习课程夏令营";接待了发展中国家环境保护与气候变化官员、澳门环境保护教育交流团、亚洲教师协会、俄罗斯青年外交学院等单位代表,深入交流和宣传了学校教育改革和教师专业发展成果。同样依托这些平台,学校也有计划地多批次、多学科地组织教师赴各国著名学府研修深造;组织学生带着课题分赴世界各地拓展研究项目,收益良多。①

与此同时,学校又积极贯彻《国家中长期教育改革和发展规划纲要(2010—2020)》、《高中阶段国际项目暂行管理办法》、上海市教委《关于开展普通高中国际课程试点工作的通知》精神,于 2014 年 9 月起,开办了中外融合国际课程班。该班以"厚德、博雅、明理、懿行"为目标导向,通过社会公益与志愿服务、课程建设与学术研究、礼仪教育与文化传承、文化交流与创新实践,促使学生"臻于至善",成果丰硕。其中,高在好同学及其团队创作的《主动与被动》一路过关斩将,荣获 2016 年美中科技协会举办的第二届科学艺术大赛全球一等奖,作品被哈佛医学院永久收藏。

---

① 《胜似"风景":学生的"海外课堂"》,《文汇报》2012 年 12 月 26 日。

第四章

顺应课改要求，追求学校课程创新

一、整合"四类、八群、百门"学校课程

2005年起，学校以"基础型课程校本化、拓展型课程多元化、研究型课程自主化"作为指导思想，对现有的国家课程、地方课程和学校课程进行整体设计，形成基础型、拓展型和研究型3类课程互为一体的立体课程体系，并根据办学传统特色和育人目标，将3类课程整合为"公民人格类、文化科学类、身心意志类、创意技艺类"等4个大类，进而将相关学科细分为"民族历史与文化、社会责任与能力""人类社会与自然、学科前沿与先导""心智意志与体魄、艺术审美与体验""创新技能与实践、国际视野与科技"等8个学科群，形成"四类、八群、百门"课程体系。

格致中学课程群

课程类别（一）：公民人格类

培养目标：

核心素养、科学伦理、民族精神、公民意识、全球意识、领导能力。

基础型课程：

语文、政治、历史、地理、艺术。

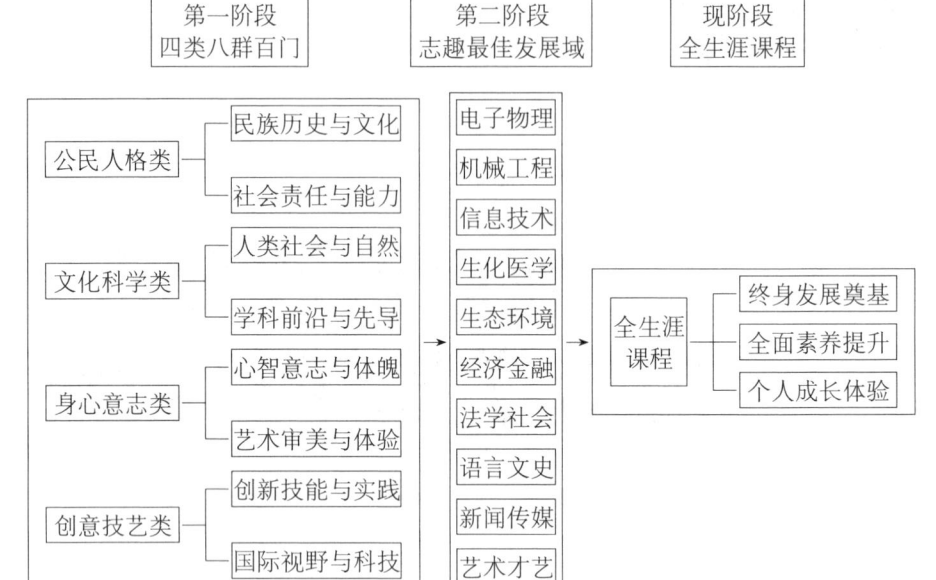

图 5-4-1　格致中学课程群

拓展型课程(含学生社团活动):

邓小平理论导读、党课学习、经典哲学、时政风云、模拟联合国、国际人道法、当代中国外交;中华经典文化讲堂、中西文化比较、文学与哲学、口语交际能力、中国传统文化漫谈;格致学、大国崛起导读、中国传统节日和民俗文化、中国的民族英雄、中国民间艺术;中国的世界遗产、乡土地理;领导力培养(创意能力、决策能力、组织能力、协调能力、公关能力、整合资源能力)。

学生社团:

"邓读会"、模联社、天文协会、惜源联盟、绿缘社、根与芽、学生电视台、学生网站(阳光通道)、茶艺社、音乐剧社、动漫社、新叶社、书画社、心理社;格致社团节、班级社区服务队。

研究型课程——

课题研究指导:

选题指导、开题报告撰写、结题报告撰写、研究方法指导;各类社团活动、各类参观考察活动、社会专题调研;撰写专题小论文、社团评价。

主要研究方向：

邓小平理论研究、经典哲学研究、中西文化比较研究、格致文化、中国民俗、乡土风情。

课程类别（二）：文化科学类

培养目标：

科学精神、人文素养、科学探究、学科阐释、理念表达、共生意识。

基础型课程：

语文、数学、外语、物理、化学、生物、政治、历史、地理、信息技术。

拓展型课程（含学生社团活动）——

自然学科先导：

数学奥赛辅导、物理奥赛辅导、化学奥赛辅导、生物奥赛辅导、信息学奥赛辅导、天文奥赛辅导；TI图形计算器应用、数学思想方法；哲学与物理建模、物理思维方法训练、物理学法指导、现代科学技术与物理、物理同步提高；化学思维能力培养、化学实验基础、化学前沿掠影；生命科学前沿导读、生命科学实验与探究、生命的奥秘；天文实践、天文学基础、数字地球。

人文学科先导：

学生作文大赛辅导、古诗文竞赛辅导、海文杯英语竞赛辅导、科技英语竞赛、地球小博士大赛、壳牌美境方案设计、气候酷派方案设计；古诗文鉴赏、经典文学作品导读；理财与金融常识；双语、空中英语、基础法语、基础德语、基础日语、雅思预备课程、美国AP课程、英语听力训练、英语主题作文指导、高中新世纪英语阅读与听力、对外汉语；生活中的地理、环境教育、环境保护与监测、气象观测；生活中的历史；计算机实用技巧。

研究型课程——

课题研究指导：

自然科学类和人文社会类不同的选题指导、开题报告撰写、研究方法指导。

主要研究方向：

学习方法研究、科学实验研究、科学与生活、天文观测、3S技术、电脑应用技巧、科学史、经典作品研读、金融投资研究。

课程类别(三):身心意志类
培养目标:
生涯规划、关爱生命、身心健康、实践交流、合作竞争、跨界融合。
基础型课程:
生涯指导、体育、心理健康、生命科学。
拓展型课程(含学生社团活动)——
了解和实践的运动项目:
围棋、国际象棋、中国象棋、桥牌;排球、乒乓球、篮球、桌球、羽毛球;击剑、射击;跆拳道、瑜伽、踢踏舞、魔杖、街舞、健身操;奥林匹克知识、体育竞技规则;运动医学、运动心理导读;格致体育节、各单项比赛;生活中的心理学、生命的灵动、生命的理性、心理危机疏解、中医针灸推拿;生涯集市、生涯成长助力师讲座、职业初体验、模拟职场。
研究型课程——
课题研究指导:
选题指导、开题报告撰写、结题报告撰写、研究方法指导。
主要研究方向:
体育竞技项目研究、体育类有关课题研究、心理研究、生命观研究。
课程类别(四):创意技艺类
培养目标:
创新意识、创意设计、创造技能、分析演绎、表演才艺、审美情趣。
基础型课程:
艺术、劳技、信息技术、政治、化学、生物、地理。
拓展型课程(含学生社团活动):
创新学、自然科学建模(数学、物理、化学、生物、地理)、头脑奥林匹克、机器人 ABC、电子技术、智能机器人、灯具创意设计、英特尔创新大赛、发明创造与专利申请;Flash 动画创意制作、photoshop 图像艺术处理、电脑程序设计、动漫制作;综合才艺拓展、文学创作、话剧创作与表演、音乐剧创作与表演、英语课本剧表演、作曲入门、中国茶艺、创意服装设计入门、版画入门、篆刻艺术、创意剪纸、经典名画欣赏、古玩鉴赏入门、经典名曲欣赏、艺术欣赏礼仪;学生弦乐队、民乐队、爵士乐队、合唱队、新年音乐会、格致文化艺术节;环保方案设计、环境小硕士

(YMP)课程；全球商业挑战赛、模拟联合国。

研究型课程——

课题研究指导：

选题指导、开题报告撰写、结题报告撰写、研究方法指导。

主要研究方向：

创意设计、模拟联合国竞赛方案设计、英特尔大赛创意设计、电子科技、专利申报、综合才艺展示、音乐演奏、创作与表演、商业投资方案设计、中国茶艺、服装设计、流行舞蹈、文学创作、经典艺术作品评析、"壳牌美境"环保方案设计及实施、"气候酷派绿色校园行动"方案设计及实施、环境小硕士(YMP)有关环保类课题研究、天文观测实践、生命科学探究、创业设计。

随着课程改革的推进，学校又在"四类、八群、百门"课程基础上，进而探索"志趣最佳发展域"模块课程，以帮助学生在众多兴趣点中，找到可以全身心投入的方向，保持较长久的学习动力，提高学习效能，提升学生的"学习力"。模块课程方向和具体内容，详见附录5-12"学校志趣最佳发展域模块课程一览表"。

高考新政实施后，学校再进一步借助于现代信息技术来丰富与展拓课程内容、课程形态、课程维度，在保证线下学习质量基础上，建成"格致在线课程平台"，兼顾学科、循序渐进，上线了基础型课程7门、拓展型课程16门、研究型课程4门，共计27门。其中5门课程被上海市高中名校慕课平台收录，向全市初、高中学生在线开放，另有4门课程即将在上海市高中名校慕课平台上线，详见附录5-13"学校在线开放课程一览表"。

二、实施格致教师专业发展纲要

(一) 以"规划"为引领的制度建设

2009年起，学校制定了《格致中学教师专业发展纲要》，明确提出"建设学习型学校，培养研究型教师"的目标。2009年起实施《特聘导师工作管理条例》；2012年初制订《推进"卓越教师培养"九项计划》，还陆续成立了"青年教师学术沙龙""见习教师规范化培训基地""带教导

师团队"等,从教育、教学、班主任工作、心理辅导、教育科研等各方面对职初教师实施全方位的教师培训。学校启动"格致中学'卓越教师'培养工程",积极创造条件聘请校外各科名师、专家与本校中青年骨干教师结对,签订带教协议,开展有计划的带教活动。学校还加强与华东师范大学教育学院、区教育学院等单位合作,开设校本培训课程,并邀请学科专家、杰出校友等来校开设讲座、拓展视野,提升教育理念和业务能力。

学校以"立志、教学、育人、研究"为基本目标,并根据教师的不同专业发展阶段,提出相适应的分层目标。初级培养对象(见习教师)的目标是"角色适应",中级培养对象(职初教师)的目标是"经验积累",副高级培养对象(骨干教师)的目标为"职业成熟",正高级培养对象(资深拔尖教师)的目标为"专业引领"。

学校采取"走出去,请进来"等方法加强教研组、备课组建设,积极输送本校青年教师参加上海市名师培养基地和区名师工作室的学习活动。

(二) 以"四心"为特征的教师培养

学校注重教师在格致文化中的浸润,构建研训一体的教师专业发展机制,近年来未雨绸缪,合理布局,通过逐年分批次公开招录教师的办法成功弥补了奉贤校区启用所带来的师资缺口,2014—2017年共引进教师85名,使课任教师达到175名,其中博士研究生5名(1人具有博士后研究经历)、硕士研究生76名,占教师总数的46%。从职称结构看,正高级教师2名、高级教师65名、中级教师58名、初级教师52名,师资配备基本满足高考新政背景下学校高质量办学的发展需求。

然而,学历只能代表过去的学习经历,教育岗位的职业特性决定了教师需要终身学习。努力打造"四心"(爱心、专心、责任心、虚心)、"四型"(学习型、复合型、创新型、反思型)教师队伍尤有必要。

学校提倡"身正为师,学高为范",通过一年一度的格致"伯乐奖""百花奖""科研奖"等师德表彰工作,努力提升全员教书育人的思想和业务水平,继续实施格致中学名师工程,以学科建设为平台,积极培育、启用中青年骨干教师担任年级组、教研组或学校中层干部等职务,在工作实践中锻炼、培养才干,使他们真正走上专业发展的快车道。

学校尝试评聘校级学科骨干教师,充分发挥"格致中学学术委员会"的作用,全面引领学校的学术建设,指导和承担学校课程建设、教学展示、中青年教师培养、学习评价等方面的工作。

学校放低教育科研的重心,鼓励教师自主申报市、区课题,促进教师通过科研这一专业发展的必由之路提高专业发展水平。

(三) 以师德建设为重点的培养理念

长期以来,学校坚持把师德建设放在教师队伍建设的首位,强化师德教育,提倡以人格魅力和学识魅力感染学生,做学生健康成长的指导者和引路人,努力提高全体教师教书育人的思想和业务水平,提升教师的教育境界。学校将师德表现作为教师考核、聘任和评价的首要内容。积极参与上海市文明单位创建,做好各类校级师德表彰奖励。针对不同专业发展水平的教师,学校采取了面向全体与面向个体的教师发展策略。面向教师全体的培训,主要以校本培训结合专家报告为主要形式,注重教师师德修养的不断提升、教育理念的与时俱进、教育技术能力的不断提高。比如,学校在"十二五"教师培训期间设置的校本培训课程:

表 5-4-1 "十二五"期间教师校本培训课程

课程名称	申报日期
做学生喜欢的教师	2013-10-30
优化绩效管理,发展学校特色	2014-3-11
研究型教研组建设 2011 秋	2014-4-9
凸显学术型、合作型、创造型的校园文化	2013-10-31
让每一位师生在创新中发展	2013-10-31
全面提升学生创新素养的格致校本课程开发与实施 2012 春	2014-4-9
全面提升学生创新素养的格致校本课程开发与实施	2012-11-28
聚焦志趣,提升学习力	2013-10-30
基于平板电脑的高中互动课程开发与实践	2014-3-11
基础型核心课程校本化	2013-10-31

续表

课程名称	申报日期
格致中学教学传统与思考	2014-10-22
格致新视野新规划下的新发展	2015-10-12
格致文化的传承与创新 2011 秋	2014-4-9
格致课程体系的再构造	2013-10-31
格致教师艺术素养课堂	2015-4-2
格致德育传承	2014-10-24
高考新政的解读与思考	2015-4-2
改善学习方式培育创新素养 2012 春	2014-4-9
改善学习方式培育创新素养	2012-11-28

截至 2018 年 4 月，学校在"十三五"师训周期中，已完成高考改革背景下的教育教学研究、生涯导师助推学生生涯成长校本化实践、互联网技术在教学中的应用培训、实验性示范性学校建设经验学习、教师心理素养的提升、创建高科技高中背景下的课程建设、教师音乐素养的提升、信息技术能力提升专题培训 8 门校本培训课程。

目前，学校通过全市规定的教师培训课程的人数比例 100％，不论是参加在线师训课程培训、市级共享课程培训，还是参加由区教育学院组织的区级研训一体化培训和校本培训。两个校区安排专业过硬、群众基础好的教师担任师训专管员，落实全校师训工作的通知发布与汇总审核，有效保障了师训工作的顺利推进。通过面向全体的教师培训，教师师德素养不断提升，教育理念与时俱进。

（四）以"分层"为策略的培养机制

针对当前学校职初教师人数较多的特殊情况，通过引导职初教师制订个人专业发展三年规划以明确专业发展方向。同时，充分发挥教研组长、资深教师的作用，发扬格致中学"传帮带"的优良传统，完善"师徒带教"制度。所谓"师徒带教"即为每一名职初教师配备一名学科带教导师和一名班主任带教导师。学科带教导师原则上须具有高级专技职称，部分小微学科限于师资实际情况可酌情适当放宽条件。

班主任带教导师原则上须具有10年以上"班龄"。通过落实师徒带教双导师制,努力打造"积极进取、协作共赢、勇于争先"的教研组文化氛围。针对高考新政,帮助职初教师做好高中三年校本教学内容的开发和整合,不断提升职初教师的教学经验和工作能力。

2014年,学校成功申请市级见习教师规范化培训基地以来,严格按照市级规范化培训各项要求,从未随意简化和调整青年教师规范化培训项目和流程,还结合学校对青年教师发展的自身目标,增加了部分具有格致中学特色的培训项目,从而极大地推动了格致中学青年教师成长成才。学校职初教师在区级萌芽杯见习教师评比中成果显著。

学校还充分发挥资深教师的专业引领与示范作用,为教师搭建成长平台。通过对名师工作室项目筹备与开展的综合评估,格致教育集团名师工作室项目组织目的明确、筹备工作完善、实施原则与要求清晰、管理条例到位、经费使用与监督机制全面、考核评估办法恰当。这主要表现在搭建名师工作室瞄准了提升教师专业发展这一关键要点,采取了以名师为中心、带动团队开展教改实验的方式,有利于推进教师群体的专业成长。名师工作室筹备前期学校特派专人负责在线预报名,页面的设计与数据统计,确保预报名信息的全面、安全、可靠。

集团专门制定了《上海市格致教育集团名师工作室管理条例》,对于规范工作室的目标任务、经费使用、考核评估等方面的管理起到了严格的文本约束。校方相信,经过3年的运转,工作室能够结出教师专业发展的丰硕成果。

(五)以"卓越"为标志的培养成效

学校始终将师资队伍建设作为其发展的基石,明确教师专业发展的目标是全面提高师资素质,建设一支人员精干、结构合理、素质优良的高水平教师队伍,培养一批个性鲜明、教学特长显著的名师,促进学校持续、跨越发展。

学校自2009年起连续实施了四轮卓越教师培养计划,培养范围从格致中学扩展至格致教育集团(涵盖高中、初中、小学3个学段共9所学校),培养对象从部分骨干教师扩大至覆盖全体教师,为学校教师成长注入了持续动力,取得了显著的教师专业发展成效。

第一轮培养，学校结合资深教师陆续退休的实际情况，启动针对校内骨干教师的特聘导师培养计划，在校内遴选了29位教师作为培训班学员，特聘18位上海基础教育领域的专家和名师组成"特聘导师团"，专门为29位学员开展为期两年的结对带教工作。其间，学员与导师多方互动，或根植课堂，或潜心课题研究，或参与教材、著作编写，在教育、教学、教科研等方面收获颇丰。目前，首批29位学员中，两位教师成长为特级教师，7位教师被评为区学科带头人，9位教师被评为区骨干教师。

第二轮培养，随着格致中学奉贤校区的筹办，学校启动了针对中青年教师的特聘导师培养计划，特聘15位上海基础教育领域的专家、名师组成"特聘导师团"，并在校内遴选了25位优秀中青年教师作为学员。在为期两年的培训实践中，通过各类公开教学展示课和优质课活动评比等课堂教学磨炼，引导教师逐渐成为学科教学的研究者。25位学员中已有4位教师成长为区骨干教师，4位教师参加市名师基地学习，1位教师成为区名师基地学员。

第三轮培养，学校遴选9位教师参加华东师大博士课程班学习，并特聘学科专家指导本校两个校区的学科教学。目前，9位学员中已有两位教师成长为区骨干教师，5位教师晋升高级专业技术职称。

第四轮培养，实施格致教育集团卓越教师培养工程。联合集团内共8所学校，成立涵盖各学科、多学段的20个名师工作室，培训学员207名。

2015—2017年，格致中学教师先后完成区级以上课题研究项目52项，其中国家级课题9项、市级重点课题5项、市级一般课题6项。在各级各类学术期刊发表论文251篇，其中国家级刊物69篇、省市级刊物147篇、区级刊物35篇。在各级各类科研论文评比中获奖87项，其中国家级12项、省市级28项、区级47项。

三、构建学生"五能"综合素养评价系统

2010年起，格致中学着力探索以教育评价促进学生综合素质全面提升的育人模式。在绿色评价理念的指导下，逐步建立和实施""五能'学生综合素养评价和保障体系"，根据学生每一学期的成长记录，

处理评价数据,为每位学生呈现一份以"五能雷达图"为特征的评价结果,形象、直观地展现学生的综合素养。在评价过程中,学校以素质教育目标为导向,以发展性评价为手段,以过程性管理为保障,在长达8年的跨越式实践中,走过了一段从先行试点到全面铺开、从价值性思考到多元化实践的研究过程。

(一) 确定试点班级,确立评价指标

1. 确定试点班级

2010年9月,学校成立了基于Web与数据库的学生综合素养评价研究团队,着手在高二年级确定两个试点班级进行先期评价试验,积累实践经验,以完善相关评价指标和评价实施流程。两个试点班级分别为理科班和创新班,以便于对各评价指标的权重进行测试与修订,对评价系统的各项指标设置进行测试与优化。

在试点过程中,有学生认为既然是综合评价,就应该涵盖学生学习和生活的各个方面,那些积极参与志愿活动的学生,动手能力、小课题研究能力强的学生都应该在评价中得到体现。此外,还有不少学生建议,评价方式应该增设学生自主评价,或者是生生互评、教师认定。

2. 明确评价原则

综合学生的建议和对试点情况的分析,学校进一步明确了学生综合素养评价的4个原则:一是注重质量、兼顾数量,指的是关注学生参与项目的质量,同时兼顾学生参与项目的数量。例如,参与学生社团管理的骨干成员的得分与参加3项社团活动的普通成员的得分大体相当。二是动态跟踪、合理奖惩,指评价系统对学生3年的成长实施动态管理,学校根据学生每一学期相关项目成绩的浮动情况给予奖励或干预。三是开放权限、自主评分,指除学业成绩以外的所有评价内容都由学生自主记录并上传佐证材料,由系统自动评分,实现学生的自主参与和自我管理。为确保评分真实有效,学校设立了管理审核机制,由学校管理审核小组进行审核和反馈。四是标准统一、全程有效,指对高中3年6个学期的综合素养评价得分采取统一的标准进行全程管理。例如,对创新素养、道德素养、学业成绩等所有内容的分值根据统一的标准进行转换,计入总分,以避免不同年级、不同科目的分值差异。

3. 构建评价体系

通过对试点情况的反思与梳理,学校确定了综合素养评价的 5 项核心指标:

(1) 道德操行素养评价:主要由学生基本素质的监控与评价、学生个性化发展的监控与评价、班级日常管理的监控与评价三部分构成。

(2) 学习研究素养评价:指在学能素养评价小组指导下,由学生对自己的学习情况进行自我监控与评价。具体内容包括:学习态度、学习习惯、学习能力和学习成绩。

(3) 健身运动素养评价:根据《国家学生体质健康标准》,对学生的体能素质和生理素质两方面进行监控与评价。

(4) 心理心智素养评价:一是通过相关心理测试量表(如 SCL-90、16PF 等),对全体学生进行测试,建立心理档案;二是通过高中生涯发展教育系统为学生提供生涯辅导,培养学生的规划意识;三是通过各种活动,关注学生情感、态度、自我意识、创新精神和实践能力的培养,帮助学生认识自我、接纳自我,发现和发展多方面的潜能。

(5) 创新实践素养评价:从创新素养、个性特长、课题研究能力等 3 个方面进行全面监控与评价。实践创新素养不仅包括创新实践能力,更包括强烈的创造热情、探索欲、求知欲、好奇心、进取心、自信心等心理品质,也包括具有远大的理想、不畏艰险的勇气、锲而不舍的意志等非智力因素。通过对个性特长的监控与评价,激发学生的潜能,发展学生的个性,培养学生的创新精神和探究能力,促进学生素质的全面发展。

4. 收集评价数据

学校以基于 Web 和数据库技术的综合素质评价系统作为评价数据收集的平台,将系统中评价学生综合素养的信息归为 3 类:一是调用类信息,主要是学业成绩数据、体育成绩等。该类信息以调用学生学期总评为数据基础,通过自主开发的分值标准化软件,实现学业分值标准化。二是统一输入类信息,以营养评价指数为例,该数据由学校卫生室每学期统一测定并输入,评价内容主要是身高和体重的比值数,以营养指数为评价标准,分为重度、中度、轻度、正常、超重、肥胖等 6 个指标,分别赋予不同的分值。三是学生自填类信息,如参与主题教育、社团活动等。学校将学生参与该类活动的角色分为骨干和参与，通过权重系数和质量系数，实现分值标准化。

5. 优化评价指标

在试点的基础上，学校做了3个方面的调整：一是在评价名称方面，将学术味较浓的"综合素养评价"调整为"学生成长档案"。二是在评价指标方面，对一些重复的二级指标进行整合与优化，同时增加了部分测评指标。例如：将道德操行素养中"主题班会"改为"主题教育"；在健身运动素养中增加了"运动技能"；在心理心智素养中增加了"生涯规划与期望"；在创新实践素养中增加了"特长申报"。同时对相关指标的权重进行了调整。三是在评价流程方面，在原有的"学生自评、教师评价和学校审核"3个评价环节的基础上增加"班主任审核"环节。

（二）用好"五能雷达图"，引导学生综合素质全面发展

从2011年9月起，综合素养评价在学校高一、高二年级全面推行。通过动态跟踪学生3年的过程性评价，校方发现综合素质评价系统对促进学生全面发展的导向性作用显著。图5-4-2记录了一名学生高一、高二共4个学期综合素质发展的变化情况。该生在高一第一学期，只有"学能"突出，其他方面表现欠佳；到了高一第二学期，他及时调整，在保持"学能"发展稳定的情况下，其他方面有所改善；高二第一学期，他全面均衡发展，表现优异；高二第二学期，受学科调整及学业压力加重的影响，他除学习能力继续保持领先外，其他方面的表现略有下降。

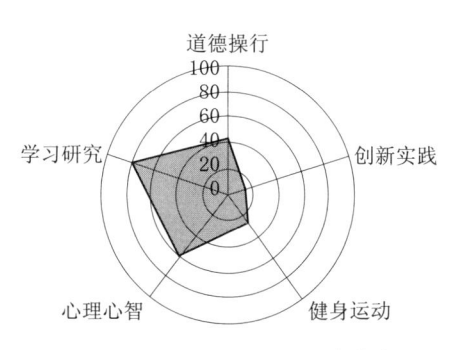

高一第一学期，只有学习研究素养突出，其他方面表现有待提高。

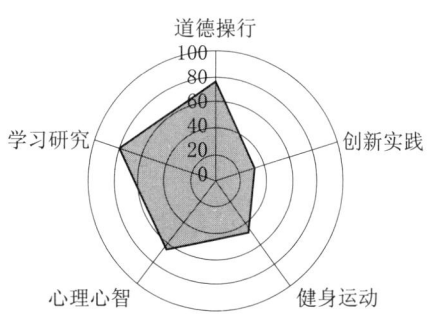

高一第二学期，发现问题，及时调整，在保持学习研究素养水平不变的情况下，其他方面有所改善。

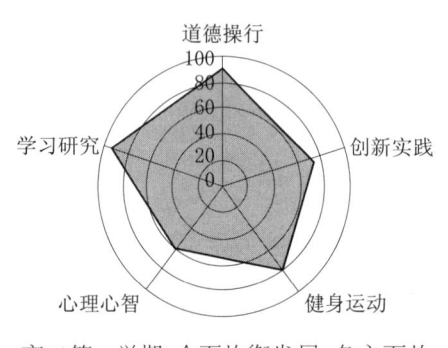

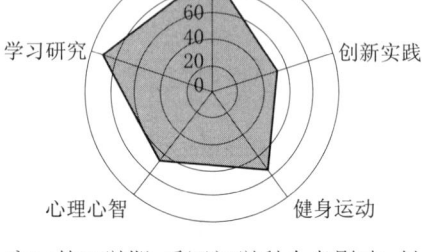

高二第一学期,全面均衡发展,各方面均表现优异。

高二第二学期,受四门学科会考影响,创新实践等方面活动参与较少,评分有所下降。

图 5-4-2　一位学生 4 个学期的综合素养评价雷达图

"五能雷达图"形象、直观地展现了学生的综合素养。不同的雷达图反映了不同类型学生的发展动态。

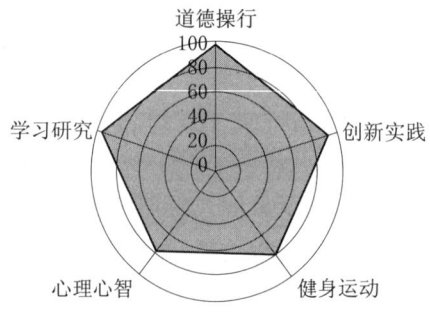

该同学五项表现优异,全面均衡发展。

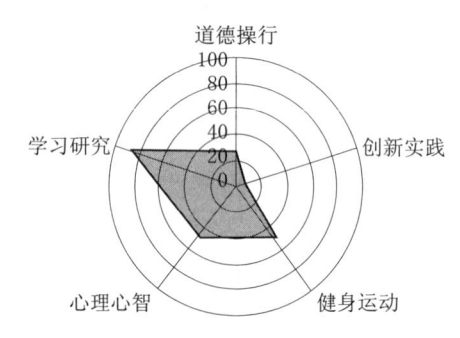

该同学学习研究素养特别突出,但创新实践素养和道德操行素养得分较低,需要引起重视。

图 5-4-3　综合素养全面型学生的五能雷达图

图 5-4-4　学能突出型学生的五能雷达图

图 5-4-3 记录的这位学生综合素养全面发展,在学校"五能"评价中名列前茅,不论是社团活动、课题研究,还是志愿服务、活动组织,各方面表现都很突出,是综合素养全面发展的优秀学生。

图 5-4-4 记录的这位学生在学能方面表现突出,但其他素养乏善可陈。如果按照学业成绩排名,则其表现优异,但在综合素质评价中,他的表现一般,特别是创新素养和道德素养得分较低。

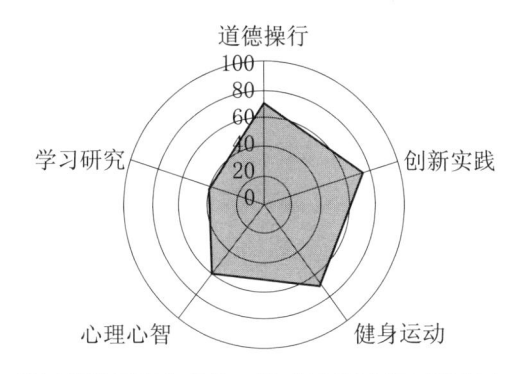

该同学学习研究素养一般,但创新实践素养突出。

图 5-4-5　创能突出型学生的五能雷达图

图 5-4-5 记录的这位学生学业成绩一般,但创新素养格外突出,按照传统的评价方式,这类学生常常被归为不受欢迎的"后进生"。但他特别爱好发明创造,参与多项市、区级科技创新大赛,并多次获奖,动手能力极强,创作的"折叠桌"获得了国家实用新型专利,设计并制作的以发光二极管为主要材料的"爱 7 班"班牌深受师生好评。通过"五能"评价,该生的综合排名位于年级前列。

(三) 建立学生成长树,呈现多元化的评价结果

经过两轮的调整与实施,自 2012 年 9 月起,综合素质评价在学校全面推行并实施至今。通过对评价实践的进一步研究,校方发现,师生逐渐改变了分数唯上的观念。学生积极记录成长信息,主动进行自评;教师及时关注学生动态,给予精准指导。一些曾经的"后进生"通过自主评价找准了发展定位,凸显了闪光点,在师生互动中不断增强信心,提高了学习的主动性。"五能雷达图"为教师、学生、家长提供了一份形象和直观的综合素养成果图。

然而,也有学生反映若能在评价图中直接查看更多的具体信息就更好了。为此,学校在"五能雷达图"的基础上,增加了"学生成长树"这一更加直观的呈现方式,实现了学生评价结果的多元呈现。"学生成长树"(如图 5-4-6 所示)由 5 部分组成,5 个枝干代表 5 个一级评价指标,枝干下的树叶和果实呈现学生成长的具体信息。五颜六色的树叶和果实表示经过审核的有效信息。其中树叶表示经过标准化处理

的一般信息，果实表示经过标准化处理后的高质量信息，1个果实相当于5片树叶。当鼠标移动到枝干、果实和树叶上时，相关的评价内容概要就会呈现出来。这种呈现方式，更加直观、形象、具体。

"学生成长树"能把学生一个学期所有自主评价的结果都在一幅动态的多媒体图中呈现。学生只要移动鼠标，就能在一幅图中获得所有有用的信息。同时，硕果累累、枝繁叶茂的图景也让学生有了不断努力的激情。

图 5-4-6　学生成长树

上海市教育科学研究院副院长陆璟等研究人员曾多次上门实地调研格致中学开展普通高中学生综合素质评价的实践经验和特色做法，对学校先行高中学生综合素质评价的实践成果给予高度认可，并将其开展综合素质评价的实践模式作为上海推广学生综合素质评价的重要实践基础。学校在高中学生综合素质评价方面的实践经验得到了广泛交流、报道与推广，形成了良好的社会辐射，成为学校办学的特色项目。

格致的"五能"评价，从单一的学业评价走向综合评价，从封闭的评价走向开放的评价，从注重眼前的评价走向前瞻未来的评价，主要体现了以下几处亮点：

第一，突出全局意识，从评价学生到提升质量。此"五能"评价方案，是从提升办学质量、育人水平的全局出发的，不仅限于单一地对学生的评价，也是从教育质量、育人质量的角度入手的，拓展了评价的功能。

第二，突出导向功能，从单一评价过去到全面引导未来。在过去，评价基本上处于"静止状态"，是拿一些冷冰冰的指标去"套"学生，仅仅是用来测定学生的学业成绩而已。"五能"的评价方案，不是对传统评价的简单修补，而是站在全面育人的高度，注重在"评"的过程中，实现由"评"走向"导",导向素质全面培养,由"测"走向"明",明晰学生今后的努力方向。

第三,突出个性培养,从评价一般走向评价特长。个性培养,一直是教育界关注的课题。学校"新版"评价方案,具有引导学生注重个性培养的导向功能。

第五章

整合社会资源，发挥示范辐射作用

一、持续推进实验性示范性高中建设

2005年，格致中学成为最早的上海市首批实验性示范性高中之一。

创建上海市实验性示范性高中的过程，是学校坚持主动发展、稳中求进的工作方针，注重内涵发展和持续发展、通过多轮规划来统领改革与发展的过程：

1999—2002年，第一轮规划以"科学素质教育的实践与思考"项目为引领，统领学校德育、课程、教学、科研、教师自培和信息科技等6项工程。

2003—2005年，第二轮规划以"科学素质与人文素养整合的实践研究"项目为引领，从"管理改革是关键、德育改革是核心、课程改革是重点"3个方面，积极探索科学素质与人文素养整合的内容、途径和方法。

2006—2010年，第三轮规划以"科学发展观背景下'格致教育'的研究和发展"项目为引领，深入开掘"格致教育"所蕴涵的民族文化精粹，为传统的"格致教育"注入新的时代内涵。

2011—2012年，第四轮规划以《学生个性特长发展与培养的实践研究》为引领，通过"深化学校课程建设,丰富完善课程体系""持续改善学习方式,提升学习研究能力""优化校本研修机制,促进教师自主成长",发展学生的综合素质和个性特长。

2013—2018年,当前,学校正处于第五轮规划的全面实施与推进阶段。以《核心素养培育体系建设的实践研究》为引领,全面对接高考新政,聚焦"让每一位师生在创新中发展",确立"一体""两翼""三重点"的发展思路,开展"学生创新素养培育""格致课程重构""综合素质评价"3项重点研究,提升学生的必备品格和关键能力。

二、名师、名校长工作室

1. 黄浦区柴志洪学校管理研究工作室(主持人:柴志洪)

2003年12月—2006年2月,第一期学员有:区教院任其斌、格致中学杨永武、大同中学陆兴海、敬业中学雷红星、金陵中学黄琼、浦光中学章飞舟、求是中学钱红、尚文中学郁中、格致初中黄岳平、应昌期围棋学校黄利蘋。

编有《学员成果汇编》。

2006年4月—2008年6月,第二期学员有:光明中学穆晓炯,格致中学沈庆红、孙晔,大同中学沈彤军,敬业中学王飞红,储能中学钟浩,市八中学陈琦,应昌期围棋学校吴纪琴、沈幼鑫,大同初中章国芳,格致初中黄舜华,曹光彪小学顾全国。

编有《学员成果汇编》。

2. 黄浦区庄起黎物理教育研究室(主持人:庄起黎)

2003年3月18日—2005年10月,第一期学员有:格致中学方梦非(兼助理)、李耀华、钟浩,大同中学宋淑光,大境中学刘明林,储能中学余维永,多稼中学陈琦,光明中学张家书,市八中学沈澜,格致初中朱蝉蒙,浦光中学范毅清,东格致中学刘寅星,应昌期围棋学校陈晖。

著有《高中总复习优化教程物理》(上海古籍出版社2004年版);编有《教育研究论文集》等5种。

2005年5月16日—2008年6月,特级教师方梦非任副主持。第二期学员有格致中学童松华、黄薇,光明中学朱莹毅,区教师进修学院严明,大境中学方成亚,大同中学江凌云,应昌期围棋学校陈晖,敬业中学张士兰,市八中学范璟。

编有《教育研究论文集》等11种。

2009年6月—2014年6月,特级教师方梦非任副主持。第三期学员有:大同中学宋淑光、李樑,区教院严明,大境中学方成亚,格致中学李耀华,格致初中朱蝉蒙,市八初中陈琦,敬业中学张士兰,卢湾高中沈计春,黄浦教院附属中山学校李卫红。

编有《学思集》等10种。

3. 上海市普教系统物理名师培养基地(二)(主持人:庄起黎)

2003年3月18日—2005年10月,第一期学员有:黄浦区格致中学方梦非、周树发,大同中学宋淑光,金山区金山中学陆丁龙,长宁区教院赵伟新,南汇区教院路海军,闵行区教院戴金平、七宝中学刘树田,浦东新区高行中学唐宛漪、建平西校黄劲松,金山区平乐中学裴根宝,嘉定区一中刘玉学,普陀区晋元中学沈亚辉,徐汇区南模初中陆忆娓,上海师大附中申福昌。

庄起黎著《"中学物理未来课堂"的探索研究》(上海三联书店出版社2008年版),陆丁龙著《高中物理数字化实验的指导与探索》(上海教育出版社出版),编有《学员个人成果集》等25种。

2008年11月8日—2011年3月,特级教师方梦非任副主持,第二期学员有:静安区育才中学徐成华,杨浦区控江中学袁芳、杨浦高级中学张文,闵行区七宝中学汤凤君,南汇中学鞠建国、一中张明军,青浦高级中学沈家荣,金山区罗星中学顾妙红,闸北新中朱惠顺,松江二中张克全、一中乙夫杰。

著有《对中学物理教与学的探索与感悟》(上海三联书店出版社2011年版),编有《学员个人成果集》等14种。

2012年4月17日—2017年,特级教师方梦非任副主持,第三期学员有:黄浦区格致中学黄薇、大境中学方成亚,宝山区上大附中杨天军、行知实验中学陈延、求真中学费建良,浦东石笋中学尉曼村,松江一中沈志辉,奉贤区金汇中学张振明、弘文中学王英,市师培中心万立荣。

著作5本(2016年5月—2017年7月,先后由上海教育出版社出版);微视频46个被选送上海市师资培训课程,编有《学员个人成果集》等10种。

4. 黄浦区钱伟康语文教育研究室(主持人:钱伟康)

2003年12月—2006年2月,第一期学员有:格致中学王淑英、肖磊,大同中学张兰,大境中学李金涛,光明中学贾玫,储能中学於健,东格致中学郭俊萍,金陵中学缪渊渊,浦光中学王觉民,大境初中葛晓娟。

编有《春催桃李——钱伟康语文教学研究工作室成果集》。

2006年4月—2008年6月,第二期学员有:格致中学孙苏、管靖蕾,大境中学钱勇伟,光明中学贾玫,大同中学郭金华,浦光中学颜培颖,储能中学黄芳、应德蓉,敬业中学杨洁,市十中学吴海霞、潘明华。

编有《散文阅读综述》。

5. 黄浦区向学禹地理教育研究室(主持人:向学禹)

2003年12月—2006年2月,第一期学员有:格致中学吴照、何刚、张跃军,大同中学李淑梅、龚晨月,区教院朱丽敏,光明中学朱锐清,储能中学苏慧,应昌期围棋学校任昱红。

学员获得国家级奖项3次、市级奖项6次,教科研获奖17项,参与教材、教辅编写18本。

2006年4月—2008年6月5日,第二期学员有:格致中学吴照(兼研究室助理)、区教院朱丽敏(兼研究室助理)、光明中学许一红、敬业中学凌澄瑛、大境初中高振清、尚文中学刘霞、格致初中陈颖、黄浦学校宋正茂。

学员获国家级奖项4次、市级奖项2次,发表省市级文章6篇,参与编写已出版的书籍或教材9本,担任市级课题主持人1名。

6. 黄浦区中学校长提升课程领导力研修班(主持人:张志敏)

2010—2011年,学员有:大境中学校长、书记姚晓红,光明中学校长穆晓炯,市八中学校长卢起升,市南中学校长潘文光,市十中学校长黄正,尚文中学校长、书记朱晓薇,应昌期围棋学校校长吴纪琴。

著有《课程成就学校》(中国大百科全书出版社2011年版)。

7. 上海市普教系统第三期双名工程中学校长五组(主持人:张志敏)

2012—2016年,学员有:市南中学校长潘文光、紫阳中学校长杜红梅、上海市第二初级中学校长陆军、复旦初级中学校长傅松、同济大学附属七一中学校长周筠、少云中学党支部书记高缨、新场中学校长尤庆荣、浦兴中学校长顾雾昀、闵行第二中学校长朱靖、松江区第四中学校长金

仲明、张堰中学校长邱辉忠、奉贤区曙光中学校长蒋东标。

著有《创新成就校长》(复旦大学出版社 2015 年版)。

8. 黄浦区中学物理教育工作室(主持人:方梦非)

2015 年 6 月—2018 年 6 月,学员有:格致中学张士兰、侯晓灿,大同中学李梁,卢湾高级中学沈计春,大同初级中学赵静,市八初级中学周彤。

著有《高中物理先导课程》(上海交通大学出版社 2015 年版)、《高中物理 基于大数据的高频题、综合提高题》(华东师范大学出版社 2016 年版)、《悟的心声》(上海教育出版社 2017 年版)等 9 种专著、论文。

9. 黄浦区中学生物教育工作室(主持人:刘 骏)

2015 年 4 月—2018 年 3 月,学员有:格致中学鲍晓云、市八中学乐黎辉、大境中学孙维琴、卢湾高中崔欣、向明中学姚彬、光明中学杨雪峰。

获市级以上荣誉 6 项,在市级以上刊物发表论文 9 篇。

10. 黄浦区中学地理名师工作室(主持人:吴 照)

2016 年 1 月—2018 年 5 月,学员有:格致中学何刚、张跃军,区教院朱丽敏,卢湾高级中学吴建华,光明中学张洪斌。

获国家级优秀课例奖 1 项,市级以上刊物发表文章 3 篇,主持市级课题 2 项。

11. 上海市地理学科研究德育实训基地(主持人:吴 照)

2015 年—2018 年,第四期学员有:崇明县裕安中学陈新柱、金山区教育学院陈建芳、闵行二中杨中秀、华东理工附中马晓燕、市北中学蒋黎敏、行知中学苏凤、华东师大四附中高晓骏、格致中学何刚、格致初中陈颖、第十中学李翔、52 中学陈先锋、复旦二附中张心圣、同济一附中刘育蓓、朱泾中学荆林晓。

获国家级优秀课例奖 1 项、市一等奖 1 项;获国家级展示课一等奖 2 次;结题国家级和市级课题各 1 项,正参与市级以上课题 4 项;市级以上刊物刊文 18 篇。

2018—2021 年,第五期学员有:格致中学周逢春(兼秘书)、姜惠敏,行知中学毛其凯,闵行三中黄静,外国语大学附属大境中学刘平,卢湾高级中学王婷月,扬子中学陈赛花,继光高级中学陈童临,崇明区长明中学李雪玲,同济大学一附中吴祺,复旦大学二附中杨钰晨,奉贤区曙光中学邵晶晶,奉贤区肖塘中学陈卫娟,复旦附中徐冬寅、贺小燕,复兴高级中学常丽霞。

12. 黄浦区教育系统"登峰计划"暨名校长一组工作室(主持人:张志敏)

2018年9月—2020年底,学员有:大同中学党总支书记、校长郭金华,格致中学副校长(特级教师、国家"万人计划"教学名师)吴照,卢湾高级中学党支部书记、副校长陈屹,五爱中学校长葛炯,市十中学党支部书记、校长朱晓薇,向明中学副校长、向明初级中学校长胡宏;黄浦区蓬莱路第二小学校长余桢,黄浦区第一中心小学校长张烨,黄浦区卢湾一中心小学党支部书记、副校长黄沁,黄浦区第三中心小学校长王平,思南路幼儿园园长吴闻蕾,蓬莱幼儿园党支部书记、园长钱红,瑞金一路幼儿园园长吴超伦。

13. 第四期上海市普教系统名校长名师培养工程"高峰计划"(主持人:吴照)

2018年9月起担任第四期"上海市普教系统名校长名师培养工程""高峰计划"主持人。

14. 第四期上海市普教系统名师名校长培养工程"攻关计划"高中生物工作室(主持人:刘　骏)

2018年9月起,学员有青浦高级中学何红辉、黄莉,青浦区第一中学叶萍、秦剑钧,青浦区实验中学计顺娟,奉贤区教育学院陆海英,复旦大学附属中学赵玥,上海外国语大学附属外国语学校沈耘,华东政法大学附属中学王翔,延安中学刘天彬。

15. 第四期上海市普教系统名师名校长培养工程"攻关计划"高中化学工作室(主持人:娄　华)

2018年9月起,学员有上海敬业中学姚澄,育才中学陈家宏,静安区教育学院陆惠莲,上海音乐学院实验学校吕春林,复旦大学附属中学曾德琨、杨海艳。

三、"激活课堂"数学教学研讨活动

2004年初,学校联合辽宁师范大学附中、江苏省海门中学、浙江省

茅盾中学、福建省厦门一中、海南省海口琼山中学,建立校际联合教研体。经研究,大家决定以数学学科为抓手,开展每年一次的同课异构教学研讨活动。

11月29日,首届"六省一市重点高中'激活课堂'数学教学研讨活动"在本校举办,正在格致中学挂职研修的贵州省校长也欣然加入其列。各地精兵强将所展示的11堂可圈可点的示范课;中国教育学会副会长、上海市教育学会会长张民生,中国教育学会中学数学专业委员会副理事长、上海市教科院副院长顾泠沅的现场指导,顾鸿达、张福生、邱万作、杨安澜、奚定华、李大元、柴志洪、孙兆桂、刘汉标9位上海数学界资深专家的精彩随堂点评,令跨区域交流的授课和听课同行们享受了难以忘怀的学术盛宴。

据《中国教育报》报道,让以理科见长的特色高中在同一命题下选择临时教学班开展省际教学交流,这在全国尚属首次。与会代表一致反映,这样的教学交流主题集中、信息密集、针对性强,充分体现了新课程背景下的教学实践与探索。[1] 据《文汇报》报道,六省一市重点高中数学教学专题研讨活动在上海市格致中学拉开帷幕,摆开擂台,同场竞技,以这样的方式开展省市间教学交流尚属首次。[2]

2009年,来自9个省(市、自治区)的17所学校代表,讨论通过了"第六届'激活课堂'数学教学研讨活动(海口)联合宣言",明确:(1)该项活动纳入中国教育学会高中教育专业委员会指导,由全国高专委副理事长张志敏担任组委会主任。(2)由上海圣陶教育发展与创新研究院秘书长柯瑞逢担任"总干事",负责日常事务,以及与各地学校的协调沟通工作。(3)根据各地需求,自第七届起,增扩初中学校参与,更名为"全国部分重点高中、知名初中'激活课堂'数学教学研讨活动"。

2017年第十四届活动时,来自14个省(市、自治区)的43所学校代表,又通过了"(柳州)联合宣言",明确:自第十五届起,增扩小学加盟,更名为"全国知名学校'激活课堂'数学教学研讨活动"。[3]

---

[1] 沈祖芸:《除了解题,更要让学生学会思想——六省一市高中数学教学专题研讨会侧记》,《中国教育报》2004年12月4日。
[2] 苏军:《六省一市重点高中数学教学研讨举行》,《文汇报》2004年12月1日。
[3] 柯瑞逢:《激活课堂十四载,受益师生两万余》,东方网2017年11月13日。

图 5-5-1　第十四届全国部分知名中学"激活课堂"
数学教学研讨活动代表合影

2018年11月17日,第十五届活动在陕西省西安高新一中和高新国际学校圆满举办,历时15年的"激活课堂"步入了新的里程。

15年来,本校教师参加展示课的教师如下:

表 5-5-1　格致中学参加展示课教师一览表

届次	时间	地点	姓名	展示课内容
第一届	2004年	上海市格致中学	王国伟	《空间直角坐标系》
			陈莉	《函数的运算(1)》
第二届	2005年	福建省厦门市第一中学	李勤	《指数函数的图像和性质》
第三届	2006年	贵州省贵阳市第二中学	葛赫	《二项式定理(第一课时)》
第四届	2007年	辽宁师范大学附属中学	钱悠文	《对数概念》
第五届	2008年	浙江省嘉兴市第一中学	徐光伟	《函数的单调性与导数》
第六届	2009年	海南省海口市琼山中学	庄白	《椭圆及标准方程》
第七届	2010年	上海市格致中学	殷琦涛	《不等式证明》
第八届	2011年	江苏省海门中学	羊光	《三角函数的周期》
第九届	2012年	广东省深圳宝安中学	俞志钢	《抛物线的标准方程》
第十届	2013年	辽宁省大连市第二十四中学	庄白	《双曲线的标准方程》

续表

届次	时间	地点	姓名	展示课内容
第十一届	2014年	贵州省实验中学	殷琦涛	《随机事件的概率》
第十二届	2015年	湖南省常德市第一中学	余光辉	《球的体积与表面积》
第十三届	2016年	福建省泉州第五中学	张天霖	《双曲线及其标准方程》
第十四届	2017年	广西自治区柳州高级中学	陈敏	《抛物线及其标准方程》
第十五届	2018年	陕西省西安高新第一中学	林佳乐	《任意角的三角函数》

15年来,学校数学教研组参与策划活动主题、解读异地教材、坚持集体备课、同伴临场策应,反映了格致中学科学严谨的教风。

四、科技教育培养学生创新素养和实践能力

(一) 首批上海市科技教育特色示范学校

为实现2020年把我国建设成为创新型国家的战略目标,学校组织力量于2005年编写了校本教材《创新学》,在全校实施后,取得了显著成绩;再配合每年行之有效的"学校科技节"等活动,极大地提高了学生创新思维和动手实践能力。

2005年之前,学校师生申请的专利,总计不到10项。而近10年来,每年学生创新方案会有近1000份,申请专利数突飞猛进,其中申请成功的,每年高达近100项,据统计,截至2018年底,格致学生获得的专利数已达1452项。

尤其是2010年,本校邓蓓佳同学将自己的"太阳能发光二极管指路牌"发明专利,无偿捐赠给"上海世博局"后,12月5日《高招周刊》刊文《18岁女生和19项专利申请——格致中学高三(5)班邓蓓佳的成才之路》,迎来校内更大一波"小发明"高潮。

2004年起,格致中学被评为上海市知识产权示范学校(全国知识产权试点学校)、上海市头脑奥林匹克活动特色学校;2005年起,被评为上海市科技教育特色示范学校;2007年,又被评为上海市"十一五"首批科技教育特色示范学校、上海市中小学机器人创新实验室。学校在头脑奥林匹克竞赛中年年名列前茅,曾4次代表中国赴美国参加世

图 5-5-2　在校期间共创造发明 19 项专利的邓蓓佳同学

界决赛；各类机器人赛成绩不斐，曾两次代表中国赴美国参加世界机器人决赛。

2010 年，第四届"亚洲青年科学夏令营"在印度孟买举办。该活动由全球著名科学家团队发起，面向亚洲 44 个国家和地区，每年组织 300 名青年（以大学生为主）交流、学习，培养科学后备人才。国内的具体选拔和组织工作由中国教育国际交流协会负责。经过严格筛选，时

图 5-5-3　时惜之同学出席第四届"亚洲青年科学夏令营"

惜之同学作为 10 名中国高中生代表之一光荣入营。活动结束后,组委会反馈:上海市格致中学推荐的学生科学知识全面、英语表达流畅、协调能力出众,为中国代表队增光甚多,特地表示感谢!

2012 年,邢亦乐同学作为 6 名中国高中生代表之一,赴以色列特拉维夫,出席第六届"亚洲青年科学夏令营",同样深受好评,载誉而归。

图 5-5-4　邢亦乐同学(左)出席第六届"亚洲青年科学夏令营"

(二) 成立中国 FabLab 校际联盟

2014 年 5 月,学校与美国麻省理工学院比特与原子研究中心(MIT-CAB)合作,创立了中国大陆第一家 FabLab(Fabrication Laboratory)。

FabLab 创新实验室是由尼尔教授在 2001 年创立并管理的教育实践研究项目。项目设计之初是为社区或企业提供可以制造产品最初雏形的平台。随着项目发展,FabLab 被越来越多的学校所采用。通过这个实验室,学生们可以动手做一些与科学、技术、工程、数学相关的实验和产品。

格致中学 FabLab 主要由一套数字化制造机及快速成型机所构成,其中包括:大型数控路由器、3D 桌面机和扫描仪、刻字机、激光切割机、电子工作台、数控车床,以及用于进行软件设计、计算机编程等多台计算机,类似于一间"微型工厂"。

图 5-5-5　麻省理工学院尼尔教授(左二)与黄浦区教育局局长王伟鸣(左三)为"中国 FabLab 校际联盟"揭牌

学校将通过设计并实施两方面的校本课程(科学、技术、工程和数学等方面的综合类课程和动手能力培养的创新实践类课程),让学生在这个校园内的"微型工厂"里,置身于一个可以探究工程和制造设计整个流程的真实情境之中,自己动手,借助于 FabLab,将脑海中初步的概念落实在图纸上,再从初步的模型到有一定规模的模型制作,再经过反复设计与再设计,生产出最终的成品。

图 5-5-6　格致中学学生在实验室学习

为使中国学生能更好地参与在科学、技术、工程、数学等领域的设计与制作、研发与创新等实践活动,并有机会参与全球 FabLab 峰会,

与世界各国的中学生交流与学习,麻省理工授权本校牵头成立了"中国FabLab校际联盟",张志敏校长担任联盟主席。FabLab校际联盟通过理念传播和校际合作,已经覆盖了我国11个省市的许多学校,并协助福建泉州五中、安徽蚌埠一中、江苏常州高中建立了创新实验室或创智空间等。各地成员单位则时常派出师生代表来学校创智空间实地体验现代制造的过程与实践。同时,学校还在上海、福建、安徽成功举办了三届"青少年科技创意大赛",积极推进此项工作。

(三)成立中国教育学会科创教育发展中心

2017年3月,"中国教育学会科创教育联盟"在北京成立。首批成员学校有98所,格致中学系常务理事学校。7月中旬,格致奉贤校区承办了"首批科创教育联盟领航教师培训"活动,来自全国各地的130余名教师接受了5天培训。

11月17日,中国教育学会常务副会长、秘书长杨念鲁与上海市黄浦区人民政府李原副区长,在本校正式签订了共同组建"中国教育学会科创教育发展中心"协议。"发展中心"由中国教育学会副会长、上海市教育学会会长尹后庆担任名誉主任、张志敏担任中心主任。尹后庆热忱寄望"发展中心"能积极推进科创教育,因材施教、发扬光大,促使学生勤动脑、多动手,融直接知识与间接知识于一体。上海市教委倪闽景副主任鼓励青少年锻炼"创新基因",为建设上海"创新之城"打好基础。

图 5-5-7 中国教育学会常务副会长、秘书长杨念鲁(右)
与上海市黄浦区副区长李原签约

2018年6月4日—8日,来自西藏、新疆、广西、四川、贵州、福建、海南、安徽、江苏、浙江等地的近40位中小学教师齐聚上海,参加了中国教育学会科创教育发展中心承办的首批定向公益培训。

天水市学员实训时,成功制作完成了他们的"飞天使者",满怀激情地寄望返校后,努力为天水乃至甘肃的孩子们创造一个放飞梦想的平台。海南等地的学员们感慨:两天实训,饱尝协作、创意、制造的乐趣,奇思妙想迸发,让自己美美地过了一次创客瘾。来自拉萨中学的白玛次珍学员说,尽管带高三,正面临高考,但学校非常珍惜这次机会,还是派她来了,从而有幸经历了令人震撼的5天;她的心早已飞回拉萨,期待尽快同自己的学生分享收获。学员们也从曹光彪小学展示课中领悟:用纸、剪刀、胶水这些简单的工具,也能让学生"脑洞"大开,原来科创教育不一定完全依赖"高大上"的教具呀①。

2017年12月14日—15日,科创发展中心为福建省晋江市的600多位小学教师举办了以"科创点燃梦想,美育启迪人生"的主题培训。2018年10月18日,与合肥市蜀山区教育体育局合作举办了"中国教育学会科创教育专题研讨会暨蜀山区第二届校园科普论坛"。

五、从"格致教育链"到"格致教育集团"

2006年3月18日,华东师范大学教育科学学院和上海市格致中学强强联手,在本校设立"上海资优教育(联合)研究中心",并将格致初中和曹光彪小学为实验基地学校。"格致教育链"就此产生。中心成立后,格致中学派出6位特级教师和资深教师组成"导师团",定期到格致初中指导教学,持之以恒,培养骨干教师。2010年,"格致链"联合举办"当学生满意的教师、办学生喜欢的学校"和"聚焦有效课堂、提升教学品质"教学研讨会,对创新人才培养的理念更新、课程保障、课堂改革等问题进行研讨。

---

① 柯瑞逢:《关注本土化,注重生态链——中国教育学会在沪定向培训科创教育老师》,人民网2018年6月14日。

图 5-5-8　2005 年上海市高考理科状元武亦文

图 5-5-9　2013 届毕业生顾超代表中国队获第 54 届国际奥林匹克数学竞赛金牌

2014 年 11 月，学校进一步携手格致初中、浦光中学、应昌期围棋学校、曹光彪小学，成立"格致教育集团"，探索创新人才的"小学—初中—高中"一体化培养新模式。格致教育集团理事长由格致中学张志敏校长担任。

依托各成员校的办学特色与传统，格致教育集团以培养学生创新素养作为集团协同发展的特色项目，以"创新素养人才一体化培养"课题为引领，贯通小学—初中—高中三个学段，加强纵向和横向联系，做大、做强、做优各学段的品牌特色项目。在具体的发展实践中力求凸显"五通"的鲜明特点，即课程建设通、实验室建设通、学生活动通、教师队伍建设通、学术研讨通，以此助推学生在创新中发展。

数年来格致教育集团举办了"深度研究高考改革、全面探索教学转型""新高考、新管理、新发展"等学术研讨会，"AI 时代的教育变革"学术节,"国际形势与'一带一路'倡议"联合党课学习,"校园心理危机的防御与干预"专题讲座,田径运动会和首届联合新年音乐会等相关活动。

图5-5-10 黄浦区人民政府副区长李原(前排左四),黄浦区教育局局长姚晓红(前排左三)、副局长余维永(前排左六)与上海市格致教育集团及各成员校领导合影

格致教育集团还利用慕课平台加强课程开发,形成贯穿高中、初中、小学的课程体系,实现集团内线上线下的交互学习。目前已有6门基础型课程、12门拓展型课程、4门研究型课程进入了"格致在线课程平台"。

2017年9月,通过《上海教育》杂志发行的特刊——《格致学刊》创刊,收录集团内56篇稿件,综合反映了各成员学校教育教学、师资培养、科研工作、学生发展等方面的成果。

2017年底,经全体成员校讨论同意,集团理事会决定:区内明珠中学、储能中学、卢湾第一中心小学正式加入格致教育集团。

2019年,北京东路小学加入集团。

同时,集团成立了语文、数学、英语、物理、化学、生物、政治、历史、地理、体育、艺术、信息与科创、教育心理、理科资优生、班主任等20个名师工作室,分别由成员校的34位骨干教师担任主持人和副主持人。(集团工作室及主持人名单见附录5-25)

2018年9月,《格致学刊》第2期出版,收录集团校成员稿件51篇。

第六章

奉贤校区落成

一、新建奉贤校区

2011年3月23日下午,黄浦区人民政府和奉贤区人民政府合作举办格致中学奉贤校区签约仪式在奉贤区会议中心隆重举行,副市长沈晓明、市教委主任薛明扬和两区领导出席。此举标志着上海市知名

图 5-6-1　上海市黄浦区政府和奉贤区政府合作举办格致中学奉贤校区签约仪式

教育品牌格致中学将在奉贤南桥新城增设现代化校区。

2012年11月28日,上海格致中学奉贤校区开工仪式在奉贤区南桥新城举行。上海市副市长沈晓明、市政府副秘书长翁铁慧、市教委主任薛明扬,中共奉贤区区委书记时光辉、人大常委会主任陆兴祥、政协主席陈洪凡、副区长徐剑萍、副区长钱雨晴,中共黄浦区委宣传部长李崟、副区长程霄玉等出席开工仪式。

图5-6-2 上海市格致中学奉贤校区开工仪式

格致中学奉贤校区位于南桥新城中心区域,地处未来南桥新城最好的地段。校区总用地面积128亩、总建筑面积62466.4平方米,按上海市实验性示范性寄宿制高中标准建造,学校办学规模为36个班。格致中学对奉贤新校区实行"一体化管理",即教育目标一体化、课程安排一体化、师资配备一体化、资优培养一体化、推荐评优一体化、毕业文凭一体化。

上海市教委主任薛明扬说,黄浦和奉贤两区合作举办格致中学奉贤校区,既扩大奉贤优质资源,也给格致中学带来二次创业转型发展新机遇,也必将为上海基础教育现代化发展添上浓墨重彩的一笔。

中共奉贤区委书记时光辉代表奉贤区委、人大、区府、政协表示,将全力以赴地支持格致中学奉贤校区的建设,主动提供优质服务,实

现高起点规划、高标准建设、高质量管理、高效能运行,努力把格致中学奉贤校区建成精品工程、廉洁工程、节约工程和示范工程,期盼在2014年格致中学建校140周年之时,格致中学奉贤校区正式开学。

中共黄浦区委常委、宣传部长李崟代表黄浦区委、区政府在致辞中指出,黄浦区将大力支持格致中学奉贤校区建设,继续推动与奉贤的深入合作。希望格致中学遵照市领导提出的"扩大奉贤教育优质资源,抓住二次创业机遇,传承办学传统和优势,确保格致中学奉贤校区与本部保持同一办学水平"的目标,为上海的教育发展做出更大的贡献!

图 5-6-3　格致中学奉贤校区景观

2014年9月1日,格致中学建校140周年之际,气势恢宏、设施先进、布局合理、环境优雅的格致中学奉贤校区如期竣工,迎接新生。格致中学副校长吴照兼任奉贤校区执行校长。

87岁高龄的台湾地区佛教星云大师专为奉贤校区题写"至善"两字。

2014年11月28日,中共上海市委副书记应勇、市委副秘书长彭沉雷等领导视察了格致中学奉贤校区。应书记对奉贤校区校舍的大气典雅、学校管理的以人为本和有序高效高度赞扬,并对奉贤校区致力于打造"国际化、信息化特征鲜明的高科技高中"充满期待。他希望奉贤校区在具备超一流校舍和超一流设施的基础上,培养出更多的超一流人才,同时祝愿格致中学越办越好、办出特色,继续为上海基础教育的发展做出新的贡献。

2018年6月1日,中共黄浦区委书记、区长杲云,副区长李原一行调研奉贤校区,考察了科技创新中心、现代学习中心、人文艺术中心、体育活动中心。杲云书记对格致中学承担上海市教育均衡化发展重任、承办奉贤校区的建设和办学给予五方面的高度肯定。第一,奉贤校区办学起点非常高,弥补了本部空间不足的问题;第二,两校区一体化管理令人印象深刻,充分体现了格致的优良传统、办学特色、育人方式和管理模式;第三,奉贤校区的办学实践符合上海教育改革的方向,非常注重学生综合素质的培育;第四,奉贤校区的老师非常敬业、非常热爱学生和学校;第五,奉贤校区办学成效显著。这些成绩的取得与老师们努力、与本部的大力支持是分不开的。

二、奉贤校区的发展

奉贤校区以"构建创新的课程、搭建创新的平台、丰富创新的实践"为课程开发策略,以"让每一位学生在创新中成才"为发展目标,从"科学伦理、科学精神、科学方法、科学知识"四个维度培育学生的高科技素养。

5年来,奉贤校区管理有章、运行有序、教师有劲、学生有成。2014年至今,学生获市级及以上个人荣誉称号5项,集体荣誉4项;在市级及以上比赛中获得科技类团体奖项13项、个人奖项44项,体育类团体奖项1项、个人奖项2项,艺术类团体奖项6项、个人奖项6项,其他团体奖项3项、个人奖项56项。

奉贤校区传承格致理科资优生培养传统,在近3年五大学科奥赛中,共有6人次获全国联赛一等奖,其中3人进入国家冬令营,获银牌1枚、铜牌2枚,18人次获全国联赛二等奖,25人次获全国联赛三等奖,3人次在市级学科竞赛中获奖。

奉贤校区青年教师获市园丁奖、德育之星等市级以上综合性荣誉9项,获区级及以上教学评比类奖项67项,其中在上海市中青年教师教学评比中获一等奖2项、二等奖1项,见习教师在区萌芽杯比赛中获

一等奖5项、二等奖3项,7人被评为优秀学员。

奉贤校区教师立项区级及以上课题27项,其中国家、省市级课题7项,完成课题并结题15项。教师出版专著2本,发表论文93篇,其中国家级刊物7篇,获奖论文21篇,课题成果获奖3项。

奉贤区教育局为表彰格致中学对区域教育的贡献,特别授予:方成亚、李勤、靳建颖、周雯婕"奉贤区名教师"称号,杨敏、周全、李晓慧、张华中"奉贤区优秀骨干教师"称号,赵羽茜、邢胜杰、李美玲、李国罡、侯晓灿"奉贤区优秀青年教师"称号。

附录 5-1 2004—2019 年历任校级领导

附表 5-1 2004—2019 年历任校领导一览

任职时间	校　长	书　记	副校长	副书记
2004—2019	张志敏	王丽萍	庄起黎 费秀壮 周树发 李　鹏 钱勇伟 吴　照	邵　清

附录 5-2　张志敏特级校长简介

1995 年起任格致中学党总支副书记、书记。2004 年起任格致中学校长，2007 年 8 月被评为上海市特级校长，2016 年被评为上海市首批正高级教师。兼任中国教育学会副会长、第九届国家督学、中国教育学会高中教育专业委员会副理事长。获评第三届上海市教育功臣。

张志敏校长

附录 5-3　王丽萍特级校长（书记）简介

2003年8月任学校党总支副书记，2004年2月起担任党总支书记。连续3次当选为黄浦区党代表，是上海市首批名校长培养基地学员，黄浦区首批德育学科带头人，黄浦区学科带头人、区级骨干教师评选德育学科专家组成员。连任三届上海市中小学心理健康协会校长书记专业委员会副主任，被聘为上海市中小学心理辅导协会中小学心理健康教育专业委员会副主任。曾任中国上海头脑奥林匹克理事会理事和黄浦区科协委员。近年来，先后被评为"黄浦区优秀党务工作者""上海市'关心共青团工作好书记'""全国环境教育示范学校突出贡献人物""全国生态文明教育创新人物"，2018年9月获得上海市特级校长（书记）任职资格。

王丽萍校长

附录5-4　吴照副校长、奉贤校区执行校长简介

吴照副校长

格致中学副校长、格致中学奉贤校区执行校长。上海市地理特级教师、正高级教师。上海市先进工作者。国家"万人计划"教学名师。教育部"中学教师培养教学指导委员会"委员。

附录5-5　方梦非特级教师简介

方梦非老师1998年9月调入格致中学,1999年起任物理教研组组长,2003年被评为黄浦区高中物理学科带头人,2006年3月被评为特级教师。

在物理教学中,方梦非重视对学生学法的研究,逐步形成"重视概念形成、开发实验功能、穿插学法指导、实行滚动复习"的教学风格。从事资优生培养工作多年,指导10余位学生在全国物理奥林匹克竞赛中获市一等奖,一人获全国决赛银牌,获团体亚军、季军各一次。

方梦非老师主编、参编《特级教师公开课　物理》《高中先修课程物理》《优等生物理》《名师助学》等教学用书10余本,在《物理教学》《物理通报》《物理教学探讨》等刊物公开发表论文10余篇。

方梦非老师

附录 5-6　吴照特级教师简介

吴照老师，2001 年调入格致中学，2009 年获评上海市特级教师，2017 年获评正高级教师。2018 年获评国家"万人计划"教学名师。2019 年获评教育部"中学教师培养教学指导委员会"委员。兼任华东师范大学特聘教授，中国教育学会地理教学专业委员会理事、全国中学地理教学专家委员会委员、教育部"国培计划"教学专家、全国中小学教材审查专家库学科专家、上海市地理学科德育实训基地主持人、上海市教师教育专家库成员、上海市地理学会理事、上海市教育学会地理教育专业委员会副主任、黄浦区地理名师工作室导师。曾获上海市"讲台上的名师"称号、上海市第六届学校教育科研成果一等奖、上海市中青年教师教学评比一等奖、黄浦区专业技术拔尖人才等荣誉称号和奖励 40 余项。

发表论文 30 余篇，主编或参编基础教育教材、教参 11 本，合著 2 本，主持市级课题 4 项，参与市级及以上课题 10 余项，教学、科研成果获市级及以上奖励 10 余项。

吴照老师

附录5-7 刘骏特级教师简介

刘骏老师2001年9月调入格致中学，2014年9月被评为特级教师，2018年被评为正高级教师。获上海教育系统"为人为师为学"典型人物、云南省优秀支教教师、区先进工作者等10余项荣誉称号。

刘骏老师在生命科学教学实践中形成了"结合生活实践，激发问题意识，打破教学时空，促进课堂生成"的教学特色，在资优生培养方面成绩卓越，指导学生获生物奥赛全国银牌4枚、铜牌4枚，上海市团体第一名4次、全国生物学联赛一等奖30余人。

刘骏老师发表论文20余篇，参与编写二期课改配套实验教材2册，公开发表科研成果近20万字，科研成果获区级以上荣誉10项。

刘骏老师

附录5-8 学校教职员名录
(2019年2月统计)

本部教职员名录

行政:高润华　张志敏　王丽萍　吴照　钱勇伟　沈庆红　沈岚

校办人事处:吴茜元　颜依岭

教导处:蔡青　俞志钢　闵红　董琪　余方　朱晓华　黄沉香　朱峰

德育处:张燕　李芳芳　褚朝慧

教科研室:何刚　詹玲　季金杰

总务处:周玮　倪慧俊　葛晴　沈万友

语文组:阮晓岚　高翀骅　郭维维　王小欣　管靖蕾　晋春　张帆　潘江红　曹李敏　杨宁　雷振泉　戚欣怡　陈蕾　徐前坤　沈梦华

数学组:朱兆和　羊光　王国伟　陈莉　葛赪　胡琼　茹双林　钱悠文　殷琦涛　马丽娜　余光辉　张天霖　白乳利　胡波　马陆陆

外语组:查传明　曹薇　马莹　方立平　陶颖　江柳　朱跃隽　滕永勤　任云　盛霏　沈云芳　刘冰如　汪小彦　陈依瑾　周斯杨　封灵　万鹏程　缪英

物理组:黄薇　李耀华　童松华　俞一辛　陈洪涛　陈宇音　赵锋　戴建中　陈宇佳　徐正一　沈杨　毛洁娜

化学组:娄华　陆静　王政华　孙卫中　闻昊　徐云　王昆　邢霞

史地生组:陶世华　党霞　虞云飞　张跃军　侯晶　冯萍　鲍晓

云　徐红玲　柯文汇　夏诗慧　刘佳余　陈一帆

政治心理组：杨娟　潘燕雯　印云亮　周健　周隽

信息技术组：陆幸丽　丁燕　沈忆　倪海佳

劳技组：李军　邓伟君

体育组：罗永雄　水凌　万爱芳　顾英芳　林继承

艺术组：夏星　吴燕

图书馆：周春凤　庄佳妍

明珠中学挂编：陈文华　仲夏　张文漪　蔡沁莎　郑重　陈俊

奉贤校区教职员名录

行政：吴照　刘骏　王淑英　杨永武

校办：杨敏　黄佳音

教导处：徐光伟　周全　石晓丽　耿辉

德育处：周雯婕　王镇宇　苏添

教科研室：方成亚　顾伟军

总务处：沈继平　娄晓

语文组：张华中　胡雨婷　闫文治　施磊　亓祥银　刘瑞　王亚婷　邹静娴

数学组：李勤　徐笑　林佳乐　陈敏　陈其楼　李玲　靳建颖　李浩

英语组：周锋　张凯华　孙秋梅　顾艺　徐佳卿　胡婵娟　张潇　李依蓉　李晓慧　丁祯辰

物化生组：张士兰　侯晓灿　李峥敏　李怀龙　刘殷华　曾超逸　余秀娟　李国罡　胡健　李燕云　陈颖　邢胜杰　李其利　姚鹏程　朱颖莹

政史地组：姜惠敏　李美玲　王璐　刘柳　李千钧　王晴薇　周逢春

信劳组：周晓栋　何博　刘晓丹

艺体心组：沈超　赵羽茜　朱佳敏　王枝娟　李奉娟　蒋祥红

图书馆：王敏琦

驾驶员：王国强

医务室：姚静娉

附录5-9　入选历届黄浦区学科带头人、区骨干教师名录

2003年黄浦区教育系统第一轮学科带头人：7名
张正康、李世廷、方梦非、张志斌、刘福朝、邵清、王丽萍。

2006年黄浦区教育系统第二轮学科带头人：7名
孙苏、朱兆和、孙晔、方梦非、费秀壮、周树发、吴照。

2006年黄浦区教育系统第二轮区级骨干教师：10名
钱勇伟、钱悠文、马莹、李耀华、戴路茜、娄华、刘骏、沈庆红、闵红、李文黎。

2011年黄浦区教育系统第三轮学科带头人：11名
钱勇伟、朱兆和、茹双林、詹玲、李耀华、娄华、刘骏、闵红、陆幸丽、周隽、杨永武。

2011年黄浦区教育系统第三轮区级骨干教师：14名
王淑英、羊光、胡琼、查传明、马莹、沈云芳、黄薇、黄国安、张燕、鲍晓云、杨娟、陶世华、何刚、夏星。

（卢湾区合并后）2015年黄浦区教育系统第一轮学科带头人：7名
朱兆和、詹玲、李耀华、娄华、张燕、闵红、周隽。

（卢湾区合并后）2015年黄浦区教育系统第一轮区级骨干教师：13名
晋春、潘江红、胡琼、俞志钢、沈云芳、查传明、杨娟、黄薇、鲍晓云、陶世华、何刚、张跃军、夏星。

（卢湾区合并后）2018年黄浦区教育系统第二轮学科带头人：10名
俞志钢、詹玲、黄薇、张燕、娄华、鲍晓云、闵红、何刚、夏星、周隽。

(卢湾区合并后)2018年黄浦区教育系统第二轮区级骨干教师：10名

高翀骅、靳建颖、沈云芳、缪英、孙卫中、杨娟、陶世华、张跃军、李芳芳、周雯婕。

附录 5-10　两项"苏步青数学教育奖"

陈列于浙江平阳"苏步青励志教育馆"的 1996 年（第三届）"苏步青数学教育奖"格致中学数学教研组获团体奖史料。该奖自 1991 年 9 月设立，系我国中学数学教育界最高奖。

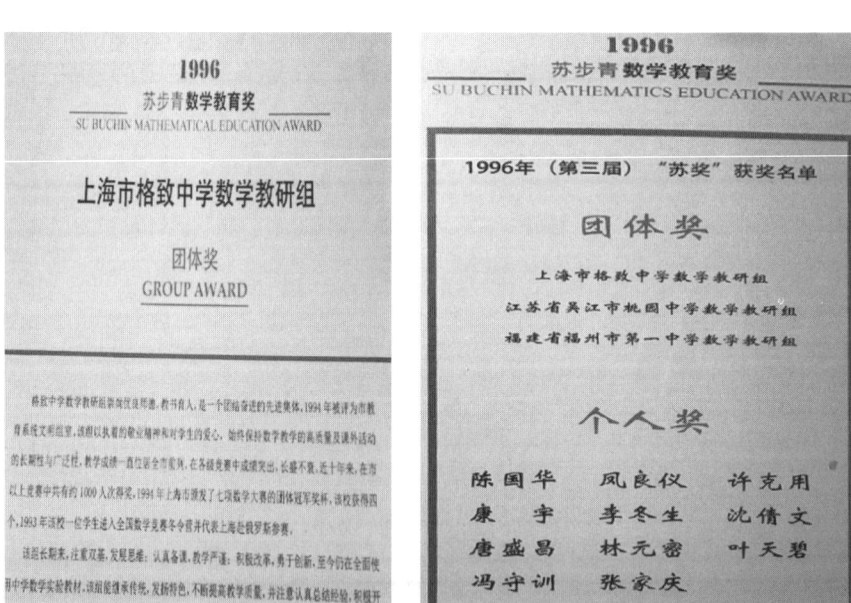

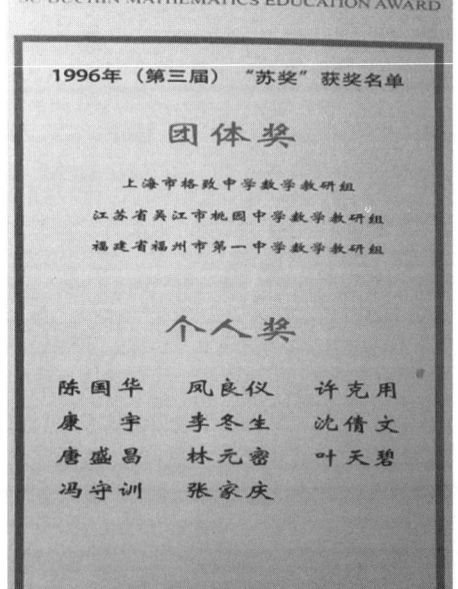

1996 年格致中学获"苏步青数学教育奖"团体奖

2008年，1966届校友高吉全荣获第八届"苏步青数学教育奖"个人一等奖。

附录5-11　教师市级以上获奖及荣誉统计

2005年	语文教研组被评为"上海市文明班组"
	化学教研组被评为"上海市中学优秀教研组"
	张燕被评为"上海市新长征突击手"
2006年	化学教研组被评为"上海市优秀教研组"
	戴路茜获"上海市金爱心教师"一等奖
	徐金云被评为"上海市卫生系统先进工作者"
2007年	物理教研组被评为"上海市劳模集体"
	孙苏获"上海市园丁奖"
	化学教研组获中国化学会"全国高中学生化学竞赛组织工作突出贡献奖"
	万立荣获"全国中学物理教学设计大奖赛"一等奖,黄薇、陈洪涛获二等奖
	任云获"上海市中青年教师英语新教材教学评比"高中组一等奖
	吴燕获"上海市中小学美术青年教师教学评比"一等奖
	张跃军获"上海市科普教育促进奖"
2008年	胡琼获"上海市金爱心教师"一等奖
	何刚、詹玲分别获得"全国部分省市聚焦课堂——高中课堂教学研讨活动"一等奖
	阮晓岚获中央电教馆"传统文化与语文教学"公开课评比一等奖;周文婕被评为"上海市语文教学之星"
	何刚获"上海市高中地理图表教学评比"一等奖
	李艳论文获《中国媒体教学学报》一等奖
	吴照主持的课题获"上海市第九届教育科学研究成果"三等奖
	吴燕、杨敏承担的课题为获"上海市青年教师教育教学研究"三等奖

续表

年份	内容
2009年	名誉校长高润华被评为"建国60年上海市百位杰出女教师"
	史地生教研组工会被评为"上海市文明班组"
	沈庆红获"上海市园丁奖"
	何刚主持的《图行天下——自主学习国家地理导学模式研究》获2009年度"上海市青年教师教育教学研究课题"一等奖
	何刚获全国优质课评比二等奖
	鲍晓云、何刚、娄华、詹玲、张燕均获"全国部分省市聚焦课堂高中教学研讨活动"展示课一等奖
	鲍晓云获中国教育学会和北师大合办的"课堂教学改革创新与学生主体性发展"教学案例一等奖
	杨敏获上海市"世博茶香"说课比赛一等奖
2010年	高润华名誉校长获"上海市教育系统关心下一代荣誉奖"
	侯晶、何刚获"国际生态学校"优秀教师奖
	印云亮被评为"上海市第九届金爱心教师"
	周文婕主持的课题获"2010年上海市青年教师教育教学研究课题评审"三等奖
	吴照获"全国部分省市聚焦课堂——高中课堂教学研讨展示课"一等奖
	何刚获"上海市多媒体教育软件大赛"二等奖,吴燕、李艳获三等奖
	张跃军、何刚分别获得"上海市地理课堂学习活动设计"一、二等奖
	李耀华、黄国安获"上海市竞赛优秀指导教师奖"
	丁燕、俞志钢分别获得"上海市青少年法制教育优秀教案征集活动"一等奖和三等奖
	郭自作获"上海市2010年中小学民族茶艺展示活动最佳团队指导奖"
2011年	刘骏被评为"沪滇教育对口支援优秀教师"
	吴照被评为首届"长三角科研标兵"
	侯晶被评为"上海市百万市民学环保先进教师"
	张志敏主编的《格致文化的传承与创新》获上海市二等奖
	何刚主持的课题获上海市教科研评比三等奖
	孙卫中获"上海市青年课题成果三等奖"
	张志敏和吴照合撰论文获"首届上海教育创新征文"一等奖

续表

2011年	吴照获国家环保总局"全国校园节能减排优秀案例征集评选"一等奖
	潘江红获"长三角征文比赛"二等奖
	侯晶获"上海市校外教育优秀论文"二等奖
	李厚平获"全国第十届化学实验教学创新"一等奖
	周雯婕获上海市班主任技能大赛一等奖
	张跃军、何刚分别获得上海市地理课堂学习活动设计评比一等奖、二等奖
2012年	王淑英获"上海市园丁奖"
	侯晶被评为"全国环境教育示范学校突出贡献人物"
	周雯婕被评为"上海市优秀班主任"
	陈莉被评为"上海市金爱心教师"
	高翀骅获"上海市中小学中青年教师教学评选活动"中学语文评课一等奖
	俞志钢获"全国部分省市聚焦课堂活动"一等奖
	印云亮的《大别山考察案例》、丁燕的《学生电视台》均获"上海市中小学优秀活动案例评选"一等奖
2013年	学校工会被评为"全国科教文卫系统模范教工之家"
	名誉校长高润华获"上海市关心下一代工作优秀人物奖"
	王丽萍被评为"上海市关心共青团工作好书记"
	王丽萍、侯晶被评为"全国环境教育示范学校突出贡献人物"
	吴照被上海市教委批准为"第四批上海市中小学骨干教师德育实训基地"主持人
2014年	陈莉获"上海市园丁奖"
	李勤获"上海市金爱心教师"二等奖
	何刚获"全国部分省市聚焦课堂"展示课两项一等奖;张燕获该活动之教学设计评比一等奖
	杨敏获"上海市中青年教师教学大奖赛"二等奖
	李芳芳《集体体育项目教学中学生德育时机与方法的实证研究》获全国科学论文报告会二等奖
	徐红玲获"全国生物实验教学评比"一等奖
	季金杰获"第十八届全国教育教学信息化大奖赛"上海赛区"基础教育组课件"一等奖

续表

年份	内容
2015年	吴照被评为2010—2014年度"上海市先进工作者"
	周玮被评为"上海市治安保卫先进个人"
	高翀骅获"全国第五届圣陶杯中青年教师教学评比"一等奖
	余光辉获"第十二届全国部分重点高中激活课堂数学教学研讨活动"一等奖
	杨敏、柯文汇均获"上海市中青年教师教学大奖赛"二等奖
2016年	刘骏被评为"上海市为人为师为学典范"
	管靖蕾、周全分别获得"上海市第十二届金爱心教师"一等奖、二等奖
	徐金云被评为"上海市少儿住院互助基金工作先进个人"
	李耀华被评为"上海市学校国防教育先进个人"
	叶开江被民进上海市委评为"反映社情民意工作先进个人"
	潘燕雯等21位教师被评为"第七届全国中学生领导力大赛优秀指导教师"
	陈依瑾、杨敏获2016年上海市"一师一优课，一课一名师"活动"市级优课"
2017年	张志敏被评为"上海市普教系统2017年度尊老敬老好校长"
	王丽萍、侯晶被评为"2017全国生态文明教育创新人物"
	周雯婕获"上海市园丁奖"
	毛洁娜、黄薇作品《物理趣多多：大毛小毛的故事》获全国教育教学信息化大奖赛基础教育组微课一等奖
	在"2017年度上海市中小学优秀作业、试卷案例评选"活动中，语文和物理教研组均获二等奖
	在"上海市创新实验大赛"中，闻昊的《自动化配置一定的酸溶液》和邢霞的《气体摩尔体积测定》均获一等奖
	褚朝慧的Surprises at the studio"一师一优课"获部级优课
	杨敏获"2017年上海市中小学教师教学评选活动拓展型课程"一等奖
	赵羽茜获"2017年上海市体育、艺术领域教师教学专业能力展评"一等奖
	陈敏获"第十四届全国知名中学激活课堂数学教学研讨活动"一等奖
	何刚、季金杰作品《我的梦想我创造》获上海市创新实验室案例评选一等奖
	毛洁娜、陈宇佳论文《无线投屏技术优化中学物理课堂教学》获2016年度教学论文一等奖

2018年	曹李敏、陈其楼、王小欣分别获得"上海市第十三届金爱心教师"一、二、三等奖
	周玮被评为"上海市治安保卫先进个人"
	鲍晓云、林佳乐分别获得"一师一优课"的部级和市级优课
	俞志钢获"2018年度上海市中小学中青年教师教学评选活动"二等奖
	在"2018年度上海市中小学优秀作业、试卷案例评选活动"中，娄华等5位教师的化学团队获一等奖，周峰等3位教师的英语团队和柯文汇等6位教师的生物团队获二等奖
	林佳乐获"第十五届全国知名学校激活课堂数学教学研讨活动"一等奖
	闻昊、姚鹏程获"上海市高中实验教学"说课一等奖
	闻昊被评为2018年度"全国中学实验教学能手"
	张志敏领衔的《普通高中学生数字化综合素质评价与保障系统的开发与实践》获"2017年上海市（基础教育）教学成果"一等奖
	吴照领衔的《普通高中学生综合素质评价与保障的实践研究》获"第六届上海市教育科学会研究院学校教育科研成果"一等奖
	刘骏的《数字化试验在高中生物实验中的融合开发策略》获全国非智力因素研究论文一等奖
	何刚领衔的《基于交互便捷云端共享的高中地理电子书制作及实践应用研究》获"2017年上海市（基础教育）教学成果"一等奖、"2018年基础教育国家级自然教学成果"二等奖
	季金杰获2018上海市中小学幼儿园运用调查研究方法优秀成果评选一等奖
	毛洁娜、黄薇获"第二十一届教育教学信息化大奖赛基础教育组微课"一等奖

附录 5-12　学校志趣最佳发展域模块课程一览表

序号	模块名称	课程内容与方向	定向课程与学生社团
1	电子物理	物理创新实验、数码电子技术、电子设计与制作	"家庭实验室"、"电子技术"、"创意设计"、"AP 物理"等
2	机械工程	科技发明、头脑奥林匹克、智能机器人、科技制作	"Fablab 创意制作"、"创新学"、"头脑奥林匹克"、"智能机器人"、"英特尔创新大赛"等
3	信息技术	云平台建设、大数据分析、计算机网络技术、网页设计、虚拟网游	"计算机实用技巧"、"图像艺术处理"、"电脑程序设计"、"网络虚拟技术"等
4	生化医学	生物工程、基因培育、现代医学、化学创新实验设计、现代农业技术	"化学创新实验"、"生活中的化学"、"生命科学实验与探究"、"中医针灸推拿"、"AP 化学"、"AP 生物"等
5	生态环境	环境监测、天文地理、新能源研究、资源保护与利用、城市环境研究、家庭环保设计	"天文学基础"、"生存与环境"、"自然与文化遗产"、"环境小硕士"、"绿缘社"、"根与芽社"、"乐活社"等
6	经济金融	宏观经济问题研究、金融常识、商业模式、模拟经济学、现代商务、商务沟通、电子商务	"全球化背景下的经济发展"、"市场经济法则要素"、"JA 经济学"、"理财与金融常识"、"AP 微观经济"、"AP 数理统计"、"全球商业挑战赛"等
7	法学社会	法律常识、中外法律比较、中国社会问题研究、哲学思维方式、各国宪政比较、法律与社会、国际关系问题研究、时政辩论	"邓小平理论导读"、"中国外交大事记"、"时政风云"、"国际热点问题研究"、"经典哲学"、"模拟联合国"等

续表

序号	模块名称	课程内容与方向	定向课程与学生社团
8	语言文史	各国历史与文化、中国史入门、诗歌与散文、新闻与传记、第二外语	"格致学"、"大国崛起解读"、"经典作品赏析"、"英语文学/写作"、"AP世界历史"
9	新闻传媒	现代传媒介绍、新媒体实践、新闻制作基础、传媒与广告	"编导入门"、"电视节目制作"、"摄影构图艺术"、"新媒体素养实践"、"学生电视台"等
10	艺术才艺	经典艺术与欣赏、多元艺术与文化比较、艺术创作、特殊才艺、舞台表演	"表演与创作"、"服装设计"、"音乐剧社"、"茶艺社"、"动漫社"、"弦乐队"、"民乐队"、"爵士乐队"、"合唱队"、"现代舞"等

附录5-13 学校在线开放课程一览表

格致中学在线开放课程一览

序号	课程名称	课型	上线时间	课程影响
1	高二物理同步辅导	基础型	2017年5月	区域共享
2	高中化学同步课程	基础型	2017年1月	区域共享
3	不期而遇的化学之美	基础型	2017年5月	区域共享
4	有机化学难点突破	基础型	2017年5月	区域共享
5	何以中国	基础型	2017年12月	区域共享
6	人体内环境与自稳态	基础型	2018年1月	区域共享
7	英语议论文写作	基础型	2018年1月	区域共享
8	一本可以装进口袋的信息技术发展简史	拓展型	2017年2月	市慕课平台收录
9	天文学	拓展型	2017年2月	区域共享
10	格致学	拓展型	2017年2月	区域共享
11	创新学——创造技法课程	拓展型	2017年2月	市慕课平台收录
12	经典哲学	拓展型	2017年2月	区域共享
13	魅力汉字	拓展型	2018年1月	区域共享
14	唐宋词名家选读	拓展型	2018年1月	区域共享
15	绚烂下的无形杀手——光污染	拓展型	2017年1月	区域共享
16	雾霾	拓展型	2017年1月	区域共享
17	人工智能与AlphaGo	拓展型	2017年1月	区域共享
18	中学生领导力	拓展型	2017年1月	区域共享
19	我看"十九大"	拓展型	2018年1月	区域共享

续表

序号	课程名称	课型	上线时间	课程影响
20	神奇的立方体	拓展型	2018年1月	区域共享
21	陶玩世界	拓展型	2018年1月	区域共享
22	二十四节气	拓展型	2019年1月	区域共享
23	中国文化百科	拓展型	2019年1月	区域共享
24	秋日思少陵	研究型	2017年12月	区域共享
25	物理趣多多	研究型	2017年1月	市慕课平台收录
26	格致化学鱼泡小工坊	研究型	2017年1月	市慕课平台收录
27	中学数学文化欣赏	研究型	2017年1月	市慕课平台收录

附录 5-14　学校历次教学展示周主题一览表

学　　期	日　　期	主　　题
2003 学年第一学期	2003 年 11 月 24 日—28 日	帮助学生成功的策略——激励学生主动参与的教法研究
2003 学年第二学期	2004 年 5 月 10 日—14 日	导学艺术的探索
2004 学年第一学期	2004 年 12 月 6 日—10 日	优化思维品质、提高导学效益
2004 学年第二学期	2005 年 5 月 9 日—13 日	体现自主理念、提升互动效益
2005 学年第一学期	2005 年 12 月 7 日—11 日	让学生爱学、会学的学法探索
2005 学年第二学期	2006 年 5 月 12 日—16 日	生命、青春、责任
2006 学年第一学期	2006 年 12 月 4 日—8 日	探求"二主"的和谐结合
2006 学年第二学期	2007 年 5 月 21 日—24 日	三维目标和谐整合，课堂教学追求实效
2007 学年第一学期	2007 年 12 月 3 日—7 日	优化教学、提高实效
2007 学年第二学期	2008 年 5 月 5 日—9 日	提升思维品质、提高课堂效能
2008 学年第一学期	2008 年 11 月 17 日—21 日	注重过程评价、提升学生学力
2008 学年第二学期	2009 年 4 月 20 日—24 日	智慧课堂、个性教学
2009 学年第一学期	2009 年 10 月 12 日	推进课程建设　深化课堂改革
2009 学年第二学期	2010 年 5 月 10 日—14 日	激活学生思维、培育创新素养
2010 学年第一学期	2010 年 10 月 18 日—22 日	激活课堂、优化教学
2010 学年第二学期	2011 年 5 月 5 日—12 日	加强教学研讨，提高课堂实效
2011 学年第一学期	2011 年 11 月 14 日—12 月 19 日	情景创设，学法指导
2011 学年第二学期	2012 年 3 月 26 日—5 月 17 日	改善学习方式，培育创新素养

续表

学　期	日　期	主　题
2012学年第一学期	2012年10月24日—12月4日	深化课程改革,拓展学习方式
2012学年第二学期	2013年5月6日—5月20日	有效互动,高效教学
2013学年第一学期	2013年10月30日—12月17日	激活课堂,提升学习力
2013学年第二学期	2014年4月—5月	加强思维训练,提升学习力
2014学年第一学期	2014年11月19日—12月18日	学习科学与创新课堂
2014学年第二学期	2015年4月6日—4月28日	青年教师教学实践展示
2015学年第一学期	2015年10月22日—12月8日	聚焦常态课堂,提升教学质量
2015学年第二学期	2016年3月29日—4月11日	青年教师教学实践展示
2016学年第一学期	2016年11月9日—12月15日	落实学科核心素养,优化课堂教学质量
2016学年第二学期	2017年4月6日—5月11日	深度研究高考新政　全面探索课堂转型
2017学年第一学期	2017年10月24日—12月1日	聚焦关键能力　促进课堂转型
2017学年第二学期	2018年4月28日—5月18日	关注学科核心素养,提升课堂教学品质
2018学年第一学期	2018年10月10日—12月20日	深入研究课程标准　全面提升教学质量

附录5-15　学校部分学生荣誉统计

2004年
◆ 汤康敏获"首届全国青少年艺术英才大赛"金奖,赴北京参加建国55周年庆典音乐会,受到胡锦涛等国家领导人接见。
◆ 朱天博获"上海市青少年明日科技之星"称号。

2006年
◆ 武亦文以585分荣膺上海市高考"理科状元"。
◆ 王梓余被联合国儿童基金会评为"爱心大使"。
◆ 李仕豪被评为第四届"中国少年科学院院士"。

2007年
◆ 史哲雨、徐超分获亚洲物理奥林匹克竞赛银牌、铜牌。
◆ 黄诚赟获全国奥林匹克天文竞赛第一名,代表中国参加国际天文奥材匹克竞赛获铜奖。
◆ 王梓余获全国中学生"正泰品学奖"特别奖。
◆ 徐冰倩被评为2007年"上海市大中学生理论学习先进个人"。
◆ 秦笑薇被评为"上海市金爱心学生十佳标兵"。

2008年
◆ 张弛成当选2008年奥运火炬手。
◆ 徐冰倩代表黄浦区学生,出席上海市第十三届团代会。
◆ 旷神怡、王珏、王盈、唐佳颖、胡璟婧、张伊娜6人均获全国地理科技大赛一等奖。
◆ 获第五届"韬奋杯"上海市中学生时政知识大赛高中组银奖。

2009年
◆ 高三(1)班荣获"上海市中等学校先进集体"称号。

◆ 刘明扬代表中国参加2009年联合国世界青年大会。
◆ 莫威格等4人携"健身环保两不误"研究课题出席中欧峰会。
◆ 赵子玺、翁玮琦获上海市2009年"子长杯"中小幼学生书画、篆刻大赛书法作品一等奖。
◆ 学生社团获上海市"根与芽十周年"特殊贡献奖。

2010年
◆ 余俞获"全国节能减排全民行动大赛"一等奖。

2011年
◆ 顾超获第4届罗马尼亚大师杯数学竞赛铜牌。
◆ 时惜之被评为"上海市中等学校三好学生"。
◆ 章泽人被评为"上海市金爱心学生十佳标兵"。
◆ 学生社团获"全国中小学生茶艺邀请赛"一等奖;"国际茶文化旅游节"上海中小学茶艺大赛一等奖、上海市茶艺专场高中组金、银、铜奖。
◆ 学生电视台获"上海市实验性示范性学校DV比赛"一等奖。

2012年
◆ 顾超获第38届俄罗斯奥林匹克数学竞赛金牌。
◆ 2013届9班获"上海市中等学校先进班集体"称号。
◆ 陈慈钰被评为"上海市中等学校三好学生"。
◆ 学生电视台拍摄的《校园DV中的"你来我往"》和《借助社会实践、体验农村生活,培养社会责任》获上海市中小学优秀活动案例一等奖。
◆ 王斯佳的《祝福》获上海市中小学生"光辉历程"微电影故事征集大赛优秀奖。

2013年
◆ 顾超获第54届国际奥林匹克数学竞赛金牌,为中国队取得团体总分第一名建功卓著。
◆ 2014届(9)班获"上海市中等学校先进班集体"称号。
◆ 邬开成被评为"上海市中等学校三好学生"。
◆ 学生电视台获第五届中国中小学校园影视节"全国百佳校园电视台"称号。

2014 年
◆ 2015 届(5 班)获"上海市中等学校先进班集体"称号。
◆ 王佳懿获全国青少年五好小公民"美丽中国·我的中国梦"主题教育征文一等奖。
◆ 王路遥获上海市中学生暑期社会实践微课题研究一等奖。
◆ 学生电视台获上海市首届校园原创微视频网络展评活动"最佳影片奖"。
◆ 学生音乐剧社获第二届上海市中学生话剧表演"优秀表演奖"。
◆ 徐译获"国际象棋大师"称号。

2015 年
◆ 2016 届(8)班获"上海市中等学校先进集体"称号。
◆ 徐译在第三届全国智力运动会国际象棋比赛中连创佳绩,被上海市副市长赵雯接见,并被授予"突出贡献奖"。
◆ 王佳懿被评为"上海市中等学校优秀学生干部"。
◆ 丁颀、卜凡获全国青少年五好小公民"少年向上·真善美伴我行"主题教育征文一、二等奖。
◆ 学生电视台获"2014—2015 上海市中小学优秀校园电视台"称号。
◆ 学生电视台拍摄的微电影《王小全日记》获第十二届全国中小学校园影视评比二等奖。

2016 年
◆ 2017 届(5)班获"上海市中等学校先进集体"称号。
◆ 高在好获"上海市最美中学生"称号。
◆ 肖思弦被评为"上海市中等学校优秀学生团干部"。
◆ 张百合获全国青少年五好小公民"老师您好·我的好老师"主题教育征文二等奖。

2017 年
◆ 2017 届(11)班获"上海市中等学校先进集体"称号。
◆ 侯亦乐、李嘉悦、赵思菡获全国青少年五好小公民"阳光校园·我们是好伙伴"主题征文一、二、三等奖。
◆ 张宇辰获 2017 年度"全国最美中学生"称号。

◆ 李庭宇被评为"上海市中等学校优秀学生干部"称号。

◆ 学生电视台获上海市中学生广播创意大赛冠军；微电影《诗中有画》获第14届全国中小学校园影视评比影视教学二等奖。

2018年

◆ 郭硕获"国际棋联大师"称号。

◆ 女排青年团队被评为"上海市青年五四奖章集体"。

◆ 盛开荣被评为"上海市中等学校三好学生"。

2019年

◆ 2019年5月4日,学校团委被共青团中央授予2018年度"全国五四红旗团委(团支部)"称号。

附录5-16　学生数学、物理、化学、生物、计算机奥赛获奖统计

年份	姓　名	获奖名称
2006年	史哲雨	全国中学生第二十三届物理竞赛上海赛区一等奖
		全国中学生化学竞赛上海赛区一等奖
	徐　超	全国中学生第二十三届物理竞赛上海赛区一等奖
	徐经纬	全国中学生第二十三届物理竞赛上海赛区一等奖
	尹可辰	全国中学生第二十三届物理竞赛上海赛区一等奖
	黄轶超	全国中学生第十二届信息学联赛上海赛区一等奖
	俞梦杰	全国中学生第二十三届物理竞赛上海赛区一等奖
	任志辰	全国中学生第二十三届物理竞赛上海赛区一等奖
	李　成	全国中学生第二十三届物理竞赛上海赛区一等奖
	王唯晔	十五届全国中学生生物学竞赛(冬令营)二等奖、上海赛区一等奖
	方水石	全国中学生生物学联赛上海赛区一等奖
	沈　怡	全国中学生第二十三届物理竞赛上海赛区一等奖
	郑仲玥	全国中学生第十二届信息学联赛上海赛区一等奖
	唐怡吉	全国中学生化学竞赛上海赛区一等奖
	徐沛沛	全国中学生第二十三届物理竞赛上海赛区一等奖
	史美轩	全国中学生第二十二届物理竞赛上海赛区一等奖
	李　炀	全国中学生第十二届信息学联赛上海赛区一等奖
	马健平	全国青少年第十一届信息学奥林匹克联赛上海赛区一等奖
	姜　沁	全国中学生数学竞赛上海赛区二等奖
	乔林坤	全国中学生生物竞赛上海赛区一等奖
	周　麟	全国中学生第十二届信息学联赛上海赛区一等奖

续表

年份	姓　名	获奖名称
2007年	陆弘量	全国高中数学联赛上海赛区一等奖
	孙睿骅	全国中学生第二十四届物理竞赛上海赛区一等奖
	孙宛晨	全国中学生第二十四届物理竞赛上海赛区一等奖
	石　来	全国中学生第二十四届物理竞赛上海赛区一等奖
	虞朱鸿	全国中学生第二十四届物理竞赛上海赛区一等奖
	何　为	全国中学生第二十四届物理竞赛上海赛区一等奖
	段　炼	全国中学生第二十四届物理竞赛上海赛区一等奖
	高　源	全国中学生第二十四届物理竞赛上海赛区一等奖
	蔡雯倩	全国中学生第二十一届化学竞赛(冬令营)二等奖、上海赛区一等奖
	张奕辰	全国中学生第二十一届化学竞赛上海赛区一等奖
	刘晓晨	全国中学生第十六届生物学竞赛银牌、上海赛区一等奖
	胡　鼎	全国中学生第十六届生物学竞赛铜牌、上海赛区一等奖
	罗　希	全国中学生生物学联赛上海赛区一等奖
	沈喆铧	全国中学生生物学联赛上海赛区一等奖
	张　博	全国中学生生物学联赛上海赛区一等奖
	郭范立	全国中学生生物学联赛上海赛区一等奖
	刘斯煜	全国中学生生物学联赛上海赛区一等奖
	张慧婷	全国中学生生物学联赛上海赛区一等奖
2008年	闻　悦	全国中学生第二十五届物理竞赛上海赛区一等奖
	简　立	全国中学生第二十五届物理竞赛上海赛区一等奖
	黄泽宇	全国中学生第二十五届物理竞赛上海赛区一等奖
	钱圣申	全国中学生第二十五届物理竞赛上海赛区一等奖
	尹一君	全国中学生第二十五届物理竞赛上海赛区一等奖
	谢　天	全国中学生第二十五届物理竞赛上海赛区一等奖
	陆元诚	全国中学生第二十二届化学竞赛上海赛区一等奖、全国三等奖
	孟亦田	全国中学生第二十二届化学竞赛上海赛区一等奖
	蔡稼翔	全国中学生第二十二届化学竞赛上海赛区一等奖

续表

年份	姓　名	获奖名称
2008 年	沙　颖	全国中学生第十七届生物学竞赛银牌、上海赛区一等奖
	陈晓雪	全国中学生第十七届生物学竞赛铜牌、上海赛区一等奖
	裔传臻	全国中学生生物学联赛上海赛区一等奖
	陆晓彧	全国中学生生物学联赛上海赛区一等奖
	夏骐萌	全国青少年信息学奥赛（上海赛区）一等奖
	席文骏	全国青少年信息学奥赛（上海赛区）一等奖
	邓凝旖	全国青少年信息学奥赛（上海赛区）一等奖
2009 年	王文俊	全国高中数学联赛上海赛区一等奖
	黄文涛	全国高中数学联赛上海赛区一等奖
	杨天和	全国中学生第二十六届物理竞赛上海赛区一等奖
	尹一君	全国中学生第二十六届物理竞赛上海赛区一等奖、全国二等奖
	田　琨	全国中学生第二十六届物理竞赛上海赛区一等奖
	张文纲	全国中学生第二十六届物理竞赛上海赛区一等奖、全国三等奖
	胡双达	全国中学生第二十六届物理竞赛上海赛区一等奖、全国二等奖
	钱圣申	全国中学生第二十六届物理竞赛上海赛区一等奖、全国二等奖
	管　杨	全国中学生第二十六届物理竞赛上海赛区一等奖、全国三等奖
	黄泽宇	全国中学生第二十六届物理竞赛上海赛区一等奖、全国一等奖
	谢　天	全国中学生第二十六届物理竞赛上海赛区一等奖
	李辰意	全国中学生生物学联赛上海赛区一等奖
	刘　君	全国中学生生物学联赛上海赛区一等奖
	何　易	全国中学生生物学联赛上海赛区一等奖
	陈智弘	全国中学生生物学联赛上海赛区一等奖
	何勖喆	全国中学生第二十三届化学竞赛上海赛区一等奖
	袁辛未	全国青少年信息学奥赛上海赛区一等奖
	张凯帆	全国青少年信息学奥赛上海赛区一等奖
2010 年	顾　超	全国高中数学联赛上海赛区一等奖、2011 中国数学奥林匹克（CMO）金牌　并入选国家集训队
	顾奕伟	全国高中数学联赛上海赛区一等奖

续表

年份	姓 名	获奖名称
2010年	赵之玺	全国中学生第二十七届物理竞赛(冬令营)银牌、上海赛区一等奖
	卢 涛	全国中学生第二十七届物理竞赛(冬令营)铜牌、上海赛区一等奖
	王正安	全国中学生第二十七届物理竞赛上海赛区一等奖
	宣 弘	全国中学生第二十七届物理竞赛上海赛区一等奖
	郑 昊	全国中学生第二十七届物理竞赛上海赛区一等奖
	彭 阳	全国中学生第二十四届化学竞赛(冬令营)银牌、上海赛区一等奖
	徐迟馨	全国中学生第十九届生物竞赛(冬令营)铜牌、上海赛区一等奖
	邵颖瑶	全国中学生第十九届生物竞赛(冬令营)铜牌、上海赛区一等奖
	余家文	全国中学生第十九届生物竞赛上海赛区一等奖
	李柏逸	全国中学生第十九届生物竞赛上海赛区一等奖
	张谷乔	全国中学生第十九届生物竞赛上海赛区一等奖
	秦 同	全国中学生第十九届生物竞赛上海赛区一等奖
	尚书宇	全国中学生第十八届生物竞赛上海赛区一等奖
	顾天瑜	全国青少年信息学奥赛上海赛区一等奖
2011年	顾 超	全国高中数学联赛上海赛区一等奖、2012中国数学奥林匹克(CMO)金牌并入选国家集训队,获2011年罗马尼亚大师杯铜牌
	刘儒峰	全国高中数学联赛上海赛区一等奖
	唐家兴	全国中学生第二十八届物理竞赛(冬令营)金牌、上海赛区一等奖
	苏 鑫	全国中学生第二十八届物理竞赛(冬令营)银牌 上海赛区一等奖(第一名)
	金佳盛	全国中学生第二十八届物理竞赛(冬令营)银牌、上海赛区一等奖
	马雨玮	全国中学生第二十八届物理竞赛(冬令营)银牌、上海赛区一等奖
	费 凡	全国中学生第二十八届物理竞赛(冬令营)银牌、上海赛区一等奖

续表

年份	姓　名	获奖名称
2011年	郑　昊	全国中学生第二十八届物理竞赛(冬令营)铜牌、上海赛区一等奖
	王　敖	全国中学生第二十八届物理竞赛上海赛区一等奖
	孙天成	全国中学生第二十八届物理竞赛上海赛区一等奖
	邵枝淳	全国中学生第二十八届物理竞赛上海赛区一等奖
	王志凌	全国中学生第二十八届物理竞赛上海赛区一等奖
	曹玄烨	全国中学生第二十届生物竞赛(冬令营)铜牌、上海赛区一等奖
	周元昊	全国中学生第二十届生物竞赛上海赛区一等奖
		全国中学生第二十五届化学竞赛上海赛区一等奖
	曹　琼	全国中学生第二十届生物竞赛上海赛区一等奖
	白　龙	全国青少年信息学奥赛上海赛区一等奖
	朱稼乐	全国青少年信息学奥赛上海赛区一等奖
2012年	顾　超	第38届俄罗斯中学生数学奥林匹克金牌(并列第一) 中国数学奥林匹克(CMO)金牌并入选国家集训队
	刘儒峰	全国高中数学联赛上海赛区一等奖
	顾奕伟	全国高中数学联赛上海赛区一等奖
	宋杰铭	全国高中数学联赛上海赛区一等奖
	孙天成	全国中学生第二十九届物理竞赛(冬令营)金牌、上海赛区一等奖
	邵枝淳	全国中学生第二十九届物理竞赛(冬令营)银牌、上海赛区一等奖
	刘致君	全国中学生第二十九届物理竞赛(冬令营)银牌、上海赛区一等奖
	王志凌	全国中学生第二十九届物理竞赛上海赛区一等奖
	俞　延	全国中学生第二十九届物理竞赛上海赛区一等奖
	陈子涵	全国中学生第二十九届物理竞赛上海赛区一等奖
	孙雨辉	全国中学生第二十九届物理竞赛上海赛区一等奖
	石元峰	全国中学生第二十九届物理竞赛上海赛区一等奖
	姚骋波	全国中学生第二十六届化学竞赛(冬令营)金牌、上海赛区一等奖

续表

年份	姓　名	获奖名称
2012年	徐子博	全国中学生第二十六届化学竞赛上海赛区一等奖
	徐王睿	全国中学生第二十一届生物竞赛上海赛区一等奖
	陈思雯	全国中学生第二十一届生物竞赛上海赛区一等奖
	李毅翔	全国中学生第二十一届生物竞赛上海赛区一等奖
	夏亦婧	全国中学生第二十一届生物竞赛上海赛区一等奖
	顾　超	全国青少年信息学奥赛上海赛区一等奖
	刘从优	全国青少年信息学奥赛上海赛区一等奖
	陈慈钰	全国青少年信息学奥赛上海赛区一等奖
	姜森磊	全国青少年信息学奥赛上海赛区一等奖
	黄　河	全国青少年信息学奥赛上海赛区一等奖
2013年	顾　超	IMO第54届国际数学奥林匹克金牌
	丁嘉源	全国高中数学联赛上海赛区一等奖
	吕福源	全国中学生第三十届中学生物理竞赛上海赛区一等奖
	孙乾汇	全国中学生第三十届中学生物理竞赛(冬令营)铜牌、上海赛区一等奖
	吴伟杰	全国中学生第三十届中学生物理竞赛(冬令营)铜牌、上海赛区一等奖
	张　昊	全国中学生第三十届中学生物理竞赛(冬令营)铜牌、上海赛区一等奖
	李冰仑	全国中学生第三十届中学生物理竞赛上海赛区一等奖
	孙锦航	全国中学生第二十七届化学竞赛上海赛区一等奖
	陶　醉	全国中学生第二十二届生物竞赛(冬令营)铜牌、上海赛区一等奖
	毛嘉叶	全国中学生第二十二届生物竞赛(冬令营)铜牌、上海赛区一等奖
	马诗语	全国中学生第二十二届生物竞赛(冬令营)铜牌、上海赛区一等奖
	饶依芸	全国中学生第二十二届生物竞赛上海赛区一等奖
	张煜昱	全国中学生第二十二届生物竞赛上海赛区一等奖

续表

年份	姓　名	获奖名称
2013年	唐嘉沁	全国青少年信息学奥赛上海赛区一等奖
	黄　河	全国青少年信息学奥赛上海赛区一等奖
	尼　克	全国青少年信息学奥赛上海赛区一等奖
2014年	姚顺宇	全国中学生第三十一届物理竞赛(冬令营)银牌、上海赛区一等奖
	徐轩岳	全国中学生第三十一届物理竞赛(冬令营)铜牌、上海赛区一等奖
	李泽皓	全国中学生第三十一届物理竞赛上海赛区一等奖
	吕福源	全国中学生第三十一届物理竞赛上海赛区一等奖
	冷　进	全国中学生第三十一届物理竞赛上海赛区一等奖
	杨袁杰	全国中学生第三十一届物理竞赛上海赛区一等奖
	谈咏麒	全国中学生第三十一届物理竞赛上海赛区一等奖
	刘祎辰	全国中学生第二十八届化学竞赛(冬令营)铜牌、上海赛区一等奖
	顾　恺	全国中学生第二十八届化学竞赛上海赛区一等奖
	黄　添	全国中学生第二十三届生物竞赛(冬令营)铜牌、上海赛区一等奖
	周亦然	全国青少年第二十届信息学奥赛上海赛区一等奖
2015年	谈咏麒	全国中学生第三十二届物理竞赛上海赛区一等奖
	徐嵩渊	全国中学生第三十二届物理竞赛上海赛区一等奖
	秦宇隽	全国中学生第三十二届物理竞赛上海赛区一等奖
	陆浩然	全国中学生第三十二届物理竞赛上海赛区一等奖
	钟梓磊	全国中学生第三十二届物理竞赛上海赛区一等奖
	成怡斐	全国中学生第二十四届生物竞赛(冬令营)铜牌、上海赛区一等奖
	陈怡文	全国中学生第二十四届生物竞赛(冬令营)铜牌、上海赛区一等奖
	严　杰	全国中学生第二十四届生物竞赛上海赛区一等奖
	施智杰	全国中学生第二十四届生物竞赛上海赛区一等奖

续表

年份	姓　名	获奖名称
2015 年	詹智超	全国中学生第二十四届生物竞赛上海赛区一等奖
	刘明锐	全国青少年第二十一届信息学奥赛上海赛区一等奖
	周亦然	全国青少年第二十一届信息学奥赛上海赛区一等奖 获 2016 年第 33 届全国青少年信息学奥林匹克竞赛(冬令营)铜牌
2016 年	高钰圣	全国中学生第三十三届物理竞赛上海赛区一等奖
	沈　浪	全国中学生第三十三届物理竞赛上海赛区一等奖
	蔡晴慧	全国中学生第二十五届生物竞赛(冬令营)铜牌、上海赛区一等奖
	朱逸辰	全国中学生第二十五届生物竞赛上海赛区一等奖
	刘明锐	全国青少年第二十二届信息学奥赛上海赛区一等奖 2017 年第 34 届全国青少年信息学奥林匹克竞赛(冬令营)银牌
	周亦然	全国青少年第二十二届信息学奥赛上海赛区一等奖 2017 年第 34 届全国青少年信息学奥林匹克竞赛(冬令营)铜牌
2017 年	沈　浪	全国中学生第三十四届物理竞赛上海赛区一等奖
	李庭宇	全国中学生第三十四届物理竞赛上海赛区一等奖
	叶　枫	2017 年全国中学生第三十一届化学竞赛(冬令营)银牌、上海赛区一等奖
	周子鉴	全国中学生第二十六届生物竞赛(冬令营)铜牌，上海赛区一等奖
	倪子啸	全国中学生第二十六届生物竞赛上海赛区一等奖
	闵冉洁	全国中学生第二十六届生物竞赛上海赛区一等奖
	金釜华	全国中学生第二十六届生物竞赛上海赛区一等奖
	施　焱	全国青少年第二十三届信息学奥赛上海赛区一等奖
	杭业晟	全国青少年第二十三届信息学奥赛上海赛区一等奖 第 35 届全国青少年信息学奥林匹克竞赛(冬令营)铜牌
	周佳麒	全国青少年第二十三届信息学奥赛上海赛区一等奖
2018 年	杭业晟	全国青少年第二十四届信息学奥林匹克联赛上海赛区一等奖 获 2019 年第 36 届全国青少年信息学奥林匹克竞赛(冬令营)铜牌
	周佳麒	全国青少年第二十四届信息学奥林匹克联赛上海赛区一等奖
	李梁裕	全国青少年第二十四届信息学奥林匹克联赛上海赛区一等奖
	廖慕盈	全国中学生第二十七届生物竞赛上海赛区一等奖
	王子鉴	全国中学生第三十二届化学竞赛上海赛区一等奖

附录5-17　学生语文、英语竞赛市级以上获奖统计

2006年,获第七届"沪港澳新"四地征文比赛、上海市"学会感恩,与爱同行"征文比赛、上海市科技征文一等奖;上海市中学生科普英语竞赛团体二等奖。

2007年,获中国大陆和香港、台湾地区中学生征文大赛最高荣誉"特优奖",上海市中学生作文大赛一等奖,上海市第十五届高中生科普英语竞赛初赛团体一等奖。

2008年,获"恒源祥杯"中国中学生作文大赛、上海市"新纪元杯"作文竞赛一等奖,上海市"海文杯"英语竞赛一、二、三等奖,上海市"迎世博"英语竞赛一等奖。

2009年,4名学生获"恒源祥杯"作文大赛一等奖,获全国中学生英语能力竞赛二等奖和三等奖,上海市第六届中学生现场英语作文大赛两个特等奖。

2010年,沈文思获中国中学生作文大赛"恒源祥文学之星"称号(每届从全国大赛一等奖选手中评审出20名),闫函润获上海市优秀学生论文一等奖,李佳一、马菁、何欣怡获第23届上海市中学生作文竞赛"网络大赛"一等奖,张悦欣获上海市第三届"让青少年读懂中国"征文活动一等奖,雷英子、徐王睿获第24届上海市中学生作文竞赛一等奖,1名学生获全国中学生英语读写大赛一等奖,2010届(8)班获上海市英语现场作文大赛团体银奖,其中戴思菁、王敏杰获特等奖,何梦羽、王彤获一等奖,两名学生获上海市世博英语风采大赛一等奖,两名学生获全国中学生英语能力竞赛二等奖,两名获三等奖。

2011年,获上海市科普英语竞赛团体第三名。

2012年，获上海市第二十届高中学生科普英语竞赛2个二等奖、5个三等奖，上海市高中英语竞赛优胜奖、三等奖，上海市高中英语辩论锦标赛团体三等奖。

2013年，获第八届"中国中学生作文大赛"上海赛区一等奖、二等奖各2名、三等奖4名，第26届上海市中学生作文竞赛二等奖1名、三等奖2名，上海市高中生英语演讲比赛一等奖，第七届上海市高中名校读书节征文一、二等奖各1名，三等奖1名。

2014年，获全国创意写作大赛一等奖；牛泊予入围"中国中学生作文大赛"决赛，上海市第21届"爱的教育"读书节征文一等奖1名、二等奖2名、三等奖3名，上海市中小学生暑期读书系列活动征文一等奖2名、二等奖2名、三等奖4名，获上海市高中英语竞赛二等奖，上海市第22届高中科普英语竞赛团体一等奖、个人一等奖6名。

2015年，获上海市中小学生暑期读书系列活动征文一等奖2名、个人一等奖10名，上海市第23届科普英语竞赛团体一等奖、个人一等奖9名，上海市大中学生英语口译大赛团体优胜奖。

2016年，获海峡两岸中小学生作文大赛总决赛一等奖2名、二等奖3名、三等奖2名，上海市中小学生暑期系列读书活动征文比赛二等奖1名、三等奖4名，上海市高中科普英语竞赛团体一等奖、个人一等奖10名，上海市高中英语竞赛二等奖1名、三等奖4名，第13届新少年中小学生现场英语作文竞赛一等奖。

2017年，获第12届"中国中学生作文大赛"上海赛区特等奖，4名学生以第13届大赛上海赛区一等奖的成绩获得全国赛区评审资格，上海市高中英语竞赛二等奖3名、三等奖3名，第二届"话说东西"上海市大中学生英语口译展示活动团体二等奖3名。

2018年，获上海市古诗文创作比赛二等奖，第32届上海市中学生作文竞赛一等奖、三等奖各1名，第13届"中国中学生作文大赛"中11位学生分获上海赛区一、二、三等奖，获全国一等奖、三等奖各1名，获上海市科普英语竞赛一、二、三等奖，上海市上外杯英语竞赛二等奖2名、三等奖3名，上海市高中生未来演说家大赛二等奖1名、三等奖1名，上海市大中学生"话说东西"中英互译交流展示活动二等奖3名、三等奖2名。

附录5-18　学生科技竞赛市级以上获奖统计

2007年,获上海未来机器人大赛"最佳创意奖",上海市第二十届头脑奥林匹克创新大赛"特别创造力奖"。

2008年,获第23届英特尔上海市青少年科技创新大赛一等奖,上海市头脑奥林匹克万人大挑战一等奖。

2009年,获上海市头脑奥林匹克创新大赛机器动物组第一名,上海市头脑奥林匹克擂台赛4个一等奖,上海市头脑奥林匹克万人大挑战4个一等奖,英特尔创新大赛一等奖。

2010年,获上海市头脑奥林匹克擂台赛4个一等奖,头脑奥林匹克万人大挑战3个一等奖,第25届英特尔上海市青少年科技创新大赛优秀组织奖和6个二等奖。

2011年,获上海市创新大赛一等奖,全国名校高中生结构邀请赛第一名,上海市头脑奥林匹克万人大挑战7个一等奖、7个二等奖。

2012年,获FIRST机器人科技挑战赛中国区冠军,ROBOCUP机器人世界杯中国队赛区选拔赛一等奖;上海市第25届头脑奥林匹克创新大赛古典题"生存与毁灭"赛题一等奖,上海市头脑奥林匹克万人大挑战一等奖、二等奖,第8届未来工程师大赛"桥梁承重"项目一等奖、二等奖,"网球之旅—连环控制设计"项目二等奖。

2013年,获第28届上海市青少年科技创新大赛青少年科技创新成果奖,机器人科技挑战赛2013赛季中国区上海赛区冠军,机器人世界杯中国赛区上海地区选拔赛最佳创新实践奖,第34届世界头脑奥林匹克中国赛区高中组三等奖,第9届上海未来工程师大赛二、三等奖,第26届头脑奥林匹克创新大赛暨第34届世界头脑奥林匹克中国区决

赛表演题一等奖、古典题一等奖。

2014年,获FIRST机器人科技挑战赛华东赛区FTC项目冠军,ROBOCUP机器人世界杯中国赛区选拔赛二等奖、上海地区选拔赛一等奖和4个二等奖,青少年机器人世界杯中国赛区上海地区选拔赛3个一等奖、2个二等奖,第10届上海未来工程师大赛"F1机器人赛车"项目一等奖、"桥梁承重"项目二等奖、"云霄飞车"项目二等奖,第29届上海市青少年创新大赛"新型轻便式代步工具"项目二等奖,上海市机器人创意公开赛5个一等奖,第35届头脑奥林匹克创新大赛中国赛区三等奖。

2015年,在ROBOCUP青少年世界杯中国赛区上海地区选拔赛中,两队学生的"机器人救援B"项目分别获冠军和二等奖,另两队学生的"机器人救援B"项目分别获季军和二等奖,获第36届世界头脑奥林匹克中国区决赛2个二等奖;第7届全国中小学劳动技术教育创新作品展评比活动银奖和铜奖;第30届上海市青少年科技创新大赛三等奖;第11届上海市未来工程师F1机器人赛车2个二等奖、2个三等奖。

2016年,获第二届国际青少年(中国泉州)科技创意大赛特等奖、一等奖;2017ROBOCUP青少年世界杯中国赛区上海地区选拔赛中,获"机器人微型救援"项目一等奖、"机器人救援B"项目一等奖及创新实践奖、"机器人救援A"项目一等奖,第30届上海市头脑奥林匹克创新大赛"有本事就来抓我们"项目第一名,第37届世界头脑奥林匹克中国区决赛环保车组二等奖,第一届"登峰杯"全国中学生学术科技作品竞赛全国总决赛二等奖、课外学术作品"机器人搬运"项目银奖,2016年上海高中生"i创变客"挑战赛冠军,2016年全国室内航模锦标赛一等奖。

2017年,获第13届上海未来工程师大赛7个一等奖、3个二等奖、1个三等奖;第38届头脑奥林匹克中国赛区决赛"有本事就来抓我们"项目一等奖,上海市第31届头脑奥林匹克创新大赛"古典"项目第一名、"铁人三项之旅"项目第二名;2017—2018DI上海青少年创新思维竞赛"即时挑战"项目第一名、"意想不到的吸引力"项目第三名、"变调的音乐"项目第三名,两个队全部进入中国赛区决赛,"变调的音乐"获全国第二名,第二届"登峰杯"全国中学生科技作品竞赛全国总决赛"机器人搬运"项目二等奖、无限制仿真航行套材舰船模型F4—B项目获冠军、仿真套材航行舰船模型F4—A项目二等奖。

2018年,获DI创新思维及综合素质成果展示上海市赛第一名,全国赛文艺复兴奖,入围美国全球赛,全国青少年航空航天模型锦标赛团体一等奖、个人一等奖,头脑奥林匹克中国赛区决赛两项第一名,双双代表中国参加世界总决赛取得第七名。

附录 5-19　2008 年学生申请专利一览表

申请名称	申请类型	专利号
风筒式风力发电装置	发明	200810034091.5
车用水力节能装置	发明	200810033210.5
带电量显示装置的手电筒	发明	200810033209.2
车载尾气再利用设备	发明	200810033208.8
落窗系统	发明	200810035453.2
一种汽车	发明	200810036096.1
电子棋盘	发明	200810036337.2
一种新型手表	发明	200810035452.8
一种烟灰缸	发明	200810036099.5
智能书本分类器	发明	200810035454.7
一种公交车报站系统	发明	200810037127.5
防占线电话	发明	200810037129.4
一种切菜机	发明	200810037128.X
一种具有防盗功能的衣服	发明	200810037130.7
一种智能花盆	发明	200810037126.0
一种磁铁减震器	发明	200810038486.2
一种能量转换装置	发明	200810038488.1
一种冬帽	发明	200810038487.7
电动擦洗窗	发明	200810038489.6
分类洗衣机	发明	200810038490.9

续表

申请名称	申请类型	专利号
公共汽车雨篷	发明	200810038993.6
新型油门装置	发明	200810038992.1
多功能读书机	发明	200810039053.9
智能鸟笼	发明	200810039051.X
活动式座位表	发明	200810039052.4
喷气式雨伞	发明	200810201950.5
刻度读数辅助器	发明	200810201952.4
拖把清洗机	发明	200810202429.3
声控婴儿用摇篮	发明	200810202427.4
针筒式牙膏包装结构	发明	200810202428.9
一种宠物自动刷毛箱	发明	200810202543.6
红外手机防盗装置	发明	200810203131.4
一种方便门	实用新型	200820055194.5
弧形角的书	实用新型	200820055193.0
新式垃圾盖	实用新型	200820056013.0
车载防撞击磁铁	实用新型	200820056015.X
散热杯	实用新型	200820056016.4
汽车双面雨刷	实用新型	200820056014.5
热水器的冷水收集器	实用新型	200820056017.9
具有分流窗口的风筒式风力发电装置	实用新型	200820057212.3
具有风向标的风筒式风力发电装置	实用新型	200820057220.8
具有阻风移门的风筒式风力发电装置	实用新型	200820057443.4
具有横流式多叶片叶轮的风筒式风力发电装置	实用新型	200820057219.5
集流式风筒	实用新型	200820057215.7
具有转盘的风筒式风力发电装置	实用新型	200820057217.6
具有梯形撞块的风筒式风力发电装置	实用新型	200820057442.X
具有风向导流装置的风筒式风力发电装置	实用新型	200820057216.1
风筒式风力发电装置	实用新型	200820057218.0
防风一次性桌布	实用新型	200820056821.7

续表

申请名称	申请类型	专利号
刀套	实用新型	200820056816.6
晾衣柜	实用新型	200820056820.2
自动刹车装置	实用新型	200820056822.1
多功能保温杯	实用新型	200820056815.1
公交车隔板	实用新型	200820057327.2
新型拎物器	实用新型	200820056817.0
一种瓶	实用新型	200820057329.1
一种用于路口交通管理的监控装置	实用新型	200820057328.7
自动浇花器	实用新型	200820056326.6
一种新型黑板擦	实用新型	200820056408.0
吸盘插头	实用新型	200820056818.5
公交超载报警装置	实用新型	200820056819.X
整线盒	实用新型	200820057441.5
用于手表的表带	实用新型	200820058143.8
垃圾收集装置	实用新型	200820058139.1
用于楼道灯的开关装置	实用新型	200820058140.4
掌上游戏机	实用新型	200820058141.9
一种包	实用新型	200820058142.3
一种风扇伞	实用新型	200820059337.X
拐杖雨伞	实用新型	200820059765.2
新型滚梯	实用新型	200820059764.8
铅笔帽	实用新型	200820059763.3
防反光黑板	实用新型	200820059762.9
便携式望远镜	实用新型	200820059833.5
防风衣架	实用新型	200820059835.4
环保桌	实用新型	200820059836.9
提神笔	实用新型	200820059828.4
可调订书机	实用新型	200820059834.X
一种新型肥皂盒	实用新型	200820060155.4

续表

申请名称	申请类型	专利号
一种新型杯子	实用新型	200820060156.9
可以感知温度的筷子	实用新型	200820060154.X
一种车灯监测装置	实用新型	200820060285.8
一种擦窗装置	实用新型	200820154544.3
一种便利鱼缸	实用新型	200820154545.8
坐姿矫正器	实用新型	200820154541.X
防盗拉杆箱	实用新型	200820154542.4
一种"春、夏、秋、冬"学生用水壶	实用新型	200820154543.9
一种眼镜	实用新型	200820154539.2
遥控电视转动台	实用新型	200820154540.5
一种领带	实用新型	200820154620.0
一种吹风机	实用新型	200820154621.5
可播放音乐的牙刷	实用新型	200820154622.X
万能剪刀	实用新型	200820154623.4
一种方便整理的书桌	实用新型	200820154624.9
一种卧式冰箱	实用新型	200820154626.8
一种拉杆电瓶	实用新型	200820154627.2
一种马桶	实用新型	200820154628.7
弯头解剖剪刀	实用新型	200820154629.1
救生盒	实用新型	200820154625.3
一种一次性饭盒	实用新型	200820154881.2
耳机线整理盒	实用新型	200820154882.7
移动垃圾收集器	实用新型	200820154883.1
光线调节节能灯	实用新型	200820154884.6
一种智能打火机	实用新型	200820155199.5
一种防摔笔	实用新型	200820155200.4
一种粉笔套	实用新型	200820155198.0
一种贴膜防盗装置	实用新型	200820155322.3
饮料瓶搬运箱	实用新型	200820155741.7
便携式书桌	实用新型	200820155738.5

附录 5-20 2014—2017 学年学生社团统计

学年	总体情况			科技类			艺术类			体育类			学科类			社会公益			理论学习			其他类			备注
	社团数	学生参加人数	占比%	社团数	人数	占比%	社团数	人数	占比%	社团数	人数	占比%	社团数	人数	占比%	社团数	人数	占比%	社团数	人数	占比%	社团数	人数	占比%	
2014—2015	52	965	80	7	65	5	12	156	13	9	182	15	6	130	11	4	102	8.5	2	135	11	12	195	16	
2015—2016	54	986	80	8	63	5	13	128	11	9	190	15	6	142	12	4	124	10	2	131	11	12	208	17	
2016—2017	57	1025	81	8	69	5	13	131	11	9	201	17	6	152	13	4	136	11	2	145	12	15	191	16	

附录5-21　模拟联合国社团大事记

2007年,在原"时政社"基础上,学校成立模拟联合国社团,旨在学习、探讨国际国内重大事件,开拓学生国际视野、培养积极进取精神。11年来,曾先后获得:

3次北京大学颁发的全国十佳组织奖,10次复旦大学颁发的杰出组织奖和"模联五周年杰出贡献奖",哈佛(中国区)模联活动最佳组织奖,牛津大学模拟联合国活动最佳代表团及最佳组织奖,两次常青藤模联活动最佳组织奖,2012年被评为上海市明星社团,2015年应邀参加在纽约联合国总部举行的首届中美学生模拟联合国大会活动,2016年成功举办"格致模联十周年暨上海市中学生模拟联合国大会"活动,获得团市委、团区委领导一致好评。

至今该社团已吸纳超过500余名社员,活动遍及宾夕法尼亚大学、卡耐基大学、埃莫里大学、清华、北大、复旦、上海交大、外交学院等知名学府,其中80余人次获得最佳代表、杰出代表等荣誉,成为全国具有影响力的一流模拟联合国学生社团。

附录 5-22　"全国中学生领导力培养"课题组活动简况

2015 年,为贯彻《国家中长期教育改革和发展规划纲要(2010—2020 年)》精神,"面向全体学生、促进学生全面发展,着力提高学生服务国家服务人民的社会责任感、用于探索的创新精神和善于解决问题的实践能力。"本校作为课题实验学校,参与"全国中学生领导力培养"的探索与实践。

2016 年 7 月,本校成功承办了"第七届全国中学生领导力展示会"课题组的"上海非遗青年""焕彩青村"两个项目获特等奖;

"让爱'动起来——母婴助力计划'""格么么——创新班学生自主经营品牌"两个项目获一等奖;

"时光无语曲有情,行看戏舞彩衣新——格致中学京腔沪声越曲的传承与创新""打造馆校合作新模式"两个项目获二等奖。

2017 年,课题组的"对于中国传统建筑艺术的研究与调查并推广其建筑特色""针对老年人群关于电子诈骗防范与个人信息安全的创新方案"两个项目获二等奖。

2018 年,课题组的"水银终结者""芳香植物的推广与应用""针对当前的性侵犯犯罪的有效解决方案(APP 制作)"3 个项目获一等奖,"书香校园,汇智集思"项目获二等奖。

附录5-23 黄浦区学生体质健康监测中心对学校2017年《国家学生体质健康标准》测试数据的分析报告(2018年4月)

一、在上海市格致中学所上报的3个年级数据中,综合得分为77.21,该校学生体质健康综合评价总平均分在17所高中排名第2位,所属等级为及格。其中高一年级平均得分为78.32,位列全区第4名,高二年级平均得分为77.18,位列全区第1名,高三年级平均得分为73.23,位列全区第5名。

二、该校学生身高体重评价:低体重率4.42%,略低于本区0.3个百分点;正常体重率71.85%,高于本区约4个百分点;超重率13.27%,低于本区约0.5个百分点;肥胖率10.46%,低于本区约3个百分点。该校学生在体重方面正常。

三、该校学生身体机能评价良好率合格率高于本区平均水平,优秀率与本区平均水平持平。

四、格致中学学生50米跑评价良好率与合格率略高于区平均水平,优秀率略低于区平均水平。和区平均水平基本相当。

该校学生坐位体前屈评价优秀率、良好率和及格率均与区平均水平相当。

格致中学男生和女生立定跳远评价优秀率、良好率与区平均水平持平,合格率高于平均水平近4个百分点。

该校1分钟仰卧起坐评价优秀率远超区平均水平近18个百分点,良好率合格率均高于区平均水平近3个百分点。

该校高中男生引体向上评价优秀率良好率合格率均低于区平均水平。因此该校应该加强男生的上肢力量练习。

该校高中学生1000米跑(男)/800米跑(女)评价良好率合格率均高于区平均水平,优秀率略低于平均水平,基本相当。

五、除上报数据之外,建议学校把因病未能参加测试学生的《免予执行〈国家学生体质健康标准〉申请表》妥善保存,以备各方查验。

附录5-24 学校部分体育项目获奖记录

一、女子排球

2005年,学校与国家队名宿祝嘉铭合作创办"上海祝嘉铭格致排球俱乐部",探索立足本区,小学、初中、高中一条龙的培养女排人才模式。

2009年,学校女排成为上海市校办二线运动队。

2010年,黄浦区少体校排球项目开始与格致中学联合训练。

2011年、2012年,获市十项系列赛中,女子小学、初中混合组冠军。

2013年,获市十项系列赛中,女子小学混合组的冠军,女子初中混合C组的冠军,混合B组的亚军,高中女子组的第四;10月,获上海市青少年排球锦标赛高中女排冠军;12月,代表黄浦区参赛,获上海市中学生运动会高中女排冠军。

2014年,代表黄浦区参赛,获上海市第十五届市运会高中组冠军;在这届市运会上黄浦区代表队囊获了女子组所有年龄组别冠军。5月,获上海市青少年排球锦标赛高中女子组冠军。

2015年,加入了上海市学生排球大联盟;5月,获上海市青少年锦标赛高中组亚军;10月,队员入选上海代表队,参加首届全国青年运动会U17女排比赛获第五名。

2016年5月,获上海市青少年锦标赛女子高中组亚军;7月,获全国U16女子排球锦标赛第三名;10月,获上海市中学生运动会高中女子组季军。

2017年5月,获上海市青少年锦标赛女子高中组季军。

2018年，以格致中学为盟主的黄浦区学生排球联盟成立；5月，获上海市青少年锦标赛女子高中组季军；7月，获全国U16女子排球锦标赛第三名；10月，代表黄浦区参加第十六届市运会，获高中女子组冠军、高中女子组沙滩排球赛亚军和第四名；黄浦区代表队获得了女子组四个组别的三个冠军和一个亚军。

格致女排自1979年9月组队以来，得到了历任校领导的重视。1984年即被市教育局和体委命名为"上海市体育传统项目学校"，2004年与上海市体育运动技术学校探索"体教结合"模式，多年来成为学校体育工作的重要组成部分，成为学生喜欢、家长放心、学校重视的学习训练团队，为高校、为一线输送了许多优秀运动员。

二、国际象棋、围棋

2006年，获上海市第十二届运动会"格致杯"国际象棋赛中学组男女团体冠军。

2007年，获上海市国际象棋比赛男女团体第一名；上海市围棋比赛高中组男子团体亚军。

2008年，获上海市中小学生国际象棋比赛男女团体冠军和男子个人冠军；围棋比赛包揽男女团体及男女个人冠军。获首届上海市大中小学生运动会的国际象棋比赛男子个人冠军、女子个人亚军、团体总分第一和奖牌第一，及体育道德风尚奖；围棋比赛囊括男子个人前三名、男女团体冠军，及女子个人冠军。

2009年，获上海市国际象棋比赛男子团体总分第一、围棋比赛女子团体总分第一。

2010年，获上海市国际象棋比赛男女团体第一名。

2011年，获上海市第十四届运动会国际象棋比赛金牌；获上海市中小学生围棋比赛高中男子组团体第一名，个人第二、三名，高中女子组团体第三名、个人第四名。

2012年，获上海市青少年十项系列赛的国际象棋男女团体冠军、围棋男子组团体冠军，获上海市阳光体育大联赛国际象棋高中组男女团体冠军。

2013年，获上海市青少年围棋赛男子高中组团体第三名、个人第一名，上海市中小学生围棋锦标赛男子高中组团体第二名、个人第二名,上海市学生阳光体育大联赛的围棋比赛高中组男子团体一等奖、女子团体二等奖,国际象棋比赛高中组男子团体第一名。

2014年,获上海市青少年十项系列赛的国际象棋比赛女子高中组团体第二名和个人第二名、男子高中组团体第三名;获上海市学生阳光体育大联赛的国际象棋比赛高中男子组团体一等奖、高中女子组团体二等奖,围棋比赛高中组男子团体一等奖、女子组团体二等奖;获上海市中小学生国际象棋锦标赛团体第三名和个人第二名。

2015年,获上海市青少年十项系列赛的国际象棋比赛团体第二名、个人第二名,获上海市阳光体育大联赛的国际象棋赛男子高中组团体一等奖、女子团体二等奖,围棋比赛高中男子团体一等奖、女子团体二等奖,获上海市中小学生围棋锦标赛团体第三名和个人第二名。

2016年,获上海市中小学生围棋锦标赛女子个人第一名、男子个人第六名;获上海市青少年十项系列赛的国际象棋比赛女子组团体第二名、个人第六名,围棋比赛男子组团体第二、六名,个人第一、八名,女子组团体第一名、个人第二名;获上海市学生运动会的国际象棋比赛团体第一名、个人第一名,围棋比赛高中组男子团体第三名、个人第四名,女子组个人第五名和体育道德风尚奖;获上海市智力运动会的国际象棋比赛团体第五名、个人第一名,围棋比赛团体第五名、个人第三名。

2017年,获上海市第二届智力运动会国际象棋比赛女子组第一名;获上海市青少年十项系列赛的国际象棋比赛团体第一名,个人第一、二名,围棋比赛团体第五名,个人第五、六名;获上海市中小学生围棋锦标赛团体第三名、个人第五名。学校被评为"2016年度上海市象棋协会先进单位"。

2018年,获第三届东亚国际象棋青少年锦标赛常规、快棋、超快棋三项第三名;获上海市青少年体育十项系列赛国际象棋女子团体第一名,男子团体第二名、个人第一名;获上海市第三届智力学生运动会国际象棋比赛中学组女子个人第一名。

三、游泳

2006年,获上海市中学生游泳比赛女子50米、100米、200米自由泳第一名。

2007年,获上海市中学生游泳比赛女子50米、100米、200米自由泳第一名;女子接力4×100米自由泳、混合泳第三名;男子50米蛙泳第三名。

2008年,获上海市"敬业杯"游泳比赛女子50米、100米第一名。

2015年,获上海市中小学生游泳冠军赛女子高中50米、100米自由泳第四名。

2016年,获上海市中小学生游泳冠军赛女子高中组团体总分第三名、4×100米自由泳和混合泳接力第三名,男子高中组200米蛙泳第三名,4×100米接力的自由泳第六名、混合泳第四名;获上海市学生运动会男子高中组200米蛙泳第四名,100米蛙泳、蝶泳、自由泳三项第七名,女子组50米自由泳第五名。

2017年,获上海市中学生游泳锦标赛男子组团体第三名,个人第三、四名,4×100米自由泳接力和混合泳接力两项第二名;获第四届上海市中小学生游泳冠军赛男子高中组50米蝶泳第四名、100米蛙泳第六名、200米蛙泳第四名、50米仰泳第六名、200米仰泳第二名、200米混合泳第二名、4×100米自由泳接力第八名、4×100米混合泳接力第五名。

2018年,获上海市第十六届运动会男子A组100米蛙泳第一名、4×100米混合泳接力第一名、水球比赛第三名;获上海市中小学生游泳冠军赛女子高中组100米蛙泳第三名,男子高中组100米蛙泳第一名,200米混合泳第三、第六名,100米蝶泳第三名。

附录5-25 上海市学生艺术团格致中学弦乐团比赛获奖记录

2009年全国第三届中小学生艺术展演上海赛区学生乐队西乐组二等奖

2009年上海市"美年达"百校风采擂台赛一等奖

2011年上海市学生音乐节西乐专场中学组一等奖

2013年上海市第四届中小学生艺术展演活动西乐专场市级学生艺术团一等奖

2013年"上海之春"少儿音乐舞蹈精品展演金奖

2014年上海市民文化节市民演奏大赛"百支优秀市民乐队"称号

2015年第32届"上海之春"国际音乐节少儿音乐精品专场金奖

2016年第五届全国中小学生艺术展演上海市市级学生艺术团一等奖

2018年上海市学生艺术单项比赛(西乐重奏组)金奖。

附录5-26 格致教育集团工作室及主持人名单

序号	学科	主持人	副主持人	备注
1	语文	格致:王淑英	格初:梁 颖	语文1
2		格致:高翀骅	同创:颜培颖	语文2
3		曹光彪:朱 玮		语文3
4	数学	格致:朱兆和	格初:金 奕 卢湾一中心:袁 秉	数学1
5		格致:徐光伟	格初:黄岳平 曹光彪:杨琛敏	数学2
6	英语	格致:查传明		英语1
7		格致:詹 玲	格初:毛彬彬	英语2
8	物理	格致:黄 薇		
9	化学	格致:娄 华		
10	生物	格致:鲍晓云		
11	政治	储能:黄玉霞		
12	历史	格致:闵 红		
13	地理	格致:张跃军	储能:苏 慧	
14	体育	格致:李芳芳	格初:徐玉麟	
15	艺术	格致:夏 星	曹光彪:魏 静	
16	信息与科创	格致:陆幸丽	格致:李 军	
17	教心	格致:周 隽	卢湾一中心:余 珏	
18	理科资优生	格致:李耀华	格致:殷琦涛	
19	班主任	格致:张 燕		班主任1
20		格致:周雯婕		班主任2

附录 5-27　奉贤校区总平面图

编后记

为迎接格致中学建校145周年,同时检阅中华人民共和国成立70年来我校的学校教育成果,2016年12月《格致校史稿》第二卷(1949—2019)编撰工作正式启动。

在秉承《格致校史稿》第一卷(1874—1949)学术地位和社会影响的基础上,要求新卷续脉科学唯真、严谨求实的"格物致知"基因,高扬"爱国科学"大旗,融时代特征与学校特色为一体,努力为上海教育史研究作出新贡献。

名誉校长高润华,前任书记陈德隆,前任校长姜秀娥、柴志洪等予以热情关切,提供了珍贵史料;校长张志敏、党总支书记王丽萍、副校长吴照参与了全过程。

由校友和教师组合的编委团队承担了撰写任务,其主笔分别为:

第一编　王捷(引言、第一章)、李玉棠(第二、三、四章)

第二编　刘耿大(引言、第二章)、葛佳渝(第一章)

第三编　党霞(引言,第四、五、六章)、徐有威(第一章)、虞云飞(第二、三章)

第四编　陶世华

第五编　柯瑞逢

统稿与配图环节由刘耿大、季金杰完成。

第一卷编委、20世纪50年代校友吴绍中和冒维本指导了前期工作;刘耿大校友还兼顾组稿《校友风采录》(第五集),与本书呼应;徐有威校友以其同步编辑的《媒体中的上海市格致中学(1949—2019)》,协助编委考证史料,释疑解惑;老教师周文川、马雅贞帮助梳理了诸多线索;沈庆红、何平老师做了大量协调工作;张益利、颜依岭、汤晨莺老师确保了照片配置;1966届初中4个班的校友集体回顾母校往事,其中张声洪、韩丽珍等校友奉献良多……

退休特级教师孙兆桂、刘汉标、庄起黎、钱伟康、向学禹、方梦非,以及许许多多老同志,有求必应、接受采访、尽心竭力,为编委提供素材、保驾护航!

北京校友会在李家春院士,何祚榕、杨承祖、李和娣、仲霄等校友的精心组织下,为母校提供了许多帮助。

1953届校友汪品先院士欣然为本书作序。

借此机会,谨向所有关心、参与和支持本书编写、出版的同志,向关注格致文化传承、发展和创新的社会公众,一并致谢!同时恳请读者朋友予以批评指正,以待日后修正。

上海市格致中学
上海市格致中学校友会
2019年8月20日

图书在版编目(CIP)数据

格致校史稿. 第二卷/上海市格致中学,上海市格致中学校友会编著. —上海:上海社会科学院出版社,2019
 ISBN 978 - 7 - 5520 - 2829 - 4

Ⅰ.①格… Ⅱ.①上… ②上… Ⅲ.①上海市格致中学-校史-1949-2019 Ⅳ.①G639.285.1

中国版本图书馆 CIP 数据核字(2019)第 163881 号

格致校史稿(第二卷)

著　　者:	上海市格致中学　上海市格致中学校友会
责任编辑:	周　霈
封面设计:	黄婧昉
出版发行:	上海社会科学院出版社
	上海顺昌路 622 号　邮编 200025
	电话总机 021 - 63315947　销售热线 021 - 53063735
	http://www.sassp.org.cn　E-mail:sassp@sassp.cn
照　　排:	南京理工出版信息技术有限公司
印　　刷:	上海市崇明县裕安印刷厂
开　　本:	710×1010 毫米　1/16 开
印　　张:	37.5
插　　页:	6
字　　数:	535 千字
版　　次:	2019 年 9 月第 1 版　2019 年 9 月第 1 次印刷

ISBN 978 - 7 - 5520 - 2829 - 4/G·863　　　　定价: 132.00 元

版权所有　翻印必究